Nedda Hausmann

GLANZLICHTER UND SCHLAGSCHATTEN VERGANGENER TAGE

Nedda Hausmann

Glanzlichter und Schlagschatten vergangener Tage

Erinnerungen einer russischen Emigrantin

J. G. Bläschke Verlag A-9143 St. Michael

CIP-Kurztitelaufnahme der Deutschen Bibliothek

Hausmann, Nedda:
Glanzlichter und Schlagschatten vergangener Tage :
Erinnerungen e. russ. Emigrantin /
Nedda Hausmann. —
Sankt Michael : Bläschke, 1983.

Druck: J. G. Bläschke Presse, St. Michael
Printed in Austria
ISBN 3-7053-2002-5

Gregori Leontewitsch Brenner, meinem Großvater, dem großen Menschen, in tiefer Dankbarkeit gewidmet.

So oft in meinem wundersamen Wanderleben stand ich vor wundersamen Fragen, die sich nicht nur auf die Entscheidungen bezogen, die das Leben fordert. Nein, ich fragte mich voller Neugierde, woher wohl die volle, feste Kraft kam, die in vielen lebenswichtigen Momenten frisch entstanden von meinem Verstand zu meinem Herzen flutete und mir die Energie zum Leben spendete und die Verzweiflung nahm. Diese segensreiche Kraft brauche ich gleichermaßen, um aus der Finsternis der Erlebnisse herauszukommen, wie auch das volle Glück, das mir das Schicksal bescherte, in vollem, bewußtem Maße zu ertragen, ohne daran zu zerbrechen. Vielleicht ist unbeschreibliches Glück schwieriger zu ertragen als Leid. Glück berauscht und raubt oft den unmittelbaren Kontakt zur Realität, versetzt somit — wenigstens mich — in herrliche Gefahrenzonen, in denen ich wiederum nach Kraft suche. Schmerz dagegen betäubt anfänglich und ermöglicht danach eine realistische Abschätzung der eventuellen Möglichkeiten, wieder an das Licht zu gelangen.

Heute fühle ich mit dankbarer Sicherheit, daß ich meine wundersamen, nicht voraussehbaren Reaktionen, meine Kompliziertheit und die entscheidende Kraft meiner Abstammung verdanke. Diese meine merkwürdige Konstellation zog auch unweigerlich die verschiedensten, für mich oft faszinierenden Menschen und Situationen an, sodaß mein Leben in ständiger Bewegung war und ich eine akute Neugierde für das nächste Erlebnis entwickelte. Das „Nächste“ kam unweigerlich immer, und noch immer war und bleibe ich meine eigene dankbare Zuschauerin.

Meine Vorfahren waren in ihrem Wesen sehr verschieden voneinander, was sich schon aus ihrer geographischen Herkunft leicht erklären läßt. Väterlicherseits ist, zumindest geographisch gesehen, einige Harmonie feststellbar. Meine beiden Großeltern stammten aus dem vorderen Kaukasus, aus dem Provinzstädtchen Stavropol, einer Gegend, die wohl durch ihre temperamentvolle, eigenwillige Bevölkerung bekannt ist. Phlegmatiker trifft man dort kaum. Mein Großvater war sicherlich ein bemerkenswerter Mann, wie auch die Fotos von ihm bezeugen. Mit sieben Jahren war er Vollwaise, wurde von einem Bäckermeister aufgenommen, bei dem er sich schon seine Existenz verdiente. Er trug frühmorgens Brot aus, durfte dafür am Ofen schlafen und mit der Familie essen. Zur Schule ist er nie gekommen, denn dafür hat er nie Zeit gehabt. Dennoch brachte er es weit. Als er mit 62 Jahren an einer banalen Fischvergiftung starb, hinterließ er nicht nur fünf schöne Töchter und zwei extravagante Söhne, sondern Weizenmühlen und Grundbesitz. Die Bauern nahmen gerne seine Schecks entgegen, die anstatt einer Unterschrift mit einem kleinen Kreuz verziert waren, denn er starb als Analphabet. Die Zeitung las ihm seine kluge, eigenwillige Frau vor. Sie hatte ihm neun Kinder geboren, hatte gelernt, sich von arm auf wohlhabend umzustellen, ein großes Haus zu führen, Kinder zu erziehen und zu verheiraten, und hatte Zeit gefunden, schreiben und lesen zu lernen! Die Revolution ist Boris Borissowitsch erspart geblieben. Meine Großmutter aber überlebte ihn um Jahre. Die Wirren der Geschehnisse haben sie schließlich zerstört. Als auch der jüngste Sohn schließlich erst das Haus und dann auch das Land verließ, begann sie den Verstand zu verlieren. Sie starb allein in ihrem Haus, das sie nie verlassen hatte, geistig umnachtet, an zerbrochenem Herzen. Ihr ältester Sohn, mein Vater, wurde in der Sterbestunde seiner Mutter tausende von Kilometern entfernt in Mailand aus dem Schlaf gerissen durch den plötzlichen Schmerz, den er verspürte und teilte meiner Mutter die Gewißheit über den Tod meiner Großmutter mit. Später erfuhren wir, daß die Ahnung auf die Minute gestimmt hatte.

Mütterlicherseits liegen die Ebenen völlig anders. Mein Großvater, Gregori Leontewitsch Brenner, stammte ursprünglich aus Ri-

Cäcilia Gregoriwna
Mutter der Autorin kurz vor ihrer Ehe

ga und aus bürgerlich behaglicher Familie. Er sprach deutsch und russisch wie in den Baltenländern oft üblich. Als sehr junger Mann reiste er nach Saratof an die Wolga, wo er sich in die Landschaft und in die Menschen verliebte, und siedelte sich schließlich dort an. Er, der so erdverbunden empfand, wurde natürlich Makler für Höfe und Güter. Sein Leben verlief seinen Neigungen entsprechend, und er genoß jede Stunde seines Daseins. Kontor und Wohnhaus in der Stadt, Landgut und viele Freunde, sowohl unter dem Landadel als auch unter den Großbauern und der Stadtbevölkerung. Seine herrlichen Erzählungen von einer Welt und einer Lebensart, die für immer verschwunden ist, habe ich heute noch im Ohr. Als kleines Kind, in der Emigration in Italien, gab es nichts Schöneres für mich, als mit ihm jede Stunde zu teilen und, auf seinem Schoß sitzend, allabendlich fasziniert seinen Erinnerungen zu lauschen.

Meine Mutter, Cäcilia Gregoriwna, war die sehr weibliche Ausgabe ihres Vaters. Meine Großmutter war eine stattliche, resolute, strenge Frau, die logisch dachte und konsequent handelte. Ein totaler charakterlicher Gegensatz zu ihrem Ehepartner, und eine Mutter, die nicht sehr geliebt wurde. Meine Mutter war Einzelkind von sanftem, anpassungsfähigem, anlehnungsbedürftigem Charakter und das typische Produkt einer gutbürgerlichen russischen Familie: verwöhnt, geliebt und streng erzogen. Als sie mit 19 Jahren schüchtern, lebensfremd und ahnungslos meinen damals 21jährigen Vater heiratete, war sie ein Kind. Nach dem brillanten Schulabschluß begegnete sie einem Medizinstudenten, für den sie gerade Zeit hatte, so etwas wie warme Gefühle zu entwickeln, als dieser Student von meiner Großmutter des Hauses verwiesen wurde mit den eindeutigen Worten: „Vergessen Sie nicht, die Gartenpforte zu schließen, wenn Sie nach Hause gehen!“ Es war abends, sie wollte ins Bett und den unerwünschten Studenten nie wieder sehen. Studenten waren in ihren Augen Sonderlinge, die es nicht eilig hatten mit dem Geldverdienen. Großmutter Rosaiwgenewna hatte mit ihrer hübschen, lieblichen Tochter etwas anderes vor. Nach Saratof war ein junger, brillanter, temperamentvoller Geschäftsmann gekommen, der hauptsächlich meiner Großmutter den Kopf verdreht hatte. Mit 21 Jahren war er bereits Geschäftsführer der Dreyfus-Niederlassung in Noworossisk, war Kaukasier und Jude, fleißig und mitreißend und voller atemberaubender Pläne für die Zukunft. Großmutter lud ein. Mein gemütlicher, lebensfroher Großvater war fasziniert von so viel Tatkraft und Erfolg. Nach drei Tagen bekam der eilige, erfolgsichere Abramborissowitsch das „Ja-Wort" seiner errötenden, verstörten Angebeteten und reiste ab in geschäftlicher Angelegenheit. Als meine Mutter während der kurzen Verlobungszeit ohne Verlobten zaghaft ihrer Mutter gegenüber bemerkte, sie kenne ihren Verlobten kaum, erhielt sie eine völlig logische Antwort: „Deshalb wirst Du ihn heiraten, um ihn kennenzulernen und natürlich zu lieben." Sicherlich mußte dieses große Vorhaben meine Mutter etwas erschreckt haben.

Für lange Zweifel oder gar Ängste gab es keine Zeit. Familie Brenner reiste zur großen Familie Abramowitsch nach Stavropol. Es wurde gefeiert und gefeiert, und das junge liebliche Täubchen wurde mit Liebe verwöhnt und mit Geschenken beladen. Schließlich, pünktlich zur Hochzeit erschien auch die Hauptperson: der Bräutigam. Er war entzückt von seiner kindlichen Braut und versprach ihr ein interessantes und aufregendes Leben. Sicherlich waren beide Begriffe für meine Mutter fremd. Sie sollte aber beides in hohem Maße erleben und viel Abenteuer noch dazu — nur um die Einstellung darauf hat sie sich vergeblich ein Leben lang, ernsthaft diszipliniert, bemüht.

Die Ungeduld und der Ehrgeiz, der Kitzel für das Wagnis und eine Leidenschaft für den Glanz des Lebens, gepaart mit einer ausgeprägten Kombinationsgabe machten aus meinem Vater zwar einen außergewöhnlichen Menschen, aber einen höchst risikoreichen, anstrengenden Partner. Meine Mutter lernte mit den Jahren, daß der Vulkan an ihrer Seite weder zu bändigen noch zu kontrollieren war und daß das Feuer auch einiges an Asche hinterließ. Wie konnte es auch anders sein?

Bald nach der Eheschließung im Jahre 1909 entschloß sich mein Vater, sich selbständig zu machen, sehr gegen den Rat seines vorsichtigen Vaters. Sein erster eigener Getreidehandel endete nach anfänglichen Erfolgen mit einer Pleite. Sein Schwiegervater rettete ihn aus der Minussituation und borgte ihm Kapital für einen neuen Anfang. Meine zierliche Mutter hatte inzwischen unter Qualen einen 6 kg schweren Sohn zur Welt gebracht, der an den Folgen einer ungeschickt durchgeführten Zangengeburt sehr bald starb. Der neue Lebensabschnitt begann in Tiflis und sollte wohl die glücklichste und erfolgreichste Zeit für meine Eltern werden bis zur Flucht im Jahre 1920. Die Fantasie und die treibende Kraft meines Vaters kannten zu dieser Zeit keine Grenzen. Die Stadt Tiflis entsprach ihm ganz besonders, und die erfolgreichen geschäftlichen Einfälle überstürzten sich. Es begann mit dem Bau einer Weizenmühle (ich sah sie vor zehn Jahren staatseigen noch in Betrieb), es entstanden die dazugehörigen Bäckereien — eine zweite Mühle kam dazu in Gesellschaft mit einem Freund, der mit unserer Familie Glück und Leid, Frieden, Krieg, Revolution und Emigration teilen sollte. Mein Vater arbeitete Tage und Nächte durch und unterbrach diesen Rhythmus selten und nur aus zwei Gründen: um meine Mutter auszuführen und anschließend gemeinsam durchzufeiern, oder wegen Geschäftsreisen. Auch diese waren mannigfaltig und schillernd. Es begann mit zahlreichen Reisen nach dem nicht weit entfernten Ordjanikidze, wo mein Vater eine Niederlassung hatte. Damals gab es noch nicht die Heeresstraße, die die beiden Städte heute verbindet. Es gab den sehr staubigen, sehr holperigen, ziemlich gefährlichen Serpentinenweg, den man heute stellenweise von der neuen Straße aus sieht. Die Unannehmlichkeiten dieser Fahrten gaben meinem Vater den Gedanken einer Busverbindung zwischen den beiden Städten und er realisierte dieses Vorhaben. Es gibt heute noch Freunde, die mir von der Einweihung dieser Kaukasischen Sensation berichteten. Der erste beladene Bus fuhr von Tiflis ab unter dem Staunen der Bevölkerung. Mein Vater und meine Mutter begleiteten die erste Fahrt ins Ungewisse an Bord des ersten und einzigen roten Mercedes Sport-Modells in Tiflis. Alle kamen in Ordjanikidze zwar staubbedeckt, aber heil an. Ein neuer Kommunikationsabschnitt hatte begonnen, und mein Vater hatte seinen großen Spaß.

Dann gab es abenteuerliche Reisen in den Süden, nach Nord-Persien, wo mein Vater, immer begleitet von meiner Mutter, langwierige Verhandlungen führte. Sein Geschäftspartner war der Vater des Schahs Reza Pahlevi. Die privilegierten Gäste wurden in feudalen Zelten untergebracht, die mit kostbaren Teppichen ausgelegt waren. Man blieb manchmal Wochen nach der strapaziösen Reise. Aber das Wüstenklima Nordpersiens diente nicht gerade zur Erholung. Oft + 40 Grad bei Tage und Frost in der Nacht. Man war jung, sehr gesund und war sehr beschwingt durch die Erlebnisse. Die Abendgelage waren extravagant und köstlich, nur die obligate Haschischpfeife nach dem Kaffee störte meinen Vater sehr. Dafür war alles andere schön, auch die Geschäfte. Nach der Rückkehr, in Tiflis verlief dann der Alltag anders, aber nicht minder schön. Tiflis war eine mit prickelndem Leben pulsierende Stadt. Nicht umsonst hatten Couturiers wie Lanvin aus Paris dort ihre Niederlassung. Die Oper war gut, das Geld floß in breitem Strom, und sicherlich fühlte sich mein Vater wie ein Goldfisch in einem Traumteich. Auch seiner typisch kaukasischen Leidenschaft für Pferde konnte er dort nachgehen. Sein Lieblingspferd stand morgens unter seinem Bürofenster zum Ausritt bereit. Natürlich ritt Papa ohne Sattel und kein bißchen langsam. Inzwischen hatte meine Mutter Zeit, sich zu pflegen, hübsch zu kleiden und meine Schwester zur Welt zu bringen. Der Himmel schien voller Geigen zu hängen.

Die bösen Vorahnungen des Ersten Weltkrieges und die sehr explosive internationale Lage drangen nur abgestumpft und verharmlost zum Kaukasus durch. Dort waren die Menschen — und sind es heute noch — hauptsächlich damit beschäftigt, das Leben zu genießen, und es ließ sich noch einige Zeit sorglos aus dem Vollen schöpfen. Meine Schwester, 1913 geboren, hatte noch Gelegenheit, ihre erste Kindheit unter Goldglanz zu verbringen. Unter

in Tiflis kurz vor der Flucht 1920
links sitzend: meine Mutter, hinter ihr stehend mein Vater mit Verwandten

der Obhut eines französischen Kindermädchens bestand das Leben aus Spiel und Fröhlichkeit.

Mein Vater wurde vom Kriegsdienst dispensiert, da er wichtig für die Versorgung der Bevölkerung und später der Armee war. Noch florierten die Geschäfte, aber unterschwellig und unüberhörbar bahnte sich das Unwetter an, das zu einem lauten Gewitter anwachsen sollte. Die Geschicke des Krieges standen für Rußland schlecht. Die ersten Schotten erschienen im Kaukasus, um die Südflanke zu stützen. Aber da in Tiflis nichts sehr ernst genommen wurde, wurden die Schotten während ihrer Paraden nur ein Grund zum Amüsement. Für einen Kaukasier ist ein Mann mit Röckchen bekleidet etwas unfaßbar Komisches. Bei so viel Heiterkeit ließ sich der Ernst leicht vergessen.

Der Kaukasus war eine der letzten Regionen Rußlands, die nach dem verlorenen Krieg vor den Kommunisten kapitulierte. Ende 1917 zogen meine Eltern um, und zwar in das Hotel (damals Sievirny Namira), das heute Intourist heißt. Der Umzug war traurig, aber die neue Unterkunft immer noch üppig. Man bewohnte mehrere Räume und brachte die eigenen Dienstboten mit. Mein Vater, der kaum Umstellungsschwierigkeiten kannte, stellte sich nun auf die Belieferung der Weißen Armee unter General Denykin um. Er freundete sich schließlich mit dem General an und verkaufte der Armee alles, was sie brauchte, von Lebensmitteln bis zu Heizöfen. Für die mehr oder minder reibungslose Beschaffung aller gewünschten Waren wurde meinem Vater ein Privatzug zur Verfügung gestellt, mit dem er sich nach Belieben bewegen konnte. Der Rubel rollte immer noch, die Theater spielten weiter, obwohl das Gewitter bedrohlich nahte. Innerhalb der Familie war man hauptsächlich mit den unzähligen Kinderkrankheiten meiner Schwester beschäftigt und mit den immer noch häufigen Festen. Aber die Nachrichten überschlugen sich. Der Bruder und zwei Schwestern meines Vaters reisten auch gen Süden. Meine Großeltern hatten erst Saratof verlassen und schließlich auch ihr Gut. Meinem Großvater wollte nicht in den Kopf, daß sein erspartes Vermögen, auf Generationen hinaus berechnet und abgesichert, so fragwürdig geworden war. In Tiflis wurde also die Familie immer größer, was für Russen immer ein Grund zur Freude ist. Damit tröstete man sich erst mal weiter über die Angst hinweg. Meine Eltern gingen weiter in die Oper, was letztlich Folgen haben sollte für meine Namensnennung. Die letzte Oper, die sie besuchten, war „I Pagliaccio“ von Leoncavallo. Die Begeisterung dafür war groß, und meine Mutter, die eine neue Schwangerschaft ahnte, hoffte nunmehr auf eine Tochter, um ihr den Namen Nedda geben zu können, der in ihren Ohren sehr hübsch klang. Dieser Wunsch wurde ihr erfüllt, aber unter Umständen, die sie an dem Abend nicht ahnen konnte.

Als die Kommunisten mit grausamsten Morden und Plünderungen den Nordkaukasus eroberten, verließen meine Eltern, meine Großeltern mütterlicherseits und drei Geschwister meines Vaters fluchtartig das Land. Meinem Vater gelang es, ein beträchtliches Vermögen zu retten und ins Ausland zu bringen. Meine Mutter hatte ihren ganzen kostbaren Schmuck bei sich. Die Türkei nahm viele Flüchtlinge auf, darunter unsere Familie. Ich wurde bereits in Istanbul geboren. Man ließ sich immer noch luxuriös nieder, am Bosporus, denn das finanzielle Polster war noch da und die Roten würden sicherlich in wenigen Monaten sich ausgetobt haben. Inzwischen knüpfte mein Vater neue Geschäfte an, ohne zu bedenken, daß Menschen und Sitten anders waren als in Rußland.

Im großen Haus am Bosporus, bewohnt von unserer Groß-Familie, ereigneten sich in schneller Folge unter den gänzlich veränderten Lebensumständen viele Geschehnisse. Niemand glaubte, daß der langsame, gesicherte Lebensablauf für immer vergangen war. Der Bruder meines Vaters kehrte, von Sehnsucht getrieben, nach Rußland zurück mit seiner entzückenden Frau, die ihre Kindheit meist am Zarenhof verbracht hatte, als Tochter einer der Leibärzte der Zarenfamilie. Mein Onkel wurde später für wenige Jahre Leiter des anfänglichen Kaukasischen Filmes, bis er die größten politischen Schwierigkeiten zu durchstehen hatte. Meine Großmutter starb an einer Niereninfektion im Alter von 54 Jahren. Eine Schwester meines Vaters, Marussia, brachte einen der letzten Glücksstrahlen ins Haus. Sie lernte David Borissowitsch Landau kennen, einen der größten Idealisten, die die russische Revolution hervorgebracht hatte. Es war Liebe auf den ersten Blick, und sie heirateten innerhalb von Tagen. Mein neuer Onkel, sofort verehrt und geliebt von der gesamten Familie, wurde für uns oft schicksalbestimmend in den zukünftigen Jahren.

David Borissowitsch war, was man schlicht und global als wunderbaren Menschen beschreiben kann, wunderbar im altliterarischen russischen Sinn. Er entstammte einer sehr angesehenen, wohlhabenden Bankiersfamilie aus Baku, die seit Generationen im großen Finanzgeschäft engagiert war, hauptsächlich im Zusammenhang mit den Baku-Batum-Ölfeldern. Eine andere gewichtige Familie auf diesem Gebiet waren die Kahans, die lange vor dem Ersten Weltkrieg Niederlassungen in Europa hatten, hauptsächlich in Berlin. Die Erdölgesellschaft Nitag gehörte ihnen. Sie wurde während der Nazizeit arisiert. Oft heirateten Landau-Töchter Kahan-Söhne, und die Verbindungen hatten die seltene Eigenschaft, beglückend und ergänzend ertragreich zu sein. Die Charaktere waren eben auf beiden Seiten ausgewogen, pflichtbewußt, jüdisch-europäisch orientiert. Die hohen Ziele wurden nie aus den Augen gelassen. Addiert man diese Eigenschaften, so ergibt sich ein klares Erfolgsrezept.

Die Ideale meines Onkels konnten — berücksichtigt man den Kreis, aus dem er hervorging — sehr fortschrittlich genannt werden. Schon früh trat er der Kommunistischen Partei bei, in dem Glauben, daß diese die ersehnte Wende sowohl für die verfolgten Juden wie auch für die unterdrückte Arbeiterschicht bringen würde. Er spendete in so großzügiger Weise für die Partei, daß man wohl sagen kann, daß er sich praktisch von seinem flüssigen Vermögen trennte. Dementsprechend groß waren seine Enttäuschung und Verbitterung in späteren Jahren. Aber erst einmal zeigte sich die Revolution dankbar. Er wurde damit beauftragt, in

Europa die sowjetischen Außenhandelsstellen zu gründen und unter dem Namen Torprieztva zu organisieren. Diese Büros gibt es heute noch, zum Beispiel in Köln.

In dieser Außenhandelseigenschaft befand sich David Borissowitsch in Istanbul zur Zeit seiner Hochzeit. Mit meiner Tante ging er anschließend nach Berlin, wo er einige Jahre verbrachte.

Etwa fünf Jahre später sollten sich nicht nur unsere Wege kreuzen, sondern wir verbrachten einen kleinen Abschnitt unseres Lebens im großen, kultivierten Haus, das Landaus in Mailand bewohnten. Wir völlig verarmt, mein Onkel auf dem Gipfel seiner außendienstlichen Karriere. Aber dazwischen lagen unsere Umzüge von der Türkei nach Griechenland und Ortsveränderungen innerhalb Griechenlands. Als wir schließlich in Italien ankamen, mit Großväterchen und einem Hund (Russen scheinen nie ohne Haustiere und Erinnerungsgegenstände zu reisen oder zu wandern) also 5 1/2 Personen, hatte ich schon meine allerersten Kindheitserinnerungen und begann nun langsam Augen und Ohren bewußt zu benutzen. Es sollte sich lohnen, denn langweilig war kein Tag.

In meinen Kindheitserinnerungen liegt die relativ kurze Zeit in Korfu in einem warmen Licht voller wundersamer Düfte. Die Luft, das Haus waren voller märchenhaftem Elixier. Vom Haus, das wir bewohnten, führte eine kurze, saubere Straße hinab zum Meer. Zur rechten stand die Villa „Mon Repos" der Battenbergs und zur linken waren grüne Hügel voller wilder Blumen und Kräuter. Meine Schwester, die Nachbarskinder blauen Blutes und ich — sobald ich sicher laufen konnte — verbrachten auf diesen Wiesen viele Spielstunden. Wenn das Rauschen des Meeres, die würzige Luft und das Herumtollen uns ermüdeten, setzten wir uns ins Gras und knabberten meistens Fenchel, der dort in Mengen wuchs. Unsere Eltern erfuhren bald, warum wir zur Abendmahlzeit wenig Appetit verspürten!

Mein Großvater schien nur abzuwarten, daß ich etwas älter werden würde, um mit mir zunehmend aufregende Dinge zu unternehmen und mir ganz nebenbei schlichte goldene Grundregeln für das Leben beizubringen. Manchmal denke ich, daß ohne seine unvergeßliche Erscheinung, die ich stets in mir trage, und die Prägung, die er so ganz selbstverständlich mir zu vermitteln versuchte, ich nur ein amputiertes Wesen geworden wäre. Dabei hat er mir nicht einmal weltbewegende Weisheiten vermittelt, sondern hauptsächlich die Fähigkeit des Genießens und das Empfinden für Schönheit und Freude. Wenig allerdings ist es nicht. Später, in Mailand, führte er mich auf einem unserer regelmäßigen gemeinsamen Spaziergänge in die Synagoge. Mit seiner ruhigen, warmen Stimme zeigte und erklärte er mir alles, was für die Juden im Gotteshaus Zuflucht und Tradition bedeutet, aber auch Besinnung in guten und schlechten Stunden. „Aber Großväterchen, gibt es denn auch schwere Stunden?" Das schien mir ausgeschlossen, denn mein Fäustchen war fest von seiner großen, warmen Hand umklammert, und seine blauen, gütigen Augen strahlten Ruhe aus. „Ganz selten mal gibt es auch Schmerz." Diese Worte eröffneten mir zum ersten Mal, daß man auch Grund haben kann, unglücklich zu sein.

Auch die Liebe zum Meer brachte mir Großväterchen bei. Wir suchten Muscheln und Meerestierchen, betrachteten Algen und die wechselnde Stimmung des Wassers. Und dann — eines Abends — teilte er mir mit, daß wir beide am nächsten Morgen mit einem Fischerboot ausfahren würden. Diese Ausfahrt werde ich nie vergessen. Selbstverständlich war es ein sonniger, herrlicher Morgen. Die Hügel, das Meer, die ganze Welt schien in einer entzückenden Honigfarbe vor Glück zu zittern. Als Großväterchen in seiner ganzen Größe das Boot betrat, fürchtete ich, es würde kentern. Ein weißes Verdeck wurde aufgestellt, und wir stachen in See. Irgendwann — wohl gegen Mittag — nach einem guten Fang der Fischer wurden Mahlzeitsgenüsse ausgetauscht. Die Fischer boten uns köstliche, eben gefangene Muscheln an, die sie mit Zitrone würzten. Großväterchen hatte seine Leinentasche mitgebracht voller duftendem Brot, Knoblauch, Fenchel und einer Flasche selbstfabriziertem Wodka. Das war ein griechisch-russisches Fest auf einem Paradieswölkchen mitten in der Ägäis. Die verträumte selige Existenz auf der Insel näherte sich ihrem Ende. Mein Vater hatte von einer griechischen Finanzgruppe den Auftrag, eine Ölmühle auf Korfu zu errichten. Da mein Vater versäumt hatte, Verträge mit seinen Auftraggebern zu unterschreiben (in Rußland war es nicht üblich), wurde bei Fertigstellung der Mühle die Zusammenarbeit unerfreulich. So blieb uns nichts anderes übrig, als wieder einmal die Koffer zu packen und die Zelte abzubrechen. Noch konnte ich nicht realisieren, wie einschneidend diese Veränderungen waren und wie schwer meine Eltern zu tragen hatten an diesen für sie rätselhaften finanziellen Niederlagen. Das Umdenken fiel ihnen unsagbar schwer. Mit jedem Umzug wurde das Gepäck weniger und leichter, und es ging unaufhaltsam bergab. Bei besonders harten Engpässen trennte man sich von den restlichen wertvollen Dingen wie Seidenteppiche, Silber und dem restlichen Schmuck. Bis wir in Saloniki über Athen ankamen waren wir bettelarm.

Als Kleinkind empfand ich auf Korfu die gepackten Koffer lustig, und da Mama mir versicherte, daß Großväterchen und unser Hund mitreisen würden, freute ich mich bereits auf die Reise und das Neue. Die Insel kannte man nun. Das waren wohl die ersten Anzeichen dafür, daß ich Wanderblut mitbekommen hatte. Die Trennung von meiner Amme verursachte Tränen, aber Großväterchen hatte das Talent, jede Traurigkeit für mich in Glück umzuwandeln. Auf dem Schiff nach Athen saß er, der das Meer so liebte, natürlich auf Deck und ich auf seinem Schoß. Mit seiner schweren goldenen Uhrkette, die immer horizontal über seinem Magen hing, durfte ich auch spielen. Alles war wieder herrlich und spannend. In Athen blieben wir sechs Monate; Zeit genug, um uns von dem unschönen Nansenpaß zu trennen und nach neuen Einkommensmöglichkeiten Ausschau zu halten. Das erste gelang. Wir erhielten, dankbar, die griechische Staatsangehörigkeit. Der zweite, nicht minder dringende Wunsch blieb unerfüllt. Meine Eltern müssen sorgenbeladen gewesen sein. Für meinen Großvater war die Lage höllisch geworden. Er mußte tatenlos und hilflos zusehen, wie seine behütete einzige Tochter samt Familie vor einer totalen Armut stand. Er selbst muß sich als Belastung vorgekommen sein und hat sicherlich sehr gelitten.

Weiter ging es nach Saloniki, wohl, wie sich herausstellen sollte, der traurigsten Station unseres Lebens. Wir hausten alle zusammen in einem großen Zimmer ohne fließendes Wasser mit überdeckter Terrasse oberhalb einer Gaststätte. Auf der Terrasse bereitete meine Mutter die kargen Mahlzeiten zu. Im Zimmer war es meist turbulent. Fünf Personen mit Hund und dessen Nachwuchs in einem Raum sind eben keine Garantie für gute Laune und entspannte Nerven. Die Not war da und überschattete auch den sonnigsten Tag. Nichts wollte klappen. Als letzter Ausweg aus dieser zähen Misere wurde mein Onkel Landau angeschrieben, der mittlerweile aus Berlin nach Mailand versetzt worden war. Seine prompte Antwort war ungeheuer großzügig. Wir sollten unbedingt zu ihm nach Mailand, er würde sich um die Einreisegenehmigung kümmern. Das war Rettung aus der Finsternis. Bis zur Ausreise aus Saloniki betätigte mein Vater sich als Taxichauffeur. Mit dem Verdienst konnte man den Hunger stillen und das Zimmer bezahlen. Als wir uns schließlich einschifften und Griechenland verließen, wußten wir zwar nicht im geringsten, wie es in Italien mit uns weitergehen sollte, dafür wußten wir sehr genau, was hinter uns lag. Daß wir uns heute dennoch nach Griechenland als Ferienparadies sehnen, kann nur an der menschlichen Natur liegen. Man vergißt radikal das Schlechte.

In Brindisi setzten wir Fuß in das dritte Land seit der Flucht aus Rußland. Mein Onkel war, aus Mailand kommend, dorthin gereist, um uns warm in die Arme zu schließen und dann mit uns zusammen die damals beschwerliche Bahnfahrt zurück nach Mailand zu unternehmen. Das Ganze war vermutlich für alle eine sehr strapaziöse Expedition. Die Erinnerung daran schlummert in meinem Gedächtnis, von ziemlich dichtem Nebel umhüllt. Lediglich die eindrucksvolle Gestalt meines Onkels ist seitdem gegenwärtig, trotz der Jahrzehnte, die dazwischenliegen. Er schien sich gänzlich unbewußt darüber zu sein, daß er es einem so leicht machte, geliebt und verehrt zu werden. Von großer Statur, nicht korpulent, aber auch nicht schlank, wirkte er, egal, wo er sich befand, als einmalige Ausgabe. Er schien ruhig, majestätisch, gütig, entschlossen und klug. Ein Mann von großer Selbstbeherrschung und unbedingter Integrität. Oft als Kind hatte ich mich gefragt, was wohl an meinem Onkel haftete, daß er immer und überall sofort Mittelpunkt wurde und daß er gleichzeitig so wärmend und fast unnahbar wirkte. Wenn er ein Zimmer betrat, verstummten alle, was er als unverständlich und peinlich empfand. Sein Kopf war einfach so eindrucksvoll. Die hohe, gewölbte Stirn, die so ungeheuer ausdrucksvollen großen schwarzen Augen. Die Augen waren das Erregendste an ihm und widersprachen gänzlich dem so ruhig wirkenden Gesamtausdruck. Sein Blick versuchte schnellstens, so viel wie möglich zu erfassen, und wenn ihn irgend etwas interessiert hatte, blieb dieser Blick haften mit Intensität und Feuer, und dennoch ohne viel Gefühl zu verraten. In den seltenen Augenblicken der Ruhe und der Entspannung spiegelten diese großen schwarzen Augen die Glut und die Wärme eines ausgehenden Feuers. Zwischen dem schwarzen Bart und dem Schnurbart lockerte sich sogar der Mund zu einem sanften Lächeln, die schönen Hände streichelten entweder den Arm meiner Tante oder die blonden Locken seines kleinen Sohnes, und mir schien in solchen Momenten, daß das Haus mit Friede und Wärme erfüllt war. Ich wußte, daß, wenn ich ihn voller Hingabe dann umarmt hätte, der Zauber dahingewesen wäre. Man mußte ihn glühen lassen, ohne ihn zu berühren.

Wir verbrachten zwei erregende Jahre im Hause Landau. Für ein Kind, das ich damals war, war die Zeit fast wohl zu bedeutungsvoll und herrlich. Schon die Tatsache eines großen Hauses, drei Etagen voller verschiedener Generationen innerhalb einer Familie, Dienstboten, Gästen, Tieren und ständiger Bewegung schafft eine einmalige Atmosphäre — schon sehr bald nach unserer Ankunft wußte ich nicht, in welchem Zimmer und bei wem ich mich am liebsten aufhalten sollte, denn Leben war überall, und überall war man willkommen. Mein ständiger Spielgefährte war mein kleiner Vetter, Bubi von allen genannt, 1 1/2 Jahre jünger als ich, aber dreimal so schnell. Bubi war geballte Unruhe und die ständige Sorge aller, hauptsächlich meiner Tante natürlich. Er saß nie still, aß fast gar nichts und brachte nicht einmal abends so etwas Ähnliches wie Müdigkeit auf. Seine deutsche Kinderschwester Ilse, aus Berlin mitgebracht und aus Hamburg stammend, war meistens am Ende ihrer Nerven. Nicht nur wegen Bubi, sondern auch wegen der in ihren Augen disziplinlosen russischen Erziehung. Bubi durfte nämlich alles, das heißt, einiges durfte er nicht, aber er war immer schneller als das Verbot seiner Mutter. So ging er nie die Treppe runter, sondern zog es vor, ausschließlich auf dem Geländer herunterzurutschen. Er tobte, so schien es, überall gleichzeitig: auf dem großen grünen Samtsofa im Wohnzimmer, in der Küche, wo er angeblich kochte, indem er sämtliche Zutaten, die er fand, in einen Topf warf, im Garten, wo kein Baum, kein Ast und keine Blume vor ihm sicher war, und schließlich auf irgendeinem Balkon oder auf der Terrasse. Einer seiner Lieblingsstreiche war es, erst die vorhandenen Blumentöpfe vom Balkon auf die Straße zu werfen und hinterher gezielt Pipi zu machen, den vorbeigehenden Menschen möglichst auf den Kopf, solange der Vorrat reichte. Schwester Ilse war oft der Hysterie nahe, während meiner Tante nach solchen Strapazen nur noch die Hoffnung blieb, Bubi hätte nun endlich Appetit. Aber trotz aller Überredungskünste sammelte das störrische, nie hungrige Kind nach wenigen gnädigen Bissen den Rest wie ein Hamster in den Backen, um das Ganze dann voller Ungeduld an die Wand zu spucken. Meine Tante murmelte dann nur verzagt: „Du wirst verhungern“, oder nach seinen anschließenden stürmischen Kapriolen: „Du wirst keines natürlichen Todes sterben!“ Aber Bubi beruhigte sie sehr überzeugt auf deutsch: „Keine Angst, Frau Doktor!“, was natürlich keine Garantie war. Bubi konnte damals nicht wissen, daß er im Grunde recht

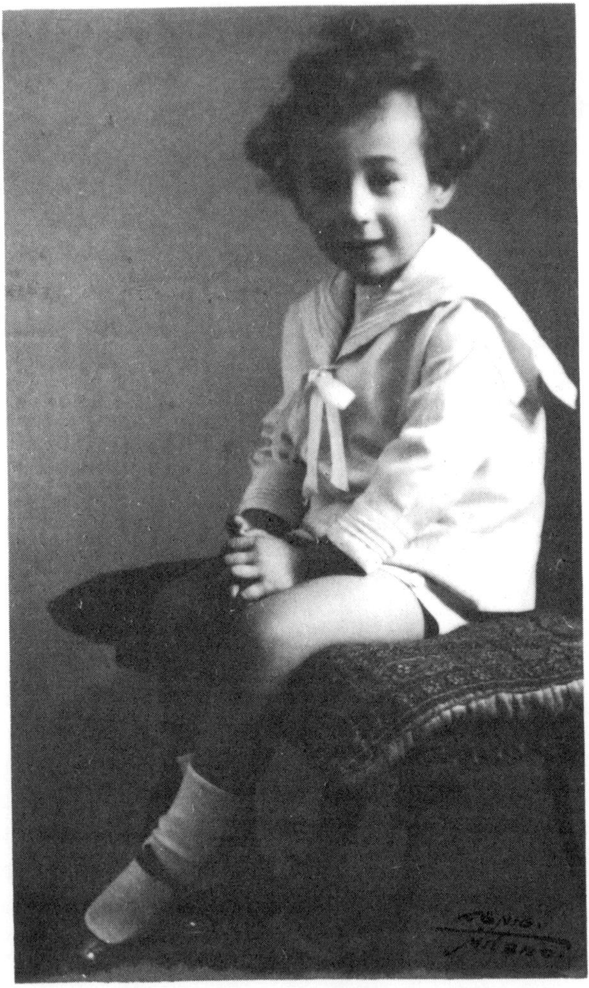

Bubi Landau in Mailand
Vetter der Autorin

behalten sollte: um ihn brauchte man nicht zu bangen, weder wegen eventueller Gehirnerschütterungen noch um seine Zukunft. Er sollte eine brillante Laufbahn einschlagen und ein prominenter Physiker werden. Das Außergewöhnliche in ihm hatte mein Vater bald erkannt und seiner Schwester mit prophetischer Sicherheit vorausgesagt.

Da in dem großen Landau-Haus in Mailand fast pausenlos etwas passierte, hofften wir, daß die allgemeine Dynamik auch auf unser Leben übergreifen würde. Die ersten Schritte in Richtung Zukunft begannen auf bestürzende Weise. Mein Vater wollte versuchen, einige Kontakte aufzunehmen, und dachte, daß es dienlich wäre, wenn für diesen Zweck seine nunmehr einzige Hose gebügelt werden könnte. Meine Mutter in ihrem großen Eifer, aber mit wenig Erfahrung im Umgang mit Bügeleisen, brannte ein großes Loch in die kritische Stelle dieser unentbehrlichen Hose. Es entstand verständlicherweise Panik: die Situation war dramatisch. Kein Geld und keine Hose ist eine Konstellation, die viele geistigen Einfälle blockieren kann. Das war nun auch der tiefste Punkt in unserer Karriere. Von dem Moment an ging es bergauf. Unser Leben schien sich sowieso nach einem von meiner Mutter in Krisensituationen vorgetragenen Spruch zu bewegen: „Der liebe Gott mutet nicht mehr zu, als man ertragen kann." Rückblickend meine ich, daß dieses Gesetz entweder stimmt oder daß wir unsere Niederlagen nie als solche erkannten!

Mit Empfehlungen meines Onkels unternahm mein Vater, mit geliehener Hose, die ersten Schritte in die Mailänder Geschäftswelt. Ihm, für Halbheiten kaum zugeschnitten, gelang alsbald ein beachtlicher Durchbruch. Mühlenbesitzer und Großhändler wollten die Erfahrung meines Vaters auf diesem Gebiet nutzen und ihn zum Mittelsmann von gewichtigen Importen ernennen. Mein Onkel war gern bereit, über ihn die russischen Getreide- und Kohleexporte laufen zu lassen. Die damals halbstaatliche italienische Gesellschaft Consorzio italiano Importazione Grano e Foraggi war der Gesamtimporteur für die Branche. Sowjetrußland unterschrieb zu der Zeit in verschiedenen europäischen Ländern gleiche 5jährige Kontrakte, die aber nicht gleichermaßen eingehalten wurden. In Italien wurde zum Beispiel der Kontrakt nach 2 1/2jähriger Dauer gekündigt. Mein Vater prozessierte dann mit zwei Staranwälten gegen die Sowjetunion und ahnte nicht, daß er dadurch viele zurückgebliebene Verwandte in tiefes Leid stürzte. Die Repressalien blieben nicht aus, wie wir später sehen werden.

Zu der Zeit jedoch begannen meine Eltern langsam wieder Boden unter den Füßen zu bekommen. Wir wohnten immer noch bei unseren Verwandten, auch weil die Trennung allen so schwer gefallen wäre. Während bei uns das Einleben glücklich und erfolgreich verlief, bahnten sich bei meinem Onkel die ersten politischen Schwierigkeiten an.

Für uns Kinder verliefen die Tage in geborgener Glückseligkeit, und die Überraschungen, die es gab, waren durchwegs schön. Frei zu sein, toben zu dürfen und in einem Haus voller Liebe und Sicherheit zu leben, konnte es herrlicher sein? Dennoch gab es bei allem Glück auch noch Höhepunkte, und für mich waren es immer noch und in zunehmendem Maße die gemeinsamen Stunden mit Großväterchen. Wir bauten unsere Zweisamkeit weiter aus. Großväterchen blieb, trotz aller Schicksalswidrigkeiten, voller Einfälle. Mit ganz wenig Geld plante er für uns große Dinge, wie zum Beispiel Droschkenfahrten in den Park, wo wir dann Bäume und Tiere betrachteten und zu Fuß, Hand in Hand, nach Hause spazierten. Aus einem kleinen, dunklen, geheimnisvollen Laden holte er für mich stets etwas Großartiges: eine kleine Spieluhr, Abziehbilder, Luftballons, oder was ihm gerade in den Sinn kam. Wenn Bubi sich anschloß, dann wurde mit Lutscheis gefeiert. Singend vor Glück, erreichten wir dann das Haus.

Mein Onkel, das registrierte ich aus meinem wolkenlosen Dasein heraus, fuhr immer öfter auf Dienstreise nach Rußland, und jedesmal wirkte sein Gesicht bekümmerter und trauriger bei seiner Rückkehr. Seine Probleme wurden erst einmal von uns ferngehalten, sodaß wir nach seiner Rückkehr immer nur Freude empfanden. Es war ein Fest, wenn er abends nach uns rief, die Tür schloß und sich mit uns ernsthaft unterhielt. Ich liebte und verehrte ihn dermaßen, daß ich kaum zusammenhängend sprechen konnte und lediglich intensiv bemüht war, alle Details auf mich wirken zu lassen und sie zu bewahren. Sie leben weiter in mir.

Jeden Nachmittag wurde im großen Wohnzimmer der Samowar angesetzt. Von der Stunde an gab es open house für Freunde. Die erste Etage duftete köstlich nach Kuchen und Tee, dazu viele russische Stimmen, die meist über Dinge diskutierten, die wir nicht verstanden. Eines Tages erschienen uns alle Anwesenden äußerst aufgeregt, und mein Onkel kam viel früher aus dem Büro. Einer seiner sehr geschätzten Mitarbeiter, ein gewisser Brainin, war an dem Tage aus dem Zug Mailand—Genua spurlos verschwunden. Man hatte ihn noch vor dem Tunnel in seinem Abteil gesehen, aber in Genua kam er nie an. Trotz intensiver Fahndung blieb er verschollen. Seine Frau und seine Tochter kehrten nicht nach Rußland zurück. Wir lebten im Jahre 1926. Stalins Umtriebe streckten sich über Europa hinweg. Nach diesem gespenstischen Vorfall veränderte sich die Atmosphäre im Hause. Für meinen Onkel und meine Tante wurden die Sorgen dunkler und dichter. Während der Besuche in Moskau wurden die Parteivorwürfe gegen meinen Onkel immer massiver. Er wurde der bourgeoisen Lebensweise beschuldigt und der Unterstützung seiner antikommunistischen Verwandten. Beides stimmte. Konnten wir denn von meinem Onkel einen anderen Entschluß erwarten als die Rückkehr nach Moskau? Kaum. Er wäre uns vermutlich nicht so hervorragend in Erinnerung geblieben, hätte er anders gehandelt.

Man nahm Abschied voneinander und wußte, es war für immer. Kinderschwester Ilse, die fast fünf Jahre im Hause gewesen war, entdeckte plötzlich, daß sie gelernt hatte, eine für sie völlig fremde Mentalität und Lebensweise zu lieben. Obwohl sie gerne nach Moskau mitgereist wäre, kehrte sie nach Hamburg zurück, nicht ohne mir im intensiven Training den ersten deutschen Satz beigebracht zu haben: Hamburg ist eine schöne Stadt! Daß ich viel später einen Hamburger Kaufmann in Ostasien heiraten und letztlich in Hamburg wohnen würde, konnte Schwester Ilse damals nicht wissen.

Wir zogen aus dem großen Haus in eine möblierte Vierzimmerwohnung. In Umzügen mit Großväterchen und dem aus Griechenland mitgebrachten Hund hatten wir nun Routine bekommen. Merkwürdig war nur, daß unsere Hündin immer Familienzuwachs bekam, wenn unsere Lebensbedingungen sich veränderten. Aber das rührte uns eher, als uns zu hindern. Mit der sorgenvollen, schmerzlichen Trennung von Landaus begann ein neues Kapitel in unserem Leben. Mein Vater hatte im Zentrum Mailands bereits ein Büro und hatte sich geschäftlich und sprachlich einigermaßen eingelebt. Wir hatten auch bereits italienische Freunde und noch einige russische. Der Alltag bekam langsam ein gewohntes Tempo, und man wartete auf irgendwelche Nachrichten aus Moskau. Von bösen Ahnungen geplagt, bauten wir dennoch unser eigenes Leben auf. Für mich bedeutete es unter anderem Einschulung und den ersten Ernst des Lebens. Aber wie immer war Großväterchen zur Stelle, natürlich um aus jeder Begebenheit eine Freude zu schaffen.

Da meine Eltern wünschten, daß ich mehrsprachig aufwachsen sollte, wurde ich auf die Mailänder deutsche Oberrealschule geschickt, zehn Kilometer von der Wohnung entfernt. Sprachlich sollte ich natürlich von der Schule profitieren, aber ein nicht unwesentliches Detail war meinen Eltern entgangen. Es war ein wissenschaftliches Gymnasium, was in den höheren Klassen sich für mich zu einem Alptraum gestalten sollte. Erst einmal jedoch war auch für Großväterchen die Schule eine Wonne. Er konnte wieder deutsch sprechen. Zu sämtlichen Schulveranstaltungen wurde er eingeladen und als Ehrengast behandelt. Unsere Beziehungen erfuhren, wenn möglich, eine zusätzliche Steigerung: ich war vor der ganzen Schule stolz auf ihn, und er war überaus glücklich, mich auf einer deutschen Schule zu erleben. Natürlich machten wir die Schularbeiten miteinander!

Wie jedes ganz große Glück war auch die unendlich schöne Zweisamkeit mit Großväterchen nicht von langer Dauer. Ich wollte es nicht wahrhaben, daß seine Gesundheit zu wünschen übrigließ. Unsere Spaziergänge wurden seltener, und oft, wenn ich aus der Schule nach Hause kam, war er im Bett. Wer hätte glauben können, daß hinter der sonnigen Fassade seines Wesens sein Herz vor Leid und Sehnsucht erlosch? Als Großväterchen im 64. Lebensjahr einschlief, wurde es mir nicht mitgeteilt. Von der Schule kam ich für einige Tage zu Freunden, und anschließend erzählte mir meine Mutter schonend, daß Großväterchen ins Krankenhaus habe gebracht werden müssen. Angeblich durfte ich ihn vorerst noch nicht besuchen. Ich glaubte es. Aber auch Lügen haben kurze Beine. Beim Spielen mit Nachbarskindern erfuhr ich die Wahrheit. Das war der erste stechende Schmerz meines jungen Lebens. Die Leere und die Sehnsucht, die Großvater hinterließ, sind bis heute geblieben.

Die Schule machte Spaß, und weil ich mit der deutschen Sprache so schnell und gut zurechtkam, blieb mir genug Zeit, nachmittags in Französisch unterrichtet zu werden. Ich nehme an, daß es höhere organisatorische Strategie meiner Mutter war, Professor Michot für meine Schwester und mich zu engagieren. Meine Nachmittage ohne Großväterchen waren trostlos, andererseits war der französische Professor wie für unseren Fall geschaffen. Er war Dozent für französische Literatur und Geschichte an der Universität Kiew gewesen, liebte Rußland leidenschaftlich und sprach die Sprache fehlerfrei. Sein Wesen war so liebenswert, daß wir ihn alle in kurzer Zeit bedingungslos akzeptierten. Auch er ging mit mir spazieren, und spazierengehend knüpfte ich somit die ersten Kontakte zur französischen Sprache. Im Winter verbrachten wir die Nachmittagsstunden im Hause, nicht weit vom Samowar, bei klassischer französischer Lektüre oder französischer Geschichte. Da Professor Michot nur Frankreich und Rußland liebte und alles andere heftig und aufrichtig haßte, war das, was er vermittelte, glühender französischer Patriotismus, gepaart mit russischen

Reminiszenzen. Bis zu meinem 17. Lebensjahr hatte ich den außergewöhnlichen Vorzug, in meiner Bildung von diesem herrlichen, schrulligen Individualisten geleitet zu werden, und habe sicherlich sehr davon profitiert.

Mittlerweile hatten wir unser Nest in Mailand weiter ausgebaut. Geschäftlich ging es so gut voran, daß wir in eine große, behagliche Wohnung umzogen, Auto mit Fahrer stand vor der Tür. Unser Freundeskreis war groß und beglückend. Natürlich lebten wir als Familie weiterhin russisch, aber der Kontakt zu Land und Leuten ergab sich auf natürliche Weise. Wir begannen eine tiefe Dankbarkeit für Italien zu empfinden, das uns so großzügig behandelte, und für die Mailänder Freunde, die in ihrer Gastlichkeit keine Grenzen kannten.

Wenn ich heute Rückschau halte, so empfinde ich die ersten zehn Jahre meines Lebens als eine außerordentlich reiche, herrliche Zeit, angefüllt mit unvergeßlichen Erlebnissen, die mir sicherlich eine ganz wichtige Grundlage für das weitere Leben und Erleben gaben. Alles, was nachher kam, jede Krise und jedes Glück, war erregender Ablauf und Folgerung der Grundlage, die ich bekommen hatte, vergleichbar mit dem Wachstum eines Baumes. Erst versuchen die Wurzeln in der Erde Fuß zu fassen, und wenn das Anwachsen gelungen ist, entwickeln sich die Äste und das Grün.

Mit zunehmendem Alter erweiterte sich natürlicherweise mein Horizont, aber auch das Empfinden für die Geschehnisse und Stimmungen um mich. So lernte ich, daß Sorgen sich nicht nur auf das pekuniäre Dasein beschränkten, sondern eine ganze Skala von Schattierungen einschlossen, wobei zwischenmenschliche Beziehungen eine zentrale Rolle spielten. Obwohl mein persönlicher Alltag noch problemlos und heiter verlief, empfand ich, daß in der häuslichen Atmosphäre nicht immer alles zum Besten aussah. Ich betrachtete meine Mutter und war immer wieder von ihr entzückt. Voller Staunen stellte ich fest, daß sie, die plötzlich in ein Leben katapultiert worden war, für das sie nicht vorbereitet war, es dennoch glänzend überstanden hatte. Ihr sanfter Charakter hatte sich nicht verändert, ihre Anmut und ihre Geduld hatten in keiner Weise gelitten, und ob bescheiden oder exzellent gekleidet, war sie, so hörte ich es überall bestätigt, als entzückend zu bezeichnen. Trotz des ausgeglichenen äußeren Ausdrucks ahnte ich mit Entsetzen, daß sie nicht glücklich war. Unser Leben verlief wieder turbulent und war ganz selten leise, sodaß ich Mühe hatte, herauszufinden, woran es wohl liegen konnte, daß Mama der Glanz des Glücks doch ziemlich fehlte. Sie spielte erfreulicherweise wieder auf dem Flügel, manchmal stundenlang, und für mich war es immer ein Höhepunkt der Wonne, ihr im Nebenzimmer zuzuhören. Als ich eines Nachmittags Mut faßte und sie fragte, warum der Klang ihres Spieles manchmal so traurig sei, meinte sie nach einigem Zögern, im Klavierspiel suche sie oft den Ausgleich zu den Schwierigkeiten mit Papas Eigenschaften. Langsam verstand ich, mit unbeschreiblichem Schmerz, daß das sogenannte Eheglück meiner Eltern in keiner Weise Glück war. Ahnungslos, wie ich aufgewachsen war, von Liebe überreich beschenkt, von Großväterchen auf reines Glück ausgerichtet, war die immer noch vernebelte Vorstellung der getrübten Beziehungen zwischen meinen Eltern ein sehr großer Schock. Auch in der Schule, während des Unterrichts, beschäftigte ich mich mit diesem Problem, ohne zu verstehen, woran es liegen mochte. Denn in meinen Augen waren beide, Mama und Papa, jeder auf seine Weise wunderbare Menschen. Wenn ich an sie dachte, wurde mir sehr traurig ums Herz.

Äußerlich verlief der Alltag hübsch und vollgepackt mit Erlebnissen weiter. Professor Michot kam regelmäßig, die Schule war eher amüsant als anstrengend, und das pulsierende Leben im Hause war interessant und eine ständige Freude. Ich hatte schon damals das Glück, mitten in einer europäischen Gemeinschaft zu leben. In der Schule versuchten die ausgezeichneten Lehrer mit Erfolg, uns die deutsche Kultur und deutsche Lebensart zu vermitteln, zu Hause ging es völlig russisch zu, und Professor Michot ermöglichte mir, täglich zwei Stunden das Beste, was Frankreich an Literatur, Geschichte und Sprache hatte, tief einzuatmen. Um uns herum waren viele italienische Freunde. War es nicht herrlich international?

Es tat sich so unendlich viel für meine zarte Jugend! Da wir finanziell anscheinend wieder auf hohen Wellen trieben, stellte mein Vater dementsprechend die Weichen. Sobald wir Ferien hatten, wurde gereist. Nach Cannes und Monte Carlo, Wien und Budapest, Paris und in die Schweiz und regelmäßig an den Strand von Riccione an der Adria. Dort trafen wir meist italienische Geschäftsfreunde meines Vaters, die dort Häuser besaßen, sodaß die Tage außerordentlich lustig dahinflogen. Mama verbrachte viele Stunden des Tages im schattigen Hotel, da sie die Sonne schlecht vertragen konnte, aber meine Schwester und ich konnte man überall suchen und finden: auf Segel- oder Ruderbooten, am Strand, in Gärten oder auf Wiesen und bei Freunden. Nach dem Abendbrot durften wir Eis essen gehen und Glühwürmchen beobachten.

In Riccione verbrachte der damalige Diktator Italiens, Benito Mussolini, seine Badeferien. Umkreist von Detektiven, konnten wir ihm beim Schwimmen zusehen. Mir war er nicht unbekannt, denn er kam öfters nach Mailand und besuchte bei der Gelegenheit die faschistische Jugendorganisation der „Piccole Italiane". Meine Eltern hatten mich aus Dankbarkeit gegenüber dem Gastland in diese Gemeinschaft eintragen lassen, zumal sie unpolitisch war, aber patriotisch auf italienisch. Das bedeutete, daß man fröhliche Volkslieder sang und immer erklärt bekam, daß das große, schöne Italien von einem mächtigen, klugen, weitsichtigen Mann regiert wurde! Wenn dieser mächtige Mann uns für wenige Minuten besuchte und ein paar Worte sagte, fanden wir ihn eindrucksvoll und waren tagelang aufgeregt nach seinem Auftritt. Daß er schon damals ein megalomanisch lächerliches Gehabe (auch äußerlich) an sich hatte, übersahen wir in der Erregung völlig! Es ließ sich ja in Italien so herrlich leben, in geordneter Sicherheit, so dachte man! Wenn wir dieses Land verglichen mit den gespenstischen

Nachrichten, die aus Rußland zu uns sickerten, dann kannte unsere Dankbarkeit keine Grenzen. So war ich froh und fühlte mich wohl im Kreise der „Piccole Italiane“ als kleine Griechin.

Über russische Freunde hörten wir, daß mein Onkel sich in Moskau drei Monate lang vor Gericht rechtfertigen mußte wegen „bourgeoiser Vergehen“ während seiner Mailänder Zeit. Mein Vater wurde gleichzeitig zum sowjetischen Konsul geladen. Umsichtigerweise verständigte er die italienische Polizei und bat einen exilrussischen Freund, Herrn Seferian, vor dem Konsulat auf ihn zu warten. Sollte er sich in Gefahr befinden, hätte er am Fenster Seferian ein Zeichen gegeben und dieser hätte die Polizei alarmiert. Wie berechtigt die Befürchtungen meines Vaters waren, stellte sich sehr bald heraus. Der damalige Konsul empfing ihn freundlich, stellte ihm jedoch bald ultimative Forderungen: 1. Einstellung jeglichen Kontaktes zu allen Verwandten in Rußland und der Versuche, diese freizukaufen. 2. Mein Vater sollte sich von sowjetischen Geschäften zurückziehen, obwohl unterschriebene Kontrakte vorlagen. Als mein Vater zu beiden Punkten entschieden nein sagte, veränderte der Konsul radikal den Ton. Aus einer Schublade entnahm er einen Revolver, klingelte nach zwei Gehilfen und drohte brüllend, daß er andere Methoden kenne. Mein Vater wagte sich — so ruhig er konnte — ans Fenster. Seferian sah und handelte sofort. Der Konsul riet meinem Vater mit erhobener Pistole, aus dem Fenster zu springen, denn solche „Unfälle“ gäbe es jeden Tag. Als mein Vater ihm ruhig mitteilte, daß die italienische Polizei bald da sein würde, durfte er das Gebäude sofort verlassen. Mein Vater hatte wenige Wochen zuvor 30.000,— Lire in US-Dollar beim Sowjetischen Konsulat deponiert, um die Ausreise seines Bruders samt Familie zu ermöglichen. Es stellte sich sehr bald heraus, daß dieser sowjetische Erlaß eine Falle war. Das Geld von vielen Exilrussen wurde nie zurückerstattet, während die Ausreisewilligen in Rußland verhaftet wurden. Wir hörten nach und nach, daß alle unsere Verwandten zu irgendeiner Zeit entweder inhaftiert wurden oder ihre Arbeitsstellen verloren. Direkte Hinrichtungen hat es in unserer Familie nicht gegeben. Nach dem Prozeß wurde mein Onkel pensioniert, bekam eine Dreizimmerwohnung in Moskau und durfte sogar eine Genossin Gehilfin beschäftigen (zu deutsch: Hausgehilfin). Ein österreichischer Freund, der nach Moskau reiste, durfte die Familie besuchen und brachte auch Nachrichten von den restlichen Verwandten. Die jüngste Schwester meines Vaters hatte mittlerweile den höchsten sowjetischen Beamten in der Mandschurei geheiratet und führte ein behagliches, interessantes Leben. Ansonsten waren die anderen männlichen Familienmitglieder zu Nachtwächtern und Boten degradiert und lebten enteignet und in totaler Armut und Angst. Das waren die letzten, schmerzlichen Lebenszeichen, danach waren wir abgeschnitten und für immer getrennt. Als ich 1967 zum ersten Mal nach Rußland reiste, wurde mir jegliche Auskunft verweigert, als ich in Moskau und Kiew durch Intourist zu recherchieren versuchte.

In Mailand fühlten wir uns geborgen und wurden von unseren italienischen Freunden sehr verwöhnt. Mein Vater nahm wieder seine liebe Gewohnheit auf und ritt fast täglich. Ein Opernabonnement (Scala) und ein Konzertabonnement, beide von exzellenter Qualität, sorgten für regelmäßige kulturelle Höhepunkte.

Da meine Schwester sich einem orthopädischen Eingriff unterziehen mußte, reisten meine Mutter und ich nach Berlin zu Professor Gocht, einem weit über Deutschlands Grenzen bekannten Chirurgen. Durch den Besuch der deutschen Schule in Mailand war ich inzwischen philogermanisch orientiert und freute mich außerordentlich, in die Hauptstadt reisen zu können. Frau Kahan, geborene Landau, empfing uns fürstlich im Schoße ihrer Familie. Wir verbrachten mehrere Wochen in ihrem Haus am Kurfürstendamm, während wir auf die Genesung meiner Schwester warteten.

Kahans hatten im Gegensatz zu uns immer in Reichtum gelebt. Ihre ausländischen Niederlassungen, gepaart mit scharfem geschäftlichem Weitblick, hatten es ihnen ermöglicht, die Erschütterungen der Revolution gut aufzufangen. Wie so oft bei Familien, die seit vielen Generationen in finanzieller Sicherheit gelebt hatten, war ihr Lebensstil elegant und dennoch bescheiden. Sie lebten bewußt im karitativen und ideologischen Sinn. Schon damals, Anfang der dreißiger Jahre, waren sie wichtige Mitglieder der zionistischen Bewegung und spendeten beträchtliche Summen für deren Ziel. Die jüdischen Bräuche und Traditionen wurden im Hause minuziös gepflegt und eingehalten. Für mich — offen und liberal erzogen — war es eine neue, zwar komplizierte, aber faszinierende Welt. Schon die koschere Küche war ein neues Erlebnis, die täglichen Gebete und die festliche Tafel am Freitagabend ermöglichten mir, am jüdischen Bewußtsein teilzunehmen. Aber der Zufall wollte, daß wir auch auf dieser Ebene Besonderes erleben sollten. Chaim Weitzmann, der spätere Gründer des Staates Israel, kam zu Kahans zu Besuch, da sie befreundet waren. Nicht nur durfte ich ihn kennenlernen, sondern hatte den Vorzug, an einem Freitagabend die von ihm zelebrierten Riten und Gebete mitzuerleben, an einer so festlichen Tafel, daß ich überaus beschäftigt war, zu versuchen, alle Einzelheiten aufzunehmen und zu verkraften. Die geschichtliche Feierlichkeit der Stunde war mir instinktiv bewußt und ließ mich verstummen vor Erregung, die sich erst recht nicht lockern konnte, als Frau Kahan mich bei Tisch ansprach: ,,Vergiß diese Stunde nie, Kind. Wir haben bei uns den Mann, der das Schicksal der Juden verändern wird, indem er ihnen eine Heimat in Israel ermöglichen wird.'' Ich suchte in meinem surrenden Kopf nach einer ähnlich wichtigen Persönlichkeit, nach all den deutschen und französischen Geschichtsstunden meinte ich, schon so viel zu wissen. Es fiel mir immer wieder nur Napoleon ein, und den konnte man wahrhaftig nicht mit Weitzmann vergleichen. So entschloß ich mich schließlich, ihm intensiv zu lauschen und mich für immer an ihn zu erinnern. Wir kehrten erfüllt und glücklich nach Mailand zurück. Professor Gocht hatte an meiner Schwester eines der vielen Kunstwerke seiner Meisterhand vollbracht und gab uns eine liebenswerte, tüchtige Krankengymnastin mit, Schwester Gottliebe, zur Weiterbehandlung und Genesung. Schwester Gottliebe verbrachte mit uns drei Monate, machte aus meiner Schwester ein volleinsatzfähiges, sportliches Fräulein und wurde logischerweise unsere Freundin. Professor Gocht, der Unnahbare, ließ es sich nicht nehmen, uns in Mailand zu besuchen. Daß er bei uns sehr gefeiert wurde und schließlich nur noch als Onkel Gocht angesprochen werden wollte, erstaunt wohl auch nicht weiter. Weil meine Schwester nun vollkommen gesund war, konnte sie auch eine Schule besuchen, anstatt zu Hause in allen Fächern unterrichtet zu werden. Auch sie kam auf die deutsche Oberrealschule. Es gelang ihr tatsächlich, die Schwierigkeiten der Sprache und die Umstellung von der französischen auf die deutsche Mentalität verhältnismäßig leicht zu überwinden. Während es offensichtlich war, daß wir beide musische Veranlagungen hatten, konnte sie durch Fleiß auch die wissenschaftlichen Fächer meistern. Bei mir halfen leider weder Fleiß noch Verzweiflung und auch viele Tränen nicht.

Meine Mutter hatte es mit ihrer liebenswürdigen Art geschafft, meinen damaligen Mathematiklehrer zu überreden, mir zu Hause Nachhilfe zu geben — was offiziell nicht gestattet war. Herr Lange war einer der wenigen Mathematiker mit ausgeprägtem Humor. Diesen versuchte er bei unseren Nachhilfestunden voll einzusetzen und mir mit einer gewissen Heiterkeit über die Klippen zu helfen. Auch dieses Rezept versagte kläglich bei meiner völlig fehlenden mathematischen Begabung. Ein gewisser Schlote und ich waren wohl die größten Mathematikidioten der Klasse. Um meine Versetzung in die 10. Klasse nicht fatal zu gefährden, beging Herr Lange eine zweite Sünde, denn er hatte, o staune!, viel übrig für Mädchen, die in Mathematik wie traurige Monde auf die Tafel stierten (seine Formulierung). Besagter Herr Lange brachte mir eines Nachmittags die Aufgaben für die nächste Klassenarbeit und ging sie mit mir systematisch durch. Ich wußte, daß ich wieder einmal nichts verstanden hatte. Die ganze Nacht habe ich im Bett gesessen und die vier langen Aufgaben auswendiggelernt und entwickelte dabei eine ausgeprägte Phobie für Zahlen und ihren Anspruch auf Logik. Diese Phobie besteht ungebrochen und unabgenutzt noch heute. Es gab nur zwei Einser für diese Klassenarbeit: unser Mathematikgenie von Weiss und ich waren die brillanten Auserwählten. Es gab Tumulte in der Klasse, und die Schlauen begriffen den Grund dieses einmaligen Wunders. Herrn Lange blieb nichts anderes übrig, um sich selbst zu retten, als mich anzuschreien vor der Klasse. Ich sei ein Faulpelz, der im Grunde könnte, wenn er nur wollte. Mir war hundeelend zumute, denn wieder einmal hatte ich es falsch gemacht. Dieses Mal war ich zu gut gewesen. Zu Hause tröstete er mich dann. Auf krumme Art war meine Versetzung gerettet, und darauf kam es schließlich an. Denn, wie Lange meinte, würde ich sowieso früh heiraten und mein Mann würde meine Dummheit verzeihen, denn nichts war scheußlicher in seinen Augen als ein mathematikbegabtes Mädchen!

Als Hitler an die Macht kam, wurde Lange erst Nazi und anschließend Leiter der deutschen Schule in Budapest. Bald darauf verunglückte er tödlich auf der Straße. Er wurde von einem Lastwagen überfahren und war sofort tot. Trotz seiner braunen Uniform denke ich mit Dankbarkeit und Heiterkeit an ihn zurück.

Nach der Einschulung meiner Schwester kam noch mehr Leben in unsere Wohnung. Da Lydia sieben Jahre älter ist als ich, verkehrten bei uns Freunde praktisch aller Altersgruppen. Nach den Schularbeiten ging es hoch her. In unserer Schule war die Lehrerschaft verhältnismäßig international ausgerichtet, dennoch müssen meine Schwester und ich als ziemlich bunte Vögel aufgefallen sein. Es begann schon mit den Broten, die wir in der großen Pause verspeisten. Da alle unsere Freunde, aus Rumänien oder aus Paris, uns mit großen Kaviarmengen verwöhnten, bekamen wir Kaviar auf die Brote geschmiert anstatt Wurst oder Eier oder Marmelade wie alle normalen Kinder. Die erste Zeit war ich von staunenden Kindern umkreist, die erschrocken meinten: „Nedda ißt gepreßte Fliegen mit ihrem Brot." Bis ich allen beigebracht hatte, was Kaviar ist, verging einige Zeit, und oft war es peinlich, so selbstverständlich luxuriös zu sein. Auch Halwa wurde erst von uns Schwestern in die Schule eingeführt und trug zusätzlich dazu bei, uns als exotische Geschöpfe zu kennzeichnen. Dazu kam meine Freude an neuen Röcken, Blusen und Kleidern. Lydia und ich stahlen voneinander alles, was wir schön fanden, von Gürteln bis zu Tüchern. So ergab es sich, daß wir vielseitig und chic gekleidet waren. Die ersten bewußten Jungenblicke richteten sich auf uns, und einige weckten eine angenehme Unruhe in mir. Wie es meiner wesentlich älteren Schwester dabei erging, entzieht sich meiner Kenntnis, denn mit mir Kleinen sprach sie nicht darüber. Überhaupt wurde über „derartige Dinge" zu Hause nie gesprochen. Trotz der ausgezeichneten Beziehungen zu meinen Eltern gab es auf beiden Seiten eine eindeutige Scheu. Wie konnte es sexuelle Aufklärung geben, wenn ich nicht einmal ahnte, was Sex ist? Es sollte noch einige Zeit dauern, bis ich mich dazu durchrang, eine Schulfreundin darauf anzusprechen. Weil sie selbst nur etwas mehr als ich wußte, kam nicht sehr viel dabei heraus, und es verunsicherte mich zusätzlich. Da ich inzwischen verschiedene Liebeszettel und feurige mündliche Erklärungen erhielt, schwamm ich in ziemlichem Aufruhr und totaler Unsicherheit durch dieses Neuland, das sich so plötzlich vor mir öffnete. Sollte ich mich küssen lassen, oder bedeutete solche Schwäche eine unabsehbare Gefahr? Ganz schreckliche Probleme, für die ich dringend Hilfe brauchte. Trotz meiner Unwissenheit entflammte ich ganz überraschend für einen Klassenkameraden meiner Schwester. Jede freie Minute verlor ich mich in undefinierbaren Wunschträumen, die ich nicht weiter präzisieren konnte. Eines wußte ich genau: ich wünschte ihn einmal allein zu treffen. Wie groß war meine Überraschung, als er eines Abends an meiner Zimmertür klopfte, sich auf die Bettkante setzte und sich mit mir unterhielt. Ich vergaß alles um mich und muß ihn völlig verstört betrachtet haben, voller erschreckender neuer Gefühle. Wolf, so hieß dieser von mir umschwärmte Jüngling, meinte, ich sei plötzlich ein hübsches Mädchen geworden und wie schnell die Zeit vergangen wäre. Stumm und atemlos, konnte ich nur lauschen. Wir verabredeten uns zu einem Spaziergang für den nächsten Tag. Er führte mich zu sich nach Hause und zeigte mir seine schönen Bücher in seinem Schlafzimmer. Dumpf und bange schoß mir durch den Kopf, daß Wolf etwas Ungutes mit mir vorhatte, zumal niemand im Hause war. Wegen meiner Angst wirkte ich wohl zu verschüchtert auf meinen Kavalier, der mich ritterlich und rein nach Hause brachte. Am nächsten Nachmittag, dem ich entgegengefiebert hatte, gingen wir gemeinsam ins Kino. In der Dunkelheit wurde Wolf vertraulicher und legte einen Arm um meine Schultern. Ich dachte, das höchste Glück im Leben erreicht zu haben, und murmelte ihm etwas Zärtliches zu. Ein 20jähriger schöner Mann liebte mich kleines Mädchen, dessen war ich nun sicher und schloß vor Glück die Augen. Unerwartet glitt seine Hand in meinen Ausschnitt, und das ganze Glück zerschellte rasch, denn Wolfs erfahrene Hand fand nicht, was er suchte, das sagte er auch klar und deutlich: „Dein Busen ist noch zu klein, das mag ich nicht. Wir müssen noch ein Weilchen warten, bis du älter bist." Wie konnte ein Mann nur so herzlos sein? Ich versuchte, nicht zu heulen und kühl zu bleiben. Wir verließen das Kino, und Wolf brachte mich nach Hause. Irgendwann später am Abend hörte ich, wie er meiner Schwester sagte, ich müßte schleunigst aufgeklärt werden. Daraus entnahm ich, daß meine Schwester wohl bereits Geheimnisse kannte, die mir immer noch verborgen waren. Ich schmiß mich auf das Bett und heulte mich in den Schlaf. In der nächsten Zeit wagte ich Wolf weder anzuschauen, geschweige denn zu grüßen und wunderte mich darüber, daß so viel gemeinsames Unglück an ihm offensichtlich spurlos vorbeiging. Ich konnte auch leider kein rasches Wachstum meiner Brüste feststellen und fürchtete, daß Wolfs Geduld kaum reichen würde. Wie sollte ich jemals wieder glücklich werden?

Die Geschäfte meines Vaters florierten weiter, obwohl in veränderter Form. Die sowjetische Regierung hatte die Verträge mit Italien aufgekündigt und somit auch meinen Vater als Mittelsmann ausgeschaltet. Zwei italienische Anwälte übernahmen die Interessen meines Vaters und eröffneten einen langwierigen schwierigen Prozeß, den mein Vater nach ungefähr fünf Jahren gewann. Die Sowjets zahlten allerdings nur einen Teil ihrer Schulden und — soweit ich mich erinnere — keine Zinsen. Im Grunde war es im Endeffekt mehr oder weniger eine moralische Genugtuung. Mit der letzten, nunmehr abgebrochenen geschäftlichen Verbindung endete für uns jeglicher Kontakt zu Rußland. Dieses unser Land gehörte unserer Vergangenheit an und lebte lediglich in unseren häuslichen Sitten und in unserer Lebensweise weiter. Ansonsten waren wir dabei, uns zu italianisieren, allerdings immer noch als griechische Staatsangehörige.

An einem Sommerabend kam Papa in besonders froher, ja festlicher Stimmung aus dem Büro. Er hatte für uns drei Frauen wunderschöne Geschenke mitgebracht. Mama bekam eine herrliche Kroko-Reisetasche mit gesamtem eingebautem Zubehör, Anzünder, Puderhose usw. Lydia erhielt ein Armband und ich eine Traumuhr aus Gold und Smaragden. Auch für Geschenke fehlte meinem Vater nie die Fantasie, wenn er nur die nötigen Finanzen hatte. Er liebte es, entweder groß oder gar nicht zu überraschen, Kleinigkeiten waren ihm zuwider. Um wohl im Rahmen der Größe dieser Freuden zu bleiben, eröffnete er uns, daß wir in der Villa d'Este am Como See dinieren würden. Da in dieser Nobelherberge damals abends im Restaurant Gesellschaftsanzug Zwang war, zogen wir uns alle hübsch an und fuhren hin. Bei Tisch eröffnete uns Papa auf die Fragen meiner Mutter nach dem Grund dieses unerwarteten festlichen Abends, daß er eine Seifenfabrik an dem Tage gekauft habe, und das mußte natürlich begossen werden. Da meine Mutter meistens vor ähnlichen Abschlüssen weder informiert noch konsultiert wurde, war es für sie eine echte Überraschung, und es blieb ihr nichts anderes übrig, als zu hoffen, daß es auch eine glückliche sein würde.

In dem Sommer fuhren wir nicht nur wie üblich nach Riccione, sondern im September unternahmen wir auch eine herrliche Kreuzfahrt, von Genua startend, nach Spanien. Ich freute mich ganz besonders darüber, daß die peinlichen Begegnungen und der ganze

Liebeskummer mit Wolf eine wohltuende Unterbrechung erfahren würde, denn er fuhr fort, in unserem Hause zu verkehren, und schien weiterhin lebensfroh zu sein, während ich abwechselnd von ihm träumte und ihn haßte.

Die Reise nach Spanien stand wohl in jeder Hinsicht im Zeichen eines Glückssterns. Das Wetter war gleichmäßig sommerlich, und das Leben an Bord war so vielseitig und aufregend, daß mir die Nächte in der Kabine leid taten. Besonders die Schwimmbäder waren eine große Freude, und man lernte so viele nette Menschen kennen. In Spanien unternahmen wir viele interessante Landausflüge, u. a. nach Barcelona und Valencia. Wir besuchten Kirchen, Museen und Restaurants, kauften ein und kehrten überglücklich wieder an Bord zurück. Nach so einem übermütigen Tag sprang ich voller Freude ins Schwimmbad. Zu meiner allergrößten Überraschung sagte eine männliche Stimme zu mir: ,,Fräulein, Sie haben vergessen, Ihre schöne Uhr abzunehmen!" In der verzweifelten Hoffnung, daß nicht ich gemeint war, warf ich einen Blick auf mein Handgelenk: tatsächlich, da war das Prachtstück! Starr vor Entsetzen, bemerkte ich kaum, wer der aufmerksame Mensch war, der mich angesprochen hatte. Ich nahm die Uhr ab und stellte fest, daß sie bereits stand. Verzweiflung packte mich, aber dieselbe gütige Stimme bot mir an, sich schleunigst um die Uhr zu kümmern, denn er hätte Zugang zu allen Räumen an Bord und zu der gesamten Mannschaft. Er wolle schnellstens das Möglichste versuchen. So lernte ich Danilo kennen, die erste große Liebe meines Lebens, für den es sich lohnen sollte, eine so wertvolle Uhr zum ewigen Stillstand zu bringen. Ich war knapp sechzehn Jahre alt, ein ahnungsloses Kind, als ich diesen prächtigen Sohn eines hohen italienischen Marine-Offiziers auf meine schicksalsträchtige Art kennenlernte. Danilo war zur Zeit fast 21, erstaunlich ausgewogen, zielstrebig und lebensnahe für sein Alter. Seine Eltern lebten getrennt, was für damalige italienische Verhältnisse fast skandalös war. Sein jüngerer Bruder Mirko ging noch zur Schule. Die Familie stammte aus Genua, einer Stadt, die durch ihre strenge, sparsame Lebensart bekannt ist. Danilo teilte kaum die Leidenschaft seines Vaters zum Meer. Hinter seiner disziplinierten Fassade brannte eine ausgeprägte Abenteuerlust. Schon auf dem Schiff in spanischen Gewässern wurde er nie müde, mir von Afrika zu erzählen. Er arbeitete in den damaligen italienischen Kolonien, präziser hauptsächlich in Mogadischu, wo der Hauptsitz war. Danilo befand sich auf kurzem Heimaturlaub, den er zum Teil auf dem Schiff in Begleitung seines Vaters verbrachte. Wenn ich Danilos Worten an Deck lauschte — wir fanden immer ein stilles Eckchen — und ihn betrachtete, so überkam mich Ruhe und unendliche Zärtlichkeit. Er war so wunderschön, wirkte gleichzeitig zuverlässig und ungeheuer wohltuend. Im Gegensatz zu Wolf, der mich so sehr verunsichert hatte, verspürte ich das Bedürfnis, meine Hand in Danilos Hand zu legen und so zu verweilen. Ich tat es auch und wunderte mich gar nicht, daß er sie selbstverständlich umklammerte und festhielt. Mit ihm war immer alles selbstverständlich, ausgewogen und dennoch voller Glut. Meine Unaufgeklärtheit und kindliche Unerfahrenheit bereiteten mir keine Sorgen mehr. Bei ihm — das wußte ich instinktiv — war ich bestens aufgehoben. Er liebte mich innig, sofort und paßte gleichzeitig auf mich auf. Wir tauschten am Ende der Reise unsere Adressen aus und waren sicher, daß wir nur geografisch getrennt sein würden. Natürlich hatte ich Danilo meiner Mutter vorgestellt und war überglücklich, zu hören, daß auch sie einen exzellenten Eindruck von ihm hatte.

Mein Leben in Mailand verlief nach der Reise irreal. In Gedanken war ich immer noch auf dem Schiff und bei Danilo. Ich trug immer noch meine Uhr, die mir nun besonders lieb geworden war. Sie zeigte ja fast auf die Minute genau, wann ich den herrlichsten Mann Italiens kennengelernt hatte. Es war im Herbst 1936. Vieles deutete darauf hin, daß wieder einmal die Politik dabei war, Menschenschicksale zu verändern. Davor hatten wir Sorge, gebrannte Kinder, wie wir waren! Mussolini, teils aus innenpolitischen Gründen und hauptsächlich von megalomanischem Wahn getrieben, hatte sich auf Abessinien gestürzt und sich dort in einem Kolonialkrieg engagiert. In Italien wurde ein künstliches patriotisch fieberndes Klima aufgepeitscht. Es gab täglich faschistische Versammlungen im ganzen Land, die mit Hymnen und Haßliedern gegen den äthiopischen Kaiser endeten. Sogar unsere ehemalig gemütliche Mädchenorganisation erhielt völlig neue, kämpferische Parolen. Als wir wieder einmal dem Duce präsentiert wurden, nunmehr als „Giovani Italiane", staunte ich über die offensichtliche Veränderung dieses Mannes. Er war lächerlich bombastisch geworden, spielte den grenzenlos Sicheren, Unfehlbaren und versprach uns ein großes, starkes autarkes Italien nach dem Sieg über die unterentwickelten Abessinier. Vor Schreck vergaßen wir, zu applaudieren, und wurden angehalten zu singen. Ich entschloß mich, meiner „faschistischen Karriere" ein jähes Ende zu setzen, denn Kampf, Haß und Krieg waren mir fremd und drängten mich in glühende Opposition. Diese Einstellung brauchte der Duce nicht, geschweige von einer Griechin, die seinerzeit freiwillig in die Organisation eingetreten war.

Wir bekamen immer mehr zu spüren, daß in Deutschland Hitler an der Macht war und nicht nur Menschen vernichtete, sondern auch Europas Geografie radikal veränderte. Viele deutsche Juden flüchteten nach Italien, einige kamen hilfesuchend zu uns. Es stellte sich heraus, daß in der Schweiz Adressen gehandelt wurden von spendenfreudigen Juden in Italien. Ich brauche kaum zu erwähnen, daß mein Vater auf dieser Liste besonders empfohlen wurde. So erklärt es sich, daß der Strom der Menschen, die zu uns fanden, unaufhörlich wuchs. Nicht immer ist man damit gut gefahren, es gab auch Scharlatane. In unserer so harmonischen Schule veränderte sich die Atmosphäre langsam, aber unaufhaltsam. In jedem Klassenzimmer wurde ein Bild des Führers aufgehängt. Man hatte mit „Heil Hitler" den Lehrer beim Eintritt ins Klassenzimmer zu begrüßen, und das Deutschlandlied wurde durch das Horst-Wessel-Lied gänzlich überstimmt. Es kamen neue Lehrer aus Berlin, mit dicken Hakenkreuzen geschmückt. Rebellisch, wie ich war, grüßte ich auf normale Weise, sang nicht die Nazi-Hymne und legte mich mit den neuen Lehrern an. Es ergaben sich fast tägliche Zwischenfälle, die mir nach und nach die Schule verhaßt machten. Fast alle Ausländer verließen das Gymnasium, ich sollte, so kurz vor dem Abitur, versuchen auszuharren. In dieser Zeit wartete ich mehr denn je auf Danilos Briefe, die pünktlich und beständig ankamen. Schließlich kündete Danilo seinen ersten Besuch in Mailand an. Dieses Gefühl soll man sich vorstellen: ein Mann reiste extra aus Afrika nach Mailand, um mich zu sehen! Mein Selbstbewußtsein wuchs, und ich versuchte, irgendwelche Tricks zu erfinden, um die Tage bis zu seiner Ankunft zu überleben. Professor Michot klagte über meine mangelnde Konzentration, und in der Schule schwänzte ich hauptsächlich den verhaßten Turnunterricht, der sich zu einer paramilitärischen, strengen Akrobatik entwickelt hatte. Was für ein Glück, daß ich zum Trost die Süße und die Glut von Danilos Gefühlen hatte!

Am Tage seiner Ankunft durfte ich ihn nicht am Bahnhof empfangen; es gehörte sich nicht. Als er endlich an der Tür erschien, mußte ich kühl bleiben, denn die ganze Familie war versammelt. Gott, was war er zauberhaft! Ich war mittlerweile dermaßen verklemmt durch das Anstandsplaudern im Schoße der Familie, daß ich mich schließlich fragte, ob wir uns wirklich liebten. Wie konnte Danilo so charmant und ruhig sich mit allen unterhalten, während mir der Kopf brannte, die Hände feucht waren und der Magen schmerzte? Aber Danilo, das sollte sich immer mehr herausstellen, benahm sich in jeder Situation perfekt und selbstverständlich. Als wir uns an dem Nachmittag schließlich für ein Weilchen in mein Zimmer zurückziehen durften, wußte ich fast nichts zu sagen und saß steif mit ihm auf dem Sofa, völlig erschöpft und befangen. Als endlich Danilo erst meine Hand nahm und mich dann um einen Kuß bat, begann sich so etwas wie eine Natürlichkeit anzubahnen. Er blieb eine Woche in Mailand, wohnte in einer Pension und verbrachte die Tage bei uns. Ein junger Mann, der sich so verhielt, galt für die damaligen italienischen Verhältnisse als angehender Verlobter.

Kurz vor seiner Abreise sprach er mit meinen Eltern darüber, daß er in zwei Jahren in der Lage sein würde, eine Familie zu gründen, und schaute mich dabei bedeutungsvoll an. Ich hätte ihn am liebsten auf der Stelle geheiratet, die verhaßte Schule natürlich verlassen, um mit ihm in Afrika zu leben und alle Abenteuer und Gefahren mit ihm zu teilen. Einstweilen sollten erst seine Mutter und dann sein Vater uns besuchen. Meine Eltern waren sehr zufrieden.

Wenn das Leben nach einer logischen Wahrscheinlichkeitsregel ablaufen würde, so hätte man zu diesem Zeitpunkt folgern können, daß wir nun alle eine gewisse Stabilität erreicht hatten und, wenn wir gesund geblieben wären, auch ein großes Maß an Glück empfangen dürften. Denn für uns alle sah die Zukunft so vielversprechend aus, und die Prüfungen waren bewältigt worden. Meine Schwester hatte ihr Abitur mit Auszeichnung für ihre deutschen Kenntnisse bestanden. Allerdings mußten wir mit ihr kurz nach Berlin, weil sie sich beim Abiturball ein Bein brach. Onkel Gocht brachte den Schaden wieder in Ordnung. Berlin hatte sich sehr verändert. Zackige Stiefelschritte hallten durch die Straßen, viele braune Uniformen waren zu sehen. Plötzlich hatten in meinen Augen viele Deutsche neue Gesichter erhalten. Verbissen, starr und undurchdringlich. Wo war meine heile deutsche Welt geblieben, die ich als Kind auf der Schule zu lieben gelernt hatte? Ich wollte nicht glauben, daß unser Michot recht haben sollte, wenn er so feindselig mich im Laufe der Jahre den „Boches" entreißen wollte, um mich für die gallische Seite zu gewinnen. Unsere Verwandten in Berlin, Kahans, malten ein düsteres Bild von der Zukunft. Sie liebten Berlin und hatten sich dennoch entschlossen, Deutschland zu verlassen, um nach Paris zu gehen. Umbruchsstimmung unter diesen Voraussetzungen ist eine lähmende Stimmung. Bekümmert kehrten wir nach Mailand zurück in der Illusion, daß uns in unserer neuen Heimat wenig passieren könnte. Die antisemitischen Tiraden zumindest wären in Italien undenkbar, denn erstens sind die Italiener auf solchen Haß schwer zu indoktrinieren und zweitens gab es in Italien nur 40.000 Juden. Außerdem hatte sich Mussolini öffentlich als Judenfreund bekannt und trug damit zu unserer Beruhigung bei. Stattdessen blieben uns ganze zwei Jahre Zeit, bevor wir wieder einmal alles verlassen mußten. Der logische Ablauf des Schicksals war, in unserem Falle wenigstens, eine völlig falsche Einschätzung. Gegen diese Schwäche haben wir nie gelernt, uns zu schützen und haben so schlecht begreifen können, warum unser Leben eine große Wanderung mit Unterbrechungen sein mußte. Aber 1936 versuchten wir entschlossen, das Erreichte zu bewahren und die politischen Hiobsbotschaften so gut es ging zu ignorieren.

Meine Schwester hatte den Auserwählten ihres Lebens kennengelernt, den Medizinstudenten Walter Fantaguzzi. Sobald er seine Doktorarbeit in der Tasche haben würde, wollten sie heiraten. Inzwischen konnte sie nur von Walter sprechen, von Walter schwärmen und um Walter herumleben. Sie fiel mir entsetzlich auf die Nerven, hauptsächlich vermutlich, weil ich neidisch war. Denn ich, wie konnte man mit 16 anders empfinden — glaubte den ganzen Kummer dieser Welt auf meinen zarten Schultern nicht tragen zu können. Mußte ich nicht eine abscheuliche Schule besuchen, wo ich immer größere Schwierigkeiten hatte, mich zu behaupten? Mußte ich nicht meist getrennt von Danilo leben und mich mit seinen Briefen begnügen? Mußte ich nicht die meisten deutschen Freunde verlieren, weil ich Jüdin war? Neue Aspekte, die mir nicht in den Kopf wollten. Hatte doch Großväterchen mir eine Welt vorgelebt, die voller Sonnenschein war und wo es wert war, vergnügt durch blühende Blumen zu streifen? Wo waren die Blumen, und vor allen Dingen, wo blieb die Sonne? Großväterchen würde mir jetzt alles erklären, wenn er da wäre ... Lydia hatte zu nichts Zeit, absolutistisch wie sie war, lebte sie nur als Walters Satellit. Mama und Papa waren so bekümmert, daß ich sie nicht weiter belasten wollte. Blieb Monsieur Michot, der aber, als ich ihn am meisten brauchte, mir den größten Kummer bereitete. Betagt, gealtert und geschwächt, war er immer noch tagtäglich bei uns erschienen, bereicherte uns mit seinem Wissen und mit seiner Anwesenheit. Wann hatte er angefangen, ein Stück von uns zu sein? Plötzlich erkrankte er mitten im Sommer an einer Lungenentzündung. Eine typische Absurdität von ihm. Innerhalb einer Woche war er tot, physisch tot, denn was er uns hinterlassen hatte, war nicht mehr wegzudenken. Die Blumen der heiteren Welt schwanden, die Wüste griff um sich.

Obwohl — oder vielleicht gerade weil alles um uns sich so rasch und makaber veränderte, waren wir außerordentlich bemüht, das, was sich an Erfreulichkeiten bot, aus vollem Herzen zu genießen. Wir besuchten weiterhin Theater und Konzerte, empfingen Freunde und verreisten. Meine Schwester führte ihre Leihbibliothek, die unser Vater ihr eingerichtet hatte, erfolgreich weiter. Man kann sagen, daß die ,,Biblioteca Moderna" zu einem erlesenen kleinen Kulturzentrum geworden war. Wie der Name es besagt, führte die Bibliothek nur zeitgenössische Schriftsteller und das in fünf Sprachen. Da uns allen die Liebe zur Literatur angeboren ist, war diese Tätigkeit für meine Schwester eher eine Faszination als eine Arbeit, die parallel lief zu ihrer fanatischen Liebe für Walter. Die Wochenenden verbrachten wir oft mit oder bei Freunden am Como See oder am Lago Maggiore, wo damals noch eine entrückte, romantische Atmosphäre à la Alessandro Manzoni zu finden war und wo man die Kraft schöpfen konnte, einen gewissen Grad an Optimismus zu produzieren. Unser Freundeskreis war nunmehr fast ausschließlich italienisch zu unserem großen Glück, denn diese Freunde bewährten sich auf großartigste Weise. Je enger die politischen Ereignisse uns einkreisten, desto näher rückten sie an uns und dachten sich vieles aus, um uns das Leben zu erleichtern und zu verschönen. Ein unerwarteter Sonnenstrahl erleuchtete plötzlich mein eher bewölktes Leben. Danilo mußte nach Rom, um einige Fachprüfungen abzulegen, und ich durfte in Begleitung einer Anstandsdame nach Rom reisen, um ihn zu treffen. Die Anstandsdame war die Witwe eines italienischen Offiziers, die seit Jahren nicht nur unsere Hausschneiderin war, sondern auch eine

Vertrauensperson. Mit ihr wurde ich losgeschickt, mit bangen Blicken und unzähligen strengen Verhaltensregeln, als ob ich mit einem Bein bereits im tiefen Verderben sei. Es galt lediglich, mich vor dem großen Abgrund zu bewahren. Aber was kümmerte mich das alles? Die Realität war so traumhaft schön! Obwohl ich anläßlich einer Reise mit meinen Eltern begonnen hatte, das Schauspiel Rom zu bewundern, jetzt mit Danilo am Arm war alles völlig neu und fast unerträglich schön. Mein Vater hatte in einem sehr schönen Hotel an der Via Veneto für Begleiterin und mich gebucht, die Sonne strahlte und Danilo auch. Ich empfand Rom als die durchaus entsprechende Kulisse für diesen zauberhaften Menschen und für unsere Liebe. Alles war plötzlich wieder selbstverständlich, wie immer an Danilos Seite. Er hatte die große Begabung, Schwierigkeiten zu relativieren und das Glück zu steigern. Trotz Aufpassung war es eine Woche, die man nie im Leben vergessen könnte. Natürlich bestand Danilo die Prüfungen mit Bravour und kam anschließend noch für kurze Zeit nach Mailand, bevor er nach Afrika zurückkehrte. Wir trennten uns in der Überzeugung, daß kein Hitler und schon gar nicht ein Mussolini uns auseinanderbringen könnten. In dieser süßen Überzeugung sprang ich von Himmelswolke zu Himmelswolke und ignorierte die dunklen Schluchten. Zu Hause war es immer noch so schön, voller Leben und Geselligkeit. Meine Schwester und Walter verlobten sich offiziell. Es gab ein rauschendes Familienfest im Hause mit anschließendem Hauskonzert. Eine Scala-Sängerin sorgte für Opernarien und eine grusinische Exilprinzessin für georgische und Zigeunerweisen. Beide wurden exzellent an Mamas Bechstein-Flügel begleitet.

Wer die totalitären Nazi-Systeme in Europa erlebt hat, kann sich erinnern, wie die Einengungen der Freiheit und die daraus resultierenden Katastrophen eine progressive Beschleunigung erfuhren. Es begann alles, jedenfalls in Italien, mit kleinen Hinweisen darauf, daß Italien aus Mussolinis Verschulden immer mehr in die Isolation getrieben wurde, schließlich wurde es durch Sanktionen

Lydia zur Zeit ihrer Verlobung, Mailand 1937
Schwester der Autorin

(im Falle der Aggression auf Abessinien) wirtschaftlich abgewürgt. Da konnte ein neugegründetes Ministerium für Autarkie als Gegenmaßnahme nur dem jeweiligen Minister nützen. Die innenpolitische Situation wurde zunehmend schwierig. Wie meist in solcher verhängnisvollen Lage suchte auch der Duce erst Ablenkungen für das Volk und schließlich neue Verbündete. Zur Zeit kam nur einer in Frage, der Fatalste und Meistgehaßte, sei es vom italienischen Vok wie auch von der Führung: Adolf Hitler mit seinen Konzentrationslagern und seinem militärischen Wahn. Eine so krasse Mésalliance hatten wohl beide Völker nie erlebt. Für Italien bedeutete es einen immer hilfloseren, unterlegeneren Mussolini, in der eisernen Umarmung von Hitler zappelnd, hoffnungslos, ohne Ausweg, bis zur totalen Vernichtung. Es bedeutete auch partielle Auflehnung der italienischen Bevölkerung, die Militarismus gepaart mit Massenkriminalität von der Tradition her haßte, besonders, wenn diese von deutscher, gnadenloser Gründlichkeit geprägt waren. Für uns Juden in Italien bedeutete es bestenfalls ein fiebriges Wettrennen gegen Zeit und wöchentlich neue Gesetze, um in die Freiheit zu gelangen, schlimmstenfalls die Vernichtung durch die Gestapo auf italienischem Boden. Ende 1936 ahnte man, wohin die Wende führte, und dennoch hoffte man auf Zeit und damit auf die Möglichkeit eines Wunders. Der italienische Rundfunk begann damit, Hitlers Reden zu übertragen, der Führer kam auf Staatsbesuch und dinierte beim König, Naziuniformen erschienen im Straßenbild. In Besprechungen mit italienischen Freunden versuchte man sich ein Leben in eventuellen anderen Ländern vorzustellen. Uns jedenfalls erschien es noch unvorstellbar. Aber auch im privaten Bereich mehrten sich die Hinweise. In der Schule wurde die Lage für mich fühlbar unhaltbar. Ich meinte, den täglichen Leidensweg dahin nicht mehr lange durchstehen zu können. Die U I hatte ich mühsam erreicht, als Dr. Hettich, der damalige Direktor, der mich vom ersten Schultag an kannte, mir den Rat gab, die Schule zu verlassen, da ich nicht die geringste Chance hätte, das Abitur zu erlangen, wobei die guten Leistungen keine Rolle spielten. Es war, bei aller Trauer, eine Befreiung für mich. In der Schule gab es weder Ausländer noch Juden zur Zeit, ich war die letzte der Sorte, die dieses Institut verließ. Ich begann einen Intensivkursus in englischer Sprache und wartete ab, was die Entwicklung bringen würde.

Mein Vater mußte sich wieder einmal im Ausland nach Existenzmöglichkeiten für uns alle umschauen. Die erste Orientierungsreise führte ihn nach Paris, wo gute Freunde lebten und eine Bank besaßen. Auch Kahans befanden sich nunmehr in Paris. Da in Italien bereits Devisenausfuhrverbot herrschte, galt es, Möglichkeiten zu finden, um das Geld ins Ausland zu bekommen. Es konnte natürlich nur illegal geschehen. Mein Vater kehrte mit diesbezüglichen Informationen und Adressen zurück und begann mit den ersten finanziellen Maßnahmen, die uns eine spätere Emigration erlauben würde. Ein Teil unseres Geldes befand sich im Ausland, als mein Vater eines Abends in unserer Wohnung von der italienischen Sicherheitspolizei verhaftet wurde wegen Verstoßes gegen die Devisengesetze. Ein Mittelsmann, der für viele operierte, war blind ins Netz gelaufen samt Notizen, die er bei sich trug. Unsere Adresse war dort deutlich zu lesen. Mein Vater leugnete, den Mann zu kennen, was auch stimmte und leugnete beharrlich während der drei Wochen seiner Haft, die er mit Dieben und Verbrechern in einer Zelle verbrachte. Wir zwei Schwestern setzten täglich Papas Anwalt unter Druck, damit er alle Möglichkeiten für die Befreiung in Bewegung setzte. Da wir polizeilich beobachtet und das Telefon überwacht wurde, kann man sich vorstellen, daß wir vor einer sehr delikaten und auch kostspieligen Aufgabe standen. Unser Glück wollte, daß der Anwalt ein prominenter Faschist war und schon den Prozeß gegen die Sowjets für Papa geführt hatte. Er kannte uns und tat alles, was seine Position ihm erlaubte. Meine Mutter war gelähmt vor Sorge und Angst. Ich erinnere mich, daß sie sich während der Wochen die sinnlosesten Beschäftigungen suchte, um die Nerven zu bewahren. Sie stopfte endlose Stunden, kochte Marmeladen, die wir zur Zeit am wenigsten brauchten und räumte jeden Schrank und jede Ecke auf. Plötzlich, wie er verhaftet worden war, wurde uns eines Morgens mitgeteilt, daß Papa gegen Abend wieder frei sein würde. Er mußte eine nicht unerhebliche Strafe zahlen, aber sonst passierte nichts. Als er abends erschien, mit Vollbart und nicht ausgesprochen gepflegt, schloß er seine fast ohnmächtige Frau in die Arme und befahl ein heißes Bad. Sein zweiter Wunsch war ein Fest mit Freunden, gleich am selben Abend. Mit letzter Kraft trommelten wir die Liebsten zusammen, beluden die Tische, öffneten die Flaschen und hatten eigentlich Lust, ins Bett zu gehen, um die Erschöpfung dieser Wochen auszuweinen. Da stießen wir auf völliges Unverständnis bei meinem Vater. Für ihn war es eine der vielen Episoden seines turbulenten Lebens gewesen, aber nun am Abend war alles vorüber und schon vergessen. Das Leben ging weiter und die Freude mußte sein. Er war immer noch unverwüstlich und von eiserner Gesundheit, zum Glück. Nur die Menschen um ihn litten schon manchmal an Abnutzungserscheinungen!

Berücksichtigt man die Ungewißheit der Zukunft und die zermürbende tägliche Realität, so staunt man doch, wieviel Überlebenswillen Menschen aufbringen können. Wir schafften es sogar, das Jahr 1937 in vollster Normalität weiterzuleben, einige Reisen zu unternehmen, Freundesbindungen zu vertiefen und dabei notwendigerweise die Ohren zu spitzen und die Augen weit offenzuhalten. Probleme gab es so viele, daß man größtenteils erstmal nicht daran rührte, so lange es ging. Und, wie gesagt, es ging noch über ein gnadenhaftes Jahr.

Papas Seifenfabrik nahm mehr und mehr die Umrisse einer Seifenblase an, die sich kurz vor der Auflösung befand. Die Maschinen wurden bestmöglich verkauft, also schlecht, und das Experiment „Seife“ wurde ad acta gelegt. Die geschäftlichen Aktivitäten meines Vaters waren ziemlich reduziert worden durch die geringen Im- und Exportmöglichkeiten. Industrielle Investitionen waren in unserem Falle mehr als fragwürdig geworden wegen der politischen Gefahren. So versuchte er sich, nicht ohne Erfolg, an der Börse und im lokalen Handel. Es ging uns nicht schlecht, und schielten wir mal nach Deutschland rüber, so stellten wir fest, daß wir zwar nicht mehr froh sein konnten, aber immer noch hoffnungsvoll!

Für mich persönlich reichte das vergnügliche Wetter bis weit ins Jahr 1938. Die Bindung zu Danilo war ein fester Bestandteil meines Lebens geworden. Immer wieder fand er Möglichkeiten, mich kurz zu besuchen und meinte, wir sollten uns auf jeden Fall verloben. Ich empfand dieses als einen entscheidenden Schritt, der unrealistisch gewesen wäre und uns nichts gebracht hätte. Auch hier galt es, abzuwarten, zumal ich ja noch so jung war und Zeit hatte.

Durch Papas Börsenfreunde lernten wir einige Spitzenrepräsentanten der italienischen Finanz und Industrie kennen. Unser Kreis wurde dadurch sehr bereichert, denn diese neuen Bekannten waren durchweg Persönlichkeiten hoher Qualität: Niveau, politische Integrität und menschliche Großzügigkeit. Später, als wir wieder emigrieren mußten, gaben sie uns mit ihren Beziehungen eine Existenzbasis mit in die Fremde. Einige wenige alte exilrussische Kontakte bestanden immer noch, die meisten lebten in Paris und besuchten uns auf ihren Zwischenstationen unterwegs nach Rumänien. Mit von der Partie waren die Brüder Litvak. Anatol war ein weltberühmter Regisseur geworden. Die Unterhaltungen mit ihm waren geradezu aufregend. Er war hauptsächlich in der amerikanischen Filmwelt zu Hause, nahm uns aber einmal mit nach Cinecittà, wo wir alles zu sehen bekamen als wären wir Insider.

Es war, alles in allem, eine fruchtbare Phase, die meinen Horizont und meine Interessen erweiterte. Zwar hing ich ausbildungsmäßig völlig in der Luft, dafür war ich vom schulischen Trauma befreit, was meiner geistigen Entwicklung zugute kam. Ich lernte fleißig Oxford-Englisch und half in der Leihbibliothek mit. Meine Tage waren ausgefüllt und relativ beglückend, denn die Freundschaften waren so mannigfaltig und vielseitig, daß ich praktisch in einer ständigen Euphorie lebte und diesbezüglich vielleicht zu sehr verwöhnt wurde. Eines Abends lernte ich bei Bankfreunden den Sproß einer der größten italienischen Industriellen-Familien kennen. Vittorio, ungefähr dreißig Jahre alt, beeindruckte mich durch seinen wortkargen Ernst und durch den intensiven, intelligenten Blick. Er war von kleiner Statur, dunkelhaarig und schien Fröhlichkeit nicht zu kennen. Da er die meiste Zeit neben mir saß und sich mehr oder minder nur im Telegrammstil unterhielt, kam ich zum Schluß, daß ich ihn zu Tode langweilen mußte und konzentrierte mich für den Rest des Abends auf andere. Um so größer war meine Überraschung, als er mich am nächsten Tag anrief und auf seine unterkühlte Art um eine Verabredung bat. Das war der Anfang einer außergewöhnlichen Freundschaft. Vittorio machte mir den Hof auf seine Art: fürstlich die Eleganz, sparsam, aber ungeheuer scharfsinnig die Konversation, respektvoll die Leidenschaft. Er wußte von Danilo und versuchte durch Ausdauer und Standhaftigkeit den Rivalen auszuschalten. Mit ihm und Freunden erlebte ich den Gipfel dessen, was die Italiener an Eleganz zu bieten wissen. Die Familie von Vittorio hatte eine Privatloge in der Scala. Oft wurde ich eingeladen und genoß aus dieser Sicht die Spitze dessen, was man an Opernerlebnis haben kann. In den Pausen wurde die Loge zu einem Salon; Freunde kamen zum Plausch, und wie vom Zauberstab beordert erschien prickelnder Champagner, der die Gespräche noch mehr animierte. Ob es das Wohnhaus in Mailand war oder die schloßartige Villa am Como See, alles versetzte mich in einen Traumzustand, nicht wegen der Größe der Objekte, sondern durch die Eleganz und Qualität der Einrichtungen. Ich fragte mich, bescheidenes Mädchen, das ich war, wie konnte man alle Tage seines Lebens in solchem Prunk verbringen? Ließe es sich denn überhaupt auf derartige Weise normal empfinden, normal reagieren und die Außenwelt richtig einschätzen? Ich betrachtete Vittorio, der nicht anders gelebt hatte als so und mußte zugeben, daß er es konnte. Nichts verwirrte ihn, weder die Diener, die Gärtner, die Autos noch die Chauffeure. Er blieb ernst, diskret und unbeirrbar scharfsinnig. Ich fing an, ihn zu bewundern, aber nicht zu lieben. Es kam öfter vor, wenn ich mich in Vittorios Schlaraffenland befand, daß der Gedanke und das Gefühl für Danilo mich wie ein Blitz trafen. Er kam mir unermeßlich weit vor, aber so herrlich lebensnahe und sicherlich bereits ein Stück von mir. Ich begann mich mit bangem Herzen zu fragen, wann würde Vittorio die entscheidende Frage stellen und wie würde ich dann die Antwort formulieren . . .

Obwohl mich Vittorio mit entzückenden Einladungen so überaus verwöhnte, waren die vielen Aufmerksamkeiten zwar erlesen, aber nicht überdimensional aufwendig. Das beruhigte etwas. Meine Eltern betrachteten diese Freundschaft völlig neutral und unbeirrbar konsequent: wie immer strenge Richtlinien in Bezug auf Uhrzeit und Anstandspersonen, die mich stets begleiteten. Ich war es nicht anders gewohnt, war immer fügsam gewesen, und Vittorio erwähnte diese Tatsache nicht und zeigte keine Ungeduld. Für gehobene Italiener war das die Normalität. Russische und italienische Erziehungsmethoden schienen weitgehend übereinzustimmen. Mitten in diese traumwandlerische Existenz platzte die Nachricht des bevorstehenden Besuches von Danilo. Die Welt war so kompliziert und gefährlich geworden, aber ich hatte alle Hände voll zu tun, um mich in diesem Dilemma der rauschenden Gefühle zurechtzufinden. Bei allen Familienangehörigen bat ich um Rat, obwohl ich bereits zu wissen glaubte, welchen Entschluß ich fassen würde. Den einen liebte ich, dessen war ich gewiß, den anderen bewunderte ich und schätzte ihn sehr, so sehr, daß es für Zärtlichkeit reichte. Die französische Literatur, die ich durch Monsieur Michot so gut kennengelernt hatte, bot so viele Beispiele für Liebesprobleme und Liebeswirren jeglicher Art. Könnte ich nicht daraus eigene weise Entschlüsse für mich folgern? Mein zukünftiger Schwager, der auch mein Freund geworden war, warnte mich entschieden vor der Torheit, Vittorio abzulehnen. Walter hatte die größte Hochachtung für die Qualität und die Position dieses Mannes. Er meinte, Vittorio würde das bestehende Vermögen mehren und ein ergebener Ehemann sein, denn, so meinte Walter, er liebe mich ernsthaft und hätte Ausdauer bewiesen. All das hatte ich weder die Erfahrung, noch die Zeit gehabt, zu realisieren. Ich war ein Kind und bei Vittorio so sehr beschäftigt, seine Welt zu bewundern und vielleicht auch zu verstehen. Da er über Gefühle nie sprach, war mir nicht eingefallen, mich damit zu beschäftigen. Kurz bevor Danilo kam, fragte mich Vittorio im Park der Como Villa, indem er vage zum See blickte, ob ich ihn heiraten würde: ja oder nein? Mir wurde leicht übel, und das Zittern in den Beinen verunsicherte mich zusätzlich. Da hing nun die erwartete Frage in der Luft und ich suchte in meinem dröhnenden Kopf nach schonenden Worten, die auf keinen Fall Vittorio verletzen sollten. Ich erinnere mich, meine Stotterei mit: ,,Liebster Vittorio'' begonnen zu haben, von Zuneigung sprach ich auch, von Geduld und Freundschaft, das Wort Liebe fiel mir nicht ein, denn ich verspürte sie wirklich nicht. Vittorio meinte, ich würde lernen, ihn zu lieben. Heute gibt es keine Beweise, weder für noch gegen seine Theorie. Damals liebte ich ja bereits und hatte keine Zeit gebraucht, es zu erlernen. Der Fall war für mich klar. Ich nahm liebevoll Vittorios Hand und erklärte ihm alles. Er erwiderte kein Wort. Ich war dermaßen erleichtert, keine Vorwürfe und keine Diskussion zu hören, daß ich ihm einen zärtlichen Kuß gab.

Wir sahen uns noch einige Male. Vittorio hatte sich nicht verändert, und ich hätte beim besten Willen nicht sagen können, was in ihm vorging. Bis zu unserer Emigration ließ er mich seiner Freundschaft gewiß sein, und ich wußte, daß es selten für mich einen zuverlässigeren Menschen geben würde.

Wie so oft vor schrecklichen Erlebnissen war die Zeit, die noch bis dahin verblieb, besonders schön, so schön, daß normalerweise nach einem meteorologischen Gesetz ein Gewitter zu erwarten gewesen wäre. Leider sollte es sich auch entladen. Danilos Besuch verlief so überaus beglückend, daß ich mir mit inniger Freude sagen mußte, ich hatte richtig gewählt. Er war so menschlich, so greifbar. Es war so einfach, ihn zu lieben und sich von ihm beschützt zu fühlen. Wir hatten nur den einen Wunsch, die Möglichkeit zu haben, unsere Pläne zu realisieren und hatten dennoch im

Grunde Angst, in die Zukunft zu blicken. Als Danilo nach Afrika zurückkehren mußte, fiel es uns schwer, uns zu trennen.

Während meine Schwester bereits mit Heiratsplänen beschäftigt war, wußten meine Eltern um die Qualen meines armen, jungen Herzens. Sie schlugen eine Reise nach Venedig vor, das ich noch nicht kannte. Die ganze Familie fuhr los, Lydia hatte bereits bei der Abreise Sehnsucht nach Walter, und ich war noch völlig verstört von dem kurzen, heftigen Glück mit Danilo und dachte tröstlich, dieses sei die richtige Stimmung, um die venezianische Kulisse in voller Würde aufzunehmen. Seit dieser ersten Begegnung mit Venedig im Jahre 1937 habe ich diese Stadt im Blut. Kein anderer Ort versetzt mich in ähnliche Ekstase, obwohl ich mir einbilde, einige Vergleiche anstellen zu können, denn aus verschiedensten Gründen bin ich mittlerweile in der Welt viel hin und her gependelt und hatte oft Gelegenheit, mich zu begeistern. Jedoch Venedig ist mir immer wieder neu und vertraut zugleich, ungeheuer erregend und auf fantastische Weise verträumt. Venedig hat eben die Prägung des Einmaligen und nie Wiederkehrenden. Mit 17 Jahren war ich schier überfordert auf solcher Bühne. Im schönen altvenezianischen Hotel begann für mich bereits das Irreale. Die alten Spiegel, die Beleuchtung und der Schmuck in den Hallen-Vitrinen ließen meiner Fantasie freien Lauf. Man brauchte nur auf den Balkon zu gehen und das Schauspiel des venezianischen Lichtes bei jeder Tages- oder Abendzeit zu betrachten, um sich entrückt von dieser Welt, von tausend Sehnsüchten geplagt, in einen totalen Schwebezustand versetzt zu fühlen. Falls man überhaupt noch fühlen konnte. Trotz meiner damaligen Kindlichkeit fühlte ich mit großer Sehnsucht, dieses sei die idealste Kulisse für die Glut der Liebe oder vielleicht, viel viel später, für die süße Weisheit des Alters.

Zu der Zeit waren meine Möglichkeiten mannigfaltig, aber keinesfalls von sublimer Einmaligkeit. Es war Ende August und das Filmfestival in vollem Gange. Tagsüber besuchten wir, meine launische, liebeskranke Schwester und ich, Denkmäler und Museen, abends fuhr die Familie mit dem Motorboot zum Lido, wo in einem Meer von Licht und Eleganz die high society aus vielen Ländern, gesprenkelt mit berühmten Filmschauspielern und Theaterleuten dem Anschein nach ein sorgloses Leben führten. Zwei Augen reichten keinesfalls aus, um alles zu erblicken. War das Hotel Excelsior nicht zufällig der Tadschmahal Europas? Und war Clark Gable eine Wachsfigur, die in dem Sessel vor mir saß? Und wer hatte all den atemberaubenden Schmuck den schönen Damen geschenkt? In diesem Zusammenhang ergab sich ein flüchtiger Gedanke an Vittorio. Waren denn nur schöne Menschen dort zugelassen? Zum Glück liebte ich auch schöne Garderobe, Schmuck und vielerlei Kosmetik und tröstete mich in der Sicherheit, auch bald als herrliche Blume diese Räume schmücken zu können. Die Zeit in Venedig verging im Fluge. Völlig berauscht und außerhalb jeden Gleichgewichts kehrte ich in die Mailänder Wirklichkeit zurück.

Die Hochzeit meiner Schwester war für den kommenden Januar 1938 festgesetzt. Sie lebte seit der Begegnung mit Walter mehr oder weniger im Trancezustand, aber nun, da der große Tag nahte, war sie in keinster Weise mehr zu gebrauchen. Alles versetzte sie in große Erregung: Walters Doktorexamen, der Gedanke und die Wahl der Hochzeitsreise, das Domizil danach. In solcher Situation nahm sie kaum bewußten Anteil am Verkauf ihrer sonst so geliebten Leihbibliothek und kümmerte sich auch sonst nicht um irdische Kleinigkeiten. Sie aß wenig, wurde immer dünner und blasser, und wir fragten uns voller Sorge, ob sie am Tage der Hochzeit als Braut noch vorhanden sein würde. Glücklicherweise war Walter die Ruhe in Person.

Der Winter 37/38 war nichts anderes als ein beschäftigter Abschluß einer abwechslungsreichen Zeit. Das Glück auf italienischem Boden lief aus. Hitlers Stimme und sein Wille hatten längst Deutschlands Grenzen überschritten und ließen viele — nicht nur Juden — vor Angst und Kälte erschaudern. Noch lebten wir dennoch auf einer Insel, die, wenn man sie vor der schrillen Außenwelt schützte, die Illusion einer momentanen Geborgenheit bot. Wir hatten immerhin noch unsere schöne Wohnung, in der ganztägig das Leben pulsierte. Wir waren alle gesund und hatten Freunde, die unvergeßlich bleiben würden. Auch unser braves, langjähriges Hauspersonal verrichtete weiterhin dieselbe Arbeit mit der gewohnten Zuneigung. Wir mußten gestehen, wir waren ungewöhnlich reich an Glück.

Walter schloß sein Doktorexamen vorzüglich ab. Wieder ein Grund zum Feiern für beide Familien. Lydia nahm am wenigsten Anteil an der Freude, weil sie vor Aufregung und Glück erloschen war. Die Hochzeit fand am 20. Januar statt. Sie verlief so perfekt und so beglückend, von strahlendem Wetter gesegnet, daß Zukunftswolken in jeglicher Form völlig ausgeschlossen erschienen. Lydia war zwar eine abgemagerte, verwirrte, aber sehr glückliche Braut, die mit vollen Armen verwöhnt wurde! Wieder staunten wir über die Anzahl und die Qualität unserer Freunde. Alle Freunde und Verwandte bestanden darauf, das Brautpaar gemeinsam am Bahnhof zu verabschieden, als dieses am späten Nachmittag den Zug in Richtung Neapel bestieg. Eine jubelnde Hochzeitsgesellschaft auf italienisch.

Erst als wir nach Hause zurückgekehrt waren und in den noch festlich geschmückten stillen Räumen nur unsere treuen Hilfen bei den Aufräumungsarbeiten vorfanden, realisierten wir, daß ein wichtiger Abschnitt in unserem Familienleben an dem Tage zu Ende gegangen war. Nach all der Aufregung und Freude war nur Melancholie übriggeblieben. Nie würde jemals alles so sein wie noch am Tage zuvor. Mir schien, als ob mit Lydias Hochzeit unser so prekäres Glück und damit das Gleichgewicht unseres Lebens in Bewegung geraten wäre und daß vielleicht, wenn das Schicksal uns nicht gnädig sein würde, es bald zu einer langen ungewissen Trennung kommen könnte. Wir setzten uns alle zusammen, besprachen den Tag, sortierten die Geschenke, tranken nochmal Champagner und nahmen uns viel vor für den nächsten Tag.

Nach der Hochzeitsreise wohnten die Jungvermählten kurze Zeit bei uns, um anschließend nach Florenz umzusiedeln. Walter war dorthin beordert, um im Sanitätscorps seinen Militärdienst zu absolvieren. Welchen Kontrast bot uns der Mailänder Bahnhof bei diesem Abschied im März verglichen mit der festlichen lauten Stimmung des Hochzeitstages! Überall waren braune Uniformen zu sehen, die hochpolierten Stiefel waren laut und klangen sehr resolut. Am Bahnhof war Stille. Ausgerechnet in den Zug nach Florenz stiegen SS-Offiziere ein, nicht ohne vorher den ahnungslosen italienischen Gepäckträger mit „Schweinehund" apostrophiert zu haben. In meinem besten Deutsch befahl ich ihnen, sich in einem fremden Land als Gäste zu benehmen. Geringe Reaktion. So schnell wie möglich fuhren wir nach Hause.

Lydia schrieb begeistert aus Florenz. Sie lud mich ein für einige Wochen, wir würden eine schöne Zeit haben, da Walter nur abends Ausgang hatte und ich nicht zu fürchten brauchte, in irgendeiner Weise zu stören. Diese Abwechslung war mir außerordentlich willkommen, denn in Mailand wurde das Leben immer enger und die schlechten Nachrichten häuften sich. Auch hatte ich keine ausfüllende Beschäftigung mehr außer Englisch-Unterricht. Danilo hätte erst im Mai kommen können. Immer öfter besprachen wir die Wahrscheinlichkeit einer Auswanderung und fragten uns, wohin wir dieses Mal wohl ziehen sollten. Alles in allem war ich froh, dieser Atmosphäre zu entfliehen.

Nach wenigen Tagen war mir klar, daß ich wieder einmal in Florenz in ein sehr privilegiertes Leben hineingeraten war. Wir wohnten in einer schönen Pension am Lungarno, nicht weit vom Ponte Vecchio, und jeder, der Florenz kennt, weiß, daß es keine schönere Ecke gibt! Lydia und Walter hatten bereis zauberhafte florentinische Freunde, die mich gerne übernahmen, um mir voller Stolz die Schätze ihrer Stadt zu zeigen. Ich stellte auch sehr erfreut fest, daß ich nun begann, mich mit meiner Schwester gut zu verstehen. Der Altersunterschied schien keine Rolle mehr zu spielen, sie war jetzt eher meine Freundin und Beraterin anstatt der zänkischen irritierten Erzieherin. Wie wohltuend, wie interessant alles plötzlich wieder war! Hier sah man auch keinerlei Uniformen, weder braun noch schwarz, man sprach nicht über Antisemitismus und dachte nicht an Auswanderung. Hier genoß man die Vergangenheit. Auf dem Gebiet hatte Florenz Einmaliges zu bieten. Wiederum hatte ich den Vorzug, einen doch außergewöhnlichen Kunstführer zu bekommen. Er fiel nicht vom Himmel, denn er war bereits ein guter Bekannter meines Schwagers, aber die spontane Sympathie, die sich zwischen beiden sehr bald ergab, bewegte ihn dazu, mir vorzuschlagen, in Zweisamkeit Florenz zu entdecken. Giorgio, so hieß mein Begleiter, war erstaunlich jung für seine Position. 35 ist kein Alter für einen Direktor der Nationalbibliothek. Sein großes Wissen beschränkte sich nicht nur auf Literatur. Er war hauptsächlich ein hochintellektueller Sohn seiner Stadt und trug mit Eleganz die äußeren Merkmale des rassigen Florentiners: groß, blond, schmal, interessiert, reserviert und humorig. Giorgio hat mir in den zwei Wochen unendlich viel beigebracht, hat mir Künstler seiner Stadt erklärt, die ich sonst so lebendig nie hätte erleben können. Besonders ausführlich sprach er über den Hofmaler der Familie Medici, Bronzino, für den er eine besondere Schwäche verspürte. Viel später, in Hamburg begegnete ich wieder einem Bronzino-Gemälde und wußte, warum das Kunstwerk mich so außerordentlich erregte: Giorgio hatte mich auf die faszinierende Ausstrahlung aufmerksam gemacht. Wir unterbrachen die vielen täglichen Wanderungen durch kleine exzellente Mahlzeiten, bei denen sich die schönsten Gespräche ergaben. Als Giorgio an einem meiner letzten Tage in Florenz mir beichtete, er würde mich sehr vermissen, flatterte mein Herz auf unerwartete Weise. Ich war verwirrt, völlig verunsichert. Warum blieb denn Danilo, zum Donnerwetter, mit Afrika so verbunden und lieferte mich solchen gewaltigen Versuchungen aus? Plötzlich verspürte ich keine eindeutige Neigung mehr, jahrelang auf ihn tugendhaft zu warten. War ich möglicherweise dazu auserwählt, ein Leben lang unter Giorgios Führung immer mehr zu ergründen und nur für das Schöne und das Kulturelle zu leben? Diese Fragen waren hochbeunruhigend und stellten mich vor völlig neue, faszinierende Aspekte. Solche Wirren durften mich nicht zu lange beunruhigen, denn die Erziehung, die ich erhalten hatte, ließ nicht viel Spielraum für Unentschlossenheit und Träumerei. Das Herz hatte, bitte sehr, an der Leine gehalten zu werden. Verantwortung, Vernunft, Treue und Disziplin waren die strengen Regeln, nach denen man sein Leben einzurichten hatte. Meine so sanft wirkende Mutter hatte ähnliche Richtlinien von ihrer Mutter eingeimpft bekommen, und, obwohl sie selbst nicht sehr glücklich dabei gefahren war, wandte sie dieselbe Theorie bei ihren Töchtern an. Bei den geringsten Anzeichen von Rebellion gab es schwerwiegende Auseinandersetzungen, einige Male von erstaunlich harten Ohrfeigen begleitet. Meine Mutter war zutiefst davon überzeugt, sich zu solchen Methoden durchringen zu müssen. Sie kannte nichts anderes und handelte ihrer Überzeugung nach, eben pflichtbewußt. Es war rührend zu sehen, wie schwer es ihr fiel, streng werden zu müssen. Schließlich übten wir ihr gegenüber Nachsicht und nicht umgekehrt. Nie hätte ich gewagt, sie zu enttäuschen. So ist es zu erklären, warum ich ein so fügsames Kind war, und diese Eigenschaft blieb an mir haften bis in das reife Alter. Über die Qualität solcher Erziehung ließe sich viel diskutieren. Großväterchen, das weiß ich mit Gewißheit, war viel beweglicher in seiner Mentalität und hatte mehr Gefühl für Schwächen als für menschliche Stärken. Noch heute strecke ich oft die Hand nach ihm aus, in der Hoffnung, ihn finden zu können.

Selbstverständlich kehrte ich nach Mailand zurück, nachdem ich alle Brücken zu Giorgio abgebrochen hatte, und fuhr fort, auf Danilo zu warten. Nach überwundenem Zweifel, freute ich mich sogar auf ihn. — Als Danilo dann wieder vor mir stand, passierte wieder das, was ich immer schon feststellte, seitdem ich ihn kennengelernt hatte: die Zeit dazwischen war plötzlich wie weggewischt und es gab nur das Glück mit ihm. Und dann, wie schon gewohnt, fuhr er wieder ab, dieses Mal mit dem Entschluß, zum jüdischen Glauben überzutreten, falls die Situation sich weiter verschlimmern sollte. Er meinte, daß solcher Schritt ihm eine gemeinsame Emigration ermöglichen würde. Wie kindlich diese Wunschträume waren, stellte sich sehr bald heraus, und es kam alles so, wie es wohl kommen sollte.

In diesem Sommer 1938 verbrachten wir zum ersten Mal seit sehr langer Zeit keine gemeinsamen Familienferien mehr. Meine Eltern wollten zu Hause in Mailand bleiben, um die politische Situation täglich zu beobachten, Lydia lebte erst mal bei Walter in Florenz, ich wurde als paying guest zu einer Familie nach England geschickt, um die Sprachkenntnisse zu vervollkommnen. Die Familie Masters in Ramsgate an der Kent-Küste war uns von Freunden empfohlen worden. Trotzdem wurden mir wieder tagelang besorgt Verhaltensregeln mitgegeben. Mit erhobenem Zeigefinger drohte und warnte mein Vater mich davor, mich in irgendwelchen Leichtsinn einzulassen. Leichtsinn in seinen Augen begann damit, alleine mit einem Mann tanzen zu gehen oder gar Ausflüge zu unternehmen. Diese vielen Verbote waren so eindeutig und indiskutabel, ich war ja auch gewohnt, sie seit Jahren zu hören, daß ich schließlich davon überzeugt war, es wäre übel gewesen, nicht zu gehorchen, und daß die Gefahren vermutlich so unübersehbar wären, daß es besser sei, nicht mal einen Gedanken daran zu verlieren. Hinzu kam, daß der Schwiegervater meiner Schwester nie müde wurde, zu erklären, daß die meisten Engländer abartig und verklemmt seien, temperamentlos und lebensfremd. Ich solle mich ja nicht dort von irgendjemandem beeinflussen lassen oder gar den Frohsinn einbüßen, immer nur schön Englisch sprechen und sonst gar nichts. Als ich schließlich von Familie, Freunden und Verwandten verabschiedet wurde, mußte ich annehmen, daß ich zu einem entfernten Barbarenstamm fuhr, der mich verschlingen würde, wenn ich nicht Tag und Nacht aufpaßte. Mir war wieder einmal ziemlich schlecht vor Angst, und ich fragte mich, warum so vielerlei Gefahren einem Menschen ständig das Leben vermiesen mußten und wie man trotz all dieser Widrigkeiten sein Glück finden und halten könnte.

Bei Mrs. Masters war alles dann vollkommen anders als erwartet. Zwar wichen viele meiner Ängste bald, aber ich war keineswegs glücklich. Die finsteren, geheimnisvollen Gefahren konnte ich nirgends erblicken, dafür eine äußerst langweilige fade Lebensführung, kaltes Wetter, merkwürdige Kost und ziemliche Primitivität. Auf all diese Dinge hatte mich niemand aufmerksam gemacht. Ich war auch erstaunt, daß diese von Natur her so unterkühlten Menschen bei Wind und Wetter emsig in die kalten Fluten sprangen, ohne zu erfrieren. Sie verstanden nicht, warum ich wiederum, warm gekleidet, mich dagegen entschieden wehrte, hinterherzuspringen. Die Anfänge waren hart, die Menschen fremd. Mir blieb wirklich nichts anderes übrig, als mich darauf zu beschränken, die Englischkenntnisse zu erweitern, aber mit wem sollte ich so viel Gesprächsstoff finden? Während ich mich mit solchen Problemen plagte, passierten in Italien entscheidende Dinge. Es war Juli 38. Eines Morgens wurden in allen Zeitungen die umfangreichen neuen anti-jüdischen Gesetze veröffentlicht. Ich las darüber in den englischen Zeitungen, und mir wurde noch schlechter als mir ohnehin schon war. Mrs. Masters fragte mich, ob es mir gar nicht bei ihr gefiele, obwohl ihr Sohn und ihre Tochter aus London für einige Wochen gekommen waren. Auch hatte sie eine liebe Mutter und zwei Katzen. War das nicht eine schöne große Familie? Ich war ja auch zur Aufrichtigkeit erzogen worden, so beichtete ich ihr, daß das Leben in Ramsgate mir ganz und gar nicht gefiel, daß ich unüberwindbares Heimweh hatte und daß meine Hauptsorge in der Tageszeitung stünde. Familie Masters brauchte Zeit, um zu verstehen, in splendid isolation, wie sie nun einmal alle lebten, aber als sie verstanden hatten, wurden sie ganz plötzlich meine zweite Familie. Sie verwandelten sich von Stunde zu Stunde, wurden herzlich und natürlich, gesprächig und heiter. Am Kamin wurde mir trotz allem warm. Whisky wurde gereicht, und obwohl ich davor gewarnt worden war, tat es meiner Seele und meinem vereisten Magen wohl. Zum ersten Mal schloß ich mich abends nicht im Zimmer ein und freute mich auf den nächsten Tag.

Die längste Zeit meines englischen Aufenthaltes lag noch vor mir, und ich fragte mich, ob angesichts der scheußlichen Nachrichten ich nach Hause gerufen würde. Ich war sehr erstaunt und beruhigt, als meine Eltern mich ans Telefon riefen, um mir zu sagen, daß alles nicht so entscheidend und so tragisch sei, ich solle meinen Aufenthalt wie geplant verbringen. Meine Mutter würde mich im Anschluß in London treffen, um dort mit mir bei russischen Freunden noch eine Woche zu verbringen. Ich faßte den Entschluß, mit der nun liebgewonnenen Familie Masters eine schöne Zeit zu gestalten. Es sollten auch die letzten fröhlichen faulen Wochen in Europa sein. Was danach kam, ist eher als Trauma zu bezeichnen.

Obwohl ich nunmehr zu allen Masters-Familienmitgliedern einen herzlichen Kontakt gefunden hatte, vergaß ich nicht die strengen Anweisungen, die mir bei der Abreise aus Mailand erteilt worden waren. So folgte ich nicht Richards Einladungen zum Tanztee und schon gar nicht seinen Aufforderungen zu Fahrten in seinem selbstgebastelten Rennauto. Da ich auch nicht zum Schwimmen folgte, weil ich immer fror, musterte er mich schließlich verwundert und meinte: „You are too shy.“ Das stimmte. Er wiederum war keinesfalls verklemmt oder abartig, wie mir die Engländer zu Hause beschrieben worden waren. Als Richard mich phantasievoll zu einem Kricket-Spiel einlud (das stand nicht auf der Liste der verbotenen Dinge), nahm ich an und genoß es sehr.

Der Abschied in Ramsgate fiel uns allen schwer. Großmutter weinte, die Katzen miauten und niemand wollte mich zum Bahnhof begleiten. Bis in die Nachkriegsjahre haben wir miteinander korrespondiert.

Wie soll man die Verzweiflung und die Geschäftigkeit der verbleibenden Monate beschreiben? Der Verstand funktioniert so gut es geht, rationell und logisch, voll im Einsatz, vertieft in die unzähligen Abwicklungen eines Aufbruchs. Aber das Herz, der ganze Rhythmus eines gewohnten Alltagslebens geraten ins Schleudern und man sucht nach festen Elementen, nach Maßstäben, die auch Richtlinien bedeuten könnten. Nichts von alldem, denn nichts erscheint mehr gültig und schon gar nichts gewiß. Und ein klein wenig Gewißheit braucht jedes Lebewesen zur eigenen Orientierung.

In London bekamen wir einen kleinen Vorgeschmack dessen, was uns selbst erwartete. Im schönen Hotel am Regent's Park, das unseren Freunden gehörte, trafen wir einige prominente jüdische Emigranten aus Deutschland, die meisten aus dem Wirtschaftsbereich. Ihre Berichte waren von Hoffnungslosigkeit geprägt und von großer Sehnsucht. Entwurzelte Menschen ohne absehbare Zukunftsumrisse. Was erwartete uns? Wohl das gleiche.

Zurück in Mailand stellte ich fest, was ich in England sehr befürchtet hatte und wovor meine Eltern mich zu schützen versucht hatten: laut neuem Gesetz hatten wir Italien entweder zu verlassen oder ohne Verdienstmöglichkeiten völlig zu verarmen. Auch durften Juden keine Hausgehilfinnen mehr beschäftigen, und jegliche gewerbliche Tätigkeit war verboten. Für uns ging es lediglich darum, wohin wir auswandern sollten. Es gab auch nicht viele Länder, die gleichzeitig Sicherheit und gewerbliche Möglichkeiten boten. In Europa waren die Aussichten gering: Belgien vielleicht, Schweiz nur durch Beziehungen. Mein Vater äußerte eine weise Überzeugung: vor Hitler sollte man sehr weit flüchten. In Europa war nunmehr keine überzeugende Sicherheit zu erspähen. Unsere Blicke richteten sich nach Süd-Amerika oder nach dem Fernen Osten. Bestimmend für unser damaliges Schicksal war die kasuale Begegnung mit dem damaligen siamesischen Honorar-Konsul in Mailand. Er vertrat ein anscheinend außerordentlich großzügiges Königreich: offene Grenzen, keine Einreisebeschränkungen, keinerlei finanzielle Bedingungen. Sehr beeindruckt von diesen Offenbarungen fragten wir uns lediglich, wo Siam (heute Thailand) geographisch zu finden wäre? So begann unsere ostasiatische Odyssee. Zur Zeit ging es lediglich darum, ob das dortige Klima nicht allzu schwierig sei und was das Land einem Europäer bieten könnte.

Während wir uns um Informationen bemühten und gleichzeitig versuchten, unsere Mentalität auf Auswanderung umzustellen, wurde uns von unseren italienischen Freunden eine einmalige Bezeugung der Verbundenheit entgegengebracht. Das tat unendlich gut, aber es ließ unsere Stimmung noch weiter absinken. Aus welchem Grunde, fragten wir uns, mußten wir uns von solchen Menschen trennen, um ein erzwungenes, waghalsiges Abenteuer zu beginnen? Es war alles so absurd und völlig unverständlich.

Unser russisch-jüdischer Hausarzt und seine Familie entschlossen sich, mit uns gemeinsam auszuwandern. Nach vielerlei eingebrachten Informationen entschlossen wir uns gemeinsam für Siam, trotz des tropischen Klimas und einer Umwelt, die wir uns schwer vorstellen konnten. Bei allen Sorgen und tiefer Traurigkeit war mein Vater noch vital und abenteuerlich genug, um sich auf die Herausforderung mit Elan vorzubereiten. Ich mit meinen 17 Jahren konnte nur verzweifelt an die große, nicht absehbare Trennung von Danilo denken, und daß wir meine neuvermählte Schwester in einer chaotischen Welt zurücklassen mußten. Von so viel Gram und Verzweiflung bekam ich eine Gastritis, die mich zusätzlich schlauchte.

Danilo hatte sich einen längeren Europa-Urlaub nehmen können, was ihm ermöglichte, unsere letzten Monate fast ununterbrochen gemeinsam in Italien zu verbringen. Aus seinem Entschluß, Jude zu werden, wurde nichts. Es ist viel leichter, aus unserer Religion auszutreten als sie anzunehmen. Der Rabbiner in Mailand stellte zwei schwierige Bedingungen: 1. Die Erlernung der Geschichte und der Riten des jüdischen Glaubens mit anschließendem Examen; 2. die unvermeidliche Beschneidung, ohne die man kein Jude werden kann. Für den verliebten, mutigen Danilo waren beide Bedingungen kein Grund, um von seinem Entschluß abzulassen. Die italienischen Behörden jedoch wollten ihm auch dann keine Ausreisegenehmigung erteilen, weil er im militärpflichtigen Alter war und die internationale Lage mehr als krisenhaft erschien. So blieb Danilo ein intakter Katholik von Kopf bis Fuß, und uns blieb keine Hoffnung mehr, die einstweilige Trennung zu vermeiden.

Mein Vater reiste bereits Ende November nach Bangkok ab. Wir, meine Mutter und ich, sollten Anfang März folgen. Uns blieben in Mailand noch schwierige Aufgaben, auch wenn wir von allen Seiten Rat und Hilfe erhielten. Der Hausstand mußte aufgelöst werden, nur wenige Gegenstände wie der Flügel kamen in ein Möbellager. Wir bestellten einen Auktionator in die Wohnung und zogen selbst für die restlichen Wochen zur Untermiete. Das Leben für uns war mittlerweile so schmerzhaft geworden, daß wir nun endlich wegwollten. Die Tatsache, daß Danilo jeden Schritt mit erledigte, machte die auf uns zukommende Trennung unendlich viel schwerer.

Walter war von Florenz nach Novara versetzt worden. Wir fuhren mit Danilo hin, um von den beiden Abschied zu nehmen. Wir versprachen uns gegen jede Hoffnung ein baldiges Wiedersehen. Die letzten Mailänder Tage verbrachten wir im Hotel, wo Danilo schon seit Wochen wohnte. Er war ein so großes Geschenk für mich geworden, ohne ihn konnte ich mir nichts mehr vorstellen. Aus diesem Gefühl der unendlichen Zärtlichkeit warf ich eines morgens jede mir eingeimpfte Vernunft über Bord und besuchte ihn in seinem Zimmer. Glücklicher habe ich ihn nie gesehen. Von nun an wurde ich von ihm „adorata mogliettina" genannt, denn „moglie" sollte ich erst werden. Wann?

Papas Briefe aus Bangkok klangen tröstlich. Er hatte sich im besten Hotel etabliert und schaute sich um. Was er sah, fand er nicht hoffnungslos. Er war auch dabei, sich an das Klima zu gewöhnen, hatte auch dort einige wenige russische Exilfamilien kennengelernt und war dabei, englisch zu lernen. Bis wir kommen würden, hätte er vermutlich klar umrissene Existenzvorstellungen. Der bleierne Druck wich etwas aus unserem Herzen, und wir begannen zu hoffen, daß das Leben irgendwie sich arrangieren lassen würde.

Unser Schiff, die schöne „Conte Verde" fuhr ab von Venedig. Begleitet von einem Bataillon von geschenkbeladenen Freunden verließen wir das Hotel in Mailand. Danilo brachte uns nur bis zum Zug, die letzten Stunden wären unerträglich geworden. Auch so empfand ich das Gefühl einer progressiven Lähmung, die auch keine Tränen kannte. Meine arme Mutter, immer noch etwas hilfloses Kind geblieben, konnte für sich etwas Trost bei unserem Hausarzt und seiner Familie schöpfen. Dr. Berginer reiste mit uns, beladen mit denselben Problemen, dennoch erschien er nie verzweifelt oder ungeduldig. Wir wurden große Freunde und erlebten gemeinsam die ersten schwierigen Monate in Bangkok. Dieser Mann, der mit summa cum laude die Medizinische Fakultät in Pavia absolviert hatte, wußte, daß er in Siam erneut vor einem Examen stehen würde, bevor er die Erlaubnis erhalten könnte, praktizieren zu dürfen.

Das Schiff war nicht nur mit Emigranten aus Italien und Österreich ausgebucht, es reisten auch „normale" Passagiere in den Fernen Osten. Singapur war unser Landehafen. Von dort würden wir mit der „Steamship Trading Company" unser Endziel, Bangkok erreichen. Einstweilen versuchte ich, noch einmal meine Trauminsel, Venedig, in den Blick zu bekommen. Anfang März war die Lagunenstadt noch kalt, und die Abende brachten ein völlig neues, fremdes Licht. Die „Conte Verde" lag wie ein riesiges, angestrahltes Schmuckstück im Hafen. Wir bestiegen es entschlossen und gingen sofort in die Kabinen. Dort lagen viele Telegramme von Freunden, die uns eine baldige Rückkehr versprachen. Als das Schiff sich vom Kai löste, lockerten sich auch etwas alle unsere Glieder und wir begannen, wieder bewußt durchzuatmen. Es bedarf keiner außergewöhnlichen Sensibilität, um in derartigen Zeitpunkten völlig klar empfinden zu können, daß ein ganzer Lebensabschnitt zu Ende geht, daß das, was einen erwartet, was es auch sein mag, eine vollkommen andere Welt bedeutet, auf die man sich einzustellen haben wird. Trotz aller Beklemmung wollte ich entschlossen in die Zukunft blicken und war bereit, mir einreden zu wollen, es sei im Grunde alles außerordentlich spannend und wer weiß, vielleicht sollten wir, verglichen mit denen in Europa Gebliebenen, die Glücklicheren werden. Ich war auch fest entschlossen, nicht mit Wehmut an Danilo zu denken, sondern in Liebe und Zuversicht. Wochenlang hämmerte ich mir diesen selbstgebastelten Positivismus ein, denn ich wollte überleben und alles voll erleben, was auf uns wartete. In dieser Hinsicht war ich durchaus Tochter meines Vaters, der Zeit seines Lebens jede Niederlage ignorierte, um alle seine Energien und seine Phantasie auf zukünftige Freuden zu konzentrieren. In seiner und meiner Mentalität sind nicht die Traurigkeiten, sondern die Freuden und die Genüsse das wertbeständige im Leben. Meine disziplinierte, immer ziemlich besorgte Mutter lebte nach gänzlich anderen Maßstäben. Augenmaß, Vorsicht, kein Übermut und höchstes Pflichtbewußtsein prägten ihre kargen eigenen Entschlüsse. Bei so viel Bedachtsamkeit ist wenig Spielraum für unbeschwerte Heiterkeit und schon gar nicht für Ausgelassenheit. So bin ich im Grunde zwischen Feuer und Lagune aufgewachsen und für beides außerordentlich empfänglich. Wobei ich sicherlich das Feuer immer noch brauche, um die Lagune in vollstem Maße würdigen zu können.

Gemäß den Instruktionen meines Vaters reisten wir 1. Klasse. Offiziell lebten wir, März 39, in Frieden, und dementsprechend verlief die Überfahrt auf einem Luxuspassagierschiff mit so exotischem Endziel wie Hongkong. Wenn wir nicht so viel von unseren Herzensbindungen in Italien zurückgelassen hätten und die Zukunft nicht so unvorstellbar gewesen wäre, hätte man auf der Conte Verde nur Wohlbehagen und Freude erleben können. Auch waren die meisten Passagiere normale und verwöhnte Menschen, von niemandem verfolgt und keinen lebensbedrohlichen Verhältnissen ausgesetzt. Meine Mutter, stets umsorgt von Dr. Berginer und seiner Familie, schloß sich den jüdischen Passagieren an zwecks Austausch von Informationen. Ich knüpfte Bekanntschaften an mit der Mehrzahl der Italiener und befand mich dadurch in weit fröhlicherer Gesellschaft. Ich zwang mich dazu, Meer, Wind, Küche und Menschen zu genießen und das Elend in mir zu verdrängen. Auch tanzte und schwamm ich täglich, was zur Überwindung der Gastritis sehr half. Schon kurz vor Suez, obwohl dort auf Danilos Post wartend, fühlte ich mich regeneriert. Meine Mutter musterte mich verwundert und verglich mein Naturell mit dem einer Katze, die nur ihre Wunden zu lecken braucht, etwas Schlaf dazu, um auf allen Vieren wieder loszulaufen. Im Grunde bin ich so geblieben, obwohl einige Wunden nicht nach der Uhr immer heilen, dafür werden die Freuden intensiver.

Die Stadt Suez, vor dem Krieg, war ein königlich-ägyptischer Tummelhafen für jede, meist unkoschere Aktivität. Wir fuhren in den Hafen während der Abenddämmerung, der aufregendste Zeitpunkt für solch eine Stadt. Ein Meer von Lichtern am Meer, so grell, daß die emsige Ameisenbetriebsamkeit der Menschen erst bei genauem Hinblicken vom Schiff aus erkennbar war. Wir durften an Land, alle, auch die Juden. Damals regierte König Farouk und Israel existierte nicht. Ausgerechnet in Ägypten gab es für uns keine Probleme. So wandelt sich die Geschichte. Damals, mit griechischem Paß konnten wir uns in den dortigen Straßen tummeln, bei Simon Arzt (im ganzen Mittelmeerraum bekannt) einkaufen und ein klein wenig den Vorgeschmack von noch mehr Orient schnuppern.

Orientalisches Straßengewirre, Wärme und der Duft des Meeres ergeben ohnehin eine Konstellation, die mich mit Samthändchen in meine Traumwelt versetzt. Die Geburtsstunde am Wasser des Bosporus muß etwas damit zu tun haben. In Suez und Port Said begann ich jedenfalls Wohlbehagen zu verspüren, was mich wiederum befähigte, nunmehr ohne Furcht in die Zukunft zu blicken. Auch war der Rest der Reise dazu angetan, jemanden, der zum ersten Mal diese Route durchfuhr, gebannt an Deck zu halten. Wir fuhren am Spätvormittag durch den Suezkanal. Eine glühende Hitze ließ die Luft vibrieren und verlieh der Wüstenlandschaft links und rechts vom Kanal eine irreale Dimension. Meine bange Frage war, wie lange würden wir — bei stets steigenden Temperaturen — noch atmen können. Gleichzeitig schoß mir eine zweite, nicht minder bange Frage durch den Kopf. Wenn der Suezkanal für uns sozusagen die Eingangspforte zu dem Fernen Osten wurde, wann würden wir eine Möglichkeit haben, sie wieder zu durchqueren auf der Rückreise nach Europa? Zur Zeit war jede Voraussage diesbezüglich eine hypothetische Träumerei, das war mir gänzlich klar, und war im Grunde nichts anderes als ein seelischer Schwächeanfall voller Nostalgie. Völlig sinnlos und gefährlich, denn wir würden nur mit Entschlossenheit und Optimismus den vor uns liegenden Abschnitt unseres Lebens meistern können. Sicherlich würden wir Kraft und Glück gut gebrauchen können, weil der Ferne Osten für uns ein völlig neues Wagnis voller Tücken und Gefahren bedeutete: sei es klimatisch, sprachlich sowie mentalitätsbedingt. Zwar fehlte es nicht an Faszination, aber erst mußten wir irgendwo anfangen, ein Gefühl für unsere Umwelt zu entwickeln. Belastet mit so vielen Problemen erschien es mir richtig, für meine persönliche kleine Welt zu versuchen, Schritt für Schritt tagtäglich mich voranzutasten, um schließlich, hoffentlich, später ein Ganzes zu schaffen. Also sagte ich mir, konzentriere Dich auf das Neue, das Interessante, halte die Augen auf, atme die neuen verwirrenden Düfte ein, vielleicht findest Du dabei Deinen Weg.

In diesem erzwungenen Licht der Zuversicht öffnete sich ein neues, unvergeßliches Kapitel meines Lebens. Neun ostasiatische Jahre lagen vor uns, dicht an dicht bepackt mit Ereignissen und Erlebnissen, die uns unendlich bereichert, oft sehr beglückt haben und unser Schicksal letztlich bestimmten. Mein Leben ohne die ostasiatische Zeit ist heute nicht mehr vorstellbar. Das Verständnis für diese Welt ist bis ins Blut gedrungen, eine gewisse Verwandtschaft ist entstanden, die wiederum es mir ermöglicht, nunmehr in jedem Erdteil mich wohl zu fühlen, sicherlich überall dort, wo Freundlichkeit entgegengebracht wird. Man hat gelernt, sich zu arrangieren, akklimatisieren und ohne langes Zögern glücklich zu sein.

Mit Hilfe von Ventilatoren wurde das Leben an Bord angenehmer. Auch gewöhnte man sich mit jedem Tag mehr an die feuchte Hitze.

Schließlich erinnerten wir uns daran, daß März—April die heißesten Monate für diese Regionen bedeuten. Im Juni sollte der Monsunregen einsetzen, aber noch hatten wir keinerlei Vorstellung, was dieses Naturereignis bedeutet. Nach Aden, wo wir nur einige Nachtstunden verbrachten, war der nächste Hafen Bombay. Ich hatte das Glück, einen lieben emigrierten Schulfreund dort zu haben. Wir liefen morgens gegen neun ein, bei einem unbeschreiblich schönen Sommerlicht. Der Anblick von Bombay weckte die Erinnerung an indische Märchenbücher, ich konnte es kaum abwarten, an Land zu gehen. Georg, mein Freund, kam an Bord. So würden von nun an alle Europäer aussehen, für uns ein ungewohntes Bild: weißer Anzug, Tropenhelm, meist weiße Leinenstiefel gegen Insektenstiche und ein erhitztes, etwas verschwitztes Gesicht.

Das waren die ersten erregenden Schritte, die ersten Einblicke in eine fremde Welt. Alles wurde zum ersten Mal erblickt und, weiß Gott warum, dennoch nicht völlig fremd. Mein lieber Freund fuhr uns erst mal in seine Wohnung zum Breakfast. Aber schon die Fahrt zu ihm war ein Erlebnis wie auf einem anderen Planeten. Die Straßen Bombays, wie anscheinend alle Straßen im Orient, wimmelten schon wieder — oder immer noch? — am frühen Vormittag von einem Leben, das so geschäftig aussah wie nirgends in Europa. Die Armen laufen von Ziel zu Ziel, die Begüterten fahren in Autos, die Reichen werden chauffiert. Dazwischen rasen Verkehrsbusse, vollbeladen mit Menschen, auf den Dächern Kisten, lebendes Geflügel und sonstiges. Sie erwecken den Eindruck, als ob sie jeden Moment auseinanderbrechen und ihre gesamte Ladung auf die Straße rollen würden. Am Straßenrand liegen die Ärmsten der Armen, die Untouchables, von Trachoma und Fliegen geplagt, hoffnungslos, weil aussichtslos, apathisch und erbärmlich anzuschauen. Die Menschen gehen an ihnen vorbei, ohne sie eines Blickes zu würdigen. Eine Selbstverständlichkeit in einer gewohnten Welt. In Georgs Wohnung hatte sein „Boy" ein köstliches englisches Frühstück hergerichtet. Nur die Toasts fehlten noch — die wollte unser Gastgeber persönlich bereiten, denn er hatte seine Gründe. Sein Boy liebte es, die Pflicht mit dem Vergnügen zu verbinden, deshalb las er gleichzeitig die Morgenzeitung, streckte die barfüßigen Beine auf den Herd, zwischen den Fußzehen je eine Toastscheibe. Ein durchdachter Balanceakt erlaubte ihm gleichzeitig, das Brot köstlich zu rösten, ohne seine Zehen zu verbrennen! Jedoch die Vorstellung, geschweige den Geschmack solcher Küchenstrategie wollte unser Freund uns ersparen. Dieses war das erste Beispiel der unerschöpflichen Phantasie asiatischer Kochmöglichkeiten und Kochkünste. Viele andere sollten im Laufe der Jahre folgen, weit verblüffendere. Da die Resultate meist erstaunlich gelungen erschienen, entschlossen wir uns, das Schielen in die Küchen und in die Kochtöpfe aufzugeben. Es brachte nur böses Blut und drehte den Magen um. Mit der späteren Erkenntnis gaben wir uns völlig dem Genuß der Speisen hin und ließen unsere Neugierde schlummern. Das war richtig, denn die Magenverstimmungen rührten vom Klima her, dagegen blieb uns Typhus oder ähnliches gänzlich erspart. Zwar fischten wir beharrlich jahrelang alle Fliegen, Mücken, schwarze und rote Ameisen aus unseren Tellern, aber der Ekel ließ mit den Jahren nach und die vielen ertrunkenen Tierchen in unseren Tellern taten uns schließlich leid. Man wird duldsamer und apathischer in den Tropen oder wie einige es lieber bezeichnen möchten: großzügiger.

In Bombay verbrachten wir den Tag mit „sightseeing" und mit abschließendem Dinner im ersten Hotel am Platze. Märchenhaft! Georg, der Glückliche, hatte bereits eine sichere Anstellung bei einer großen Schweizer Firma und hat wohl ein ganzes Monatsgehalt an dem Tage für uns verpufft. Die Illusion der zurückgekehrten guten alten Zeit plus dem Pomp des High-Class-Indiens machten ihn schwindelerregend leichtsinnig und uns plötzlich unbeschreiblich froh. Er würde uns in Bangkok besuchen, oder man würde sich in Ceylon treffen, irgendwann, bald. An dem Abend war alles sozusgen next-door. Wir wollten alles glauben und verabschiedeten uns fröhlich mit einigen freundschaftlichen Ratschlägen über Lebensweise und Verhalten im Orient. Georg war tapfer, zukunftsausgerichtet und befahl sich selbst, alles andere zu vergessen; auch die Sorge um seine in Italien zurückgebliebene Mutter, die er nie wiedersehen sollte. Die Nazis ertränkten sie im Lago Maggiore. Nach dem Krieg kehrte er nach Italien zurück und wurde Direktor einer großen Fabrik in Varese. Er war nie ein sehr fröhlicher Mensch gewesen. Mit der Zeit verlernte er den Kontakt zu Menschen. Seine Ehe ging auseinander. Er war zwar ein abgesicherter, aber einsamer Mann.

Im Indischen Ozean lernten wir, wie gebannt, das Wunder der Farben bei Sonnenuntergang zu beobachten. Ein ähnliches Schauspiel, so explosiv, so rasch und so grandios habe ich nirgends wieder erlebt. Als wir dann in Colombo auf Ceylon (heute Srilanka) vor Anker gingen, war ich bereits volltrunken mit Eindrücken einer so fremden, faszinierenden Welt und so interessiert, immer mehr davon zu erleben und zu erforschen, daß Sehnsucht, Wehmut und Sorgen zweitrangig wurden. Welch ein Glück, ich hatte es dadurch viel leichter und war befähigt, viel intensiver zu leben. Wieder hatte ich den so positiven Einfluß Großväterchens in Verdacht. Schließlich fragte ich mich doch immer, was er sagen oder tun würde in dieser oder jener Situation, und dementsprechend handelte ich. Deshalb haben mich wohl bis jetzt böse Ereignisse nicht zerstören können. Nur schwerwiegende menschliche Enttäuschungen lassen mich zutiefst verzweifeln. Wie kann man lernen, sich dagegen zu schützen? Würde man die Erwartungen nicht so hoch setzen, könnte man sich dennoch bedingungslos einsetzen? Ich bezweifle es, denn schließlich entsteht die Begeisterung aus der Überzeugung.

Die Insel Ceylon war ein zusätzliches Juwel auf dieser Reise in eine ungeahnte Märchenwelt. In zunehmendem Maße erschien mir alles, aber auch alles, irreal. Die heiße, feuchte Luft erdrückte nicht mehr, die Vegetation war eine Offenbarung an Reichtum, Farbe, Vielseitigkeit und Quantität! Die Menschen, anmutig und geschmeidig, bewegten sich mit angeborener Grazie, sanft und geduldig im Ausdruck. Wir unternahmen einen Ausflug nach Mount Lavinia, einem Badeort, nicht weit von der Hauptstadt Colombo entfernt. Ein palastartiges Hotel an einem weiten samtseidigen Strand, umgeben von Palmen und tausend verschiedenen Düften, war die Kulisse für diesen unvergeßlichen Tag. Der Ozean, der mit sanften Wellen den Strand streichelte, war smaragdgrün, der Himmel milchigblau vor Hitze. Ich dachte an Schlangenbeschwörer, die ich mit einem Zauberstab gerne in diese ihre Realität versetzt hätte, als der lautlose indische Kellner uns fragte, ob wir solcher „Vorstellung" beiwohnen möchten. Es blieb also kein Wunsch offen, wie es in Märchen so üblich ist. In einer Ecke des Hotelparks fanden wir den Schlangenbeschwörer in kontemplativer Jogastellung sitzend, auf seiner Flöte spielend. Die Schlangen, hoch und graziös wirkend, schaukelten hin und her, gebannt von seiner Musik, der Mann wiederum fasziniert von seinen Schlangen. Ich fragte mich, wer sich wohl am meisten hypnotisieren ließ: der Mann von seinen Schlangen oder umgekehrt? Ein mysteriöses Wechselspiel von eigenartiger Eindringlichkeit.

Völlig verstört von den vielen prägnanten Eindrücken dieses Tages erinnerte ich mich an den noch ungeöffneten letzten Brief von Danilo. Durch seine sehnsüchtigen, liebebeladenen Worte stiegen wieder Stück für Stück die Welt und das Leben empor, das ich noch vor kurzem, unter großem Schmerz verlassen hatte und dem ich anscheinend schon so weit entrückt war. Die Sehnsucht nach Danilo und seiner Zärtlichkeit durchbohrte mich intensiv, dennoch fragte ich mich bereits, ob wir je, getrennt von Zeit und verschiedenen Eindrücken, eines Tages wieder so zueinander finden würden wie zur Zeit, als wir uns verlassen mußten. Wie lange konnte in so jungen Jahren eine Liebe konstant und glühend bleiben, ohne Nährboden, bedroht von neuentdeckten Interessen und später vielleicht Versuchungen? Diese Fragen begannen mich bereits zu beschäftigen, obwohl ich noch mit ganzer Seele an der Vergangenheit hing.

Die „Conte Verde" setzte bei ruhigster See und ungetrübtem heißen Wetter ihre Reise fort. Singapur war für uns gleichzeitig Abschied von dem allerletzten Stück Italiens, das uns bis dahin gebracht hatte, und Einschiffung auf ein siamesisches Küstenschiffchen der ,,Thai Steamship Company'', das uns nach Bangkok bringen sollte. Merkwürdig verwaist standen wir am Hafen von Singapur und betrachteten die weiße Pracht der ,,Conte Verde''. Jetzt erst überkamen uns in der Hitze die Kälte der Einsamkeit und das Bewußtsein der völligen Fremde. Wir suchten Ablenkung bis zur nächsten Einschiffung, um der plötzlichen Mutlosigkeit nicht nachzugeben. Im Raffles Hotel befanden wir uns wieder einmal in einem superlativen Märchenpalast asiatischer Prägung. Könnte es sein, daß auch Bangkok ähnliches zu bieten hatte, und wenn ja, wie lange würden wir uns derartigen Luxus erlauben können? Ich hatte die unerklärliche Vorstellung, daß die Reise von Venedig (mein Gott, wo lag Venedig und wie lange war es her?) bis Singapur eine fast gerade Wasserprachtstraße durch tausend herrliche Wunder gewesen war, und nun galt es, in eine schmale, dunkle, vermutlich viel heißere Seitenstraße in Richtung World's End einzubiegen. Der äußerste Punkt dieses unsicheren Weges war in meiner Phantasie Bangkok.

Schon das kleine siamesische Küstenschiff schien meinen Vorahnungen recht zu geben. Es war ein etwas schmieriges, unordentliches Schiffchen mit chinesischer Besatzung. Die Hitze wurde tatsächlich oft unerträglich, Ventilatoren waren rar und klein. Die wenigen anderen europäischen Passagiere waren meist auch Emigranten aus Europa. Auf diesem kleinen Raum hockte man nun zusammen und tauschte Unerfreulichkeiten aus. Das, was mir bisher als glitzernder Orientzauber erschienen war, konfrontierte uns nun in Form von faustdicker Problematik und leider nicht voraussehbarer Alltagsrealität. Um meinem schwankendem Optimismus den letzten Gnadenstoß zu geben, beschrieb mir ein Mitreisender die unzähligen Gefahren, denen man angeblich in Bangkok ausgesetzt war.

Der Erzähler beschränkte sich auf Insekten, Schlangen und andere Kriechtiere, die laut seiner Erfahrung alle darauf erpicht waren, das Leben der Europäer gefahrvoll und erschreckend zu gestalten. So erzählte er mir von beängstigenden Überraschungen: Schlangen lägen oft knotenweise in seinem Bett, dazu zirpten die verschiedensten stechenden Insekten des Nachts an den Zimmerwänden und Decken, rote und schwarze Ameisen überfielen wie eine Plage Menschen und Speisen und dazu gesellten sich rund um die Uhr Mücken aller Art. Bei so viel Ungeziefer war es nicht weiter erstaunlich, daß viele nicht näher erforschte Krankheiten zusätzlich das europäische Menschenleben gefährdeten und oft auslöschten. Starr vor Schreck fragte ich ihn, warum er dann in solche Hölle zurückkehre. „Ja, die Abenteuerlust" . . . meinte er.

Mir fiel nichts Schönes ein, womit ich diesen erschreckenden Bericht hätte neutralisieren können. Ich blickte zu meiner Mutter, die zu Migränen und hohem Blutdruck neigte, und sah sie bereits hoffnungslos dahinwelken unter dem Druck der feindlichen Außenwelt. Aber wieso hatte mein Vater in seinen Briefen uns vor derartigen Scheußlichkeiten nicht gewarnt oder gar das Land gewechselt? Ich behielt abwartend alle diese Schrecken für mich und wartete ohne jegliche Sehnsucht auf die Begegnung mit meinem Vater in Bangkok. Ich war auf das Schlimmste vorbereitet und litt doppelt, weil ich alleine litt und mich nicht mitteilen wollte.

Am späten Nachmittag, bei untergehender Sonne, tuckerten wir den Menam entlang auf Bangkok zu. Ein wunderschöner Anblick, mußte ich gestehen. Auf beiden Seiten des Flusses dichte tropische Urwälder, der breite Strom eine sehr beschäftigte, schlammige Wasserstraße. Chinesische Dschunken, voll beladen, ganze Familien transportierend, begleiteten oder begegneten uns, dazwischen siamesische Boote für den öffentlichen Dienst. Die meisten Passagiere, barfüßig, saßen in der Hocke, plauderten miteinander, betreuten ihre Kinder und beobachteten mit äußerstem Phlegma das Geschehen um sie. Ich dachte immer nur an Schlangen aller Art, was mich sehr daran hinderte, meine Umwelt zu dieser historischen Stunde der ersten Begegnung mit Bangkok mit offenem Herzen und wachem Auge zu erleben.

Inzwischen war es Abend geworden. Ein schwüler, feuchter Abend, wie wir es nun mittlerweile gewohnt waren. Als wir in Bangkok anlegten, unterschied sich der erste Eindruck wenig von den oberflächlichen Abendbesuchen anderer asiatischer Häfen auf unserer langen Reise nach Thailand. Hier war natürlich die innere Erregung größer, wußten wir doch, daß dieses Land auf unabsehbare Zeit unser Domizil sein würde. Wie die Lottospieler hatten wir darauf getippt und hofften nun verzweifelt, es möge der richtige Tip gewesen sein.

Auch Bangkoks Hafen wimmelte von bienenemsigen chinesischen Kulis, die barfüßig hin- und hereilten und fast lautlos ihre Aufgaben verrichteten. Auch hier hingen die verschiedensten Gerüche in der Luft, aber eher identifizierbar als die Blumendüfte auf Ceylon. Hier stank es nach Lack, Fisch, schmutzigem Fluß und asiatischer Kochkunst. Ich sollte diese Mischung lieben lernen im Laufe der Zeit, an dem bemerkenswerten Abend jedoch wartete ich gleichzeitig auf die vielen tückischen Schlangen und hielt Ausschau nach der beruhigenden Gestalt meines Vaters, als ob er der Rettungsring wäre. Unsere kleine Gruppe, Familie Berginer, meine Mutter und ich standen nun ziemlich stumm an Deck, zu aufgeregt, um Worte zu formulieren. Ich dachte rasch und intensiv an Großväterchen und wußte, er hätte sich dazu durchgerungen, die latente Schlangen- und Ungeziefergefahr erstmal zu ignorieren, um das Leben um sich aufzunehmen. Etwas besser wurde mir schon dabei. Plötzlich stand mein Vater vor uns, vier Monate waren wir voneinander getrennt gewesen. Es war neu, ihn im tropischen Dress zu sehen, in weißen Leinenstiefeln. Ich fragte ihn sofort leise, ob das der Schutz gegen Schlangenbisse sei. Er verstand meine dumme Frage nicht und sprach von Mückenstichen. Sollten die etwa noch gefährlicher sein als die Schlangenbisse? Ich wollte meinem Vater meinen abenteuerlichen Erzähler vorstellen, aber der war schon von Bord verschwunden.

Papachen sah auch in dieser Situation seines Lebens sehr wohl aus, klimatisch längst eingewöhnt, stotterte bereits englische und siamesische Befehle in Richtung Kulis und sah keinesfalls unglücklich aus. Er war offensichtlich glücklich, uns vereint zu wissen. Auf verschiedene offene Taxen verstreut, von vielen Asiaten umkreist, von Kindern wie eine seltene Tierart bestaunt, setzten wir uns in Bewegung in Richtung Eagle Hotel.

Unsere erste Fahrt durch Bangkoks südliche Vororte, an Märkten vorbei, bis zur Hauptstraße New Road und zum Beginn des Residenzviertels bot einen ganz anderen Eindruck als vergleichsweise die anderen asiatischen Städte, die wir bis dahin erblickt hatten. Zwar herrschte auch hier abends dieselbe Geschäftigkeit wie am Tage, aber die Dimensionen waren provinzieller, extrem asiatisch und es fehlten völlig die palastartigen Gebäude, die anderswo Luxushotels und Banken beherbergten. 1939 gab es zwei Erste-Klasse-europäische-Hotels in Bangkok, die beide gut waren, aber keinerlei Pomp besaßen. Nun war ja Thailand keine Kolonie, sondern das Land der Freien, wie es durch den Namen „Thai" zum Ausdruck kommt. Das mag ein Teil der Erklärung dafür sein, daß Bangkoks Antlitz eigenwillig, speziell und charakteristisch war. Auf mich wirkte es sofort asiatisch gemütlich, sympathisch und erregend zugleich. Wir sahen schon im Vorbeifahren die verschiedensten Völkergruppen: Chinesen, Siamesen, Inder und Malaien, alle anscheinend friedlich miteinander arbeitend. Da die Hitze Ende März abends noch groß war, spielte sich das Leben in den offenen Läden und den beleuchteten Straßen ab. Auffallend, wie überall bisher in Asien, aber hier ganz besonders, die vielen herrenlosen Hunde, meist verseucht und hungrig, die überall auf Straßen, Märkten oder in den Läden suchend herumliefen oder erschöpft mitten im Gewühle schliefen. Niemand kümmerte sich um sie, und auch die Tiere wiederum ignorierten völlig das Gewimmel, den Verkehr und die vielen Geräusche.

Wir bogen nun von der Hauptstraße rechts in eine ruhigere Residenzstraße ein, fuhren an einem der zwei Hotels vorbei und bald durch ein Tor in eine gartenartige Auffahrt. Das Haus war eine größere Villa, wie meist in Bangkok von einer großen überdachten

Terrasse geziert. „Das ist das Eagle-Hotel“, sagte mein Vater, „es wird von Russen geführt und ist erstmal unser aller Bleibe.“ Die Frage nach dem Oriental-Hotel, wo er zu Beginn gewohnt hatte, ließ ich wohlweislich erstmal schlummern, da mein Vater sich nie ohne Grund verschlechterte. Man sollte ja nicht an solchen Premierenabenden alles auf einmal wissen wollen, sagte ich mir. Auch meine Mutter stellte keine Fragen, sondern bemühte sich, freundlich zu lächeln und alles gut zu finden.

Ein fröhlicher chinesischer Boy kam zur Begrüßung und half mit dem Gepäck. Rückblickend betrachtet waren dies die ersten Handlungen unseres langen neuen Lebensabschnittes. Für meine Person kann ich nur sagen, daß ich am Abend jenes Tages mich bereits in einer irrealen, überraschungsfreudigen Welt befand. Alles, was noch an jenem Abend kommen sollte, erlebte ich nunmehr nach meiner Art als neugierige, ich meine auch aufmerksame Betrachterin. Ich stelle zudem fest, daß, wie oft im Leben, man von irgendwoher das Signal erhält: dieses ist eine Wende, schau gut zu und erinnere Dich daran. Deshalb meine ich, die ganz kleine russische Exilkulisse, diesmal orientalisch und in keinster Weise von höherer Qualität, schildern zu können.

Im großen, kahlen Vorraum dieser Pension erschien nunmehr, protokollarisch und zeitlich richtig, das Ehepaar Lola und Arkady zur Begrüßung. Sie waren die Besitzer dieses Heimes, jedoch ließ Lola niemanden darüber im Zweifel, zu keiner Tages- oder Nachtzeit, wer die ausschließliche Stimmberechtigung im Hause hatte.
Lola niemanden darüber im Zweifel, zu keiner Tages- oder Nachtzeit, wer die ausschließliche Stimmberechtigung im Hause hatte.
gedunsenen Gesicht. Die kleinen stecknadelartigen Augen kannten weder Träume noch Humor; sie schätzten lediglich alles berechnend und unbeteiligt ein. Ihr etwas verschwitztes Kleid verhüllte mit Mühe wallende, undefinierbare Fettschichten, die sich nicht unbedingt im Eintakt mit ihren Schritten bewegten. Sie kam uns in ihrer ganzen Größe entgegen und bot uns mit einstudierter Herzlichkeit ihre dicke, feuchte Hand und die Gastlichkeit ihres

Hauses. Daneben stand, ich hatte es längst vergessen, ein Mann, Lolas Ehemann. Schau an, welch Wunder, er sah zwar feige aus, hatte dennoch nette Umrisse. Lola ließ uns ja auch keine Zeit zur näheren Betrachtung von all dem, was nicht ihre Person oder ihre Pension war.

Unsere Zimmer lagen in der ersten Etage mit Blick auf einen ziemlich verwahrlosten, tropischen Garten, in dem erstaunlicherweise schneeweiße Gänse herumstolzierten. Sie sollten Wachhunde ersetzen, denn bekanntlich schlagen Gänse lauthals Alarm bei dem kleinsten Geräusch. Das Hauptmobiliar in den zwei Zimmern war das jeweilige Bett, von einem baldachinartigen Mückennetz umgeben, ohne welches man nicht schlafen könne, erklärte uns mein Vater. Ich dachte schnell wieder an die Schlangen und fragte mich, wie sie sich wohl durch so viel Tüll den Weg in die Betten bahnen könnten. Zum Glück sollte ich mit Tochter Berginer erst mal im selben Zimmer schlafen, und ich nahm mir vor, mit ihr ein System auszuarbeiten, damit eine von uns immer hellwach auf Schlangen hätte lauern können. Mittlerweile machten wir uns eilig fertig, um zum längst fälligen ersten Abendessen in Bangkok hinunterzugehen.

Inzwischen hat mich die Erfahrung gelehrt, daß weder schwieriges Klima noch andere widrige Umstände einen Russen daran hindern können, frohe Anlässe zu feiern. Mein Vater war geradezu ein dafür prädestinierter Manager. Nicht nur konnte er Feste herrlich organisieren, er wußte sie auch unbeschreiblich zu genießen. So fanden wir auch an diesem denkwürdigen Abend in Lolas und Arkadys Etablissement eine festlich gedeckte Tafel vor. Wenn die Menge der Gerichte der Ausdruck von Papachens Wiedersehensfreude sein sollte, konnte man folgern, daß er sich seit Tagen unbeschreiblich auf uns gefreut hatte. Arkady, mit Hilfe des freundlichen chinesischen Boys, trug unermüdlich neue warme Speisen zu Tisch, nachdem wir uns durch ein Sakuski-Aufgebot durchgekämpft hatten. Es wurden Wodka, Wein und Bier wahlweise gereicht, eine fröhliche, schwitzende Runde. Man unterhielt sich über alles, außer über echte Probleme. Diese hatten Zeit, denn sie waren da und in keinster Weise wegzuwischen. Da es spät am Abend war, waren wir die einzigen Gäste im Speiseraum und machten lärmenden Gebrauch davon. Arkady, durch die Küchentür von seiner herrischen Lola getrennt, fühlte sich freier, je später der Abend wurde. Er war gerne unser Gast bei Getränken, fühlte sich relativ frei und entwickelte einen gewissen männlichen Charme. Nur wenn Lolas laute Stimme aus dem Hintergrund nach ihm rief, verfiel er in Sekundenschnelle in sein übliches Sklavendasein. Armer, guter Arkady, war die schreckliche Lola seine unverdiente Bestrafung, oder wäre er ohne sie hoffnungslos untergegangen? Diese Überlegungen zu später und immer noch schwüler Stunde wurden durch einen plötzlichen und mir noch unerklärlichen Juckreiz am ganzen Körper unterbrochen. Meine Erziehung verbot mir, zügellos an Beinen und Armen zu kratzen, so fragte ich die Anwesenden, ob sie sich auch in ähnlicher Bedrängnis befänden. Die Damen bejahten einstimmig. Papa hatte vor Freude völlig vergessen, uns vor Mückenstichen zu warnen. Die vielen lieben Tierchen schienen das frisch importierte europäische Blut in unseren Adern sehr zu schätzen und stachen jede freie und sogar einige bekleidete Stellen unserer Körper. Arkady, durch Alkohol gelockert, brachte blitzschnell eine Lotion gegen Mückenstiche und die üblichen, leichten Säcke für unsere geplagten Beine. All sein Mühen konnte den Schaden nicht mehr rückgängig machen, lediglich noch Schlimmeres verhüten. Wir kratzten uns nunmehr hemmungslos, wurden müder und stiller. Die künstlich hervorgebrachte Euphorie bekam einen spürbaren Knick, und wir dachten sehnsüchtig an wohltuende Bettruhe. Mein Vater, in unseren Augen gleichsam Professor für europäisches Verhalten in den Tropen, erteilte uns Ratschläge für die Nacht: warm duschen, danach sich nicht gänzlich abtrocknen und in kühles Leinen gehüllt umsichtig und rasch ins Bett hüpfen, möglichst ohne auch nur einer Mücke durch das Moskitonetz Einlaß zu gewähren. Trotz bleierner Müdigkeit nahm ich mir vor, diese Strategie sorgfältig zu verfolgen. Ohne die Willenskraft, auch nur einem Gedanken nachzugehen, fiel ich in tiefen Schlaf. Kurz darauf wurde ich aus dieser Seligkeit gerissen. Fremdartige Geräusche kamen von den Wänden, es tuckerte merkwürdig, dann folgte ein Gackern, dann wieder Tuckern. Mir brach kalter Schweiß aus, zumal ich vor der Wahl stand, entweder im Dunkel so zu erstarren oder die ganze Moskitonetz-Strategie im Dunklen zu wiederholen, um an den Lichtschalter zu gelangen. Was erwartete mich außerhalb der Festung meines Bettes? Es waren Tiergeräusche, das war sicher. Aber was für Tiere? Hüpfer oder Kriecher oder gar Schlangen? Oh grauenvolles Dilemma! Hätte der unglückselige Mensch auf dem Schiff mir nicht solche Angst eingejagt, würde ich jetzt neugierig lauschend, aber ruhig, liegenbleiben. Aber so, auch auf die Gefahr hin, mit einem Fuß eventuell einem Krokodil direkt in den Rachen zu treten, sprang ich aus dem Bett und zum Lichtschalter. Auf dem Fußboden war nichts zu finden, dagegen huschten an den Wänden grüne und dunkelgraue große Eidechsenarten, Tokke auf siamesisch genannt, zu deutsch Gekkos, kreuz und quer. Wenn sie ihre eigenartigen Laute von sich gaben, bewegte sich ihr Kehlkopf sehr erregt und die Augen drohten, ihnen aus dem Kopf zu fallen. Moskitos füllten surrend den Raum, und vor dem Fenster flogen mit rasanter Geschwindigkeit unzählige Fledermäuse. Um die vielen anderen Geräusche, die aus dem Garten kamen, wollte ich mich nicht weiter kümmern. Immer noch frierend vor Furcht und Erregung lief ich schnellstens zu meinen Eltern, um mir bei meinem Vater Informationen zu holen über die Bedeutung dieser für mich neuen Tiergattung an den Wänden. Waren sie etwa Vorboten der nachfolgenden Schlangenparade? Meine arme Mutter saß aufrecht im Bett und kratzte immer noch ihre geschwollenen Beine und Arme. Mein Vater versuchte, ihr mit feuchten Wickeln Linderung zu verschaffen. Auch sie hatten dieselben gesprächigen Tiere an den Wänden und kümmerten sich nicht um diese. Sie waren völlig harmlos und hatten die hilfreiche Eigenschaft, Mücken zu verspeisen. Leider gab es viel mehr Mücken, als ihre Mägen je fassen konnten. Wir sollten uns im Laufe der Jahre in den verschiedenen

Häusern, die wir bewohnten, und in denen wir unweigerlich Tokkes vorfanden, uns dermaßen an sie gewöhnen, daß sie eine liebenswürdige Selbstverständlichkeit unseres Lebens in den Tropen wurden, sozusagen possierliche Haustiere mit einem geregelten eigenen Familienleben. Einigen besonders anhänglichen gaben wir Namen und führten Gespräche mit ihnen.

Die allernächsten Tage verliefen abseits jeder gewohnten Realität und vertieften in mir die Gewißheit der totalen Entwurzelung. Meine neue Umwelt war so fremdartig und bot so viele Anpassungsprobleme, daß ich mir vornehmen mußte, alle bisherigen Wünsche und Vorstellungen auszuradieren, um mit sehr entschlossenem Willen die neue Welt um mich zu akzeptieren, um mit ihr leben zu können.

Da die wohltuende Meeresbrise fehlte, welche wir von der Überfahrt her gewohnt waren, verbrachten wir die Tage und die Nächte wie unter einer riesigen feucht-heißen Glocke, aus der es kein Entrinnen gab. Wir hatten das Pech, in die heißeste Zeit hineingeraten zu sein. Bis die Monsunregen einsetzen würden, im Juni, waren es noch über zwei Monate. Abgesehen von den klimatischen Schwierigkeiten, die erheblicher waren, als wir sie uns, Prospekte lesend, vorgestellt hatten, war die Atmosphäre in Lolas Eagle-Hotel nicht dazu geeignet, Wohlbehagen oder gar Frohsinn zu fördern. Die wenigen Aufenthaltsräume waren kahl und unpersönlich, und Lolas dröhnende, meist befehlende oder fluchende Stimme donnerte oft. Lola konnte zweisprachig und fließend fluchen: russisch (mit Arkady), chinesisch mit dem einzigen Boy. Ihre chinesischen Sprachkenntnisse stammten aus der Zeit ihrer etwas wirren postrevolutionären Wanderungen aus Sibirien durch China ins Exil. Harbin, Tientsin und Shanghai waren wohl Lolas Hauptstationen gewesen, wo sie sich durch nicht näher präzisierte Tätigkeiten über Wasser gehalten hatte. In Shanghai kreuzte sie Arkadys Weg, und er blieb bis zum Schluß ihr wehrloses zappelndes Opfer.

Außer unserer Großfamilie gab es nur noch zwei ständige, aber sehr ungleiche Gäste. Ein gewisser Dr. Klein, vielgereister kultivierter deutscher Ingenieur mit profunden russischen und türkischen Sprachkenntnissen. Er befand sich in Bangkok auf Zeit als Vertreter von Siemens. Er wohnte im Eagle-Hotel wegen der russischen Umgangssprache, die er sehr liebte, besaß glücklicherweise aber ausreichenden Humor, um Lolas lärmende Erscheinung spielend zu ertragen. Dr. Klein schloß sich oft uns an und erfreute uns mit seinen interessanten Gesprächen und witzigen Pointen. Der andere Gast war eine sogenannte Dame, unverheiratet, Ende dreißig, gut gewachsen und männerfreudig auf breiter, internationaler Basis. Ihre Wünsche diesbezüglich überstiegen bei weitem das vorhandene Angebot, was anscheinend sehr zu ihrer ständigen, nörgelnden Unzufriedenheit beitrug. Auch sie verdankte Hitlers Kreuzzügen durch Europa ihre Flucht weit weg, eben nach Bangkok. Sie versuchte ernsthaft, eine, irgendeine Beschäftigung zu finden. Schließlich wurde sie tagsüber Sekretärin, während sie die Abende und Nächte sehr abwechslungsreich gestaltete, wovon alle Gäste auf dem Laufenden gehalten wurden durch ihre mangelnde Diskretion und ihr lautes Benehmen. Schon beim gemeinsamen Abendessen konnten wir registrieren, ob sie gut oder schlecht gelaunt war und zogen unsere Folgerungen daraus. Ob sie Gesellschaft erwartete oder mißgelaunt noch ein Weilchen bei uns verweilen würde, immer etwas außer Atem, gierige Blicke auf Dr. Klein werfend?. Dr. Kleins Reaktion auf die Dame war, würde ich meinen, entschieden negativ, amüsiert und eindeutig ablehnend. Fräulein B. haßte Tiere, und da Lola alle vertretbaren Tiersorten für den Hausgebrauch fanatisch liebte und pflegte, entstanden unvermeidliche, heftige Kollisionen, was die allgemeine Diskrepanz und Unruhe der Hotelatmosphäre zusätzlich steigerte. Der Höhepunkt der Spannungen entstand, als Fräulein B. eines Abends im Speisezimmer in geballter Wut einer bettelnden Katze einen solchen Fußtritt versetzte, daß das Kätzchen miauend gegen die Decke flog und ohnmächtig zu Boden fiel. Deutsches und russisches lautes Fluchen überkreuzten sich mehrmals, schließlich befahl Lola in unkontrollierbarer Wut der Dame, ihr Haus zu verlassen. Nach diesem eindrucksvollen Eklat zog sich Fräulein B. hoch erregt auf ihr Zimmer zurück, packte ihre wirre Garderobe und verbrachte die Nacht unbekleidet auf ihrem Balkon. Wohl kaum zwecks Abkühlung, denn die Nächte waren immer noch sehr schwül. Die Passanten auf der Straße waren meist chinesische Kulis zu dieser Nachtzeit. Verdutzt blickten sie hoch und gingen etwas erschrocken weiter. Dr. Kleins Schlaf im Zimmer nebenan schien in keinster Weise beunruhigt zu sein, wir hörten sein regelmäßiges Schnarchen unten auf unserem Balkon. Als Fräulein B. am nächsten Tag wortlos und empört das Haus verließ, waren wir Hinterbliebenen erleichtert und endlich unter uns.

Auch ohne Fräulein B. wurde meiner Mutter und mir völlig klar, daß mein Vater auf keinen Fall freiwillig das Eagle-Hotel als vorläufige Unterkunft gewählt haben konnte. Auch der Anreiz der russischen Sprache konnte bei so vielen negativen Aspekten kein ausreichender Grund sein, zumal er selber anfänglich in einem der zwei besten Häuser gewohnt hatte. Auch über den geplanten Kauf einer angebotenen Ölmühle war nicht mehr die Rede. Wenn man die achterbahnartige Lebenskurve, welche das Leben meines Vaters ausgemacht hatte, vor Augen hatte, wußte man, daß die Konstellation Eagle-Hotel kein gutes Omen in sich barg. Aber da wir bestrebt waren, uns mit Bangkok und dem neuartigen Leben, das es bot, auseinanderzusetzen, um uns darauf einstellen zu können, mußten wir Klarheit über unsere finanzielle Lage bekommen. Es war schon immer sehr schwer gewesen, meinem Vater schlechte Nachrichten zu entlocken, man mußte diplomatisch und vorsichtig vorgehen. Es konnten Tage vergehen, bis man das Mosaik aller bruchstückartigen Hiobsinformationen in ihrer Tragweite beieinander hatte. Dieses Mal war es keine Ausnahme. Nach sorgenvollen Tagen wußten wir, was wir vom ersten Abend an geahnt hatten: wir saßen finanziell auf dem Trockenen. Die unter großen Risiken aus Italien nach Frankreich geretteten Gelder existierten nicht mehr, denn auch die Bank unserer Freunde am

Boulevard des Italiens in Paris existierte nicht mehr. Unsere dortigen Freunde waren nach Amerika geflüchtet, nachdem die französische Regierung ihnen die Bank mit sämtlichen Konten gesperrt hatte. Der Grund solcher Maßnahmen war ernst: die Bank hatte große, verbotene Waffengeschäfte nach Spanien getätigt und damit die französische Neutralität während des dortigen Bürgerkrieges verletzt. Wir Ahnungslosen saßen nun in Bangkok mit sehr knapp bemessenen Mitteln und mußten uns gleichzeitig mit dem Einleben und mit der Suche nach Möglichkeiten des Geldverdienens beeilen, aber sehr.

Es galt, wie so oft, wenn Katastrophen einbrechen, die Gedanken und Gefühle zu ordnen und die eigene Misere im richtigen Verhältnis zu den vorhandenen Möglichkeiten abzuschätzen. Mühsame Akrobatik der Willenskraft, zumal wenn die Umwelt völlig fremd und ohne Freunde ist. Ich selbst versuchte zusätzlich persönliche innere Bilanz zu ziehen.

Beschäftigt wie wir waren zu leben, uns zu orientieren, Menschen kennenzulernen, die uns mit Rat weiterhelfen könnten, blieb so wenig Zeit und Kraft übrig, um in solchem Umwälzungsprozeß in sich zu blicken. Was war in uns übriggeblieben von der Welt und der Lebensart, die wir bis vor kurzem in unseren Herzen getragen und die uns durch viele Jahre geprägt hatte? Ich war 18 Jahre alt, ein Alter, das ich mir immer als entscheidenden Meilenstein dieses jungen Lebensabschnittes vorgestellt hatte, denn mit 18 wurde mir so vieles Versprochene erlaubt, was ich bis dahin nicht hatte tun dürfen: Absätze, so hoch wie ich sie wünschte, Make-up, so viel und ganz nach meinem Geschmack, wie ich es mir erträumte und Unterwäsche, die nicht nur unbedingt keusch aussah und nach Lavendel duftete. Wie gesagt: entscheidende Wende, ein aufregender Sprung in eine vielversprechende Selbständigkeit, die neue ungeahnte weitere Entwicklungen sicherlich mit sich bringen würde (meinte ich). Natürlich hatte meine Mutter ihr Versprechen eingehalten: die oben aufgezählten Wünsche wurden Realitäten, nur: in dieser neuen Umwelt, verloren und verstört, wie ich mich fühlte, hatte ich fast das Gefühl, daß die Vorfreude bei weitem schöner war, als die Erfüllung selbst. Hatte nicht der gute alte Professor Michot oft zitiert: les choses désirées n'arrivent point et si elles arrivent ce n'est ni au moment et ni en des circonstances où elles auraient été tant désirées? Wenn ich mir die Schwäche erlaubte, auf das zurückzublicken, was man wohl legitimerweise als ein verlorenes Paradies bezeichnen könnte, so war die Realität so trostlos und erforderte so viel entschlossenen, bejahenden Lebenswillen, daß ich mir sagte: diese Rückschau schadet Deiner Seele und nimmt Dir die Kraft. Später, viel später, wird dafür Zeit und Abstand vermutlich genug sein, um Dir das Herz nicht zu brechen und die lebenswichtigen Kräfte nicht zu dezimieren. Der vor mir liegende Weg war sicherlich steil, die Hindernisse hart und unübersichtlich, aber warum sollte ich nicht den Gipfel erreichen? Dort einmal angekommen, könnte ich durchatmen, mir den Luxus der Rückschau leisten, ohne Gefahr dabei vor Sehnsucht nach dem Vergangenen zu zerbrechen. Hoffentlich würde es dann ein Tal vor mir geben, das ich auf einem weniger bitteren Pfad erreichen könnte, um mich dann, durch neue Erkenntnisse bereichert, niederlassen zu können, erneuert, gestärkt, zuversichtlich. Ich war entschlossen, dieses zu erreichen.

Auf der Suche nach innerer, seelischer Ordnung meinte ich, behutsam, jedoch konsequent, mit mir selbst umgehen zu müssen. Ich wollte mich ungebunden fühlen, aufgeschlossen für die neue Welt um mich, und doch wünschte ich, mir diejenige bleiben zu können, die das Leben bis dahin aus mir gemacht hatte. In dieser Haut hatte ich mich so sehr wohl gefühlt, ich mußte sie unverändert weiter tragen, um den Menschen in mir in die nächste Phase ungebrochen zu retten. Zu dem Menschen in mir gehörten unzertrennlich Großväterchens geistiges Erbe und die Bindung an Danilo und sein Land. Großväterchen gab es nicht mehr, und ich hatte dennoch gelernt, mit ihm weiterzuleben. Danilo wollte ich verzweifelt versuchen über die unvoraussehbare Zeit hinüberzuretten, um dort unseren zärtlichen Dialog fortzusetzen, wo wir gezwungen gewesen waren, ihn zu unterbrechen. Die Luft, die Tage und vor allem die Stille der Nächte waren, so schien es mir, von unserer unzertrennbaren Bindung erfüllt. Danilo sprach in seinen langen, regelmäßigen Briefen von denselben Erfahrungen: wir blieben getrennt und ungeheuer vereint. In dem Alter glaubt man, Schicksale bestimmen zu können, wenn man es nur wolle, deshalb blieben wir beschwingt, verliebt und optimistisch. Danilos Vater, der unser Glück so sehr wünschte, hatte sich die Mühe gemacht, nach Bangkok zu reisen, um mit meinem Vater die geringen Möglichkeiten, die die Situation bot, durchzusprechen und um weiter gemeinsam bemüht zu bleiben „auf der Suche nach dem Glück unserer Kinder", wie er voller Gefühl auf das zurückgelassene Photo schrieb. Noch ein Romantiker, zwar reiferen Alters, der glaubte, Geschicke lenken zu können. Bis zum Eintritt Italiens in den Zweiten Weltkrieg erhielt ich von ihm Briefe der tiefen Zuneigung und ständiger Verbundenheit, die sicherlich sehr dazu beigetragen haben, meinen Mut zu stützen und die Nase stets über Wasser zu halten.

Papa hatte bis zu unserer Ankunft in Bangkok einige Bekanntschaften geschlossen und dadurch viele wichtige Informationen über Land, Leute und Möglichkeiten in Erfahrung bringen können. Nach unseren ersten verwirrenden Tagen auf siamesischem Boden — zwar mit abgeheilten Insektenstichen, aber völlig zerrütteten Vorstellungen von dem, was wir erwartet hatten, bereiteten wir uns auf die Höflichkeitsbesuche vor. In den wenigen ersten Tagen hatten wir einiges gelernt. Wichtig war, zu wissen, welche Kleidung man unbedingt meiden sollte, um sich so weit wie irgend möglich vor der Hitze und Feuchtigkeit zu schützen. Seidenkleider, von denen wir, aus dem Land der schönen Seidenstoffe kommend, eine Menge mitgebracht hatten, waren absolut zu meiden. Sie wärmten sehr und klebten schließlich auf die unangenehmste Weise an den Körperpartien, die am meisten transpirieren. Es bleibt der Phantasie des Einzelnen überlassen, welche peinlichen, überaus unschönen Anblicke man damit dem Betrachter bietet. Auch meine langersehnten hohen Stöckelschuhe waren unpassend, mühsam und für die dortige Mode völlig deplaziert. Ohne die schönen Seidenstrümpfe wirkten sie nicht annähernd so aufregend, wie ich das immer in Europa voller Neid bei anderen empfunden hatte. Dazu kamen die anfänglich zerstochenen Beine, die sicherlich keine zusätzliche Beigabe zu erhöhter Anmut lieferten. So zogen wir zu unserer ersten Einladung tropensicher los, durch Erfahrung gereift und durch krassen Realismus in abwartender Stimmung. In unseren Sommertäschchen hatten wir Anti-Insekten-Lotion, über dem Arm je einen Leinensack zum Schutz der Beine, in der freien Hand einen Fächer und einen hocheleganten Elfenbeinkratzer. Können Sie sich wenig darunter vorstellen? Stellen Sie sich ein kleines, aber mit scharfen Nägeln versehenes Händchen vor, dieses nun aus Elfenbein auf einem langen Stöckchen angebracht. Aus Not entsteht Phantasie. Jeder, den es juckte, machte von dieser einfallsreichen Improvisation Gebrauch, sehr praktisch: man braucht sich nicht zu verrenken, um an die entlegensten Körperstellen zu gelangen, und kratzt sich öffentlich und elegant mit Elfenbein. Völlig neue Verschiebung des Codes der guten Manieren.

An erster Stelle wollten wir die wenigen russischen Familien besuchen, die in Bangkok seit längerem lebten, vertrieben durch die Revolution und teils durch Pogrome, wobei der soziale Status, den sie in Siam einnahmen, keine Rolle für uns spielte. So nahmen wir als erste die Einladung des Herren- und Damen-Friseurs Joseph an. Er wohnte mit Familie nicht weit vom Eagle-Hotel in einem Hinterhof der damaligen Hauptstraße New Road. Mein Vater hatte uns zwar gewarnt, daß Josephs schrullig wohnten, aber der erste Eindruck, den wir gewannen, war keinesfalls mit dem vergleichsweise harmlos-witzigen Begriff „schrullig" zu umschreiben. Über einen holperigen, steinigen Hof erreichte man eine mehr oder minder stabile Hühnerleiter, die zu einer grell beleuchteten Holzveranda führte. Auf der Veranda herrschte lautes Chaos. Fast alle Russen Bangkoks hatten sich zu unserer Begrüßung dort versammelt, kannten einander gut und waren anscheinend trotz langjähriger ununterbrochener feuchter Hitze von ausgeprägtem Temperament geblieben, anscheinend alle sorglos und glücklich. Nachdem Berginers und wir sorgfältig nacheinander und heil die Hühnerleiter hinter uns gebracht und besagte Veranda erreicht hatten, entstand Pandemonium, hauptsächlich, weil die Veranda zu schmal war und übermäßig mit ausnahmslos brüchigem, undefinierbarem Mobiliar beladen. Russische Herzlichkeit, ungeachtet der Lautstärke, ist für mich immer eine akute Freude, dieses jedoch rief in mir so etwas wie Panik hervor, denn ich konnte mir nicht vorstellen, daß die Behausung, geschweige denn die brüchigere Veranda solchem Tumult widerstehen könnte, ohne mindestens zum Teil zusammenzukrachen. Es knackte und wackelte an allen Ecken und Enden, ohne daß irgendjemand davon Notiz genommen hätte. Alle stellten sich gleichzeitig und lauthals vor, und es dauerte eine Weile, bis die Umarmungen beendet waren und das, was bei Josephs wohl als Ruhe verstanden wurde, wieder eintrat. Die Suche nach Stühlen, Hockern, Sesseln, Kissen begann, denn vorgesehen war nichts. In dem unbeschreiblichen Gewühle hatte ich mir natürlich nicht gemerkt, wer wie hieß und wer zu wem gehörte. Inzwischen fühlte ich mich von dieser Sorglosigkeit angesteckt, setzte mich auf irgendetwas und versuchte, die vielen Gestalten unterzubringen. Der Höhepunkt der Begegnungsfreude schien überschritten zu sein, und nachdem jeder sich rein zufällig irgendeine Sitzgelegenheit improvisiert hatte, meinte ich, daß man versuchen könnte, sich relativ kohérent zu unterhalten. Wir sollten lernen, daß man bei Josephs nur mit großzügigen, vagen Erwartungen verkehren konnte und daß, egal, wie überraschungsbereit man sich einstellte, die Realität immer noch die Phantasie übertraf.

An jenem Abend jedoch waren diese Atmosphäre und diese Art Menschen für uns absolutes Neuland. Nachdem man den allerersten Schock überwunden hatte und gewillt war auszuharren, um die Menschen kennenzulernen, empfand man tatsächlich urwüchsige Natürlichkeit und echte Herzlichkeit seitens aller. Ganz allmählich glaubte ich feststellen zu können, daß es sich um vier Familien handelte, alle, man staune, mehr oder minder zusammengepreßt, mit einem Teil ihrer Kinder, auf der brüchigen Veranda. Alle tranken irgendetwas, und als meine erstaunten Augen als erstes eine Gestalt zu inspizieren versuchten, die dem Riesen Goliath in Tropenaufmachung ähnelte, begann wieder ein Teil der Anwesenden laute Unruhe zu verbreiten, hin und her zu laufen und sich gegenseitig Befehle zu erteilen. Ganz offensichtlich sollte das Abendessen auch auf der Veranda serviert werden. Ich empfand keine Panik mehr, fragte mich auch nicht mehr wie und wo die Speisen untergebracht werden würden und wie diese Menschengattung wohl essen würde. Ich bot auch nicht meine Dienste an, es schien völlig einerlei zu sein, wer was tat, und so ließ ich wieder meinen Blick auf meinem neuentdeckten, rotangelaufenen Goliath ruhen. Bei ihm konnte der Blick wahrlich ruhen. Er saß nunmehr, als einziger, in einem breiten, natürlich wackeligen Sessel, seine Riesengestalt strahlte Ruhe und unbeschreibliche Zufriedenheit aus. Das, was er von seinen Haaren gerettet hatte, war schwarz, also hohe, verschwitzte Stirn, scharfsinnige, sehr wache, überaus frohe Augen, die als einziges in seiner ganzen, eindrucksvollen Gestalt ständig in Bewegung waren und eine unbändige, fröhliche Neugierde zeigten. Auch sein rechter Arm bewegte sich ab und an, und zwar um mit absoluter Regelmäßigkeit das Bierglas zu den Lippen zu führen. Alles andere an ihm hatte Bacchus-Umfang und füllte völlig den bequemen, aber unsicheren Sessel aus. Die wirren Vorbereitungen für das Abendessen dauerten an. Ich versuchte, in dem anhaltenden Gewühle meine Mutter zu finden, war mir jedoch sicher, daß sie sich äußerlich zumindest auch in dieser ungewöhnlichen Umgebung gut unter Kontrolle hatte. Sie war tatsächlich von einem Teil dieser unkonventionellen gutartigen Meute umkreist und versuchte, so etwas wie ein Gespräch zu führen. Papa, auch hier ohne jegliche Anpassungsschwierigkeiten, sah zwar deplaziert aus, aber durchaus in der Lage, Natürlichkeit und Selbstverständlichkeit vorzutäuschen. Trotz der vielen Menschen kam ich mir verlassen vor und überlegte, was ich nun tun könnte, als Goliath-Bacchus mir mit einem fröhlichen Auge freundschaftlich zuzwinkerte, sein Bierglas auf den Tisch stellte, um mir irgendeine Sitzgelegenheit neben sich zu improvisieren, und mich einlud, darauf Platz zu nehmen. Das war entscheidend. Diese Geste riß mich aus meiner Verlorenheit und rettete nicht nur für mich den Abend, sondern erwies sich im Laufe der Zeit als Anfang einer interessanten, hilfreichen, nie eintönigen Bekanntschaft. Nach den ersten Sätzen war es klar: Goliath war ein intelligenter, gebildeter, kluger, wahrscheinlich versoffener Mann. Er war Sibirier und war mit seiner ukrainischen Frau, vor den Roten fliehend, über Harbin in China nach Bangkok gekommen. Fragen schwirrten durch meinen benommenen Kopf, aber ich konnte nur lauschen. Eine Frage gelang mir jedoch, trotz der gesteigerten Unruhe und der Freudenschreie beim Anrollen der Speisen. Ich fragte Goliath, ob seine Frau die Flucht überlebt hätte. Als Antwort kam ein tosendes Gelächter, das seine ganze Gestalt in heftige Unruhe brachte, schließlich donnerte seine Stimme nach „Tania!" Tania bahnte sich schnellstens einen Weg zu uns und stellte sich frisch und strahlend vor. „Hätte ich ohne mein Täubchen so froh und glücklich bleiben können, Mademoiselle?" Der Verdacht, den ich bereits verspürt hatte, bestätigte sich in dem Moment: ich mochte Goliath und seine servile, farblose, gütige Frau, die offensichtlich ihren Mann anbetete und nichts anderes wünschte, als neben ihm seine ausgeatmete Luft einatmen zu dürfen. Er entließ sie, indem er ihr befahl: „Laß uns alleine, ich habe der Kleinen viel zu sagen." Glücklich folgte sie der Anordnung. Ich war gespannt zu erfahren, was Goliath in der andauernden Konfusion unter „alleine" verstand. Offensichtlich brauchte er nicht alleine zu sein, um sich alleine zu fühlen. Er ließ mir von irgend jemandem einen beladenen Teller bringen und bot mir an, zwecks Zeitersparnis, sein Bier und sein Glas zu teilen. Im Laufe des Gespräches verlor ich den Sinn für Zeit und Ort und vertiefte mich immer mehr in das Gespräch. Ich mußte ihm recht geben: wir waren alleine. Goliath, sieh da, war Anwalt und Rechtsberater einiger großer dänischer Unternehmen. Er stellte sich nebenbei noch einmal vor: Igor Krashenninikoff, für die Europäer in Bangkok schlicht Krash. Krash erteilte mir, in seiner gemütlichen, scharfsinnigen Art, fabelhaften Unterricht in der heiklen Kunst, Bangkok zu verstehen, sich darauf einzustellen, um schließlich die Fähigkeit zu entwickeln, ein bewußtes, interessiertes Leben dort zu führen. Aus seinem für mich wichtigen Monolog entwickelte sich ein reger Dialog, bei dem ich zum ersten Mal seit unserer Ankunft in Bangkok das Empfinden hatte, auf der richtigen Spur zu sein, um etwas Lebenswichtiges zu lernen. Krash lud uns für den übernächsten Tag zu sich ein. Ich freute mich — zum ersten Mal seit langem.

Eigenartig, diese schnelle Wandlung menschlicher Stimmungen! Von dem intensiven, farbenprächtigen Dialog mit Krash erwacht, betrachtete ich mit neuen Augen das lärmende Veranda-Volk. Immer noch in völliger Unwissenheit ihrer jeweiligen Namen und Positionen, betrachtete ich sie mit Interesse und mit einigem Wohlwollen. Diese fröhlichen Menschen hatten sich aus Neigung oder auch unbewußt, was mich mit Neid erfüllte, im Laufe der Zeit mit Siam identifiziert, ja sie waren praktisch hellhäutige Siamesen geworden, sprachen die Sprache, empfanden kaum klimatische Belastungen. Ihr Blut war immun gegen Mücken geworden, und eventuelle Schlangen waren für sie zu uninteressanten Haus- und Gartentieren degeneriert. Von vielen europäischen Tabus und Höflichkeitsformalitäten befreit, lebten sie unbeschwert und voller Genuß das tropische Dasein und genossen unverkennbar immer noch mit slawischer Begeisterungsfähigkeit alles an Siam. Sie waren Kenner des Landes geworden und hatten, so wollte mir scheinen, den Rest der Welt als entfernten Planeten abgeschrieben. An dem bemerkenswerten Abend bahnten sich noch viele Gespräche an mit Namen und Menschen, deren Gesichter ich mir nun merkte, die mir nicht mehr wie eine fremde, neuentdeckte Menschengattung vorkamen. Wir kehrten zu erstaunlich später Stunde ins Hotel zurück mit einer langen Reihe von Einladungen.

Arkady, armer guter Arkady, war aufgeblieben, um mit uns noch ein Gläschen zu trinken. Jede Stunde von Lola getrennt war für ihn offensichtlich ein unverhofftes Geschenk, und darauf ein Gläschen zu kippen, war fast schon Glück. Ich kroch, innerlich gewärmt, schließlich unter mein Moskitonetz und merkte erst viel später, daß ich die allabendliche Inspektion nach Ungeziefer und Schlangen völlig vergessen hatte. Dankeschön, lieber, großer, weiser Krash, wie gut haben Sie mir geholfen!

Fast den ganzen nächsten Tag waren wir alle damit beschäftigt, unseren außergewöhnlichen Abend bei Josephs auszuwerten. Die jeweiligen Eindrücke waren verschieden, und die Beurteilungen gingen von sehr streng (eine Bande von Verrückten: Frau Berginer) bis großzügig und abwartend. Meine arme Mutter war hauptsächlich von der unbeschreiblichen Unordnung mehr als beeindruckt und von der totalen Abwesenheit irgendwelchen Lebenssystems. Papa bestand darauf, daß sie allesamt nett waren, nur eben anders. Ich zögerte lange, bevor ich gestand, daß sich nach dem ersten Entsetzen bei mir ein gewisses Verständnis für diese Gesellschaft entwickelt hatte, ja, ich gestand sogar, daß ich sie originell und fast als bewundernswert einschätzte. Schließlich gingen sie alle ihren verschiedensten Berufen nach und hatten ihren Platz gefunden. Einer, der Möbelfabrikant Gerson, war außerordentlich kreativ und erfolgreich. Wollten wir nicht mit unserer weiteren Kritik abwarten, bis wir sie alle nacheinander in ihren jeweiligen Heimen erlebt hatten? Was mich persönlich anging, war ich ziemlich sicher und auch entschlossen, mich aus keinem Grund wieder in ähnliches Entsetzen gleiten zu lassen wie anfänglich bei Josephs, egal welche Überraschungen noch auf uns warteten. Wir hatten hier in Bangkok aller Voraussicht nach längere Zeit zu leben, und je eher wir die neue Szene zu verstehen und zu akzeptieren lernten, desto besser für uns alle.

In drei Rikschas verteilt fuhren wir also, um einiges akklimatisierter, zur Tee-Einladung von Krashs. Auf dem nicht sehr weiten Weg dahin bekamen wir einen kleinen Eindruck davon, wie einige Europäer lebten. Meist luftige Häuser, aus Holz oder Stein, umgeben von Gärten, die durchweg schön waren. Die tropische Vegetation ist derartig phantasievoll und dankbar, daß es anscheinend nicht sehr mühsam ist, einen hübschen Garten zu halten. Mitten in diesen Beobachtungen bogen die Rikschas nochmal rechts ab in eine ruhige, saubere Seitenstraße, die ausschließlich eine Residenz für Europäer zu sein schien. Vor einem Tor zur Linken hielten wir an. Schon beim Aussteigen hörten wir Goliaths lauten Baß von der Terrasse kommend, und zwei nette Mädchen zwischen 14 und 17 liefen uns fröhlich entgegen. Richtig, ich erkannte sie wieder, sie waren auch beim großen Treffen dabeigewesen. Jetzt realisierte ich, wohin sie gehörten und fand sie erfrischend Krashs und Tanias Töchter, bereits in Siam geboren. Sie führten uns, als wären wir alte Freunde, zum Haus. Ein großes Holzhaus, auch nicht besonders stabil aussehend, die Farbe undefinierbar, denn der letzte Anstrich war nur zu ahnen. Natürlich als erstes eine Veranda mit einer richtigen Treppe, dieses Mal. Schon erhob sich die Riesengestalt, aufgerollte weiße Hemdsärmel und sonst alles rund, riesig, undefinierbar in den Umrissen. Meine Hand verschwand in seiner riesigen Tatze, um anschließend von Tanias herzlichem Händedruck umklammert zu werden. Sie war lautlos und lächelnd plötzlich da.

Immerhin empfingen uns Krashs in etwa so, wie wir es aus unserer vergangenen Welt kannten: höfliche Fragen, herzliche Atmosphäre und ein bereits gedeckter Tisch, allerdings im Garten unter einem großen schattigen Baum. Die Sesselchen hatten allesamt feste Beine, die Tischdecke war sauber. Ich registrierte unverhoffte Normalität und traute dennoch dieser anfänglichen Bürgerlichkeit nicht, denn Krashs lebten sicherlich für unsere „mitgebrachten Begriffe" improvisiert und absonderlich. Sie trugen allesamt den Stempel der Unbekümmerten, Unkonventionellen auf sehr sympathische, ja fast kultivierte Weise. Es war nicht Chaos, sondern absolute glückliche Natürlichkeit. Diese Menschen lebten nach ihren Neigungen, unprogrammiert, in den Tag. Advokat

Krash erzählte bei köstlichem Jasmintee und noch warmem Kuchen, er suche sich seine Mandanten aus und arbeite nur soviel, wie sie alle für ein Leben wie dieses (große Geste in Richtung Haus und Garten) brauchten, ansonsten pflegten er und Tania Literatur (selbstverständlich russische), anscheinend viele gute Getränke und Freundschaften. ,,Was braucht man mehr?" fragte Tania glückselig. Ich wurde durch merkwürdige Geräusche aus der Trance der Bewunderung für diese glücklichen Menschen geweckt. Etwas Unverständliches schien mir auf den Ästen des Baumes zu passieren, unter dem wir saßen. Mit buchstäblicher affenartiger Geschwindigkeit schwangen zwei Gibbon-Affen durch die Luft, ein heller und ein schwarzer, an langen klirrenden Ketten am Baum befestigt. Sie ließen sich anscheinend gewohnheitsgemäß bei Krash und Tania nieder, schauten einmal sehr aufmerksam die Vielzahl der Menschen in der Runde an und entschieden sich im rasanten Tempo für meinen Vater und mich. Wir hatten sie am Hals, in den Haaren, auf dem Rücken und schließlich auf dem Schoß. Nur die Affen gaben grelle Freudenschreie von sich, wir wußten nicht, wann der Schrecken ein Ende haben würde. Krash und Tania waren gerührt von dem Anblick ihrer Lieblinge und freuten sich grenzenlos darüber, daß sie uns so viel Zuneigung erwiesen. Es handelte sich um ein Gibbon-Pärchen, das zur Familie gehörte und glücklich auf dem Baum lebte. An Feiertagen durften sie für ein Weilchen ins Haus. Als wir dachten, einen Modus Vivendi mit den großen Affen gefunden zu haben, waren diese wiederum mit ihren Gedanken viel weiter, natürlich wiedermal in ungeahnter Richtung. Das Männchen sprang auf den Tisch und trank das Bier von Krash aus, was Krash zur sonoren Bemerkung veranlaßte: ,,das tut er gerne". Das Weibchen konzentrierte sich auf Kuchen, schmiß die Milch im großen Bogen auf den Rasen und schleuderte Pralinen, Zitronen und Zucker hinterher. Tania meinte, es ginge heute zu weit. ,,Wieso seid Ihr heute so schelmisch?" ,,Der Besuch stimmt sie froh", meinte Krash stolz und ruhig. Die Töchter retteten vom Rasen, was zu retten war, Krash drückte die Tiere liebevoll an sich, befahl seiner Frau, Getränke zu bringen und fuhr fort mit seiner Unterhaltung. Mama meinte, es wäre vielleicht nicht falsch, die lieben Äffchen am Baum zu befestigen, aber Krash meinte, es wäre Zeit für Drinks und beide seien sehr erpicht darauf. Danach würden sie sich auf unsicheren Beinen zurückziehen. Er sollte recht behalten. Das, was für uns eine unerwartete und undressierte Zirkusnummer gewesen war, schien für Krashs normaler Tagesablauf zu sein. Nur das Schleudern durch die Lüfte von Tassen und allem Eßbaren war wohl turbulenter verlaufen als gewöhnlich, dafür hatten die guten Tierchen ihren Spaß gehabt! Wir saßen etwas lädiert nach dieser frenetischen Aufführung, Haare und Kleidung in Unordnung, aber um einen weiteren Schritt tiefer vorgedrungen in die Lebensgepflogenheiten der weißen Bevölkerung Bangkoks. Mittlerweile hatte ich das Gefühl, daß man allen Personen und Situationen offen und ohne eigene Erwartungen begegnen sollte, denn es schien doch immer anders zu sein, als wir Neulinge es uns vorstellten. Natürlich empfanden wir unsere neuen Bekannten als gestörte Menschen, denen das Bewußtsein des Zeitpunkts des Irrewerdens wegen übermäßigen Alkoholgenusses getrübt war, aber harmlos und freundlich erschienen sie uns alle.

Während das Gespräch wieder in Schwung kam, die Affen zufrieden tranken (nicht nur die Affen), zündeten die Töchter Rauchstäbchen an, die uns vor Moskitos schützen sollten. Die Dämmerung hatte eingesetzt, und somit begann auch das Surren der Insekten. Krash meinte, auch die Schlangen mögen den Rauch der Stäbchen gar nicht. Bei diesem ominösen Wort Schlange sprang ich nicht mehr hoch, auch mein Magen unternahm keine Purzelbäume, was war mit mir geschehen? Apathie, Müdigkeit oder gar die Einsicht eines sinnlosen Kampfes? Ich weiß es wirklich nicht. Wahrscheinlich wollte ich mich nicht mehr fürchten, nur vieles vergessen und wieder glücklich sein, aber nicht unbedingt nach Art der Krashs. Ich wollte so schnell wie möglich das Einleben und den Versuch, dieses neue Leben zu begreifen, hinter mich bringen, denn bald, so bald wie möglich, wollte ich wieder erfahren können, daß man sich erneut auf den morgigen Tag freuen darf und auf das, was er bescheren könnte. Eisern wollte ich hoffen, daß es möglich wäre, dieses zu erreichen, auch wenn es im Moment völlig utopisch klang. Versuchte ich das Positive gegen das Negative abzuwiegen, so konnte ich an Erfreulichkeiten mir selber außer guter Gesundheit nichts bieten. Der Rest war Dürre, Dürre im Herzen und ganz sicher auch im Portemonnaie. Blickte ich jedoch zu Papa, der so stark und unerschütterlich aussah und dachte ich an Großväterchens wundervolle Ausstrahlung, die immer so präsent war, so fühlte ich, daß vieles gut werden müßte, wenn unsere innere Bereitschaft dieselbe bliebe.

Eigenartig entspannt, fast hübsch, ging der Abend bei Krashs zu Ende. Die Affen waren ziemlich betrunken und kletterten träge und unsicher auf ihren Baum. Tania hatte ein hübsches Abendessen gerichtet, das wir auf der Veranda einnahmen. Da in Krashs Venen anscheinend mehr Alkohol als Blut floß, blieben die Moskitos von ihm fern, die Rauchstäbchen, Lotionen und Leinensäcke schützten uns vor Stichen, sodaß die guten Gespräche unbehindert blieben. Mit Krashs zogen wir Bilanz unserer Situation und besprachen die eventuellen Aussichten. Der Auszug aus dem Eagle-Hotel erschien mehr als ratsam, ein kleines möbliertes Häuschen würde uns sparen helfen. Ein Blitzgedanke schoß mir durch den Kopf: wieviel hatten wir denn noch zum Sparen? Eilig griff ich nach einem tiefen Schluck Whisky-Soda, um diese akute Furcht zu verdrängen. Im Laufe der Jahre sollten wir lernen, daß Whisky-Soda mit Eis in den Tropen ein Allheilmittel ist: gegen Erschlaffung, gegen Hitze, gegen an der Seele nagende Reminiszenzen, praktisch gegen alles, was einen bedrängt. Außerdem haßten die Mücken den bloßen Geruch, also oftmals ein Griff nach Johnny Walker „and you will still be going strong!“

Mit den nunmehr vertrauten Rikschas fuhren wir zurück zu Arkadys und Lolas Herberge. In vielen Gärten wurden nach der Tagesarbeit Hölzer verbrannt, der Duft war würzig, in den Häusern brannte Licht, Türen und Fenster standen überall offen, und der

Himmel war, wie immer dort, sternenklar. So etwas wie Entspannung breitete sich in mir aus, und neue Willenskraft durchflutete mich. Ich faßte abermals den festen Entschluß, mich diesem Leben, so fremdartig es war, anzupassen, darin zu bestehen um schließlich hoffentlich zufrieden zu werden. Wie ich zu diesem Ziel gelangen sollte, war noch völlig offen, aber der Wille und die Kraft waren wieder da. Nun wartete ich gespannt darauf, was für neue Pläne mein Vater produzieren würde, seine unerschöpfliche Phantasie hatte noch in keiner Lebenskrise versagt, und mein Glaube an ihn hatte keine Risse bekommen. Zwar verblüffte er mich oft mit Kapriolen, die nicht immer ohne Kritik blieben, aber seine Produktivität und seine Unermüdlichkeit haben mich stets fasziniert. Mehr und mehr gewöhnten wir uns daran, uns alle in einem der von unseren Familien bewohnten Zimmer des Eagle-Hotels zu versammeln zwecks Lagebesprechung, sozusagen ein Krisenstab, denn krisenhaft konnte man unsere Situation wahrhaftig ohne Übertreibung nennen. Mein Vater würde sein nach Frankreich gebrachtes Vermögen wohl niemals wiedersehen, und Dr. Berghiner erfuhr, nicht ohne Schock, daß er nach 25 Jahren Praxis erneut eine Prüfung an der siamesischen Universität bestehen müßte, um praktizieren zu dürfen. In englischer Sprache, die er kaum kannte und trotz seines in Italien abgelegten Staatsexamens mit summa cum laude. Ich würde meinen, daß wir in einer totalen Problematik steckten, und wir suchten, erheblich bedrängt, nach einem Ausweg.

Mein Vater hatte seinerzeit den italienischen Konsul aufgesucht, für den er ein Empfehlungsschreiben mitgebracht hatte. Der Schwiegervater meiner Schwester war Schulfreund des Konsul Bovo gewesen, und sie waren befreundet geblieben. Dieser glückliche Zufall war für unsere ganze lange Zeit in Bangkok, neun Jahre lang, von oft entscheidender Hilfe, denn Commendatore Bovo war ein italienischer Gentiluomo alter Tradition. Uns gegenüber ignorierte er völlig die politischen Tendenzen seiner Regierung, diente monarchisch und nicht faschistisch. Uns gegenüber war er ein aufrechter Freund und behütete uns, als wären wir zu Unrecht verirrte Schäfchen. Schicksalhaft blieb er uns durch die Jahre erhalten, diplomatisch umsichtig, aber immer präsent. Viel, viel später hat er mir abermals in einer lebenswichtigen Situation geholfen, als ich jung verheiratet für meinen schwerkranken, staatenlosen Mann ein italienisches Visum benötigte. Dazwischen sollten, wie gesagt, neun Jahre liegen, eine Zeit, so intensiv, so vollgepackt, zwar mit beständiger tropischer Hitze, aber nicht minder heißen Ereignissen in einem Rahmen, so außergewöhnlich, daß es mir oft unglaubhaft erschien, es erleben zu können. Schon nach den ersten anfänglichen Wochen in Bangkok war ich mir einer Tatsache sicher: das Schicksal Siam war zweifellos eine strenge Prüfung, gleichzeitig eine außergewöhnliche Chance Besonderes zu erleben, was sicherlich wenigen beschert war. Das Neue hat mich immer erregt, und die Herausforderung hat mich gestärkt. Die erste Zeit in Bangkok war ich zwar von Sehnsüchten geplagt, um die Zukunft besorgt, aber nie verzweifelt. Das Neue war dermaßen außergewöhnlich, völlig unerforscht für meine bisherige Mentalität und so unsagbar interessant.

Mit Dr. Berghiner fuhr ich alleine zur italienischen Botschaft, um Konsul Bovo kennenzulernen. Europäer fuhren damals standesgemäß (der Ausdruck „standesgemäß" hatte eine lebensbestimmende Bedeutung) Auto, kleinere Autos, gewichtigere Autos, je nach sozialem Rang, wir, obwohl Weiße, bildeten im Zuge der Emigrationswelle aus Europa eine neue Kaste. Wir waren weiß, aber arm und mußten erst die Akrobatik dessen erlernen, wie man als armer Weißer dennoch mit bewußter, gesellschaftlicher Rangwürde innerhalb dieser schmalen Möglichkeiten respektgebietend sich zu verhalten hatte. Unter anderem schien man Rikscha fahren zu dürfen, ohne zuviel Gesicht zu verlieren. Die Herrschaften in den Limousinen warfen kühle, aber interessierte Blicke auf uns Neulinge: sieh da, sieh da, immer mehr Weiße in Rikschas. Welch neuer verblüffender Anblick! Unsere, aus einer Notsituation eingeführte Mode sollte in einigen weißen Kreisen um sich greifen. Einige Herren, die nach mehreren Jahren in Bangkok sich nur noch mit Hilfe von Alkohol über die Zeit zu helfen wußten, stiegen auf unsicheren Beinen kurzentschlossen in Rikschas, nach Art der Neulinge, anstatt die eingeborenen Chauffeure stundenlang an Hotels und Clubs warten zu lassen. In sehr guter Gesellschaft waren wir offensichtlich nicht! Dreirad-Rikschas boten Vorteile. Wenn man sich erst einmal überwunden hatte, daß ein Mensch unter Anwendung großer körperlicher Anstrengung einen anderen Menschen — dieser bequem sitzend und gepflegt wirkend — fahren mußte, für wenig Geld, so konnte man seine Blicke links und rechts schweifen lassen. Fuhr man durch die Stadt, so bot sich ein so farbenprächtiges, emsiges, vielschichtiges Bild, daß das Auge unmöglich alles gleichzeitig erfassen konnte. Fuhr man zu Botschaften oder zu Bekannten, so war es ein vollkommen anderer Anblick: Stille statt Auto-Lärm, vielsprachiges asiatisches Geschrei oder überlaute fernöstliche Musik. Nein, in den großzügig angelegten Residential Quarters war alles übersichtlich, sauber und elegant. Die Welt der Weißen und der Privilegierten.

Die italienische Botschaft besaß in solcher bevorzugten Lage ein sehr schönes Grundstück, fast genau gegenüber der britischen Botschaft. Konsul Bovo empfing uns, als wären wir alte Bekannte. In einem schattigen, großen Zimmer, mit schönen alten italienischen Möbeln eingerichtet, bat uns der Konsul zu einem Gespräch. Unglaublich, was Sprache, Wohnkultur und Ausstrahlung für Auswirkungen auf Menschen haben. In diesem schönen, kühlen Raum, bei geschlossenen Fenstern wegen der Klimaanlage, klangen keine fremden Laute durch. Signor Bovo war von eher kleiner Statur, mittelschlank, vermutlich Mitte fünfzig, graues Haar, schwarze Augen, leise Stimme und schöne Hände. Er strahlte Besonnenheit und Liebenswürdigkeit aus, war ein sehr gut informierter Mann, der mit jeder Bewegung und jeder Äußerung das typisch Italienische vertrat. Zur Zeit war die Botschaft verwaist, man wartete auf den neuernannten Diplomaten, daher hatte Konsul Bovo mehr Arbeit als sonst, auch ein sensationeller Eifersuchtsmord innerhalb der Kolonie, der wenige Monate zuvor das gesellschaftliche Leben der Weißen in Bangkok durcheinandergewirbelt hatte, beanspruchte die Diplomaten mit vielen juristischen Problemen. Dennoch: alles auf diesem Gelände strahlte Ruhe aus und den Duft des schönen Lebens. Bei italienischen long drinks besprachen wir einige ernste Probleme. Dr. Berghiner fand bei Konsul Bovo volle diplomatische Unterstützung für seine Medizin-Prüfung, mir gab er wertvolle Ratschläge und war gern bereit, seine Verbindungen und Empfehlungen zur Verfügung zu stellen, falls ich eine Tätigkeit suchen sollte. Wir fühlten uns automatisch als Freunde, so als ob wir in Italien zu einem Plausch zusammengekommen wären. Dieses warme Gefühl der Freundschaft und der Bereitschaft hat uns nie verlassen, im Gegenteil, im Laufe der Jahre sollte sich die Bindung an die diplomatische Vertretung auf andere Botschaftsmitglieder ausdehnen und erheblich vertiefen.

Um einiges klüger und gestärkt kehrten wir ins Hotel zurück. In meinem Kopf begannen gewisse Vorstellungen für die allernächste Zukunft Umrisse anzunehmen, und ich beabsichtigte, mit meinen Eltern nach der Mittagsmahlzeit einiges zu besprechen.

Schon im Garten des Eagle-Hotels hörten wir eine laute, fröhliche Männerstimme gewagte englische Seemannslieder singen, mit saftigem Genuß und voller Kraft. Vor dem Eingang stand eine Rikscha, bewacht von dem dazugehörigen Kuli. Also: die englische Stimme gehörte einem Gast. Es war auch ein Gast, stellten wir auf der Veranda fest, der mit meinem Vater brüderlich an einem Tisch zusammensaß. Bei unserem Erscheinen unterbrach der Engländer schlagartig sein Lied, um entschlossen, aber unsicher, sich aufzurichten, indem er mit jubelnder, donnernder Stimme mir zurief: „You are Abrahams daughter!“ Es passierte alles so schnell, er erreichte mich mühsam, umklammerte mich fest, stieß mich alsbald von sich, um mich zu betrachten, war wohl zufrieden mit dem, was er sah und stellte sich schließlich vor, ungenau, aber charakteristisch: „I am a goddamn captain and a goddamn pilot of those goddamn ships on that goddamn river (Menam) and Abrahams best friend in this goddamn place.“ Mein Vater, der zum Glück nur ein Glas Limonade in der Hand hielt, kam mir zu Hilfe und wollte zusätzliche Erläuterungen geben, aber Captain Sowienoch ließ ihn nicht zu Wort kommen, zerrte mich (Dr. Berghiner war vom Erdboden verschwunden) zum gemeinsamen Tisch. Sitzend fiel ihm das Brüllen leichter. Anscheinend hatte er Abraham (so nannte er meinen Vater) ins Herz geschlossen und war fest entschlossen, ungesehen seine nachgekommene Familie in sein großes Seemannsherz einzubeziehen. Papa gelang es doch, einen Satz dazwischenzuschieben: der Captain hieß Siggins, stammte aus London, hier Unterbrechung vom Captain: nicht schlicht London sondern Whitechapel, seiner Mutter wegen, daher die besondere Bindung zu Freund Abraham. Ich schaute mir Captain Siggins an und fand an seinem Äußeren keine Spur von Whitechapel. Wenn man die negative Tatsache vergaß, daß er bereits mittags volltrunken war, aber gänzlich klare Gedanken faßte, jedoch nicht mehr Worte formulieren konnte, mußte ich gestehen, daß er einen sehr guten Kopf hatte und überhaupt sympathisch wirkte. Ein graublonder Mann um die Fünfzig, volles Haar, stahlblaue sentimentale Augen, eine schöne rassige Nase und ein energischer Mund. In diesem Zustand war alles an ihm etwas entstellt, auch die Kleidung war bereits etwas durcheinander geraten, und dennoch war der Eindruck gut. Er bestand darauf, daß ich mich setzte, schrie nach dem Boy, und nach vielen Drinks fragte er plötzlich nach meiner Mutter. Endlich hatte er seine Familie zusammen und brauchte sich nicht mehr um den armen Abraham zu sorgen. Der Boy brachte Drinks und meldete, daß im Speisezimmer gedeckt sei. Beim Wort Speisezimmer verzog Captain Siggins das Gesicht: bei Hitze kann man nicht essen, nur trinken, aber bitte, wir könnten essen, wenn uns danach wäre. Auch Captain Siggins, das war offensichtlich, hatte seinen individuellen Weg der Lebensanpassung im tropischen Bangkok gefunden. Die Jahre dort hatten das aus ihm gemacht, was wir vor uns sahen. Als Junggeselle aus England ausgewandert, auf der Suche nach Abenteuern und schnellerem Verdienst, hatte er in Bangkok beides gefunden und noch etwas mehr: eine siamesische Gefährtin. Zu dem Zeitpunkt, als wir ihn kennen und lieben lernten, war nicht eindeutig festzustellen, ob er ein glücklicher oder nur zufriedener Mensch war, ja, es war nicht mal ersichtlich, ob er diese Fragen sich selbst jemals stellte. Lediglich seine gefühlvollen, traurigen Augen zeugten von Unruhe und weiterer Suche. Er wurde uns ein anstrengender, aber treuer Freund, trotz seines hohen regelmäßigen Alkoholverbrauchs immer wachsam und offen für unsere Anliegen, zuverlässig und herzlich. Einen klaren Nachteil hatte diese Freundschaft: Siggins ignorierte konsequent die Uhrzeit, was bedeutete, daß er uns immer dann aufsuchte, wann er Sehnsucht nach uns hatte und das war oft und zu den unvermutetesten Zeiten, und die Länge seiner Besuche war nie abzusehen. Manchmal mußten wir ihn liebevoll davon überzeugen, daß er nach Hause gehörte. Er hatte Verständnis dafür, nur, er wollte meistens nicht heim und ließ sich zum nächsten Hotel fahren, um seinen großen Durst endgültig zu löschen. In meiner Erinnerung gehört Siggins zu den originellsten und liebenswertesten Menschen unserer Zeit in Bangkok. Als er viel später, während der Jahre der japanischen Besetzung Bangkoks, wie alle Engländer interniert wurde, bedeutete es für ihn hauptsächlich eine Entwöhnungskur. Nach der Befreiung war er nicht wiederzuerkennen: völlig nüchtern, ganz schlank, sehr gesund und ziemlich guter englischer Durchschnitt. Er gefiel sich so anscheinend gar nicht, denn langsam, aber entschlossen wuchs sein Durst im Klima der wiedergewonnenen Freiheit und er nahm seinen Lebensstil dort wieder auf, wo er ihn seinerzeit hatte verlassen müssen. Der zweite Lotse, sein norwegischer Kollege, unterlag gänzlich derselben Schwäche und starb nach einem Anfall von delirium tremens im Nursing Home.

Ich berichtete meinen Eltern über Konsul Bovos anregendes Angebot, bei einer Arbeitssuche behilflich zu sein. Es war für mich immer noch nicht denkbar, ohne den Rat und die Erlaubnis hauptsächlich von Papa etwas zu entscheiden. Sein Wohlwollen konnte in Sekundenschnelle zu einem furiosen Ausbruch der Ablehnung umschlagen, bei weiterem Insistieren braute sich offensichtlich schnelles cholerisches Gewitter in seinem Kreislauf auf, denn die Adern an den Schläfen schwollen an und das ganze Gesicht bekam Farbe. Wer ihn kannte, wußte, was danach kam: nicht laute, aber scharfe Worte, endgültiges stolzes Nein, triumphaler Abgang von der Bühne des Geschehens, das durch ein endgültiges, lautes Knallen der Zimmertür unterstrichen wurde. Solche Monologe bezeichnete mein Vater als Gespräche und war tatsächlich fest davon überzeugt, wir hätten miteinander „darüber" gesprochen. Später lernte ich, diplomatischer mit eigenen Bitten an ihn heranzutreten: über meine Mutter. Mit Engelsgeduld bereitete sie das Terrain bei ihm vor, auf Umwegen, zu einem günstig gewählten Zeitpunkt und wagte ihre eigene Meinung zum Thema hineinzuschieben, mit dem einzigen Erfolg, daß ihr Gespräch länger dauerte und etwas friedlicher verlief, das jeweilige Verbot blieb unberührt. An dem Tage jedoch handelte ich undiplomatisch, selbständig und etwas übereilt. Ich wollte mich betätigen, auf irgendeine Weise zwischen Menschen produktiv die Tage verbringen und Geld verdienen. Ich empfand es als nötig in jeder Hinsicht, nicht zuletzt auch für mein Gemüt. Wie sollte ich in die Tage leben ohne Ziel, mit all den schönen Erinnerungen, die mich bedrängten, mit Danilos heißen Briefen, die mich aus dem labilen Gleichgewicht rissen? Schließlich war ich keine Touristin, die nach einigen wenigen Wochen zurückreisen würde, dahin, wo sie hingehörte! Ich schwebte, entrissen und noch nirgends angelangt, mit der bösen Vermutung, daß es unwahrscheinlich sein würde, irgendwann bald an dem Vergangenen wieder anzuknüpfen, um es zu Ende zu leben. Vielmehr meinte ich, mit dem neuen Lebenskapitel beginnen zu müssen, sozusagen mit meinem zweiten Leben. Daher bat ich meinen Vater um seine Genehmigung, nach einer Tätigkeit Umschau halten zu dürfen. Und das bei Tisch, eine wichtige Stunde für jeden Russen, für meinen Vater geradezu ein Kult, den er mit entsprechender Ruhe, Genuß und

Konzentration tagtäglich ausübte. Der Augenblick war falsch gewählt, die Bitte absurd und meine Insistenz außerordentlich anmaßend. Papa brachte die Serviette feierlich und indigniert zu den Lippen, hob das Glas, um sich Zeit zu verschaffen, blickte mich mit blitzender kaukasischer Wut an und sprach klar und deutlich: „Meine Tochter arbeitet nicht, verstanden?" Ich versuchte dennoch zu erwidern, während ich Mamas nervöse Gabel hörte, aber da kam das, worauf ich seit einigen Tagen gewartet hatte. Papa war nicht nur voller eigener Pläne, er hatte bereits etwas unternommen und würde mich dafür brauchen, nur: „bitte störe nicht den Frieden dieser Mahlzeit." Mamatschka war erleichtert, das Gewitter war abgezogen, und beide waren wir ungeduldig, zu erfahren, was Papas galoppierendes Hirn diesmal produziert hatte. Sicherlich keine kleinen Fische, er dachte in gänzlich anderen Dimensionen. Wir saßen im Eagle-Hotel bei Tisch, hörten — ob wir wollten oder nicht — Lolas unliebsame Stimme, und dennoch fühlte ich mich bereits höher schwebend als diese Kulisse, denn Papa hatte neue Pläne und ich glaubte bereits an seinen Erfolg.

Mama, die nicht nur etwas besorgt, sondern oft auch verschreckt an der Seite ihres Mannes lebte, aß diszipliniert weiter, und ich wußte, daß sie wohl an erfolgreiche Unternehmungen glauben wollte, aber viele gefahrvolle Kurven und Gipfel ihres Ehelebens nicht überwunden hatte. Beim Mocca sagte Papa endlich: „ich werde wohl bald ein Büro aufmachen müssen und habe höchstwahrscheinlich auch die Räume dafür." Mama fragte mit großer Begeisterung: „Wo?" aber nicht womit. Man mußte, wenn man bei Papa vieles erfahren wollte, vorsichtig vorgehen. „Nicht weit von hier, Ecke New Road im ersten Stock." Das war eine gute Adresse, zentral im selben Haus, in dem sich die Pharmacie Française befand. Ich freute mich schon auf die Möglichkeit, öfterer französischer Gespräche mit Monsieur Noirot, dem Apotheker! Mein Gott, klang das alles gut! Ich sah uns bereits aus dem Eagle-Hotel ausziehen, Lola nie wieder hören oder sehen und eigene Wände beziehen können. Da Papa unsere Begeisterung spürte, erzählte er freier weiter. Er hatte über seinen Freund Signor della Volta in Mailand schriftlichen Kontakt zu vielen befreundeten dortigen Industriellen von der Snia Viscosa (Kunstseide in Ballen) bis Carlo Erba (Medikamente) aufgenommen. Alle erklärten sich bereit, Papa als einzigen Vertreter ihrer Industrien für Siam zu delegieren und gemeinsam ein entsprechendes Büro zu finanzieren. Das Geld dafür war unterwegs, laut offizieller Mitteilung. Nicht nur das, sogar der Name der neuen Gesellschaft stand fast fest: West-East-Company. Hier geschah ein Wunder. Mein Vater fragte mich nach meiner Meinung. Ganz großes Erlebnis, das ich bis zu dem Tage nie registriert hatte. Eine ganz kurze Überlegung genügte, ich fand den Namen sehr treffend und das Projekt insgesamt außerordentlich gut. Erregend war dabei in meinen Augen, daß wir wieder mit alten italienischen Freunden in Kontakt waren und geschäftlich gesehen in besten Händen. Diese neuaufgenommenen Kontakte weckten in mir außerdem völlig irrationale Hoffnungen und illusorische Gefühle: vielleicht könnten diese Geschäftsverbindungen die Zeit der Trennung überdauern und unser Gefühl der Verlassenheit mindern. Wer weiß, vielleicht hatte Danilo doch recht. Wenn wir Geduld aufbrächten, könnten wir sicherlich an das ersehnte Ziel gelangen. Dieses Projekt bot nur Vorteile, darüber waren wir uns alle einig, und ich bewunderte wieder einmal meinen Vater, der so rasch, so gekonnt und in aller Stille diesen großartigen Plan geboren hatte. Es war nicht einmal extravagant, wie es sonst seine Art war, sondern methodisch und sicher. Würde es ihm auch Spaß bringen?

Für meinen Teil war mein Wunsch auf ungeahnte schnelle Weise in Erfüllung gegangen: ich bekam eine Aufgabe. Bis wir die Überweisung aus Italien erhalten sollten, beabsichtigte mein Vater, die Korrespondenz aus dem Eagle-Hotel zu führen, und ich sollte seine Sekretärin werden. Außerdem sollte ich mit ihm die neuen eventuellen Kunden in Bangkok besuchen und notfalls dolmetschen. Seine englischen Sprachkenntnisse waren notdürftig. Für mich bedeutete es ein Experiment, das mich begeisterte, ohne daß ich wissen konnte, ob ich mich dafür eignen würde. Dieser Aspekt sorgte mich wenig, vielmehr beunruhigte mich die Frage, ob es mir gelingen würde, mit einem so komplizierten Menschen, wie mein Vater es war, harmonisch zusammenzuarbeiten. Die Frage nach der Höhe des Gehaltes war nicht aktuell, solange unsere finanzielle Lage sich nicht änderte. In dieser Hinsicht machte ich mir keinerlei Gedanken, denn Großzügigkeit war eine der markanten Eigenschaften meines Vaters. Bereits am nächsten Morgen wollten wir uns zusammensetzen und die anliegenden Arbeiten erledigen. Am Abend hatten wir eine Einladung zum Dinner bei Herrn und Frau Gerson, den prominentesten russischen Juden der Kolonie. Er hatte als einziger auf uns den Eindruck eines ausgewogenen, intelligenten Menschen gemacht. Mit seiner Möbelfabrik hatte er es anscheinend weit gebracht, und wie die späteren Jahre es erwiesen, sollte er sein Unternehmen international gestalten. Ich freute mich auf die Einladung, aber erstmal mußte ich die Freude und die Unruhe in mir irgendwie dämpfen. Ich empfand die bevorstehende Wende in unserem unerfreulichen Leben im Eagle-Hotel als überaus sensationell und voller ungeahnter Möglichkeiten.

In Europa würde man durch Spazierengehen an der frischen Luft einen Ausgleich für die innere Erregung finden können. In Bangkok war an solche Möglichkeit nicht zu denken. Die sengende, erbarmungslose feuchte Hitze tötete den bloßen Gedanken an körperliche Bewegung. Nicht umsonst verbrachten die Damen der verschiedenen europäischen Kolonien ihre Tage zwischen Kanasta unter dem Ventilator, Schwimmen im Sportsclub und den vielen Cocktail- und Abendparties. Das war so ungefähr der Ablauf des Lebens, solange die Ehemänner von ihren jeweiligen Firmen in Bangkok verpflichtet waren. Nicht zu vergessen die zweistündige Siesta nach dem Lunch, darauf folgte tea-time, nach welcher sehr bald drink-time folgte, zu Hause, im Club oder bei Freunden. Zu Parties gehen und Parties organisieren waren die Hauptbeschäftigungen der dortigen Damen, wobei aus der Freude heraus, zumindest diese Beschäftigung gefunden zu haben, meist übersehen wurde, daß jeder jeden fast andauernd traf, daß die Gespräche sich wiederholten und lediglich die Garderobe sich änderte. Das Leben, so reduziert, von Hitze umhüllt, veränderte die Menschen und zwar nicht immer zu ihrem Vorteil. Ich steckte noch gänzlich in den Anfängen meines tropischen Lebens, war aber entschlossen, später einmal, wenn der finanzielle Aspekt geordnet wäre, nicht in diesen programmierten Rhythmus zu verfallen. Wir hatten ein einziges Privileg für diese Voraussetzung: immer noch griechische Staatsangehörige zu sein, die einzigen in Bangkok, und dazu an keine Firma gebunden zu sein, was sofort kastenverhalten-bestimmend gewesen wäre. Wohin also mit meiner glücklichen Unruhe? Es war Siesta-Time, nur die Geschäfte waren wieder geöffnet. Plötzlich fiel mir die Pharmacie Française ein und ihr Besitzer, Monsieur Noirot. Da wir ohnehin in demselben Hause Büroräume mieten würden, nahm ich dieses als Anlaß, Noirot kennenzulernen und die ruhige Stunde zu nutzen, um endlich wieder französisch zu sprechen. Noirot, so hatte ich gehört, war schon lange in Siam und würde mir zusätzlich über Land und Leute erzählen können. Außerdem war seine Pharmacie nur wenige Schritte entfernt. Ich schob einen Zettel unter die Zimmertür meiner Eltern und eilte zu Noirot, froh, ein Ziel gefunden zu haben.

Der Mut zu so viel Selbständigkeit, ein Novum in meinem Leben, sollte belohnt werden. Noirot und seine Pharmacie entzückten mich von der ersten Minute an. Aus dieser Bekanntschaft wurde spontane Freundschaft. Die Pharmacie lag außerdem strategisch so günstig für mich, daß sie im Laufe der Monate und der Jahre vielerlei Vorteile für mich bot. Dort lernte ich fast die gesamte französische Kolonie kennen, viele Skandinavier und höhere Siamesen. Außerdem wurde Noirot Freund, Berater und oft Förderer in mancherlei Lebensfragen, später sogar freiwilliger Veterinär für meine vielen Hunde und Katzen. Er wußte einfach alles und teilte sein Wissen auf jedem Gebiet mit lässiger Selbstverständlichkeit mit, wohl auch froh, eine so begeisterte Zuhörerin zu haben. Noirot wurde für mich eine liebe Gewohnheit. Als ich ihn an diesem frühen Nachmittag zum ersten Mal sah, ahnte ich nicht, was für eine wichtige, zuverlässige Säule der Weisheit und der Freundschaft er für mich werden sollte. Monsieur Noirot war ein großer, schlanker Mann, vielleicht Mitte vierzig. Im Moment stand er im weißen Kittel vor seinen schönen alten Regalen und katalogisierte vermutlich seine Bestände. Als ich ihn auf französisch ansprach, wurden seine großen dunklen Augen aufmerksam. Er stellte übereilt fest: „Mademoiselle, Sie stammen aus der Bretagne, der schönsten Provinz Frankreichs!" Ich war sicher, Monsieur Michot jauchzte, wo immer er sein mochte, denn er hatte seine Bretagne leidenschaftlich geliebt. Erst jetzt hörte ich, daß ich seinen Akzent übernommen hatte. Die Bemerkung von Noirot überraschte und beglückte mich sehr. Unser Kontakt war hergestellt: er legte seine Listen, die er in der Hand hielt, auf den Tisch und bat mich, Platz zu nehmen. Noirot stammte aus der Pariser Gegend, durch Zufall anläßlich einer Reise nach Siam als junger Mann hatte er die Lücke einer französischen Apotheke in Bangkok entdeckt. Das Land und (verlegenes Lächeln) dessen Mädchen haben ihn zum Wagnis einer Niederlassung in dieser Stadt verführt. Nein, er hätte seine Entscheidung nicht bereut, obwohl das Klima ihm nach vielen Jahren etwas die Nerven angriff. Aber man gewöhnt sich an seine Gewohnheiten, was dazu führt, daß wichtige neue Entschlüsse einem immer schwerer fallen. Welche Entschlüsse? Nun, seine nicht legalisierte Familie zu verlassen: siamesische Frau (die niemand aus dem Freundeskreis je gesehen hatte) und zwei Eurasien-Söhne, ebenfalls von der Öffentlichkeit unbemerkt. Auch müßte er wieder einmal etwas Neues erleben, aber man hätte doch gewisse Pflichten, zum Beispiel Dr. Hermet gegenüber, dem französischen Chefarzt des französischen frommen Krankenhauses, der seine Privatpraxis in den hinteren Räumen seiner Apotheke hatte. Außerdem die gesamte französische Kolonie, die sich so glücklich schätzte, einen geschlossenen Gesundheitsservice so weit ab vom Mutterland zu haben. „Und was planen Sie für Ihre Familie?" meinte ich berechtigterweise fragen zu dürfen.

Noirot hob die Schultern, pustete seine hageren Backen auf, streckte hilflos die Arme aus: „Bah, ils s'arrangeront!" Eine gallische Einstellung in außerehelichen Liebesfragen? „Mais non, pas du tout, une conséquence des folies de jeunesse!" „C'est tout", fügte er als Abschluß seiner lakonischen Erklärung hinzu. In meinem jungen, streng moralisch denkenden Hirn fand dieses Exposé keinerlei Verständnis, dennoch war mir dieser Mann zutiefst sympathisch: er war ehrlich, in vielerlei Weise menschlich engagiert, ließ allerdings anscheinend einige Probleme langsam zur Entscheidung heranreifen, nicht aus Feigheit, sondern aus instinktiver Weisheit und tiefer Kenntnis der lokalen Mentalität. Wir waren im Begriff, uns freundschaftlich zu verabschieden, ich dankbar, diesen informativen, menschenfreundlichen Apotheker in einer stillen Stunde erwischt zu haben, als ein kleiner, nervöser, drahtiger Europäer mit Wucht die Ladentür öffnete und mit großen Schritten, abwesend, aber energisch zu den Hinterräumen steuerte, ein kleiner Wink in Richtung Noirot und weg war er. „C'est le Docteur", informierte mich Noirot. Das wenige, was ich von ihm bemerkt hatte, sprach von einem äußerlichen krassen Gegensatz zu Noirot. Aber halt, da war er schon wieder: auch im weißen Kittel. In meine Richtung blickend fragte er: „qui est celle là?" Noirot stellte mich mit detaillierter Beschreibung vor, als ob er mich schon immer gekannt hätte. Hermet's schmales verspanntes Gesicht öffnete sich zu einem automatischen raschen Lächeln. Er sagte zwar „enchantè", aber es klang eher nach totalem Desinteresse. Weg war er wieder. Ich war nicht dazugekommen, den Mund aufzumachen. Noirot sagte, er sei „très brave homme". Die ersten Patienten kamen schon. Ich verabschiedete mich herzlich von meiner neuen Bekanntschaft, nachdem ich versprechen hatte müssen, bald wieder zu kommen. Erst, als ich schon wieder im Hotel war, fiel mir unser neues, vielversprechendes Geschäftsunternehmen wieder ein.

Meine Eltern saßen bei „Tea-Time". Papa trommelte ungeduldig mit den Fingern auf den Tisch: krasses Zeichen von Mißbilligung.

Was ich wohl bei Noirot gesucht hätte, wollte er wissen. Man besucht nicht unbekannte Herren, schon gar nicht in der Mittagspause. Als ich ihm sagte, der Besuch hätte mir so gut getan, sah ich seine Schläfenader anschwellen. Er machte den Mund auf, dann wieder zu. Ließ mit dem Trommeln nach und befahl mir, mich hinzusetzen. Nur sein tiefer Glaube an meine tugendhaften Eigenschaften hatte in letzter Minute dem androhenden Ausbruch den Wind genommen. Mama schenkte mir heißen Tee ein und riet mir zu trinken. Mir widerstrebte heißer Tee bei dieser Hitze, aber Mamas Rezept gegen Hitze war eben heißer Tee. Schon ihre Schwiegermutter pflegte in den heißen Sommern in Tiflis heißen Tee zu trinken — ,,Danach schwitzt man ausgiebig und fühlt sich wieder kühl'' —, war ihr tägliches Résumé. Trotz meines Respektes für Großmama und meiner glühenden Liebe für Mama brach ich bald mit dieser einleuchtenden, überlieferten, erprobten Familientradition und stellte mich um auf schwarzen Kaffee ,,on the rocks''. Ich schwitzte zwar nicht mehr, fühlte mich dafür aber regeneriert. (Leider habe ich diese Gewohnheit bis jetzt niemandem überliefern können.)

Ich hatte Blut geleckt. Nach dem Wagnis eines selbständigen Besuches bei Noirot war ich außerordentlich unternehmungslustig geworden. Den heißen Tee mit der logischen Schwitzreaktion hatten wir hinter uns, da dachte ich an den morgigen schönen Tag: Arbeit mit meinem Vater und Abendessen bei Gersons. Ich verspürte den Wunsch, zum Friseur zu gehen, wie regelmäßig in alten Zeiten in Mailand. Meine Eltern blickten verloren um sich: ,,In diesem fremden Land alleine zum Friseur?'' Ein Gedanke, an den man sich gewöhnen mußte. ,,Wenn es unbedingt sein muß, aber dann zu Joseph.'' Trotz der Schreckensvorstellung ging ich auf diesen Pakt ein und ahnte nicht, daß garnichts tun besser gewesen wäre, als ein Besuch bei Josephs Ladies Hairdresser Shop. Im Grunde war dieser Tag voller guter Geschehnisse gewesen. Eine hübsche Frisur wäre ein geeigneter Abschluß.

Ich eilte sehr beschwingt zur New Road, der Straße, die zwar in keinster Weise ,,neu'' war, wo aber viele der Geschäfte sich befanden, in denen Europäer vertrauensvoll das suchten und meistens auch fanden, was sie brauchten. Ich suchte Joseph und fand ihn ohne Schwierigkeiten. Den ersten sogenannten geselligen Abend hatte ich trotz der verwirrenden Szene und der eigenen Verblüffung genauestens in Erinnerung. Ich wußte auch, wie Ehepaar Joseph privat, abends, in eigenen Räumen Gäste empfangend, aussah. Im ,,Salon" war zwar alles anders, aber anscheinend nicht besser. Meister Joseph hatte eine blaue Baskenmütze auf, seine Ehefrau, etwas untersetzt mit undefinierbaren verrutschten Proportionen, bediente eine europäische Kundin. Beide nahmen kaum Notiz von mir, was mich, in meinem prinzipiellen Gemeinschaftsgefühl von Russin zu Russen, befremdete. Herr Joseph war beschäftigt, nicht ganz ersichtlich womit, aber er sah gehetzt aus. Dennoch wagte ich die Frage, ob ich eine Frisur bekommen könnte, Entschuldigung, ohne Anmeldung. Er schien das letztere nicht zu kennen und meinte, Ruhe bringe Früchte. Ich fragte mich, zwecks eigener Ablenkung, warum er plötzlich bei dieser Hitze eine wollene Baskenmütze trüge, woher er sie habe und ausgerechnet in diesem für baskische Moden entlegenen Lande. Was soll's? Ich fragte ihn danach und verstand nach seiner Beschreibung die allgemeine Bedrücktheit der Stimmung im Salon. Herr Joseph, so erklärte er, hatte ein selbst zusammengestelltes Haarwasser am eigenen Haupte erproben wollen, bevor er es den Kunden empfehlen konnte. Zu seinem großen Staunen machte sich erst ein starker Juckreiz fühlbar, anschließend schmerzte der Kopf (alles zu ertragen, wie Herr Joseph großzügig meinte), aber dann, am nächsten Morgen war die Abwartestimmung durch einen krassen Schreck abgelöst: sein von vollen Locken geschmückter Kopf war fast kahl!! Kahl ist tragisch genug, aber er war nicht einmal schlicht kahl, es sah aus, als ob Ratten ganze Büschel aus seiner Kopfhaut gerissen hätten. Er war also, so mußte ich annehmen, nicht nur tragisch und unerklärlich für ihn über Nacht wie kahlgeschoren, sondern eine Art Dünenlandschaft hatte sich auf seinem Haupt entwickelt. Mitgefühl stellte sich bei mir ein. Plötzlich bewunderte ich seine Frau, daß sie unter den Umständen imstande war, einer Kundin witzige Löckchen zu frisieren. Die Tragödie mußte erhebliche optische Ausmaße haben, wenn Joseph beharrlich seine Kopfbedeckung behielt. Um die allgemeine Sorge zu steigern, erschien auf der Schwelle ein totbleicher Greis, auf einen Stock gestützt, mit ausgehöhlten Wangen und einem blinden grauen Blick. Joseph eilte ihm untertänig und liebevoll entgegen: sein Schwiegervater! Die makabere Erscheinung wollte sich nach seinem Wohlergehen erkundigen, was dafür sprach, daß Josephs eigener Schreck zumindest in der Familie um sich gegriffen hatte. Worüber sie miteinander flüsterten, weiß ich nicht, klar war mir jedoch, daß Schwiegervater ein Opiumsüchtiger war, dadurch frühzeitig gealtert. Ich hatte bis dahin ähnliche menschliche Relikte nie gesehen. Der Eindruck war tiefgreifend und für mich unverständlich: ein kleiner, handfester ukrainischer Jude, geplagt von solcher dekadenten Schwäche, die entweder einigen Intellektuellen Europas oder den armseligsten Kulis Asiens eigen war. Ich war sehr verstört, sehr traurig und benommen. Wozu saß ich noch hier? Ich mußte raus, um mit diesem erschütternden Anblick fertig zu werden. Ich stotterte Frau Joseph eine Notlüge zusammen, in etwa folgendermaßen: sie hätten viel zu tun, ich müßte weiter . . . und bis bald. Herr Joseph packte mich entschlossen am Arm, setzte mich vor ein Waschbecken und teilte mir feierlich mit, er würde mich persönlich bedienen. Schwiegervater war genauso leise und geisterhaft verschwunden, wie er vor kurzer Zeit erschienen war. Obwohl er so schmächtig war, wirkte er ungeheuer bedrückend und gespenstisch. Ihn nicht mehr vor Augen zu haben, war vergleichsweise ein Glücksgefühl.

Herr Joseph wusch energisch, gründlich und wortlos. Ich hatte ein unwohles Gefühl im Magen, ich meinte, der Situation, so banal sie im Grunde war, nicht gewachsen zu sein. Figaro griff anschließend zwecks Haarspülung zur Essigflasche, eine Methode, die heute noch in Sowjet-Rußland aktuell ist. Ich versuchte mein Entsetzen zu verbergen und konzentrierte mich auf die darauffolgende Frisur. Dazu kam ich nicht. Bei Joseph konnte man Wünsche beschreiben, umschreiben, aufzeichnen: es half nichts. Er sagte ja, ja und baute auf fremden Köpfen seine Vorstellungen auf und diese waren denkbar albern. Ich lächelte beharrlich weiter, er war Russe und — Bangkok war nicht groß. Ich wollte nicht gleich mit Feindseligkeiten unseren so schwierigen Anfang belasten. Ehepaar Joseph bewunderte ekstatisch meine Frisur nach Fertigstellung, ich jubelte und nahm mir vor, mich zu Hause schnellstens zu verändern. Zahlte, verabschiedete mich dankbar und herzlich, eilte an Noirot vorbei nach Hause, ins Eagle-Hotel (immer noch!).

Bevor mein Vater und ich uns am nächsten Morgen zum ersten Mal an die gemeinsame Arbeit setzten, brachte der barfüßige Briefträger viel Geschäftspost. Alles entwickelte sich so positiv, die Resonanz auf Papas Anfragen war derart überwältigend, daß ich persönlich von höchster Ungeduld getrieben war, die organisatorische Seite anzupacken. Ich durfte die gesamte Korrespondenz einsehen, sie anschließend mit Papa besprechen. Er diktierte mir viele Briefe schon an diesem Tag und besprach mit mir seine Vorstellungen. Unsere Arbeit sollte so aussehen, daß man Untervertreter suchen würde, welche für die jeweiligen Fabrikate einen bestimmten jährlichen Absatz der Waren garantieren müßten. Danach würden wir wiederum in Italien Bestellungen aufgegeben. Die Preise in Thailand konnte mein Vater nach eigenem Ermessen bestimmen. Da verschiedene Fabrikate gleichzeitig bearbeitet werden mußten, wollte und mußte mein Vater schnellstens einen Compradore einstellen, der Kunden laufend besuchen würde, nachdem er einige Kontakte hergestellt hatte. Meistens waren diese Compradores Chinesen, die in Thailand lebten und die lokalen Arbeitsmethoden genau kannten. Solche Menschen mußten zuverlässige Referenzen haben, bezogen ein Gehalt und erhielten Prozente von den jeweiligen Verkäufen.

Unser erster Arbeitstag verlief im Fluge, und wir stellten einmütig fest, daß nichts gegen die Hitze so gut half wie intensive Ablenkung. Das Schwitzen war nicht zu unterbinden, aber man konnte es leichter ignorieren. Am Abend fuhren wir zu Haim und Clara Gerson. Es war schon eine kleine Reise, um mit Rikschas nach Bankapi zu kommen, einem exklusiven Außenbezirk Bangkoks für die höhere kosmopolitische Gesellschaft der Stadt. Wir freuten uns, mit Gersons in näheren Kontakt zu kommen und der Erzählung ihres Werdeganges zuzuhören. Gersons und Josephs stammten ursprünglich aus demselben russischen Dorf in der Ukraine, hatten also einen gemeinsamen Ursprung, und dennoch war ihre Entwicklung in Bangkok völlig verschieden verlaufen.

Es war schon dunkel, als wir ankamen. Ein großes, schönes Haus war hell erleuchtet und ließ ahnen, daß der Garten hübsch gestaltet und sehr gepflegt war. Papa hatte uns gewarnt, daß die Leute sehr einfach aber herzlich seien. Mein erster Eindruck mußte ihm recht geben. Wenn man viel gutwillige Phantasie mitbrachte, konnte man bei Haim eine gewisse äußerliche Ähnlichkeit mit Napoleon feststellen (falls Napoleon mindestens Halbjude gewesen wäre). Er war mir sofort sympathisch, nicht nur weil Napoleon nie aufgehört hat, mich zu faszinieren, sondern weil diese bescheidene Ausgabe einen sehr ausgewogenen intelligenten Ausdruck besaß, stille, umsichtige Manieren und sehr aufmerksame, beobachtende Augen. Der Mann inspirierte Vertrauen, wohl auch wegen seiner großen offensichtlichen Bescheidenheit, ja fast Schüchternheit. Clara war, das war sofort ersichtlich, schnell und sicher mit dem wirtschaftlichen Erfolg ihres Mannes gewachsen. Eine blondgefärbte, vollschlanke, sehr gepflegte Frau, die ihrem Mann drei Kinder geboren hatte (ein viertes sollte folgen), ein großes Haus führte, sowohl siamesisch als auch englisch perfekt sprach und keinen Hehl daraus machte, daß ihr Reichtum sehr viel Spaß machte. Ihr russisches Dorf konnte sie nie vergessen, aber sie wollte auch nie wieder den Erfolg gegen Armut tauschen, auch wenn die Sehnsucht nach den alten Sitten manchmal schmerzte. Clara wußte, was sie wollte, und hatte die Intelligenz und den Spürsinn, um ihre Vorstellungen, abgestimmt auf Haims Neigungen, durchzusetzen. Während Drinks von einem Boy serviert wurden, wurden die anderen Mitglieder der Familie vorgestellt. Die Schwester von Clara, Frau Kris, in Rußland bereits geschieden, mit ihren beiden Töchtern Sheva und Rina. Wenn Frau Kris nicht dermaßen aus der Form geraten wäre, hätte man sie als gutaussehend bezeichnen können, dunkelhaarig und blauäugig wie sie war. Die Polster, die sie bei dieser Hitze mitschleppte, schienen sie weder zu belasten noch zu sorgen, denn sie wirkte gelenkig und sehr fröhlich. Die drei Gerson-Kinder stellten sich vor dem Abendbrot noch vor, und dann wurde zu einem festlichen Tisch gebeten. Es war Freitag abend, und es gab mitten in Bangkok ein jiddisches echtes Schabbes Essen! Haim Gerson sprach ein Gebet vor der Mahlzeit, es brannten Kerzen, das Tafelsilber war gewissenhaft geputzt und strahlte festlich. Es duftete nach alldem, was ein östlich-jüdisches Herz seit Jahrhunderten liebte: kräftige Hühnerbrühe mit Piroschken, „Gefillter Fisch" und Selbstgebackenes. Ich erinnere mich so sehr an diese Tafel, umrahmt von Gesichtern, die mir neu waren und doch so sehr vertraut, instinktiv vertraut. Tausend Sehnsüchte und viele Träume überkamen mich. Mich fror und ich war dem Heulen nahe. Was war ich denn, wo gehörte ich hin? In solchen Augenblicken hatte ich zwar nur eine Wurzel, die russisch-jüdische, aber viele Fühler der Liebe und der Verbundenheit. Der innigste Kern jeder Andacht gehörte Großväterchen, um ihn herum strahlte doch so vieles von dem, was ich liebte: Menschen, Stimmungen, Gegenstände, die gewohnte Droschke in Mailand, die uns spazieren fuhr, mein Puppenherd und als großes Feuerrad des Glücks: Danilo. Wie weit war das her? Sicherlich, ich wollte mir nichts vormachen, es war vorbei und doch in mir weiterlebend. Ich wollte versuchen, nicht so unendlich traurig zu werden an der herrlichen Erinnerung. Waren viele so auserwählt wie ich, ähnliche Schätze erlebt zu haben?

Den Abend bei Gersons, von dieser Stimmung geprägt, empfand ich als wichtig und erinnerungswürdig: ein unerwartetes Erlebnis.

Diese Familie blieb uns durch all die Jahre in Bangkok treu verbunden und bewährte sich in jeder Situation. Auch bei ihnen gab es nicht immer nur Aufstieg, Erfolg und Glück. Als schwere Schicksalsschläge sie trafen und sie innerhalb eines Jahres zwei Kinder verloren, war unsere Freundschaft bereits so vertieft, daß wir noch näher zusammenrücken konnten und ihr Leid zutiefst miterlebten.

Mit Haim Gerson besprachen wir unsere Pläne nach Tisch und tauschten Meinungen aus. Er wollte uns gerne jederzeit behilflich sein, wenn wir der Meinung wären, ihn zu brauchen. Gersons waren siamesische Staatsangehörige geworden, was in jeder Hinsicht für sie von Vorteil war.

Unter meinem Moskitonetz an dem Abend stellte ich fest, daß ich mich langsam von den vielen Ängsten der neuen Umgebung entfernte, nicht mehr konstant an Schlangen dachte und glücklicherweise noch keine gesehen hatte. Die Tockés an den Wänden waren bereits vertraute Tierchen, die Moskitos waren immer noch Feinde, aber ich wußte routinierter gegen sie vorzugehen. Außerdem, sehr wichtig, wir arbeiteten bereits an einem handfesten Projekt und waren bisher an keiner tückischen tropischen Infektion erkrankt. Noch gab es nirgends Grund zur Freude an unserem Horizont, aber vielleicht doch berechtigte Hoffnung.

Die nächsten Tage und Wochen brachten uns voran. In jeder Hinsicht. Papa und ich arbeiteten unerwartet friedlich und produktiv. Richtiger gesagt, er war produktiv und ich tat überzeugt, was er anordnete. Wir breiteten uns sozusagen aus, in vielerlei Richtung. Neue Bekanntschaften wurden geknüpft, Geschäftsverbindungen aufgenommen, und schließlich brachten wir so etwas wie eine Struktur auf die Beine, von der aus ein regelmäßiger Handel aufgebaut werden konnte. Das Leben bekam Rhythmus, das Ziel, weil ausbaufähig, erschien interessant und forderte uns auf wohltuende Weise. Wir lebten immer noch im Eagle-Hotel und planten noch ein Weilchen dort zu verbleiben, bis zu übersehen war, in welchem Rahmen wir uns in einem Hause niederlassen könnten. Das versprochene Geld aus Italien traf tatsächlich zu einem Zeitpunkt ein, als es dringend erforderlich war. Ich träumte bereits nachts von dem märchenhaften Umschlag, der tagtäglich erwartet wurde, und dessen Inhalt uns erlauben würde, die Büroräume zu beziehen und mit der aktiven Arbeit zu beginnen. Nach Erhalt der Überweisung ging dann alles relativ schnell. Nicht nur hatten wir eine eingetragene Gesellschaft, wir hatten auch endlich wieder ein Konto bei einer Englischen Bank. Papa stellte mich dem Direktor und dem Abteilungsleiter vor, sodaß ich später auch alleine für das Büro vorstellig werden konnte. Ob es wegen den interessierten Blicken einiger Herren der Bank oder der klimatisierten Kühle der großzügigen Räume war, ich kann es nicht sagen, aber ein angenehmes Gefühl war es, in zunehmender Weise wieder Adressen zu haben, bei denen man bekannt war und wo man gerne empfangen wurde.

Wir waren beglückt und überrascht darüber, wie leicht es war, italienische namhafte Fabrikate in Thailand einzuführen. Unser neuer chinesischer Compradore schien tüchtig zu sein. Er brachte uns Kontakte, die sich als interessant erwiesen. Unsere ersten Verhandlungen in Sachen Kunstseide in Ballen begannen bei der größten indischen Import-Firma, deren Büro sich im chinesischen Handelsbezirk befand. Nun begann der aufregendste Teil meiner Büro-Rolle. Ich sollte meinen Vater zu Verhandlungen mit Mr. Kapasi begleiten, so hieß der indische Direktor aus Bombay. Wir fuhren immer noch bescheiden mit Rikscha vor, und ich wiederholte mir zum hundertsten Mal, daß ich keinen Grund hatte, nervös zu werden, auch wenn es um Zahlen, Mengen und Termine ging, Gebiete, die für mich schon immer einen undurchsichtigen, gefahrvollen Dschungel bedeuteten. Schließlich brauchte ich nur hin und her zu übersetzen, was mir gesagt wurde. So gestärkt traten wir ein und damit in eine Welt, die völlig unvorstellbar für mich gewesen wäre, hätte jemand sich die Mühe gemacht, sie zu schildern. Viele große dunkle Räume, die ineinander gingen, mit dunkelbraunen Hölzern dekoriert, dunkelbraunen Möbeln eingerichtet, durch riesige, langsam laufende Deckenventilatoren temperiert und mit dunkelbraunen Menschen besetzt. Das Büropersonal war indisch, einige wenige schmächtige junge Chinesen hatten offensichtlich eine untergeordnete Rolle. Die indischen Herren trugen die Tracht ihres Landes: engangliegende weiße Hosen, darüber lockerfließende kittelartige Hemden, die meist schöne Knöpfe hatten, vermutlich wallende Haarpracht, die jedoch von einem weißen Turban zusammengehalten war. Sehr eindrucksvoll und sehr stilisiert. Einer der Herren im ersten Zimmer empfing uns, Papa reichte die frischgedruckte Visitenkarte, höfliche Verbeugung, Weiterleitung der Visitenkarte an einen Herrn im nächsten Zimmer. Türen gab es nicht, nur angedeutete Bögen von Raum zu Raum. Mit diesem Zeremoniell wurden wir hierarchisch immer weitergeleitet, bis wir nunmehr vor einer geöffneten Tür standen. Ich hatte Herzklopfen, konnte plötzlich überhaupt kein Englisch mehr und war mir nicht mehr sicher, wo ich mich überhaupt befand. Ich blickte zu Papa, der sich wieder einmal vollkommen in seinem Element befand: voller Einsatz in absolutem Neuland. Das stärkte mir unsagbar den Rücken. Als nun der höchste der „Höflinge" mit angedeuteter Verbeugung flüsterte: „Mr. Kapasi is expecting you", war die Spannung groß, aber die Nervosität verschwunden. Mr. Kapasi stand bereits hinter seinem großen, geordneten braunen Schreibtisch. Ein eher großer, schlanker Mann von starker Ausstrahlung. Er trug keinen Turban, sondern ein dunkles, kleines flaches Käppchen, die restliche Kleidung traditionell indisch. Mr. Kapasi streckte Papa seine sehr schöne Hand entgegen und war sichtlich erstaunt, ein weibliches Wesen in diesen strengen Räumen begrüßen zu müssen. Papa stellte mich vor: Tochter, Mitarbeiterin, Übersetzerin! Keine Geheimnisse mir gegenüber, äußerste Diskretion in allen Verhandlungen wurden Mr. Kapasi zugesichert. Er bat uns, an seinem Schreibtisch Platz zu nehmen. Während die Herren Höflichkeitsworte wechselten, unerläßlicher Auftakt jeder asiatischen Konversation, hatte ich beide Augen voll zu tun, um Mr. Kapasi zu betrachten. Ich mußte zugeben, er war faszinierend und verwirrend. Soweit ich damals ein indisches Herrengesicht einschätzen konnte, meinte ich, er müsse um die vierzig sein. Alles in diesem Gesicht war intensiv: die herrlichen Augen, die alles gleichzeitig ausdrückten! Intelligenz, Konzentration und blitzschnelles grelles, humoriges Aufleuchten, welches das ganze Gesicht veränderte, wobei der Mund mit den strahlend weißen Zähnen eine vollendete Einheit bildete. Für Mr. Kapasi war es sicherlich mehr als ungewohnt, über eine Europäerin Geschäftsbesprechungen zu führen. Er brauchte Zeit, um sich darauf einzuspielen. Gewandt wie er war, tat er es, indem er uns Tee servieren ließ und lockere Unterhaltung führte. Ich glaube, es tat uns allen wohl. Als er dann meinen Vater aufforderte, seine Vorstellungen zu unterbreiten, hatten wir uns zumindest optisch aneinander gewöhnt. Erstaunlicherweise gelang mir das Übersetzen relativ gut, und der Ausgang des Gesprächs war mehr als positiv. Wir hatten nach mehr als zweistündiger Verhandlung einen exzellenten Kunden für große, regelmäßige Transaktionen. Es sollten noch einige Detailbesprechungen folgen, aber im Prinzip war die Geschäftsbeziehung hergestellt. Wir verabschiedeten uns mit gegenseitigem Respekt und Sympathie.

Einige Tage später wurden zwischen Mr. Kapasis Firma und uns umfangreiche Verträge unterzeichnet, welche natürlich mit einem Abendessen gewürdigt werden sollten. Unser Gast bestand darauf, im Gegensatz zum Vorschlag meines Vaters, im Eagle-Hotel zu dinieren als Hommage für die russische Küche, von der Mr. Kapasi viel gehört, aber nie davon gekostet hatte. Ich freute mich sehr darauf, weil ich das Fluidum dieses außergewöhnlichen Mannes sehr intensiv empfand. Es hatte eine breite Skala: von Sympathie bis hin zu etwas Erregendem, das nichts mit Gefühlen zu tun hatte. Es war — damals wußte ich es nicht zu definieren — schlicht Erotik. Sehr prickelnd, sehr belebend.

Unser Arbeitsrhythmus wuchs beständig. Dadurch, daß wir die verschiedensten Industriegruppen vertraten, waren unsere Kunden mannigfaltig. Durch unseren Compradore waren Kontakte bald hergestellt. In den nagelneuen Büroräumen wimmelte es von Menschen. Alle Muster aus Italien trafen nach und nach ein, sodaß wir Vitrinen aufbauen mußten, um sie unterzubringen. Von Kunstseide bis zum Plattenspieler war ungefähr alles vertreten. Als dann kistenweise Medikamentenmuster von Carlo Erba eintrafen, waren wir mit unserer Drei-Mann-Belegschaft überfordert. Ich lief hinunter zu meinem Freund Noirot — unsere Freundschaft war aber bereits selbstverständlich — und bat um fachkundigen Rat, da mein Vater noch niemals in seinem bunten, abwechslungsreichen Leben mit Medikamenten zu tun gehabt hatte, weder aus gesundheitlicher Not und schon gar nicht handelsmäßig. Wie verbreitet und verkauft man als Importeur Medikamente? das war unsere wichtige Frage. Noirot mußte nicht lange überlegen: wir brauchten eine Fachkraft für Krankenhaus- und Apotheker-Besuche, am besten einen jungen aufstrebenden Arzt, der es als Nebenverdienst übernehmen würde. Das Problem wuchs, denn europäische junge aufstrebende Ärzte gab es in Bangkok nicht und die eingeborenen Ärzte waren entweder privat oder bei Krankenhäusern etabliert. Papas Hirn schaltete aber schneller. Außer Dr. Berghiner gab es noch zwei Emigrantenärzte, die noch keine Niederlassungserlaubnis hatten und einen Verdienst bitter nötig suchten. Derjenige, der es finanziell am nötigsten hatte, erklärte sich enthusiastisch bereit, uns zu helfen. Wir hatten zwar nicht die erwünschte, spontane Sympathie für ihn, aber wir konnten es uns nicht leisten, wählerisch zu sein. Er schien interessiert, fleißig und sachkundig, war mehr als gesprächsfreudig, was Kontakte nur fördern konnte. Der Mann war Deutscher und hieß „Dr. Hofbauer". Er vertiefte sich sofort in die Materie und nahm uns den Bereich „Medikamente" erstmal ab und fest in seine Hände. Wir wiederum brauchten unsere, denn die Arbeit wuchs uns über den Kopf. Ich fühlte mich sehr wohl in der East-West-Company, weil die Tätigkeit mannigfaltig war. Telefon, Schreibmaschine in Englisch und Italienisch und viele persönliche Gespräche. Am Tage konnte es passieren, daß ich außer der Arbeit alles vergaß, erst abends war man mit dem Leben im Eagle-Hotel konfrontiert und mit der Wirklichkeit überhaupt. Captain Siggins stattete seine unangemeldeten Besuche nunmehr abends ab, denn er wollte sicher sein, uns anzutreffen. Sein Liederrépertoire änderte sich kaum, dafür empfand ich seine Erzählungen meist als farbenprächtig.

Wir waren nun bald drei Monate in Bangkok, eine zu kurze Zeit, um eine endgültige Einstellung, positiv oder negativ, gefunden zu haben, dennoch meinten wir, unsere Zeit mit Erfolg genutzt zu haben, wenn man berücksichtigte, daß wieder einmal alles anders gekommen war als geplant. Es war ein Anfang aus fast gar nichts. Klimatisch betrachtet wurde das Durchatmen immer mühsamer. Gab es denn überhaupt noch Sauerstoff? Die ganze Atmosphäre war am Tage meist so heiß-feucht und bleischwer, daß man den Verdacht hatte, so könne es kaum weitergehen, ohne daß ein unerwartetes Naturereignis einträte. Oft meinte man, von einer milchig-grauen dicken Nebelglocke gefangengehalten zu sein, was zeitweilige Beklemmung verursachte. Alle paar Stunden mußte man unter die Dusche hüpfen, wo man meist bei der Witterung Käfer verschiedenster Art, Skorpione jeder Größe traf, die vermutlich auch das Kühle suchten. Man konnte versuchen, nach dem Bad sich abzutrocknen, aber der Erfolg blieb aus, denn die Luftfeuchtigkeit und die Hitze hatten absolute Oberhand zu dieser Zeit: es waren die Tage vor dem großen Regen, die Monsun-Monate. Darauf durften wir als Neulinge gespannt sein. Gemessen an der fast unerträglichen Atmosphäre davor, mußte das Einsetzen der Monsunzeit eine Befreiung und ein Aufatmen sein!

Wir besprachen mit Lola und Arkady das bevorstehende Essen zu Ehren von Mr. Kapasi, vor allen Dingen mußte der Tisch unter den Voraussetzungen unbedingt unter einem großen Ventilator stehen, im kleineren Nebenzimmer neben dem Speiseraum. Privacy konnte nur förderlich sein. Was russische Küchenkenntnisse anbelangt, hatten wir im Eagle-Hotel Glück und konnten auch sicher sein, daß die Qualität nicht enttäuschen würde. Lola war stolz —

mit Recht — auf ihre Kochkünste und wurde umso emsiger, wenn sie zusätzlichen Verdienst witterte. Arkady, fast wie ein perfekter Butler, sorgte für den reibungslosen Ablauf der kulinarischen und alkoholischen Genüsse. Wir hatten uns informiert: alle Asiaten lieben und erwarten viele Gänge bei Tisch, auch wenn sie nur ein wenig von allem kosten. Bei dem sprichwörtlich üppigen Angebot der russischen Tischtradition sollte dieser Brauch keine Schwierigkeiten verursachen.

Kapasi erschien in europäischer Kleidung, sah kühl und blendend aus. Als wir von der drückenden Hitze sprachen, schien er die Bemerkung nur abwesend zu registrieren. Allerdings hatte ich sie auch vergessen. Vollkommen neue Sensationen erreichten mein Bewußtsein. Ich verstand nicht recht . . . Einfluß der Tropen . . . die Vereinsamung der letzten Zeit . . . der Reiz der neuen Welt? . . . Kaum der richtige Augenblick, um sich selbst zu anaylisieren. Nachdem Mr. Kapasi meiner Mutter ein schönes Orchideenbouquet überreicht hatte, griff er in die Innentasche seines Jacketts (oben links, über dem Herzen, registrierten meine sehr aufmerksamen Augen), um mir ein schönes Etui zu überreichen. ,,A small gift for the enchanting translator'' stand handgeschrieben auf seiner Karte im Etui. Ein wunderschöner Brieföffner mit Elfenbeingriff war das hübsche Präsent. Kapasi verhielt sich so freundschaftlich und gelockert, als ob er allabendlich mit Europäern dinierte. Wir wußten zwar, daß er 2. Vorsitzender des Rotary Club war, aber ansonsten lebte er doch zurückgezogen nach indischer Tradition. Wir fragten nach seiner Familie (die er sicherlich hatte), bemerkten aber sogleich an seinem unbeteiligten höflichen Ton, daß das ein Gebiet war, das ganz zur persönlichen Sphäre gehörte und das vermutlich an jenem Abend keinerlei Berechtigung hatte. Drinks wurden serviert, und das war unser erster Fauxpas, Mohammedaner rühren keinen Alkohol an, jedenfalls nicht in der Öffentlichkeit. Ganz schnell sorgte Arkady für Säfte, wir durften und sollten bei unseren freiheitlichen Sitten bleiben. Das Gespräch war rege, man wechselte flüssig von Thema zu Thema, wobei man feststellen konnte, daß unser Gast interessiert und informiert war und eine sehr lebendige Unterhaltung genoß. Die Tischordnung war vorgeplant, Mr. Kapasi zwischen meinen Eltern. Ich war froh darüber, so konnte ich das Spiel seines Gesichtes und die Bewegung seiner Hände beobachten, aber nein, unser Gast bat um den Vorzug meiner Gesellschaft zu seiner Linken (Mama zur Rechten). Noch mehr Hitze hätte ich nicht verkraften können! Die köstlichen russischen Speisen wurden vom chinesischen Boy gereicht unter der strengen Überwachung von Arkady. Fragen, Erläuterungen, Höflichkeiten und Anerkennung: unser Gast fühlte sich sichtlich sehr wohl, wir waren froh darüber, einen so guten Kontakt zu ihm gefunden zu haben und drückten dieses Gefühl mit gehobenem Glas aus, als etwas außerordentlich Merkwürdiges, Peinliches geschah: Mr. Kapasi rülpste laut und unmißverständlich, nicht etwa einmal, sondern mehrmals und sehr überzeugt. Meine Mutter, stellte ich wieder fest, war wohl königlich erzogen, denn sie verzog nicht die Miene; nur wer sie kannte, merkte, daß sie erschrocken war. Ich übersetzte noch eifriger und etwas lauter, etwas schneller, als unser Gast sich genießerisch über den Magen streichelte und nochmals verträumt bemerkte: „It's wonderfull!" Als Abschluß zu dieser Bemerkung ein letztes, lautes Geräusch von seinen Lippen, er griff nach seiner Gabel und fuhr sehr zufrieden in seinem Gespräch fort. Wir waren verwirrt und verunsichert über diese unerwarteten Tischmanieren, jedoch wurde uns klar, daß wir über einige Sitten in keinster Weise informiert waren. Warum, zum Kuckuck, hatte uns der Compradore nicht unterrichtet? Das laute Rülpsen von Herrn Kapasi hatte zumindest zwei Wirkungen erreicht: meine Erregung brach ab wie ein morscher Ast (so subtil ist also Erotik!), und ihm war viel wohler. Nach diesem unerwarteten Zwischenspiel verlief der Abend durchaus gemäß unseren Vorstellungen: freundschaftlich heiter. Als unser Gast sich verabschiedete, hinterließ er den Eindruck einer für ihn gelungenen Einladung. Wir schauten uns zum ersten Mal an, die Blicke voller Fragezeichen, aber bevor wir irgendetwas formulieren konnten, sprang Arkady ein: er wußte, was uns wunderte. Wir lernten von ihm etwas, was wir uns seitdem gemerkt haben. Das donnernde Rülpsen von Mr. Kapasi war das höchste Kompliment: nur so kann man in gebührender Weise den Speisen und den Gastgebern großen Dank der Anerkennung erweisen!! Arkady hatte sicherlich recht. Mit dieser für uns ungewöhnlichen Sitte wurden wir Zeit unseres Lebens in Bangkok konfrontiert, wenn wir mit asiatischen Bekannten, später Freunden, auserwählt speisten. Unsere Anpassung war bald so fortgeschritten, daß wir geradezu auf dieses Schauspiel warteten. Es kam auch programmgemäß, die Enttäuschung wäre ansonsten groß gewesen! Dr. Klein, der deutsche Gast des Eagle-Hotels, mit langjähriger Erfahrung in östlichen Ländern, ergänzte mit weiterer Erläuterung diese Sitte. Seine persischen Freunde, die bei besonderem Wohlergehen bei Tisch sich gleichermaßen benahmen, umschrieben die aus der Tiefe kommenden Laute so: ,,Es ist der Augenblick, an dem die Seele mit dem lieben Gott sprechen möchte.'' Höher geht es kaum.

Unser Leben hatte sich in einen beständigen beschäftigten Ablauf eingependelt. Wir lebten zwischen den Nachrichten aus Italien und dem wirtschaftlichen Aufbau in Bangkok. Meine Mutter erhielt nach wie vor aus Paris ihre sehr geliebte russische Emigrantenzeitung ,,Pasliedni Novosti'' (Neueste Nachrichten), vertiefte sich tagtäglich in deren Lektüre. Seit früher Kindheit war mir das ein vertrautes Bild gewesen: zu irgendeiner Tageszeit würde Mama mit Zärtlichkeit ihre Zeitung aufschlagen, sie genauestens lesen und am liebsten das Interessanteste daraus besprechen und kommentieren. Hier nun in Bangkok hatte sie viel Zeit, um diesem offensichtlichen Genuß nachzugehen. Alles, was ihr so sehr fehlte, wurde nie erwähnt: meine Schwester, der Flügel, der schöne Haushalt und die vielen Freunde. Es war ihr angeboren, geduldig und diszipliniert zu sein und die meisten Kümmernisse (meist) nicht auszusprechen. Sie erwähnte nur die Hitze, die ihr zu schaffen machte und lächelte meist sanft und erwartungsvoll. Großväterchens Tochter hätte nicht viel anders sein können, als sie war: die zwei gütigsten Menschen, die mir das Leben bis jetzt geschenkt hat.

Eines Morgens wurden wir durch Lolas schrille Stimme geweckt. Sie schien die labile Kontrolle über ihre Nerven verloren zu haben. Mit drastischen Ausdrücken beschimpfte sie auf der hinteren Veranda (unter unseren Schlafräumen) den armen Arkady. Der sprechende Vogel im Käfig schrie und fluchte aus Leibeskräften mit, natürlich sprach er nur russisch, sogar die Gänse erschraken und schrien nach typischer Gänsemanier. Nur Arkadys Stimme war in dem Pandemonium nicht zu hören. In den wenigen, kurzen Pausen hörte man die Hühner gackern, aber nicht Arkady. Wir waren etwas alarmiert: vielleicht hatte sie ihn im Zorn erschlagen? Mit irgendeinem Vorwand ging ich im Morgenrock die Treppen hinunter und fand zu meinem Erstaunen einen ruhigen, zigarettenrauchenden Arkady alleine am Fenster stehen. Seine grauen Augen waren müder als sonst, seine Hand zitterte ein wenig, sonst war ihm keine Erregung anzusehen. Ich vergaß den erlogenen Vorwand und fragte, ob etwas Schlimmes passiert wäre. „Aber nein", meinte Arkady, „nicht der Rede wert, Lola fühlt jedes Jahr sehr die letzten Stunden vor dem Monsunregen. Es macht sie nervös, und da sie ein extrovertierter Mensch ist, muß sie sich mitteilen." Auf diese Art wurde uns der große Regen angekündigt. Lola muß ein eingebautes Barometer in sich getragen haben, denn das, was man nicht nur schlicht als Regen bezeichnen konnte, setzte tatsächlich an dem Tag ein, und zwar wenige Stunden nach Lolas Ausbrüchen. Beides waren Naturereignisse, auf Lolas hätten wir gern verzichtet, dagegen hat mich der plötzliche unbeschreibliche Wolkenbruch unendlich begeistert.

Meist setzt die Monsunzeit Ende Juni in Siam (Thailand) ein, jedoch Wochen zuvor beginnen die Vorboten. Das bedeutet, daß es kaum Luftbewegung gibt, die Hitze und die Feuchtigkeit erreichen einen Höhepunkt, und damit vergrößert sich die Aktivität aller Kriechtiere, die Moskitos werden noch insistenter, die Fledermäuse fliegen tief und sehr emsig. An dem bewußten Tag, als Lolas Nerven besonders gereizt waren — obwohl sie kein Kriechtier war sondern eher ein Trampeltier —, vibrierte die Luft vor Hitze und das Tageslicht, sonst besonders grell, verwandelte sich in eine milchige dicke Brühe. Auch Ventilatoren konnten keine durchgreifende Linderung verschaffen. Plötzlich unheimliche, absolute Stille, der Himmel beängstigend dunkel, dann das plötzliche Rauschen wie von vielen hohen Wellen am Meer: der Regen! Der Monsunregen kommt auf einen zu wie ein Riesenvorhang, fast undurchsichtig, immer näher, immer lauter, sintflutartig. Manchmal kann man neben der Regenwand stehen, ohne naß zu werden. Dann schüttet es mit großem Krach wie aus Millionen Eimern eine halbe bis eine Stunde lang, immer mit derselben Intensität, jeden Tag fast auf die Minute zur selben Zeit. Der Regen selbst bringt eine ersehnte Linderung. Es wird kühler, laut, aufregend. Man meint, die Welt sei in Bewegung geraten, dann plötzlich, wie es begonnen hat, hört es auf. Der Himmel bleibt dennoch grau, die Erde dampft, Bäche fließen die Straßen und die Gärten entlang und überall tropft es noch lange. Trotz des vielen Wassers wird es wieder schwül, immer heißer, schließlich genauso wie vor dem Regen, bis zur nächsten Sintflutvorstellung am nächsten Tag.

Wir waren alle ungeheuer beeindruckt und beobachteten aus den glaslosen Fenstern das Schauspiel selbst und die Reaktion der Haustiere darauf. Ein einmaliges Erlebnis für einen Europäer. Jahre später hatte ich Gelegenheit, dieses Naturereignis im Urwald hinter Siracha, an der Ostküste des Golfes von Siam zu erleben, und werde den überwältigenden Eindruck wohl nie vergessen. — Als wir an unserem ersten Monsunregentag beim Abendessen saßen, setzte schlagartig (wie fast alles in den Tropen) ein sonderbares, lautes Brüllen ein. Lola hatte doch nicht etwa plötzlich eine Kuhherde im Garten? Wir fragten den Boy, was das wohl wäre. Mit äußerster Selbstverständlichkeit sagte er nur zwei Worte, während er weiter servierte: ,,Frogs, Sir.'' Er mußte verrückt geworden sein, nach dem Regen. Wie konnte er Frösche mit brüllenden Ochsen verwechseln. Arkady mußte her und bestätigte: es waren Frösche, nicht unsere gewohnten kleinen lieben europäischen Frösche, sondern überdimensional große, riesige Ochsenfrösche, die, wie uns Arkady erklärte, in Erdlöchern sitzen und außerordentlich munter werden, wenn die Erde zu Morast geworden ist durch die Regenmassen. Da in den Tropen die Natur fast meßbar ist, fragten wir nach der Dauer dieses absurden lauten Froschfestes. ,,Meist die Nacht durch'', teilte uns Arkady fröhlich mit, ,,und das praktisch die ganze Monsoonzeit durch.'' Die Nachtruhe wäre durch dieses Brüllen nicht gestört, da es monoton sei und eher einschläferte. Meine Eltern waren skeptisch. Einige Jahre später erzählte mir der damalige italienische Minister Comm. Crolla, daß er während der Monsun-Saison nach Bangkok versetzt worden war, ziemlich frisch aus London kommend, nach kurzer Station in Rom. Im Ministerium hatte man ihm Instruktionen und Informationen mitgegeben, aber kein Mensch hatte das Schauspiel Monsun mit den vielen Begleiterscheinungen erwähnt. Als er die erste Nacht im Hotel verbrachte, setzte besagtes Brüllen schlagartig ein, als er sehr müde das Licht gelöscht hatte. Er verstand nicht recht, war aber sicher, es könne nur eine erregte Ochsenherde sein, merkwürdigerweise zu so später Stunde. Er klingelte, empört darüber, daß am Hotel Ställe angebaut waren. Als ihm auch der Boy versicherte, daß es ,,frogs, Sir'' seien, war er überzeugt, daß der Boy nichts verstanden hatte und wirr dahin redete. Der Minister zog sich an in höchster Erregung, die Müdigkeit war weg, dafür tiefe Entrüstung da. Den Portier bat er, den französischen Hoteldirektor sprechen zu können, und da Crolla perfekter englisch sprach als französisch, verlangte er ohne Umschweife nach einem anderen Zimmer, denn er wolle nicht die Nacht neben einem Ochsenstall mit brüllenden Tieren verbringen. Der Direktor verstand nicht ganz, blieb natürlich höflich, mußte jedoch dem Minister leider widersprechen. In der gesamten Umgebung des Hotels gäbe es keine Ställe, Ochsen gäbe es praktisch in ganz Siam nicht, nur Wasserbüffel. ,,Dann sind ganz in der Nähe brüllende Büffel'', meinte der Minister, ,,Sie können sie doch auch hier in der Halle hören.'' Nun verstand der Direktor. Er war schon viele Jahre in Bangkok, der Monsun, die Frösche, alles war ihm vertraute Gewohnheit geworden, er registrierte es nicht mehr. Aber nun mußte er erklären: „Frogs, Sir." Mit ähnlichen Anekdoten aus dem wahren Leben kann man in Siam unter Europäern bei viel Gelächter die Abende verbringen. Crolla, die Freude sollten wir später haben, hatte viele, viele Anekdoten auf Lager, quer durch die Welt erlebt, und wußte sie herrlich zu erzählen.

Arkady hatte recht gehabt. Das nächtliche Freudenkonzert der Riesenfrösche war zwar laut, aber derart monton, daß man, leicht betäubt, in einen angenehmen Schlaf verfiel und den uns unbekannten Tieren ihre Ausdruckskraft gönnte. Beständig drangen wir immer weiter in den tropischen Lebensstil ein. Wir waren nun mitten in der Monsunzeit und hatten gelernt, uns nach diesem Zyklus zu richten: Uhr in der Hand, Ohren gespitzt, Insektizide stets griffbereit! Auch die dampfende Hitze nach dem Regen wurde uns zur Gewohnheit.

Wir arbeiteten weiterhin mit Erfolg im Büro und lernten dadurch unter anderem umso schneller die Mentalität verschiedener Menschengruppen kennen. Inder, Chinesen, Siamesen und Japaner waren natürlich völlig verschieden voneinander. Auch der albernen, primitiven europäischen Vorstellung, daß alle Chinesen gleich aussehen, wurde gründlichst widersprochen. Eine sehr große chinesische Handelsgesellschaft zählte zu unseren Kunden. Der Besitzer war ein außerordentlich kultivierter, intelligenter und großzügiger Mann, der schon als Kind aus China nach Thailand gekommen war. Ihn in seinem geräumigen, chinesisch eingerichteten Büro zu besuchen, war eine Freude. Die Räume befanden sich im fast ausschließlich chinesischen Stadtviertel Sampeng, wo er sehr bekannt war. Es war auch die Gegend der Antiquare, Stoffhändler, Tierhändler, Trödler. Später sollte es mein geliebtestes Ziel in Bangkok werden, wo ich (wahre) Freunde gewann, in den verschiedenen Höfen hinter den Läden mit ihnen saß, Tee trank und stundenlang über Preise feilschte. Feilschen bei chinesischem Tee kann zum Genuß werden, wenn der Verkäufer selbst so viel Freude daran hat, daß er im Grunde nur hofft, daß die Transaktion nicht gar so schnell über die Bühne gehen möge.

Unser chinesischer Kunde lud meinen Vater und mich zu einem festlichen Essen ein in einem herrlichen Restaurant im ersten Stock eines Hauses im chinesischen Viertel. Europäer kannten es wohl kaum. Uns begeisterte immer wieder die komplizierte exquisite Höflichkeit, die auch viel Wärme ausstrahlt. Durch große Räume, mit chinesischer Behaglichkeit eingerichtet und mit köstlichen kulinarischen Düften gefüllt, gelangte man zum reservierten Privatzimmer, wo einige leitende Mitarbeiter unseres Kunden sich bereits eingefunden hatten, alle ohne Damen. Sonderbarerweise fühlte ich mich dennoch sehr wohl und sehr unter Freunden. Natürlich lächelten alle pausenlos und warteten offensichtlich ungeduldig auf die Speisen. Als wir uns alle nach minuziösem Zeremoniell zu Tisch gesetzt hatten, zum Glück unter einem riesigen Ventilator, öffnete sich die Tür und eine Kompanie von Kellnern begann, eine unübersichtliche Menge dampfender, duftender Gerichte zu kredenzen. Mr. Shey Tang Lee, unser Freund, strahlte und überließ seinem Direktor vollkommen die Regie. Tang Lee gab sich die größte Mühe, uns die Speisen zu erklären, welche besondere gesundheitsfördernde Eigenschaften sie besaßen, welche Kräuter Herren munter machen und welche Damen hübsch. Dazu gab es chinesischen Reisschnaps, chinesischen Wein und Tee. Wir aßen und aßen von vielem ein wenig, aber die Tür öffnete sich unaufhörlich und es kamen immer mehr Spezialitäten, die meist mit Jubel empfangen wurden. Mein Vater schien noch keine Schwierigkeiten zu verspüren. Mich ergriff leichte Panik. Wie verhält man sich in China, wenn man so köstlich und unendlich großzügig bewirtet wird, aber dennoch spürt, daß man keinen Bissen mehr zu sich nehmen kann? Mr. Sheng fragte besorgt, ob es mir nicht schmecke. Mit extremer Höflichkeit (von unseren Gastgebern abgeguckt) beschrieb ich meine immense Begeisterung, aber meinte, es wäre ratsam, eine kleine Pause einzulegen. Zum Glück stieß ich auf Verständnis. Die Tür ging abermals auf, der Direktor sagte etwas zu dem Kellner, dieser stellte neue Speisen schnell auf den Tisch und verschwand. Ich fragte unseren Gastgeber, wieviele Gerichte er bestellt habe. „Nicht so viele, ungefähr

37!" Die wichtige Frage war, wieviele hatten wir schon probiert? Hoppla, jetzt passierte etwas ganz Neues. Drei völlig neue Kellner traten mit fröhlichen Rufen, jeder dampfende Schüsseln in den Händen tragend, in unser Zimmer. Alsbald begann ein Schleuder- und Fangspiel: kochend heiße Servietten wurden den Tafelnden zugeworfen. Papa und ich versuchten, so schnell wie möglich zu verstehen — es war aus unserer Sicht begreiflicherweise etwas vollkommen Unverständliches, denn plötzlich warfen die drei Kellner mit dampfenden, duftenden Servietten nach den Gästen, nein, richtiger gesagt, sie warfen sie den Gästen zu. Unsere Tischfreunde griffen die heißen Tücher auf und forderten uns auf, uns zwecks Erfrischung Gesicht und Hände damit abzuwischen. Das konnte doch nicht ihr Ernst sein: uns war auch so schon mehr als warm, und überhaupt, hatten die Herren nicht berücksichtigt, daß Europäerinnen ein Make-up haben? Ich betrachtete als einzige Frau die Herren, meinen Vater, der sich schon mancherlei fremden Sitten auf selbstverständliche Weise gebeugt hatte und bereits dabei war, das dampfende Tuch sich zum Gesicht zu führen. Mir fiel Großmutters heißer Tee in Tiflis ein als Wundermittel gegen Hitze. Schnell packte ich meine Serviette und fürchtete, an dem dampfenden Jasminduft mich zu verbrennen. Es war doch schließlich egal, wie ich nach solcher Behandlung aussehen würde, bedachte man, daß ich mich zwar in liebenswerter Gesellschaft befand, aber nirgends einen Blick fand, der europäische Weiblichkeit hätte beurteilen können. Ich wischte mir mit dem Mut der Verzweiflung über Gesicht und Hände, nahm vorsichtshalber den Hals mit, atmete auf und fühlte mich außergewöhnlich erfrischt!

Wir blickten uns alle an, praktisch frisch gewaschen, duftend, ein ausgeschlafenes Gefühl rund um die Augen. Erneute Heiterkeit und Wohlbehagen breiteten sich aus. Die Herren setzten sich abermals zu Tisch, und oh Wunder! es ging weiter. Tatsächlich, alle fuhren fort zu essen, als ob wir erst angefangen hätten. Die Zeit verging, die Schüsseln und Schüsselchen blieben zu irgendeinem Zeitpunkt auf dem Tisch stehen, ohne daß neue gebracht wurden. Ich dankte sämtlichen wohlwollenden Geistern dafür, daß es mir mit List und vielen Pausen gelungen war, diese köstlichste aller Schlachten standhaft zu überleben. Als wir aufbrachen, war ich erstaunt, feststellen zu können, daß wir tatsächlich alle noch gehen konnten, lächelnd und froh uns schließlich verabschiedeten. Nicht nur waren wir nicht krank nach unserem ersten überdimensionalem chinesischen Gelage, sondern fühlten uns nach einer Stunde wieder leicht und sehr wohl. Ich freute mich schon auf die nächste Gelegenheit.

Die Tage begannen einen schnelleren Rhythmus anzunehmen. In der Woche hatten wir im Kontor viel zu tun, in zunehmendem Maße kamen Aufträge ins Haus geflogen, die Lieferanten in Italien kollaborierten prompt und zuvorkommend. Tatsächlich begannen wir zu glauben, einen Erfolgsweg eingeschlagen zu haben. Man hatte wenig Zeit zum Grübeln, lediglich die Wochenenden waren diesbezüglich noch ein Problem. Ich nutzte die Sonntage für Korrespondenz, und damit begann die große Melancholie. Es war schwer, Danilo zu schreiben. Er befand sich in Genua und absolvierte seinen Militärdienst, immer noch in der Hoffnung, anschließend nach Bangkok kommen zu dürfen. Die vielen Fotos, die er mir sandte, waren nicht der ausreichende Ersatz für die innigen Kontakte, die wir früher hatten. Sein rührender Versuch, mir mit vielen wöchentlichen Seiten jede Einzelheit seines Alltages zu beschreiben, weckte in mir eine Sehnsucht, die an Verzweiflung grenzte, und verdeutlichte zusätzlich, daß grenzenlose Trennung in unseren so jungen Jahren zu einer entsetzlichen Qual werden kann. Seine Beteuerungen der völligen Treue beglückten mich im Moment, aber die bange Frage: wie lange noch? blieb nicht aus. Ich schrieb und schrieb mit all der Zärtlichkeit und Leidenschaft, die ich in mir trug, erwiderte die vielen Päckchen und war mir dennoch völlig bewußt, daß die Zeit nicht für uns arbeitete. Natürlich war ich auch treu, ich hätte wirklich nicht gewußt mit wem, wenn überhaupt, ich diese Treue gern gebrochen hätte.

Meine Schwester hatte Sehnsucht nach uns. Trotz ihres persönlich vollkommenen Glücks klangen ihre Briefe nicht optimistisch. Zwischen den Zeilen war Furcht zu spüren, denn politisch glitt Italien immer mehr in den Sog von Hitlers Deutschland. Trotz Verwandten und treuen Freunden mußte ihre Lage mehr als mühsam sein. Erst nach dem Krieg erfuhren wir, gesund wieder vereint, von ihrer schrecklichen Odyssee. Im äußerlichen Ausdruck übte auch sie wie unsere Mutter disziplinierte Zurückhaltung. Trotz der tiefen Wehmut gab ich meinem Vater so recht für seine Entscheidung, so weit wie möglich von Europa auszuwandern. Es war noch niemand in Sicht, der Hitler hätte aufhalten wollen oder können, und jeder Jude war ein wehrloser Regenwurm unter den suchenden Scheinwerfern von Hitlers mörderischen Organisationen.

So verlief unser Leben in dem fernen Sommer 1939, im Grunde emsig bemüht, ein neues Leben aufzubauen ohne den rechten Glauben an irgendeine Beständigkeit. Eine halluzinierende Konstellation: wir lebten und arbeiteten gegen die Hoffnungslosigkeit, schafften erfolgreich und sahen mit jedem Tag immer mehr die Chancen schwinden. In solcher Situation mußte man sich an die täglichen Begebenheiten klammern, daraus etwas Erfreulicheres konstruieren und ja nicht zu oft nach innen lauschen. Der Monsunregen wurde zum täglichen Ereignis, das übrigens nie seine Faszination verlor, die neuen Bekannten wurden immer vertrauter, sogar Lola hatten wir gelernt zu übersehen und zu überhören. Mehr und mehr sorgte man sich um die Zeitungsnachrichten, und der Londoner Rundfunksender war meist der Anziehungspunkt für die Gäste des Eagle-Hotels.

Die Absurdität der allgemeinen Lage wurde noch deutlicher, wenn man unseren Dr. Berghiner betrachtete. Er, erfahrener und vorzüglicher Arzt seit Jahrzehnten, saß erneut tagaus tagein über seinen Büchern, paukte außerdem noch Englisch, bemüht sein bevorstehendes Examen zu bestehen. Eine Welt, auf den Kopf gestellt, in der man versuchen mußte, normal zu leben.

Die ersten Warenlieferungen aus Italien trafen ein, alles exakt, ohne jegliche Differenzen. Unsere Kunden waren sehr erfreut die ersten zu sein, die in Thailand Italien-Importe tätigten. Die Einladungen der Kunden häuften sich, wir erlangten inzwischen Kenntnis von und Routine in der siamesischen, chinesischen und indischen Gastlichkeit und ihrer Gaumengenüsse. Wir stellten fest, daß asiatische Küche besonders angenehm ist und köstlich schmeckt bei Monsun-Wetter. Während draußen das Wasser nur so rauschte, schmeckte mir ein scharfes indisches Gelage zum Beispiel besonders gut. Das Rülpsen, besonders unserer indischen Freunde, während und nach dem Essen war uns nunmehr völlig vertraut, wir erwarteten es mit einer gewissen Ungeduld und Neugierde. Unsere Geschäftsbeziehungen, auch in persönlichem Bereich, machten flotte Fortschritte, und wir fühlten uns mit und bei unseren neuen Freunden sehr wohl.

Inzwischen waren zusätzliche Emigranten aus Europa eingetroffen, einige hatten Deutschland völlig mittellos verlassen müssen. Die meisten von ihnen wurden von einem Empfangskomitee, das drei jüdische Herren ins Leben gerufen hatten, in einem Emigrantenhaus untergebracht. Dort lebten sie alle zusammen unter einem Dach mit denselben gemeinsamen Problemen und denselben Hoffnungen. Für uns, die das Glück hatten, draußen zu sein, war die Vorstellung jemals in dem Haus enden zu müssen, ein Alptraum. Das dreiköpfige Komitee bestand aus Haim Gerson, einem holländischen Edelsteinhändler und einem Berliner Augenspezialisten. Alle drei kümmerten sich um die Finanzen und um die Insassen des Emigrantenhauses. Sie versuchten natürlich auch, diesen Menschen eine finanzielle Basis zu verschaffen. Einige Fälle sind erfolgreich verlaufen, sodaß die Zahl der Bewohner des Hauses geringer wurde und schließlich meist nur aus alten Leuten bestand. Der Berliner Arzt gab eine Abendeinladung für viele der Neuangekommenen. Ich ging alleine zu dieser Geselligkeit, da meine Eltern nicht die geringste Lust verspürten. Wie recht sie gehabt hatten, wußte ich erst hinterher.

Dr. Ludwigsohn und seine Familie bewohnten ein sehr schönes, langgestrecktes, großes Haus, nicht weit von dem Eagle-Hotel. Der große Garten hatte eine bequeme Auffahrt, die direkt zu dem Haus führte. Im Parterre befanden sich die Praxisräume, während im ersten Stock die Familie wohnte. Hinter dem repräsentativen Hauptgebäude hatte Dr. Ludwigsohn eine kleine Privatklinik eingerichtet für einige, wenige Patienten, die stationäre Behandlung benötigten.

Als ich an jenem Abend allein hinüberging, klang im Garten bereits Klaviermusik, die Veranda im ersten Stock und alle Räume waren hell beleuchtet. Der Anblick war großzügig und einladend, und da die Riesenfrösche nach dem großen Regen noch nicht brüllten, konnte man das Klavierspiel ungestört hören, auch die vielen Stimmen der Gäste auf der Veranda. Ich ging etwas zaghaft hinauf, da ich praktisch niemanden kannte. Oben angekommen kam ich mir zwar etwas verloren vor, aber die Atmosphäre war erstaunlich eindrucksvoll. Auf der Veranda standen schöne großzügige Gartenmöbel, im Moment alle besetzt mit plaudernden Menschen; die Wohnräume riesigen Ausmaßes konnten als prachtvoll bezeichnet werden wegen ihrer eigenwilligen, kostbaren antiken siamesischen und chinesischen Einrichtung. Ich war begeistert und vergaß dabei, daß mich bis zu dem Moment niemand empfangen hatte. Als ich mich umdrehte, um nach der Dame des Hauses zu suchen, stand plötzlich ein nicht großer Mann vor mir, der höflich „Guten Abend" leise flüsterte. Ein interessanter Kopf, der zweifellos Dr. Ludwigsohn gehörte, ganz sicher konnte ich nicht sein, da er sich nicht vorstellte, aber er benahm sich wie zu Hause. Ein dunkelblonder Mann mit hoher intelligenter Stirn, tiefsitzenden großen traurigen blauen Augen, einer rassigen ausgeprägten Nase und einem energischen Kinn mit einem sympathischen Grübchen. Seine Lippen waren etwas schmal und ungeduldig, der ganze Gesichtsausdruck war der eines Mannes voller Spannungen und wechselhafter Stimmungen, mutig und dennoch unsicher. Ein verblüffender Effekt. Ich fragte ihn, ob er Dr. Ludwigsohn sei, er bejahte, tippte vollkommen richtig auf meinen Namen, wir wechselten ein paar Banalitäten. Das Klavierspiel endete, und Dr. Ludwigsohn sagte nun etwas lauter: „Sie sollen meine Frau kennenlernen." Ich war neugierig zu erfahren, wie die Lebensgefährtin dieses wohl ungewöhnlichen Mannes aussah, schaute über sämtliche Gestalten auf der Veranda hinweg und blickte zum Klavier, in der Annahme, daß die musikalische Darbietung von Frau Ludwigsohn stammte. Am Klavier stand jedoch ein Wesen, daß niemals die Dame des Hauses sein konnte. Da sie einen Rock trug, mußte ich annehmen, daß sie eine Frau war, ansonsten verriet nichts an ihr auch nur den geringsten Hinweis auf Weiblichkeit. Ein viereckiger, etwas brutaler Männerkopf, weiße kurzgeschnittene Haare, ein stämmiger Nacken auf breiten, fleischigen Männerschultern, dicke Arme und ein formloser breiter Körper, offensichtlich verschwitzt, gehüllt in ein undefinierbares herumhängendes Gewand, viel zu kurz für die muskulösen dicken athletischen Beine, deren große flache Füße in ausgelatschten Sandalen steckten. Dieses Geschöpf konnte ja niemandem gehören, meines Erachtens, in ihrer Brutalität sah sie selbständig, unfreundlich und selbstsicher aus. War sie musikalisch? War sie überhaupt die Klavierspielerin? Ein junges, rothaariges Mädchen sprach gerade mit ihr. Dr. Ludwigsohn bahnte uns den Weg. Je weiter wir schritten, desto mehr verdichtete sich in mir der erschreckende Verdacht, daß die Qualle am Klavier seine Frau sein mußte. Tatsächlich: „Elsa, meine Frau", hörte ich an meiner Seite. Eine große verschwitzte Männerhand drückte die meinige, ein Lächeln, das ihrem Munde weh tat, erschien für wenige Sekunden, ohne daß ihre tiefsitzenden eiskalten blauen Augen sich veränderten. Außer Sorge und Traurigkeit für Dr. Ludwigsohn konnte ich in meinem Hirn nichts koordinieren. Mein Vorstellungsvermögen über die geheimen Gründe dieser absonderlichen Zusammenstellung war gänzlich überfordert. Was war das für ein Gespann, zumal Elsa sicherlich an die zwanzig Jahre älter sein mußte als ihr gutaussehender Mann. „Haben Sie schon gegessen?" fragte mich Elsa teilnahmslos. Als ich sagte, ich hätte keinen Appetit, danke, fragte sie mich lauernd und feindselig, ob ich Russin sei. Ich mußte bejahen, trotz der Sicherheit, mich mit Elsa von vornherein zu verfeinden. ,,Russen sind merkwürdig, barbarisch und unberechenbar.“ Es klang keinesfalls nach einem Kompliment. Einem weiteren Gesprächsthema wich ich aus und fragte sie nach der Identität der Anwesenden. Daraufhin, als ob sie mich nicht gehört hätte, beschrieb sie sich stolz und zufrieden: ,,Ich bin Berlinerin und ... keine Jüdin. Franz (Dr. Ludwigsohn) studierte in Berlin. Wir haben dort nach seinem Schulabschluß geheiratet.“ Es klang wie eine Horrorstory des armen Franz. Er war 18 gewesen am seligen Tag seiner Hochzeit, erzählte Elsa, indem sie natürlich das Wörtchen selig ausließ. Elsa hatte in diese für Franz sehr frühe Ehe zwei eigene uneheliche Kinder gebracht. Auf ihren späteren gemeinsamen Wanderungen bis nach Afrika zeugten sie zwei weitere, nunmehr eheliche Kinder. Als sechsköpfige Familie ließen sie sich dann in Bangkok nieder, wo Franz eine gutgehende Praxis hatte. Sie blieben in Thailand viel länger als wir. Obwohl ich beide, Franz und Elsa nicht schätzte, hatte ich mit ihnen im Laufe meiner vielen Bangkok-Jahre öfter zu tun. Bis heute, wenn ich an sie zurückdenke, kann ich mir nicht erklären, wie sie es ein Leben lang miteinander ausgehalten haben und wie Franz, alleine durch Elsas körperliche Nähe, nicht verrückt geworden ist. So unergründlich ist die menschliche Psyche.

An dem bewußten ersten Abend im Hause Ludwigsohn lernte ich fast die gesamte Emigrantenkolonie kennen, darunter einige wenige Familien und einige Junggesellen. Niemand von den Anwesenden weckte in mir irgendein Interesse. Eine ziemlich fade Gesellschaft auf der Suche nach einer neuen Existenz. Den meisten sollte es auch gelingen, sich einen Weg zu bahnen, fast alle kehrten jedoch nach Kriegsende nach Europa zurück.

Die Tage vergingen zwischen Arbeit, Hitze und zunehmenden Sorgen, was die politische Entwicklung in Europa anging. Dennoch glaubten wir nicht an einen globalen Krieg. Glaubten wir nicht daran, oder wollten wir diese Wahrscheinlichkeit nicht zu Ende denken? Unsere Hoffnung war, daß entweder Hitler aufhören würde, sich weiter auszubreiten, oder daß die Alliierten ihn politisch daran hindern könnten mit weiteren Expansionen zu liebäugeln.

Eines Abends kam ein völlig neuer Gast ins Eagle-Hotel-Restaurant. Arkady und Lola kannten ihn natürlich, auch Captain Siggins begrüßte ihn als einen Habitué und stellte ihn uns vor: Cyril Leibowitch. Dieser kleine, drahtige, rothaarige Mann, der einen Gang hatte, als ob er eigentlich immer nur auf dem Sattel eines Pferdes säße, kam gerade nach einem sechsmonatigen Aufenthalt auf seiner Insel zurück in die Stadt. Er besaß nämlich eine eigene Insel irgendwo im Golf von Thailand und zog sich immer wieder dahin zurück, wenn er Stadt, Menschen und Arbeit satt hatte, erklärte er uns, während er auf siamesisch lässig und zerfahren ein Abendessen beim Boy bestellte. Es wurde uns bald klar: unter den vielen eigenwilligen Individualisten, die wir bis dahin kennengelernt hatten, schien Cyril Leibowitch einsame Spitze zu sein.

Nach dem Essen setzte er sich zu uns, ignorierte Siggins völlig und versuchte auf seine teils schüchterne und doch direkte Art so viel wie möglich von uns über uns zu erfahren. Seine Hand, offensichtlich kompetent in manueller Arbeit, griff selten zum Glas, im Gegensatz zu unserem Freund Siggins.

Cyrils scharfsinnige Augen wurden immer lebendiger, immer interessierter, bis sein durch tropische Sonne gegerbtes, sommersprossiges Gesicht vor Freude und Sympathie zu leuchten begann. Er behauptete plötzlich, wir seien das Beste, was ihm seit Jahren passiert wäre. Cyril, der fest an die Fügung des Schicksals glaubte, meinte, er habe plötzlich den Wunsch verspürt, seine Insel, seine siamesische Gefährtin, seine Hunde, Hühner, Affen und ein schönes Boot zu verlassen, um uns, durch okkulte Kräfte getrieben, kennenzulernen. Er blickte uns nunmehr strahlend an, und wir wußten nicht recht, wem von uns dreien seine ganz besondere Neigung galt. Wahrscheinlich meinem Vater, Abenteurer haben vermutlich einen besonderen Draht zueinander. Von Cyril wird noch oft die Rede sein. Jahrelang wich er nicht von unserer Seite, wohnte sogar später zeitweilig bei uns und verließ uns nur, wenn sein unruhiges Blut ihm keine Ruhe gab. Dann verschwand er plötzlich innerhalb von wenigen Minuten entweder ins Landesinnere („up country" war der lokale Ausdruck) oder auf seine Insel. Wir wußten nie, wann und ob er wieder erscheinen würde, da Cyril zwar schreiben konnte, er war Ingenieur, aber nie davon Gebrauch machte. Wie er verschwunden war, so erschien er wieder, sagte entweder schlicht „hallo" (wenn schlechter Stimmung) oder kam heiter mit verschiedenen Kosenamen für jeden von uns und mit extravaganten Geschenken beladen, wenn er sich gerade zufällig in einer glücklichen seelischen Verfassung befand. Unser Leben war zwar nicht sorgenfrei, aber durch das dauernde Rotieren um uns herum von hochindividuellen und anhänglichen Freunden niemals eintönig.

Als wir eines Spätnachmittags vom Kontor ins Hotel zurückkehrten, fanden wir meine Mutter hochalarmiert am Fenster sitzen, ihre sehr geschätzte, frisch angekommene Zeitung „Posliednie Novosti" im Schoß. Ich wußte sofort, daß ihre Erregung in direkter Beziehung zur Zeitung stand. Ich warf einen schnellen Blick auf das Blatt und sah nur große Überschriften, außergewöhnlich für den sonstigen konservativen seriösen Stil. Die Zeitung brachte eigene zuverlässige Informationen aus der französischen Hauptstadt, nach denen man annehmen mußte, daß der Krieg in wenigen Wochen ausbrechen würde. Hitlers Vorbereitungen für eine Besetzung Polens waren demnach praktisch abgeschlossen und die Warnungen der Alliierten mehr als definitiv. Ein Interview mit General Gamelin unterstrich noch mehr die drohende Gefahr. Hinzu kam, daß die Zeitung in einem Leitartikel eigene Prognosen anstellte, die geeignet waren, die Westeuropäer an den Rand der totalen Verzweiflung zu führen. Der kluge, weitsichtige Redakteur war der Überzeugung, daß im Falle eines Krieges Hitler alle anfänglichen Erfolge sich mit leichter Hand in die Tasche stecken würde, da die Alliierten lediglich kindliche, naive Vorbereitungen getroffen hatten. Nicht nur würde Deutschland Polen besetzen, sondern auch Belgien und sicher einen Teil Frankreichs, in rascher Folge. Erst danach würde man den Krieg als begonnen betrachten, und erst dann würden die Alliierten sich aufgerüttelt fühlen. Wie prophetisch dieser Redakteur kalkulierte (ich entsinne mich nicht mehr seines Namens) konnten wir leider in den uns bevorstehenden Monaten erleben. An dem Tag jedoch, irgendwann Mitte August 39 erschien er uns als verantwortungsloser Phantast, Panikmacher sträflichen Ausmaßes. Die Angst steckte aber bei meiner Mutter in sämtlichen Gliedern, und sie bestand darauf, meiner Schwester einen Eilbrief zu schicken mit der dringenden Empfehlung, in die Schweiz zu flüchten. Auch dieser Gedankengang sollte später als realistisch und logisch gelten. Meine Schwester, so hörten wir später, erhielt den Brief nie wegen der Postzensur, und hätte sie ihn erhalten, hätte sie sich zu diesem Entschluß niemals durchgerungen, um sich von ihrem Mann nicht zu trennen. Aber meiner Mutter kam es sehr darauf an, wie immer, nach ihrem Gewissen zu handeln. Deshalb war sie etwas erleichtert, nachdem sie den Brief abgeschickt hatte.

Unsere Nachrichten aus Italien klangen nicht ganz so beängstigend, aber sicherlich nicht optimistisch. Die Italiener mußten gleich zwei Unbekannte in ihre Spekulationen einbeziehen: die nicht immer voraussehbaren hysterischen Handlungen des deutschen Führers und die Rolle des mehr und mehr zum neidischen Lakaien degradierten Mussolini. Sehr komplexe Ungewißheit wegen der mehr als sporadischen Temperamente der Darsteller. Im Moment versprach der Duce Frieden. Was bedeutete diese Beteuerung aus seinem Munde? Der italienische Konsul Bovo, mit dem wir ständig in Kontakt waren, sah keine Wahrscheinlichkeit eines Krieges für Italien. Man durfte jedoch nicht vergessen, daß er ein besonnener, ausgeglichener Mensch war. In dieser explosiven Stimmung fuhren wir fort Import-Bestellungen nach Italien aufzugeben und konnten immer besser unsere finanziellen Möglichkeiten übersehen. Wenn nichts dazwischenkommen sollte, würden wir bald in der Lage sein, aus dem Provisorium des Hotels auszuziehen und uns ein Haus zu mieten. Wir träumten von eigenen Räumen, einem Garten (sogar mit Schlangengefahr) und eigener Küche. Unser neuer Freund Cyril wollte uns bei der Suche behilflich sein. Er war Bauingenieur bei einer großen dänischen Konstruktionsfirma und hatte mancherlei nützliche Beziehungen. Außerdem sollten wir möglichst bald Ferien auf seiner gottverlassenen Insel verbringen. Mein Vater war Feuer und Flamme vor Begeisterung. Ein einziges Holzhaus auf Stelzen empfand er als idyllisch, während meiner Mutter sichtbarer Angstschweiß die Stirn zierte bei dem Gedanken an den totalen Dschungel und die entsprechenden sanitären Mißstände. Dieser waghalsige Plan wurde auch nie realisiert, auch weil Cyrils Aussehen nach seinen Inseleskapaden derart verwildert war, mit merkwürdigen Insektenstichen an allen unbekleideten Körperpartien, daß wir dieses Thema immer voller Sorge ausklammerten. Er fühlte unseren Boykott seiner Besitzung gegenüber und war untröstlich und zutiefst enttäuscht.

Wenn ich heute an die letzten Tage vor Kriegsbeginn zurückdenke, empfinde ich dieselbe Panik, die unerträgliche Spannung von damals, als ob all die Jahre dazwischen nicht existiert hätten. Während wir am Tage emsig schafften und planten, als ob Frieden um uns wäre, konnte ich des Nachts die Angst in mir nicht besänftigen. Es stand wieder einmal alles auf dem Spiel: die noch so fragile neue Existenzbasis und alle Bindungen und Hoffnungen, die uns an Europa festhielten. Wie lange würden wir vollständig abgeschnitten sein, und wie würden die Menschen, die wir liebten, nach der Katastrophe dastehen? Würden sie überhaupt noch da sein, und würden wir zueinander finden können? Die Fragen und die Ängste rotierten im Kopf und in der Seele, bis ich mir schließlich nur eines wünschte: eine Entscheidung, so oder so, um klare Positionen aufnehmen und die Agonie des Herzens beenden zu können. Untätig warten zu müssen, wenn die Liebsten, die man hatte, im Soge der Ereignisse rotierten, war nicht mehr lange durchzuhalten. Als dann am 3. September bei „high tea" der Rundfunk die Kriegserklärung der Alliierten durchgab, trat die Tragödie zwar ein, eine Tragödie, deren Tragweite nicht abzusehen war, aber damit auch der eiskalte Wille, zu überleben und etwas dafür zu tun.

Innerhalb von wenigen Minuten hatte sich das Leben wieder gänzlich verändert. Eins war sicher: man mußte sich verbieten, zu viel zu überlegen und zu spekulieren, um nicht die Kraft zu verlieren, und man mußte sich das Pläneschmieden abgewöhnen. Es mußte zu schaffen sein.

Da Italien sich noch nicht im Kriegszustand befand, fuhren wir im Kontor mit der Arbeit fort. Von unseren Lieferanten in Italien erhielten wir in den anschließenden Tagen beruhigende Telegramme und die Zusicherung einer weiterhin reibungslosen Abwicklung. Wie lange noch?

Obwohl unsere geschäftliche, wie auch private Postverbindung zu Italien immer noch reibungslos funktionierte und wir durch die Kriegsgeschehnisse noch nicht unmittelbar betroffen waren, hatte sich seit dem 3. September praktisch alles geändert. Es war doch das eingetroffen in Europa, wovor wir geflüchtet waren und wohlweislich in ziemlich extreme Ferne. Aus unserer Sicht hatte die Katastrophe 1933 begonnen und würde nun, da militärisch ausgetragen, erstmal eine Apokalypse verursachen, bevor aus der Asche neues Leben entstehen konnte. Wir hatten also allen Grund, um — verängstigt und voller Sorge — jeden Tag die Zeitungen zu studieren und aufmerksam am Rundfunkgerät zu sitzen. Wie würde es meiner armen Schwester ergehen, die zwar katholisch verheiratet war, aber sowohl für Faschisten als auch für Nazis als Jüdin galt? Würden Danilo und ich einander jemals wiedersehen? Seine Briefe klangen wildentschlossen, trotz all dem Pessimismus treu, immer weiter nach einer Auswanderungsmöglichkeit Ausschau zu halten. Die Tatsache jedoch war, daß man diejenigen, die ihren Militärdienst absolvierten, bis auf weiteres nicht entlassen würde. Ich mußte gestehen, daß meine ohnehin reduzierten Hoffnungen an eine gemeinsame Zukunft mit Danilo rapide zusammenbrachen und daß meine Hauptsorge nunmehr schlicht um sein Überleben kreiste. Sollte der Krieg sich ausbreiten, wäre seine Generation am gefährdetsten, während meine Schwester ständig in Lebensgefahr schwebte, da die Nazis Italien praktisch beherrschten.

September ist in Thailand der regenreichste Monat. Immer noch unter der Bezeichnung Monsun sind die „Wasserstürze" nicht mehr nach der Uhr zu erwarten wie in den drei vorherigen Monaten, sondern mehrmals am Tage und in der Nacht. In den Pausen toben sich die Riesenfrösche aus mit ihrem unvermindert lautem Gebrüll. Ein Spektakel rund um die Uhr bei nasser Hitze. Diese meteorologischen Bedingungen ermöglichen dem interessierten Auge eine nähere Betrachtung der vielerlei Schlangensorten. Wenn Gärten und Straßen zeitweilig von den Regenmassen überschwemmt sind, tun die Schlangen das, was alle Lebewesen unter drohender Gefahr tun: sie suchen Rettung. Die Rettung für Schlangen sind in solchen Fällen die Bäume. In Bündeln aufgerollt liegen sie auf dichten Baumästen und warten ab. Tropenneulinge, wie wir es waren, läßt dieser Anblick erstarren. Erfahrene Freunde, völlig gelassen im Umgang mit solchen Normalsituationen, erteilten uns lebenswichtigen Unterricht. Erstmal muß man lernen, die gefährlichen von den harmlosen Schlangen zu unterscheiden. Während man achten muß, den ersteren sich soweit wie möglich aus dem Weg zu schleichen, kann man sich erlauben, trotz allen Ekels, die zweiten zu ignorieren. Da es aber ungefähr fünfzig giftige Schlangenarten gibt, im Gegensatz zu vergleichsweise zehn harmlosen, kann man sich vorstellen, wie umsichtig und gelehrig man auf diesem Gebiete werden sollte. Ein winziger Trost bleibt dennoch: wenn Schlangen, giftig oder nicht, sich nicht bedroht fühlen, greifen sie nicht an. Ich habe ein paarmal die gespenstische Erfahrung gemacht, im dichten Gras oder in der Dunkelheit auf der Straße auf eine Schlange zu treten. Man realisiert die Tatsache dadurch, daß unter der Schuhsohle sich etwas Schmales bewegt und gleichzeitig um die Beine haut. In der unkontrollierbaren Panik war es mir nie gegeben, feststellen zu können, ob ich gebissen worden war, geschweige denn, feststellen zu können, welcher Kategorie das Reptil angehörte, gefährlich oder harmlos. Wenn ich in Begleitung war, ließ ich mir die Beine sofort nach Bissen untersuchen, einmal, als ich alleine war, hatte ich das Glück, bei Tageslicht das Tier eilig sich wegschleichen zu sehen. Es war eine grasgrüne ungefährliche Schlange! Rückblickend wäre festzustellen, daß September 1939 uns weiterhin Prüfungen nicht unerheblicher Art auferlegte: Kriegsanfang mit allen seinen Belastungen und die Konfrontation mit wohl dem schwierigsten Monat im Zyklus der tropischen Natur.

Als ich einmal in meinem Zimmerchen meinte, daß meine Nerven ein wenig Baldrian gebrauchen könnten, obwohl ich mit äußerster Konzentration mir Erleichterung zu verschaffen versuchte, indem ich an Großväterchen dachte und an seine eventuelle Reaktion auf solche Kalamität, warf ich die anerzogene Selbstbeherrschung in den Wind und ging hilfesuchend zu meiner Mutter, in vielen Aspekten Großväterchens würdige Tochter. Mama saß äußerlich ruhig, diesmal nicht mit der Zeitung, sondern mit irgendeiner sinnlosen Stickerei in den Händen, gelassen und konzentriert da. Beim Anblick ihrer ausgleichenden Ausstrahlung wich meine plötzliche Panik, und ich zögerte, ihr zu sagen, was mich eigentlich zu ihr geführt hatte. Aber wir kannten einander.

Mama redete, immer weiter stickend, von unwichtigen Dingen, stellte belanglose Fragen, bis meine akute Unruhe gewichen war. Dann teilte sie mir eine der vielen bemerkenswerten von Generation zu Generation in ihrer Familie überlieferten weisen Ratschläge für Zeiten großer Belastungen mit: „Man muß dem lieben Gott dankbar sein, wenn er einen nur erschreckt und nicht bestraft. Wir sind sehr erschrocken und besorgt, aber gottlob nicht bestraft, dafür wollen wir dankbar sein. Geh spazieren, denke darüber nach und merke es Dir für immer.“ Ich bin zwar in der regenreichen Hitze nicht spazierengegangen, aber ich habe es mir gemerkt und teile weiterhin auch heute diese schlichte wohltuende Erkenntnis jedem mit, der es meiner Ansicht nach braucht und bereit ist, davon zu profitieren.

Es ist für mich bis heute ein ungelöstes Rätsel geblieben, wie meine Mutter ihr Leben lang so zutiefst und unveränderlich Russin bleiben konnte, egal, in welchem Land und unter welchen Umständen sie sich befand. Ob im Glück oder im Leid, wobei letzteres in ihrem Leben leider bei weitem die Oberhand hatte, war sie stets ein ruhender Pol besonderer Art und außergewöhnlicher Prägung. Ihr sanftes, hübschgeschnittenes, fast kindliches Gesicht hat den jugendlichen Ausdruck bis zu ihrem Tode nie ganz verloren, so daß man bei ihr kaum von altern sprechen konnte. Es entstanden auch kaum nennenswerte Falten auf ihrer samtenen Gesichtshaut, die haselnußbraunen runden Augen blickten nach wie vor vertrauensvoll Menschen an, und ihre kleine hübsche Nase war bis zuletzt das einzig Schelmische in ihrem sehr reinen Gesicht. Der Mund, trotz den vollen Lippen, drückte nur eher belustigte Güte, aber auch nicht einen Hauch von Sinnlichkeit aus, in der Größe genau zu ihr passend, und vollendete nur auf perfekte Weise die Gesamtsymmetrie ihres Antlitzes. Alles an ihr war klein, die kindlichen, eher pummeligen, schönen Hände, die zierlichen Füße bei einer Gesamtgestalt von 1,54 cm. Ich kannte sie nur ständig wegen ihrer schmalen Taille diätierend. Sie neigte mit zunehmendem Alter zur Fülle und ernährte sich deshalb periodisch von Salatblättern, gekochtem Fisch und hartgekochten Eiern, eine Diät, die sie „wenig appetitlich“ nannte. Harte Ausdrücke hat sie niemals und unter keinen Umständen benutzt. Einzige Ausnahme während ihrer öfteren Diätwochen blieb ihr heißgeliebter Tee, den sie stark trank und ausnahmslos mit ein paar Löffelchen köstlicher Marmelade bereicherte: Orange oder Kirsch, in guten Zeiten natürlich im Hause gekocht.

Mama reiste nie ohne unzählige russische Bücher, ließ überallhin ihre russische Tageszeitung nachsenden und spielte auf ihrem Flügel einen einzigen ausländischen Komponisten und den mit Bravour: Chopin. Ansonsten widmete sie täglich einige Stunden nur russischen Komponisten. Sie lebte und bewegte sich im Ausland, aber sie trug auf unbeschwerte Weise ein Riesenreich wie Rußland selbstverständlich und immer mit sich, fast um die Welt. Auf leise, warme Art. Auch der wenige, wunderschöne Schmuck, der ihr geblieben war, wurde jeden Morgen bereits zum Frühstück angelegt. Ich habe meine Mutter nie ohne ihre großen Saphirohrringe und eine besondere Diamantbrosche gesehen. Auch das war bei ihr nicht laut, aber selbstverständlich.

Bei so viel Treue des Gefühls und weicher Anpassungsfähigkeit für Menschen und Situationen ist mein Vater wohl der einzige Mensch gewesen, zu dem sie nie den ihm entsprechenden Kontakt hat finden können. Heute, durch eigene Erfahrung gereift, meine ich nicht zu irren, wenn ich behaupte, sie hat ihn nie geliebt und schon gar nicht verstanden. Wie hätte sie es auch erlernen können, aus behüteter totaler Kindlichkeit so jung verheiratet, ahnungslos und gänzlich unvorbereitet, geschweige für ein so kompliziertes Vollblut ganz eigener Prägung wie mein Vater bis zu seinem letzten Atemzug eines gewesen ist? Ich könnte mir denken, daß für Mama sogar seine physische Nähe etwas Überwältigendes war, das sie in die Defensive trieb. Ein Kaukasier wie er im Buche steht: schwarze Haare, cholerische schwarze Augen, ein entschlossener und unerschrockener Ausdruck im ganzen Wesen. Seine Stimmungen, seine jähen Einfälle brausten über ihn und letztlich über uns, wie Stürme in der freien Natur. Mama versuchte lediglich zu erraten, von welchen plötzlichen Initiativen er dabei war, überfallen zu werden, und hatte immer ein wenig Angst davor, denn seine Energie und körperliche Ausdauer waren von seltener Qualität. Ich bin der Auffassung, daß Papa nach alter orientalischer Sitte wenigstens drei Frauen hätte haben, im Rotationssystem mit ihnen hätte leben sollen, damit keine von ihnen übermüdet, erschöpft und daher lustlos sich periodisch hätte erholen müssen. Er hatte aber natürlich nur eine geheiratet und sicherlich auch auf seine gebieterische Art sie eine ganze Weile geliebt. Es konnte wohl nicht ausbleiben, daß er sich die längste Zeit seiner Ehe Seitensprünge verschiedenster Dauer gönnte und diese auch genoß und sich nach Jahren ehrlich darüber wunderte, daß Mamas anfängliche Begeisterung nunmehr mit Mühe auf kleiner Flamme glühte.

Man sagt, daß Gegensätze einander anziehen, ich meine, Gegensätze dürfen nicht so groß sein, daß die Gemeinsamkeiten schwinden. Im Falle meiner Eltern möchte ich vermuten, daß die Gegensätze sie eher auseinander gebracht haben, trotz des gemeinsam Erlebten durch viele schwere und einige glückliche Jahre. Zu meiner Mutter hätte ein gutsituierter Akademiker besser gepaßt und zu meinem Vater vermutlich eine attraktive Seiltänzerin, eine furchtlose Reiterin und eine schöne, sinnliche russische Geisha (wenn es so etwas gäbe), also drei Frauen, ich bleibe dabei! Obwohl meine Eltern nach außen Harmonie und Eintracht vortäuschten, wußte und fühlte ich, daß für sie beide viele Wünsche offen blieben. Das schmerzte sehr, besonders meine so wehrlose, immer etwas hilflose Mutter war in meinen Augen die Frau, die geradezu prädestiniert war, verwöhnt und geliebt zu werden. Für eine Frau wie sie begann und endete das Leben mit der Ehe, und wenn diese nicht erfolgreich war, dann hatte der Sinn des Lebens nur illusionären Charakter. Wie brennend wünschte ich meiner Mutter eine neue glühende beglückende Begegnung! Ich faßte sogar den Mut und wagte es ihr zu sagen. Nie werde ich den verständnislosen Blick vergessen . . . hatte sie überhaupt da recht begriffen? Eine Frau mit zwei Töchtern, beide erwachsen, also eine „alte Frau", verheiratet, an „fremde" Männer denken? „Woher kommen Dir solche unglaublichen Einfälle Kindchen?" Die Empfehlung, die ich ihr aus tiefer Liebe gegeben hatte, hatte totale Verwirrung in ihrem Gemüt angestiftet, und sie betrachtete mich, „ihr Kind" wie jemanden, der durch plötzliches, zu hohes Fieber aus dem Gleichgewicht geraten war. Sie erklärte mir, ganz ernst, freie Liebe betrieben nur die Bolschewiken und das wären wir wahrhaftig nicht! Jahrelang haben wir dieses zwar schmerzliche, aber sicherlich für sie längst begrabene Thema nie mehr aufgegriffen. Man hätte ihr damit nicht helfen können. ,,Es gibt Dinge, die sind wie sie sind, man soll sie ruhen lassen", als zusätzliche fatalistische Einstellung. Wenn ich meiner Mutter gerne auch den kleinsten Wunsch erfüllte, aber diese Einsicht kann ich bis heute nicht, auch leider nicht posthum, mit ihr teilen.

Die Herzensprobleme meines Vaters bedrängten mich auch, belasteten mich jedoch lange nicht so sehr. Ich hätte ihn so gerne zufrieden gewußt, aber ein Mann seines Kalibers wußte sich zu helfen und zu trösten. Die ,,freie Liebe" der Bolschewiken hatte er schon vor den Bolschewiken, sozusagen avantgardistisch ausgekostet und hatte damit ein Leben lang keine Probleme, vermutlich auch nicht die annähernd gewichtigen Qualen des Gewissens, die meine Mutter geradezu zerstört hätten. Ungeeint wie sie waren, bedeuteten sie beide für mich, gerade weil sie in allem so verschieden waren, den unersätzlichen Wert in meinem Leben, Ursprung und Bestandteil, Kontinuität, Anregung und Zuflucht. Im Grunde waren sie, jeder für sich, bis zu ihren letzten Tagen das unveränderte Produkt ihrer Herkunft, so ausgeprägt und charakterfest, daß ich heute noch mich daran erfreue und davon profitiere.

Der Spätherbst brachte wie immer in Thailand das Ende der Monsunzeit. Ende Oktober verwandelten sich allmählich die Wasserströme in normale, immer seltenere Regenfälle, die Temperaturen sanken glücklicherweise etwas, und die Riesenfrösche hatten offensichtlich nicht mehr die rechte Freude an ihrer Umwelt: sie brüllten seltener, vereinzelt und nicht so lange. Die Orchesterchöre sozusagen blieben aus. Man sah des Abends die meist kleinen, zierlichen Siamesen in Wollschals gehüllt, denn für sie begann die Winterzeit. Bei 20 Grad froren sie wie unbekleidete Kinder.

Unser Leben verlief eher zähflüssig, bedingt durch die allgemeine Situation. Noch immer wagten wir nicht ein Haus zu mieten. Unsere Einnahmen hatten glücklicherweise begonnen zu fließen, aber da wir auf längere Sicht der Nichteinmischung Italiens in die kriegerischen Auseinandersetzungen nicht trauten, wollten wir mit Entscheidungen noch etwas warten. Das eingependelte Leben im Eagle-Hotel überzeugte uns immer mehr davon, daß wir auf einer ungeliebten Insel saßen in einem uns sehr fremden Land. Dr. Berghiner war eines morgens zuversichtlich wie ein junger fleißiger Student zu seiner Prüfung gegangen. Am Abend feierten wir gemeinsam das Ende dieser absurden Büffelei und überlegten gemeinsam, wo er am besten seine Praxis eröffnen sollte. Wenige Tage später erfuhr er dann, daß er durchgefallen war! Ungläubig betrachteten wir den Bescheid. Wir telefonierten mit Konsul Bovo, wutentbrannt fuhr dieser zur Prüfungskommission und erfuhr auf geschickte diplomatische Weise den Grund des Mißerfolgs. Einige, wenige Ärzte hatten Druck bei der Behörde ausgeübt: noch mehr zugelassene europäische Ärzte hätten ihnen finanziell geschadet. Bovo wurde energisch und versprach unserem Freund einen sicheren Erfolg beim nächsten Versuch. Unser Freund wollte sich jedoch nicht noch einmal dieser Tortur unterwerfen. Er hatte sich informiert und entschlossen, mit seiner Familie nach Singapur zu gehen, das ihm sowieso gut gefallen hatte und wo er eine Praxis sofort hätte gründen können. Für uns eine sehr traurige Trennung. Schließlich war er unser Hausarzt viele Jahre in Mailand gewesen, ursprünglich Russe und seit langer Zeit ein zuverlässiger Freund.

Wir bemühten uns weiterhin am Alltäglichen festzuhalten. Es gab keine Alternativen. In Europa herrschte ein verbrecherischer Despot, der die Welt in Atem hielt. Wir Verbannten zappelten weiter nach einer neuen Existenz, fast abgeschnitten von vergangenen Gewohnheiten, davon bedroht, das ganz kleine Maß an Erreichtem wieder zu verlieren. Großväterchen hätte gesagt: ,,Es muß ganz schlecht werden, bevor es besser wird.'' Er hatte das ,,besser'' nicht erlebt . . . Wir, jedenfalls, mußten es weiter versuchen.

Als der Regen völlig aufgehört hatte, die Frösche verstummt waren und die etwas kühlere Jahreszeit uns beglückte, wurde ich

18 Jahre alt — im Eagle-Hotel. Unsere neuen Freunde, woher hatten sie es erfahren?, kamen beladen zur Gratulation. Nachdem viele der neuen Bekannten gekommen waren, völlig unerwartet für uns, improvisierten wir so gut es ging ein kleines herrliches Geburtstagsfest. Und da niemand geladen war, kamen sie alle zu den verschiedensten Uhrzeiten, was zur allgemeinen Konfusion beitrug. Schließlich saßen wir noch am späten Abend zusammen. Obwohl die Runde, trotz des Krieges in Europa, nicht unfröhlich war, konnte ich eine im Magen liegende Melancholie, schwer wie Blei, weder besiegen und schon gar nicht vergessen, ich versuchte lediglich zu „kontrollieren" wie der gewohnte Ausdruck in unserer Familie für all das war, was einen leicht aus dem Gleichgewicht hätte bringen können. Man hatte sich und seine Gefühle zu „kontrollieren"! Ich fuhr fort, zu „kontrollieren", mit festem Willen. Dagegen halfen auch die unverhältnismäßig üppigen Aufmerksamkeiten nichts. Captain Siggins hatte sich offensichtlich auch mächtig in der „Kontrolle", trank für seine Verhältnisse mäßig und sang sein gesamtes Répertoire mit besonderem Charme. Als Kontrast deklamierte Krash schöne Prosa aus der russischen Literatur, der französische Apotheker sang, wer weiß wozu, Revolutionslieder. Die anderen benahmen sich „normal". Der Clou des Abends, des späten Abends, war ein gekonntes, melancholisches Kosakenlied, dargeboten vom Duo Arkady-Lola. Das war eine Offenbarung: wenigstens in nostalgischen musikalischen Reminiszenzen fühlten sie sich verbunden, so gelang ihnen die Nummer erstaunlich gut. Lola, hartgesottenes Mädchen jede Stunde ihres Daseins, wurde nach der gelungenen Darbietung plötzlich weich wie Butter in den Tropen, also zu weich. Dicke Tränen liefen über ihre prallen Backen, endlich küßte sie Arkady, nannte ihn Täubchen und bat ihn „die gewisse Dose" herbeizuschaffen. Arkady, ungerührt von der plötzlich sanften Welle seiner Angetrauten, lief dennoch geschwind in die Privaträume und brachte eine große Dose Malossol-Kaviar ins Geburtstagszimmer. Großer allgemeiner Jubel. Neue Gläser, neue Flaschen und vor allem neue Lieder begrüßten den unverhofften Luxus. Mir wurde so lange und laut

zugeprostet, bis sogar der chinesische Boy auf mandarinchinesisch erlesene Geburtstagswünsche deklamierte, die übersetzt ins Englische eine himmlische Poesie ergaben, voller Düfte und Essenzen aus paradiesischen Gärten. Dennoch lag meine Melancholie immer noch bleiern zwischen Herz und Magen, und es fiel mir immer schwerer, sie zu „kontrollieren", trotz der vielen Darbietungen und herzlichsten Wünschen in den verschiedensten Sprachen. Danach zu urteilen, hätte mein neues Lebensjahr voller Heiterkeit und Glück sein sollen, statt dessen sollte mir genau das Gegenteil beschert sein. An jenem Abend hatte ich das Gefühl, aus meiner gewohnten Bahn auf einen entfernten Planeten katapultiert worden zu sein, wo ich zwar Platz gefunden hatte und meine Eltern voller Freude neben mir erkannte, aber ansonsten hatte ich jegliche Orientierung verloren. Wohin trieb dieser neue Planet, und wie lange würde seine Reise dauern?

Am nächsten Morgen bildete ich mir ein neues Lebensbewußtsein ein: ich war achtzehn, ein Alter, das zwar sehr jugendlich noch war, aber auch bereits erwachsen, ein wenig erfahren und normalerweise voller zauberhafter Möglichkeiten. Die Begriffe Selbständigkeit und Freiheit fehlten noch gänzlich in meinem Vokabular, obwohl ich wußte, daß es so etwas gab und daß die meisten davon unbegrenzten Gebrauch machten. Nur war für mich die Frage: wie hatten sie es geschafft? Außerdem bemühte ich noch keineswegs meine Phantasie in diese Richtung, die Vorstellung von Selbständigkeit und Freiheit war für mich nur ein Begriff für Schwierigkeiten und Auflehnung. Meine Eltern hätten sicherlich auch nur die Erläuterungen darüber völlig ignoriert. Noch war ich für sie das Kind an der goldenen Leine, mit Liebe geführt und mit Strenge zur Ordnung gerufen beim kleinsten Schritt in die falsche Richtung. Mama führte unbeirrt bei mir die Erziehung fort, die sie vor 45 Jahren auf ihrem entfernten Planeten erfahren hatte, und mein Vater war mit ihr vollkommen darüber einig, daß besonders bei Töchtern strenge Aufpassung erforderlich ist.

Auch diesbezüglich standen mir nicht leichte Zeiten bevor. Obwohl wir im Eagle-Hotel ein durchaus provisorisches Leben führten und kaum in der Lage waren, Bekanntschaften auch nur einigermaßen nett zu pflegen, wuchs der Kreis beständig. Die neuen Freunde brachten ihre Freunde, und plötzlich stellten wir voller Staunen fest, daß wir fast jeden Abend vergeben waren. Die kühle Jahreszeit nach dem Monsun-Spektakel war die angenehmste in Bangkok. Während die Asiaten des Abends sich meistens vor der „Kälte" bereits schützen mußten, lebten wir Europäer lediglich auf, immer noch in der angemessenen tropischen Kleidung, nur man fühlte sich frischer und unternehmungslustiger, trotz der beharrlichen Moskitos, die gar nicht mehr aus unserem Leben wegzudenken waren.

Unsere Importe liefen auf allen Gebieten immer besser an, unsere Mitarbeiter machten uns Freude durch ihren kompetenten Eifer, und unsere Kunden waren bereits Freunde geworden. Mein Vater ließ die ersten Inserate für italienische Artikel in der englischen und in den asiatischen Zeitungen drucken. Konsul Bovo freute sich darüber. Wir hatten durchaus das Gefühl, in kurzer Zeit nicht Unwesentliches erreicht zu haben.

Noch immer versicherten uns die Briefe aus Italien, daß nichts auf eine Erweiterung des Krieges hindeute, aber mein Vater war mit Recht anderer Meinung. Bei neuen sensationellen Erfolgen von Hitler würde Mussolini es sich nicht nehmen lassen, in die Siegesstimmung einzuspringen, um auf jeden Fall unter den Gewinnern zu sein. Das entsprach seinem Charakter, und er regierte leider nicht umsichtig, sondern impulsiv, nach persönlicher Neigung. Leider waren wir überzeugt, daß Hitler noch lange siegen würde, bevor er anfangen würde, zu verlieren.

Drei Monate gingen dahin. Dr. Berghiner und Familie packten abermals ihre kleine Habe und schifften sich nach Singapur ein. Haim Gerson hatte ihnen durch seine dortigen Beziehungen etwas den Weg geebnet, sodaß sie keinesfalls mutlos abfuhren. Obwohl wir in Kontakt blieben, sahen wir einander nie wieder. Seine

Nachrichten klangen jahrelang gut, eines Tages starb er unerwartet an einem Herzinfarkt. Seine Witwe folgte der Tochter nach Australien, wohin diese blendend geheiratet hatte. Ein kleines Schicksal im Rahmen der großen Wanderungen.

Anfang Januar teilten uns Arkady und Lola mit, daß neue interessante Gäste erwartet wurden. „Künstler", antworteten sie auf unsere Fragen, „Russische Künstler". Darunter konnten wir uns recht wenig vorstellen, denn wir dachten an Schauspieler. Da aber Bangkok kein europäisches Theater besaß, konnte unsere Vorstellung beim besten Willen nirgends russische Künstler unterbringen. Geduld war geboten. Beschäftigt wie wir waren, vergaßen wir die aufregende Ankündigung, bis eines Abends Arkady auf die zusätzlichen gedeckten Tische im Speisezimmer hinwies und mit kaum verborgenem Stolz meinte: „Die Künstler sind da." Mama erinnerte sich, daß es am Nachmittag im Hause ziemlich turbulent gewesen war. Ich wollte gerade gezielt nach der Kunst dieser Leute fragen, als bereits das erste Paar erschien. Es mußte der Chef der Truppe sein und hoffentlich nicht mehr ausübender Künstler, denn er war ein untersetzter, von offensichtlich unfreundlichem Schicksal und schweren Sorgen frühzeitig vergreister Mann. Seine Frau, auch klein, auch untersetzt, schien die Wirren des Lebens mit weniger Feinfühligkeit zu empfinden. Ihr Haar war ebenholzschwarz gefärbt, die vielen Gesichtsfalten waren notdürftig durch viele Farbschichten verputzt und alles glitzerte mit falschem Schmuck. Der Geruch von billigem Puder und billiger Seife ergänzte den fast grotesken Eindruck.

Arkady und Lola empfingen und stellten die neuen Gäste vor. Ich kann mich an die Namen nicht erinnern, was kein einschneidender Fehler ist, dafür erfuhren wir aus dem Munde des „Künstlers", er sei Zirkusbesitzer. Seine wertvollsten Mitarbeiter würden auch bald zum Essen kommen. Wir nahmen das als Anlaß, ihm und seiner Frau guten Appetit zu wünschen.

Im Laufe der nächsten Tage gab es kein Entfliehen. Einige Male mußten wir uns ihre Odyssee anhören, die Erzählungen über ihren ehemals „weltbekannten“ Zirkus, der mittlerweile ebenfalls zu lokaler Größe degradiert war, über vergangene Ehrungen und Freuden und über die Schwierigkeit, das Publikum noch immer für einen Zirkus zu begeistern. Seine Augen glänzten vor Traurigkeit, und die Angst um die Zukunft steckte ihm bereits in den Knochen. Seine Frau überpuderte ihr Gesicht schnell noch einmal. Diese „Künstler“, auch aus Rußland fliehend, hatten irgendwann Lola in Harbin kennengelernt. All diese Jahre hatten sie sich unter sicherlich sehr großen Opfern über Wasser gehalten, aber nun hatten wir den Eindruck, daß das Wasser ihnen bis zur Nase stand. Bald würden sie nicht mehr atmen können. Wir besuchten die kläglichste aller Zirkuspremieren und fast alle darauffolgenden Abendvorführungen in der Hoffnung, daß unsere drei Eintrittskarten helfen könnten, das Ertrinken hinauszuschieben. Die gesamte russische Kolonie war tagtäglich unter dem brüchigen Zelt versammelt, von Solidarität und Nächstenliebe getrieben, wie die russische Natur eben so ist. Bald waren wir so ziemlich die einzigen Besucher, denn das Schauspiel wurde herzzerreißend. Die hungrigen Tiere waren lustlos, sogar die armen zwei Löwen hatten alles sprichwörtlich gefahrvolle ihres Wesens völlig vergessen und benahmen sich wie todmüde, apathische Katzen. Weinend teilte uns schließlich eines Spätnachmittags der „Künstler“ mit, er sei pleite. Lola spitzte die Ohren, völlig verunsichert. Arkady murmelte ihr zu: „Laß, laß . . .“ Klar, nicht wahr?

Ob wir jemanden kannten, der ihm die Tiere, die lieben, klugen (alt hat er nicht gesagt) Tiere abkaufen würde. Nein, wir kannten wirklich niemanden. Uns fiel nur der Zoologische Garten ein, obwohl wir nicht sicher waren, ob es einen gab.

Bis die Tiere verkauft oder verschenkt wurden, fuhr ich täglich hin mit Zuckerrohr und was man sonst mit einer Rikscha transportieren konnte. Ohne ihre kläglich gewordenen Auftritte, sozusagen als arbeitslose Tiere waren sie alle viel fröhlicher. Ob Elefanten, Pferde oder Affen, alle freuten sich schließlich, wenn ich mit dem wenigen Futter kam und ließen sich streicheln. Sie wurden nach und nach weniger und fanden alle wie durch ein Wunder Abnehmer. Ihr Besitzer mit seinen Artisten fand sicherlich niemanden, und ich weiß auch nicht, was aus der Hotelrechnung geworden ist. Lola war jedoch längere Zeit schlechtester Laune, und ihr Vogel fluchte pausenlos. Da er alles wiederholte, was sein Frauchen sagte, kann man sich vorstellen, was passiert war.

Eine der wesentlichen Attraktionen in Bangkok war die Vielseitigkeit der Nationalitäten und die Individualität der Mitglieder der „weißen" Kolonie. Bei allem Nonkonformismus der meisten, funktionierten die Gepflogenheiten der englischen Kolonie nach einer strengen, gehaltsbewußten Hierarchie. Natürlich gab es einen British Club, während es zum Beispiel nur eine Niederlassung der Alliance Française gab, eine Repräsentation für französische Kultur sozusagen. Alle, außer den Engländern, begnügten sich mit einer diplomatischen Vertretung. Wir, immer noch griechische Staatsbürger, hatten ausgerechnet keine. Wir bewegten uns im Niemandsland des mehr oder minder streng abgegrenzten Nationalitätensystems und hatten den Vorzug, uns an die verschiedensten Menschen anschließen zu können ohne die Verpflichtung, zu irgendeiner Gruppe zu gehören. Unser nächstes Konsulat war in Bombay, Indien, ziemlich weit weg. Während des Krieges wurde diese Tatsache zur Kalamität. Wir lebten jahrelang mit abgelaufenen Pässen, ein Zustand, der in normalen Zeiten kaum tragbar ist, in Krisenzeiten wird er zur Gefahr, weil man sich praktisch ungeschützt jedem Risiko ausgesetzt weiß. Da wir eher Risiken als Sicherheiten kannten, haben wir den Zustand wahrscheinlich weniger dramatisch empfunden als Menschen mit einer gesicherten, programmierten Existenz.

Der zentrale Treffpunkt aller Europäer, die es sich leisten konnten, war der Sports-Club. Eine angenehme Oase der Lässigkeit und Geselligkeit bei Sport und Schmaus. Vormittags trafen sich dort die meist untätigen Ehefrauen zum Schwimmen, Plaudern, Tennis, Mahjongspiel oder Golf. Die Damen trafen sich auch untereinander privat vormittags zum Brunch, der damals nur „Coffee and

Cake" hieß, und schließlich zum endlosen, belanglosen, gähnendlangweiligem Geschwätz über jeden und alles, was aufgefallen war, ausartete und sich jahrein, jahraus, mit kaum veränderter Routine turnusmäßig wiederholte. Die Engländerinnen öffneten selten ihre Türen für „Ausländerinnen", es sei denn, die letzteren waren mit der Zeit gesellschaftlich so interessant und sympathisch geworden, daß sie sich „verdient" gemacht hatten. Außerdem, wie schon vorher erwähnt, lebte die Englische Kolonie, Damenkaffees inbegriffen, nach einem strengen Kastensystem. Die Direktoren trafen und empfingen nur Direktoren, dasselbe galt für die Damen. Diese Elite hieß „number one". Als „number two" galten Prokuristen und ähnlich situierte zweitrangige Personen. Zu Nationalfeiertagen, Königin-Geburtstagen und ähnlichen wichtigen Anlässen mischte man ausnahmsweise die drei Kategorien, wobei die „number ones" sich großzügig menschenfreundlich gaben, während die „twos" und „threes" etwas gehemmt, dankbar für die erteilte Ehre, bescheiden lächelnd anwesend waren. Dieses merkwürdige englische Ritual der Kasten wurde in wesentlich abgeschwächter Form von den übrigen Kolonien übernommen. Mein Vater war selbständig und galt als „number one". Da er die englische Sprache weniger als mittelmäßig beherrschte, ergaben sich da gewisse Schwierigkeiten. Meiner Mutter erging es noch hoffnungsloser diesbezüglich. Obwohl ausgesprochen musikalisch, war sie im höchsten Maße unbegabt für Fremdsprachen. Schon in Italien hatte sie Sprachunterricht genommen, mit dem Erfolg, daß die Aussprache zwar besser wurde, aber der geringe Wortschatz sich kaum veränderte. Die englische Sprache war ihr unsympathisch aus politischen Gründen (sie hielt ziemlich alle Engländer dafür verantwortlich, daß sie die Zarenfamilie trotz Versprechens nicht vor den Kommunisten gerettet hatten) und aus phonetischen Gründen, was addiert ein echtes Hindernis bedeutete. Ich habe mich oft gewundert, wie meine Mutter dennoch, trotz Desinteresses und trotz sprachlicher Unbegabung, in jedem Land ihren Kreis von anhänglichen Freunden und Bekannten um sich scharte, alle bedingungslos treu und anhänglich. Es kann nur ihre Ausstrahlung gewesen sein, eine Ausstrahlung, der man wehrlos ausgesetzt war, ohne sagen zu können, wann ihr Magnetismus begonnen hatte, zu wirken. So reihten sich auch von Anfang an in Bangkok die Bekannten in ständig wachsender Zahl, trotz aller Widrigkeiten. „Hofhalten" im Eagle-Hotel war meiner Mutter mehr als unsympathisch, den Besuchern dagegen schien das unwichtig zu sein. So verlief unsere Lebensgeschichte auch hier auf absurde Weise: mit sehr beschränkten Mitteln, provisorisch und undekorativ untergebracht, dennoch zu den privilegierten „number ones" zählend, sprachunwissend wurden wir nach und nach zu einem gesellschaftlichen Knüller! Da ich die einzige in unserem Trio war, die verschiedene Sprachen (außer Siamesisch) beherrschte, wurde ich noch mehr als meine Eltern vom Tourbillon der unzähligen Bangkok-Parties erfaßt. Parties waren sowieso die Lieblingsbeschäftigung und das populärste Hobby der europäischen Gesellschaft. Wenn man erst richtig „in" war, galt es sich davor zu schützen, in das Dilemma zu geraten, zwei oder drei Einladungen am Tage zu haben, wobei es Schattierungen gab: Coffee and cake Party — Cocktails — Dinner. Dreierlei Möglichkeiten, die pausenlos tagein, tagaus in den verschiedensten Ecken der Stadt stattfanden.

Im Winter 1940 hatte sich die Geselligkeit in Bangkok zwangsläufig in politische Lager geteilt. Schließlich, obwohl man es dort noch in keinster Weise spürte, war in Europa Krieg, und dementsprechend verhielten sich die verschiedenen Kolonien in Thailand. Die Deutschen wurden von den Engländern und Franzosen geschnitten, die Skandinavier schlossen sich den letzteren an, die Italiener wurden zu der Zeit noch von allen akzeptiert und wir, die einzigen Griechen, aber eigentlich Russen, unlängst italienischer Provenienz, wurden, typisch für uns, von allen umhegt und geliebt, sogar von einigen Deutschen, dieses aber mit beiderseitiger Umsicht und Vorsicht! Die Absurdität vieler Situationen begleitete uns weiterhin, und mir scheint, ich werde sie nie ganz los werden so lange ich lebe. Im Grunde möchte ich es auch gar nicht: Absurditäten, eigenartige Fügungen und merkwürdige Konstellationen gehören zu meinem Wesen. Damit bin ich aufgewachsen und damit lebe ich, wobei mir immer noch nicht erkenntlich ist, ob eine überirdische Fügung mit oft ausgeprägtem Sinn für Humor mich in seltsame Situationen hineinmanövriert, oder ob ich Absonderlichkeiten anziehe. Dies ist eine Frage, die ich kaum beantworten kann, es ist vielleicht gut so, daß sie offen bleibt. Im Laufe der Jahre habe ich mir eine gewisse innere Bereitschaft im eigenen Wollen für das Unerwartete, sozusagen eine innere Einstellung für das Absonderliche, das irgendwann auf mich zukommen würde, angeeignet. Es hat sich als falsch erwiesen: es kam doch immer völlig anders und schon gar nicht dann, wenn ich in meiner angeborenen Ungeduld meinte, jetzt wäre eine Schicksalspirouette fällig. Ich habe jede Strategie diesbezüglich aufgegeben; geblieben ist eine gewisse Vorahnung, eine gewisse telepathische Fähigkeit, würde ein Astrologe es nennen, die das Leben manchmal verschönt und bizarr erscheinen läßt, allerdings auch oft erschwert. Zusammenfassend könnte ich es so formulieren: in den kurzen, sehr gleichmäßigen Lebensperioden kribbelte in mir oftmals bereits die Vorahnung einschneidender Geschehnisse, die auf mich lauerten. Zwischen Feuer und Lagune bewegte ich mich stets. Das Gefühl und diese Prägung habe ich lieben gelernt wegen der Erregung dieses Schicksales. Im Feuer zu leben ist wohl meine Natur, und wenn ich glaube, etwas Lagune brauchen zu können, um auszuruhen und Rückschau zu halten, erwarte ich bereits mit Freuden das nächste Feuer. Wobei das Zitat von D'Annunzio „Vivere ardendo senza sentire il male" mir nicht möglich ist und auch nicht gefällt. Vivere ardendo ja, aber auf jeden Fall auch die Konsequenz fühlen wollen: il male, den Schmerz.

Ein ereignisvolles erstes Jahr in Bangkok war vergangen, und wir konnten mit großer Befriedigung feststellen, daß wir uns nicht nur vertraut gemacht hatten mit allen möglichen kuriosen Absonderlichkeiten des dortigen Lebens, sondern auch einen Freundschaftspakt mit dem schwierigen Klima geschlossen hatten. Wie alle schwitzten auch wir, aber offensichtlich ohne gesundheitlichen Schaden. Im Laufe der Monate hatten wir teils aus eigener Phantasie, teils mit Hilfe von freundlichen Ratschlägen eine schlaue Strategie erlernt im Umgang mit Hitze und Moskitos. Wenn man erst mal souverän all die Griffe beherrschte und sich dabei wohlfühlte, war sehr viel gewonnen auf dem langen Weg der Eingewöhnungen. Auch das Stöhnen über die totale Abwesenheit irgendeiner kulturellen Veranstaltung ebbte immer mehr ab. Menschliche Kontakte und das einzige klimatisierte Kino in der Stadt, wo man meist alle Bekannten wiedertraf bei jedem Filmwechsel, waren erregende Höhepunkte im mehr oder minder gleichmäßigen Ablauf des Alltages. Für uns allerdings, auch nach einem Jahr noch relative Neulinge, gab es noch die Neuheit der Tempelbesichtigungen und die Begegnungen mit den buddhistischen Mönchen. Ich muß gestehen, daß ich die teils wunderschönen Tempel in Bangkok und Umgebung im Laufe der Jahre immer schöner und inspirierender empfand und die Gespräche mit einigen Mönchen, nachdem ich die siamesische Sprache etwas erlernt hatte, mir große Freude bereiteten. Es kam hinzu, daß nach alter Tradition einige siamesische Freunde regelmäßig für ungefähr drei Monate sich als Mönche in die Klöster zurückzogen zwecks religiöser und geistiger Exerzizien. Während dieser Zeit lebten sie wie alle buddhistischen Mönche von Gaben, mit totalem Verzicht auf materielle Güter. Die Gespräche mit diesen Freunden nach ihrer Rückkehr ins weltliche Leben sind mir eingeprägt geblieben und haben mich ohne Zweifel ein Stückchen weitergebracht in Richtung Toleranz und Verständnis. Ein fast unerschöpflicher Brunnen der Weisheit, der Güte und Geduld lehrt gleichzeitig die Stiche des Leids zu entschärfen und das Verständnis dafür zu vertiefen, was schließlich zu einer selbstverständlichen Disziplin und Beherrschung führt. Man kommt, so empfinde ich, dem großen Wort Würde sehr nahe.

Wir hatten nunmehr alle tropischen Jahreszeiten erlebt und näherten uns wieder der heißesten trockenen Zeit. Mitte März bis Mitte Juni. Dieses Mal sollten wir die Glut der Hitze fast vergessen. Der bis dahin fast stagnierende Krieg in Europa geriet in ein Tempo katastrophalen Ausmaßes. Hitler sorgte wieder einmal für mörderische Überraschungen und leider für mehr als sensationelle Erfolge. Sensationell war auch die Wehrlosigkeit der Alliierten. Hatte womöglich der Korrespondent der russischen Pariser Zeitung doch recht behalten mit seiner düsteren Prognose? Alle waren sehr erregt, wir jedoch waren der Verzweiflung sehr nahe. Unsere Lieben und unsere noch so fragile Existenz hingen von den dortigen Geschehnissen ab. Als Hitler Paris besetzte, stürzte unser Freund, der Apotheker Noirot zu uns, außer Sinnen und schrie immer nur „les salauds!" Mein Vater versuchte vergeblich aus tiefster Überzeugung ihn zu trösten; er meinte, je schneller und weitläufiger die Deutschen siegten, desto schneller käme die Erschöpfung und schließlich die Niederlage. Noirot kannte nur den einen Refrain: „les salauds à Paris!" Erst als Papa seine Prognose offen aussprach, hielt Noirot inne. Mein Vater vertrat die prophetische Meinung, daß Hitler, siegestrunken, schließlich auch Rußland angreifen würde nach Art aller siegestrunkenen Megalomanen der Geschichte. Jedes Kind weiß, wie solche Feldzüge endeten und damit auch die Puste der Diktatoren, leider aber auch das Leben ihrer Soldaten. Dieser Gedankengang meines Vaters brachte Noirots eruptive Verzweiflung zum Stillstand. Er blickte starr auf uns drei, ein plötzliches Leuchten in seinen düsteren Augen, schließlich eine Umarmung für meinen Vater: „cher ami!" An dem frühen Morgen schenkten wir ihm einen Wodka ein, er brauchte es. Langsam fand er seine Beherrschung wieder, eilte, um seine Apotheke zu öffnen, und summte dabei die Marseillaise.

Die letzten Briefe aus Italien sprachen immer noch von Hoffnung. Danilo diente noch in der Armee bei Genua und besuchte regelmäßig meine Schwester und meinen Schwager. Bevor Italien schließlich im Juni nach einer spektakulären Rede Mussolinis in den Krieg eintrat, eher eine Belastung als eine Hilfe für Hitler, teilte meine Schwester uns mit, daß sie im Dezember ein Kind erwarte.

Während der fiebernde Mussolini sich mit Cäsar identifizierte, brach unser gesamtes Kartenhaus zusammen. Nach einem Jahr des Aufbaus waren wir schlimmer dran als je zuvor, mit akuter Angst im Herzen vor dem, was unserer Familie und unseren Freunden in Italien passieren könnte. Es waren Tage ohne Pläne und ohne jegliche Vorstellung, wie es weiter gehen sollte. Eins war klar: wir mußten schnellstens das Büro räumen und aus dem Eagle-Hotel ausziehen, in die billigste Behausung, die mit europäischem Standard vertretbar war.

Ich war sehr jung und bereits sehr unglücklich. Instinktiv meinte ich, wenn ich als Schutz meine Schultern hochziehen würde, den Kopf einziehen, die Augen schließen, abwarten, in mich selbst versunken, auf alles Schöne, was ich bereits erlebt hatte, aus vollem Herzen zurückblicken würde, dann würden durch Großväterchens segnende Hand die Kraft und das Glück wiederkehren. Aber meine Eltern . . . Hatten meine Eltern die erforderlichen Reserven und die Hoffnung um dieses erneute Tal erfolgreich zu überqueren? Ihre Odyssee war lang gewesen und eine Etappe so unvergleichlich anders als die letzte und alle mit stacheligen Dornen besetzt. Die Früchte, die wenigen, waren, kaum gereift, bereits abgefallen und verdorrt, und meine Mutter lächelte immer noch herzerwärmend und geduldig, und mein Vater meinte, wir seien gesund und zusammen. Also kein Grund zum Verzagen, sondern hoffnungsvoll nach neuen Überlebenschancen suchen!! Plötzlich wußte ich und seitdem immer, ich war unermeßlich reich. Der seltene Vorzug war mir beschert worden, von Menschen abzustammen, die das Glück erkannten und die Niederlage zwar empfanden, aber bewußt überspielten. Dieser Augenblick der Erkenntnis hat mich stets inspiriert. Ein gnädiges Geschick!

Lola und Arkady hatten sich sehr an uns gewöhnt, wir kaum an sie. Lola kullerte verständnislos mit den Augen, als wir ihr mitteilten, daß wir nunmehr eiligst eine neue Bleibe suchten, um unsere Ausgaben weitmöglichst zu reduzieren. Die Geographie ihres breitflächigen aufgedunsenen Gesichtes veränderte sich wie unter dem

Einfluß einer Naturkatastrophe. Alles zuckte und bebte, und man konnte sich schlecht vorstellen, was nun passieren würde. Tränen oder lange Aussprachen über Anhänglichkeit und Wehmut des Abschieds? Während Arkady ratlos herumstand, kam Lola mit einer unerwarteten Reaktion: sie offerierte erheblich herabgesetzte Pensionspreise. Wenn man jedoch unsere nicht vorhandenen finanziellen Möglichkeiten im Auge behielt, und das taten wir, war keine Ermäßigung ausreichend. Dann allerdings begannen Lolas große seltene Tränen zu fließen.

Cyril Leibowitsch, besonders in Notsituationen rasch zur Hand, bot uns sein entferntes Inselparadies als Übergang an. Eine reine Absurdität: aus dem Dschungel hätten wir keinerlei Möglichkeiten gehabt, uns jemals wieder Boden unter den Füßen zu schaffen. Wir suchten von morgens bis abends ein billiges möbliertes Häuschen. Alle Freunde beteiligten sich intensiv, aber wieder war es Leibowitsch, der auf seinen drahtigen Beinchen der Schnellere war. Nicht weit vom Eagle-Hotel, direkt hinter der first class Unterkunft für Europäer, dem Trocadero, war ein Häuschen, vollmöbliert, zu vermieten. Wir schauten kurz hinein und entschlossen uns auf der Stelle. Wie wir allerdings die geringe Miete aufbringen sollten, war noch ein unaufgeklärtes Geheimnis. Als ob Cyril unsere Gedanken erraten hatte, schlug er uns vor, als Untermieter mit uns einzuziehen. Obwohl wir ihn mochten, war das Angebot erstaunlicher Art: erstens hatte er eine mehr oder minder lockere, aber jahrelange Bindung zu einer Siamesin, zweitens hatten wir, trotz unserer schaukeligen Lebensgeschicke nie einen Untermieter gehabt. Für Cyril klangen diese Einwände völlig unerheblich. Die Siamesin lebte auf der Insel oder bei Verwandten in der Stadt, und er war kein Untermieter im reinen Sinne des Wortes, sondern ein anhänglicher Freund, der gerne mit Freunden leben wollte. So klang es besser. Aus schlichten Armutsgründen sagten meine Eltern zu. Nachdem die monatliche Hotelrechnung beglichen war, konnten wir uns glücklich schätzen, einen paying guest zu haben.

Hinter dem Trocadero-Hotel standen einige nette Häuser, von

kleinen Gärten umrandet, in Form einer Mittelklasse-Siedlung für Europäer. Unseres war das ungünstigste Haus: wenige Meter von dem Hotel getrennt, empfingen wir in den Schlafzimmern aus erster Hand, seien es die vielerlei Küchengerüche, seien es auch sämtliche Küchengeräusche zu jeder Stunde. Wollten wir auf den einzigen Balkon, so blickten wir auf eine Gasse, wo sich alles tummelte, meist des Nachts: Asiaten, die in die Stadt wollten, Hotelangestellte, die ihren Dienst beendet hatten, herrenlose Hunde, die Futter in den Abfällen suchten und letztlich Kater und Katzen, die ihre Privatbeziehungen vor dem gesamten Publikum vollzogen. Wie groß mußte Cyrils Liebe zu uns sein, um unter diesen Voraussetzungen mit uns wohnen zu wollen?

Unter den unzähligen Sorgen bedrückte meine Mutter zusätzlich der Umstand, daß sie auf absehbare Zeit ihre russische Zeitung aus Paris nicht mehr erhalten würde. Es wurde mir klar, das war die letzte geliebte Bastion, die für sie zusammenbrach. Nun stand auch nichts mehr an seinem Platz, nichts verband sie mehr mit den Gewohnheiten von früher . . . und Mama liebte außerordentlich geschätzte Gewohnheiten, auch wenn es nur eine Tageszeitung war, eine russische, versteht sich!

Wir zogen um, oder genauer gesagt: wir zogen ohne Bedauern aus Lolas und Arkadys Etablissement aus und in die bescheidenste Unterkunft seit unseren allermagersten Tagen in Saloniki. Cyril, mit außerordentlichem Taktgefühl, war nicht vorhanden, wir wußten, er würde bald wieder auftauchen. Wir versuchten inzwischen einen Kontakt zu bekommen zu diesen ungeschminkten Wänden, den kargen, aber nützlichen Möbeln. In der Küche war weder ein Eisschrank noch ein Gas- oder Elektroherd. Mit einem Handfächer mußte man die Kohlen zum Glühen bringen, ungeachtet der Glut der Tagestemperaturen. Da wir verständlicherweise kein Personal hatten, wurde diese Abteilung meiner Mutter überlassen, die auch unter allerärmsten Verhältnissen, ob in Griechenland oder in Thailand, mit Eleganz und Phantasie, aus tiefsten Reserven ihrer schöpferischen Gaben Köstlichkeiten aus dem Nichts zu Tisch brachte. Mein Vater oder ich gingen oder fuhren zum nahen Markt. Meist gingen wir hin und fuhren mit einer Rikscha zurück. Umsichtiges Sparen war erstes Gebot. Auf einem Markt, wo man kaum Europäer sah, war man natürlich Sehenswürdigkeit. Die Europäer schickten ihre Köche oder Köchinnen dorthin: soweit waren wir sicherlich nicht. Nur die ersten Tage boten für unser ungewohntes Auge teils erschütternde Anblicke, danach fiel auch diese Szenerie unter die Rubrik der neuen, sicherlich schockierenden Erlebnisse. Am Eingang zum überdachten Markt saßen und lagen Bettler und Opiumsüchtige, Leprakranke mit eiternden Nasen und abgefressenen Fingern, vergessen, aufgegeben, gespenstische Gestalten am Rande einer Gesellschaft, die anscheinend keine Augen hatte für das offensichtliche Elend, wie es schlimmer nicht ins Auge stechen könnte. Dazwischen schwankten verhungerte, reudige Hunde, die mit listiger Akrobatik den Fußtritten der Gesunden zu entgehen versuchten, um in der Markthalle zu irgendwelchen Resten zu gelangen. Wenn man diese Barriere des Grauens hinter sich hatte, stand man in einer farbenfrohen, lebendigen, lustigen, unhygienischen Markthalle voller herrlicher Angebote zu kleinen Preisen. Chinesische und siamesische Verkäufer beschrieben und boten lautstark ihre Waren an. Nach den vielen Goldzähnen der chinesischen Verkäufer zu urteilen, machten sie ein gutes Geschäft. Nur ein Chinese, der etwas auf sich hält, läßt sich goldene Jackett-Kronen bauen, gleichsam ein Kastenzeichen der finanziell privilegierten Schicht. Wenn man sich dazu durchgerungen hatte, das tiefe Elend vor der Halle zeitweilig zu vergessen, machte das Einkaufen sehr großen Spaß. Die Auswahl an Früchten und Gemüse ist in den Tropen mannigfaltig und köstlich (ebenso Salate). Im Hinblick auf die unhygienischen Zustände aßen Europäer weder Obst noch Rohkost, ohne es vorher desinfiziert zu haben. Wasser wurde abgekocht. Die Fleischsorten waren ausgezeichnet, besonders die Hühner, mit den Hälsen an Leinen aufgehängt, stachen ins Auge durch ihre Größe und Saftigkeit. Bald wurde uns offenbart, daß sowohl diese wie auch die überdimensionalen Enten mit Luft aufgeblasen wurden. Tatsächlich, hatte man sie erst auf dem Küchentisch, fielen sie zusammen. Qualitativ änderte sich gar nichts, lediglich die Optik erlitt eine negative Veränderung.

Eine größere Ecke des Marktes war für den Verkauf lebenden Geflügels reserviert, dazwischen wurden köstliche asiatische Gewürze, Pflanzen und Blumen gehandelt. Die verschiedensten gegensätzlichen Düfte und Gerüche erfüllten die feucht-heiße Luft und weckten sowohl den Appetit wie auch Wunschträume verschiedenster Art. Natürlich wurde diese meine Lieblingsecke. Nachdem ich mich an die Sitten am Markt gewöhnt hatte, ließ ich es mir nicht nehmen, den Einkauf, den täglichen, zu tätigen. Eine ganze Weile blieb er die Attraktion des Tages. Etwas später besorgten wir uns einen Eiskasten. Eisblöcke fast in jeder Größe wurden an der Haustür verkauft, so konnten wir notdürftig Getränke und Verderbliches kühl lagern. Ein Eisschrank war noch in astronomischer Ferne.

Es war nicht viel Zeit, um sich Fragen zu stellen, ob man zum Beispiel sich je an die Behausung gewöhnen würde, oder wie lange dieser Zustand dauern könnte, und was man am schnellsten tun sollte, um die alten Ansprüche zu bewahren und in der Zwischenzeit sich geistige Anregung zu beschaffen. Wir mußten dringend nach finanziellen Einnahmen Ausschau halten.

Zaghaft wiederholte ich meinen Wunsch nach einer Anstellung, die Reaktion meines Vaters hatte sich trotz der Zeit und der Not nicht geändert, wie meist alle seine Ansichten auf dem Gebiet der „Moral“ und des „Benehmens“ für die Mitglieder seiner Familie statisch blieben sein Leben lang. Sein „nein“ ließ keinen Zweifel daran, daß er nein meinte und nicht bereit war, in Diskussionen einzugehen. Ich beabsichtigte nicht zu diskutieren, aber ich war entschlossen, mir Arbeit zu suchen. Sollte ich Glück haben, würde ich ihn vor vollendete Tatsachen stellen. Ich freute mich über meinen Mut Papa gegenüber. Was meine Mutter in all den Jahren kaum gewagt hatte, ihm zu widersprechen, wurde mir geradezu zur Freude. Auf keinen Fall wollte ich ein schattensuchendes gehorsames Geschöpf unter seinem gebieterischen Patriarchat werden. Unauffällig bewunderte mich Mama, leise aber eindeutig machte sie mir Mut, immer mit der Warnung, Papas Ansichten dennoch zu respektieren, weil sie im Grunde Schutz und Liebe bedeuteten. Sicherlich hatte Mama recht, dennoch spürte ich, die Zeit war gekommen, einer Eigenständigkeit zu folgen, die begonnen hatte, sich in mir zu regen. Von Hause her konsequent indoktriniert, hoffte ich aufrichtig das Unrecht und das nicht Schickliche zu erkennen, aber meinen Weg, wie immer er auch sein mochte, war ich entschlossen zu gehen, so schmal, so bescheiden er auch aus der Perspektive eines mehr als kargen Häuschens hinter dem Hotel Trocadero in Bangkok sich projezierte. Im Sommer 1940, mitten im makabren Siegestriumph Hitlers durch Europa, war mir als einziges bewußt: die Vergangenheit, die sehr geliebte, war vorbei und dabei, zu Grabe getragen zu werden. Was nach dem noch bevorstehenden Aufeinanderprallen von Armeen überleben würde, wäre sicherlich eine Welt, die keinen Anschluß finden würde an das, was wir verlassen hatten. Nicht die Wurzeln, nicht die Träume und schon gar nicht die Pläne wären wiederzufinden gewesen. Aufgrund dessen, was man war, hatte man neu, von vorne an, entblößt von Gütern und Visitenkarten sich zu bestätigen und zu behaupten, unter völlig anderen Voraussetzungen. Woher ich kam, war mir bewußt, wohin es gehen würde, konnte ich nicht ahnen, aber sicherlich wollte ich nicht auf der Stelle treten, wo ich mich befand. Das lag mir nicht, und Großväterchen hätte es auch nur als unabdingbaren Übergang betrachtet, zwar mit Gelassenheit, aber mit klarem Blick für das möglich Machbare.

Die anderen Häuser der kleinen Siedlung waren, wie gesagt, privilegierter. Sie standen frei, ohne Küchengerüche der Nobelherberge, mitten in netten Gärten, die ihnen gleichzeitig Geborgenheit und Freiheit spendeten. Ich schaute mich um nach unseren Nachbarn, da es Europäer waren, fiel es nicht schwer, Informationen zu sammeln. Bald stellte sich heraus, es waren deutschsprachige

Emigranten aus Europa, alle völlig verschieden voneinander. Eine österreichische Familie war unser unmittelbarer Nachbar. Dort fanden oft Geselligkeiten statt. Das Lachen drang in unsere Schlafräume, und ich fragte mich, wie diese Menschen so unaufhörlich lustig sein konnten in solcher Situation. Am Morgenmarkt traf ich dann Frau Fantl, erkannte sie an der Stimme, als sie auf Wienerisch sich empörte, daß der chinesische Gemüseverkäufer sie nicht verstand. Auch nicht, als sie lauter wurde und schon gar nicht, als sie versuchte, aufzuschreiben, was sie meinte. Mich wunderte, wie völlig freiwillig sie auf sinnlose Weise so viel Energie verpuffte. Da sah sie mich: „Mei, wir sind doch Nachbarn!" Es war geschehen, ich mußte unbedingt abends vorbeikommen. „Da schaut halt immer der eine oder der andere herein." Frau Fantl war sehr klein, sehr dünn, ein Nervenbündel, das sich zu gespielter Fröhlichkeit verpflichtet fühlte. Ihre zappeligen Bewegungen verbreiteten Unruhe, ihre inkonsequenten Sätze ergaben wenig Sinn. Dennoch, sie war gutartig und sie tat mir leid, ich weiß nicht warum. Ihre großen dunklen herumirrenden Augen schauten überall hin, ohne zu sehen, und alles an ihr sah so schrecklich eilig aus. Fand sie jemals Ruhe? Ich versprach ihr, am Abend „reinzuschauen", ohne jegliche Vorstellung zu haben darüber, was ich dort vorfinden würde.

Ein Besuch bei Fantls, stellte sich heraus, war gleichbedeutend mit einem Besuch einer sehr belebten Vorstadtkneipe Wiens. Die Eingangstür führte wie bei uns sogleich ins Wohnzimmer. Anders als bei uns war dieser Raum stark verraucht, sodaß man die verschiedenen Gestalten, die um einen beleuchteten Tisch herumsaßen, wie durch einen grauen Nebel erst realisieren mußte. Da Familie Fantl zur Begrüßung geschlossen aufstand, wurde mir klar, daß der Rest Besucher waren. Auch diese winkten mir bereits herzlich zu und schienen sich so froh und zu Hause zu fühlen, als ob es ihre Stammkneipe wäre.

Herr Fantl sah aus wie ein großgeratener Zwillingsbruder von Frau Fantl, fast identisch in den Farben und den Gesichtszügen, allerdings mit zwei wesentlichen Unterschieden: Herr Fantl strahlte geradezu phlegmatische Ruhe und eindeutige Dummheit aus, sodaß seine kleine zappelige Frau neben ihm noch unruhiger wirkte. Die dritte der Familie war die Schwester von Frau Fantl, und diese fiel völlig aus dem Rahmen, sei es äußerlich wie auch in ihrer ganzen Art. Zwar klein wie ihre Schwester, aber mit ausgeprägten weiblichen Formen versehen, temperamentvoll, jedoch weder unruhig noch überspannt. Auch sie stand fröhlich zum Empfang bereit, zwischen den nikotinverfärbten Fingern einen langen Zigarettenhalter, ihre grünen Basedowaugen strahlten Neugierde aus und ihr kleiner, praller Körper war voller Lebenslust. Schwester Fantl schien einige Stürme bereits hinter sich gebracht zu haben und war anscheinend sehr darauf erpicht, einige mehr zu erleben. Vermutlich Anfang Vierzig, aber etwas stark lädiert.

Tochter Fantl, Anfang zwanzig, war keinesfalls ein Glanzstück. Eine perfekte Mischung zwischen Papa und Mama, war sie mittelgroß, nicht fröhlich und nicht traurig, nicht klug und nicht dumm, eindeutig unschön, eindeutig höflich. Ich wäre ihnen herzlich willkommen, sagten sie, ich glaubte es ihnen auch. Je voller der Raum war, desto mehr schienen sie sich zu freuen. Nun erhoben sich andere Gestalten, diejenigen, die durch dicken Rauch von mir getrennt am Tisch saßen, alle mit einer Bierflasche, alle mit einer brennenden Zigarette, alle Deutsche oder Österreicher. Darunter ein großgewachsener, windhundartiger, aalglatter Mann, der Mediziner aus Hamburg war, ein ebenfalls großer, mit schwarzem Schnurbart versehener Mann, der offensichtliche Ansprüche auf eine Don-Juan-Rolle hatte und einige Jünglinge, die durch nichts auffielen, jedoch durch gleiche Probleme zusammenhielten. Don Juan riß mich an den Tisch zu seiner Rechten und schien entschlossen, mich zu übernehmen. Schwester Fantls grüne Basedowaugen funkelten bösartig, und ich verstand die Situation. Don Juan freute solche Situation, es machte ihn stark und selbstbewußt, und plötzlich wußte ich nicht mehr, was ich sagen sollte. Die etwas peinliche Pause wurde durch den Hamburger Arzt mit ganz präzisen Fragen nach unserer Herkunft und unseren Plänen unterbrochen. Unsere Herkunft war klar, dagegen unsere Pläne mehr als verschwommen.

Der Abend wurde, wer hätte es erwartet, informativ und herzlich. Vater Fantl wurde aus der gemeinsamen Kasse nach mehr Bier und neuen Zigaretten geschickt. Er ging auch, als ob er nichts anderes sein Leben lang getan hätte. Aus einem alten Grammophon krächzte plötzlich Tanzmusik. Don Juan riß mich aus dem Stuhl und preßte mich, mehr als mir lieb war, an sich. Außer Mutter und Vater Fantl tanzte plötzlich alles. Die Hitze war das einzige, was mich daran erinnerte, daß wir uns in Bangkok befanden, sonst hätte ich ohne Schwierigkeiten meinen können, irgendwo bei Wien gelandet zu sein und unerwartet originelle, leichtlebige Menschen zufällig getroffen zu haben.

Zwischen dem temperamentvollen Tanzen hatte man etwas Zeit zum Plaudern, nicht viel, denn Don Juan schien wild entschlossen, mich gleich zu erobern und zwar möglichst beim Tanz. Auch die bösen Blicke von Frau Fantls Schwester schienen ihn keinesfalls zu ernüchtern. Er konnte sich anscheinend nicht vorstellen, daß keinerlei Gegenliebe zu wecken war. Fantls erzählten mir über ihre Nachbarn. Gleich im Haus nebenan wohnte eine alleinstehende Dame, eine Deutsche, die aus unerfindlichen Gründen nach Bangkok gekommen war. Da sie keine Jüdin war, rätselte man im Kreise, welche uns unbekannten Gründe sie wohl in diese Ecke verschlagen hatten. Die Dame hieß Rosemarie und empfing allabendlich der Reihe nach mehrere Herren, wobei ihr Nationalität und Hautfarbe entweder gleichgültig waren oder gleich lieb. Das Portemonnaie spielte eine große Rolle. Ich war interessiert, Rosemarie kennenzulernen, ihr Métier war in meiner Phantasie mit vielen französischen Romanen verbunden, sogar teilweise aus der klassischen Literatur, siehe Zola. Schon immer hatten mich derartige Damen fasziniert. Daher war auch die Traviata meine liebste Oper. So skandalös und so unendlich traurig!

Ich blickte fragend zu Don Juan, in der Annahme, daß er, schwungvoll wie er war, sie kennen müßte. Außerdem hielt ich ihn nicht für so diskret, es zu verschweigen. Er behauptete, sie nicht zu kennen. Mit einem Mut, der mir unbekannt war, schlug ich vor, wir sollten sie rüberholen, falls sie keine „Kundschaft" hatte. Fantls grüßten sie und plauderten mit ihr auf der Straße, also konnte man es wagen. Die jüngeren Herren faßten Mut, gingen rüber, in der Kneipe Fantl wuchs die Spannung. Leider ebbte sie auch bald und plötzlich ab. Die Herren kamen erfolglos wieder: Rosemarie hatte Besuch, ganz offensichtlich, meinten sie und hatten gar nicht erst geklingelt. Wir vertrösteten uns auf ein anderes Mal.

Auch in den letzten zwei Häusern der Siedlung wohnten Emigranten, Deutsche. Zwischen Rosemarie und dem letzten Haus lebten der Arzt mit seiner Frau, der uns beim Vertrieb italienischer Medikamente behilflich gewesen war. Leider waren alle unsere Bestellungen kistenweise in Singapur konfisziert worden, nachdem Italien den Krieg erklärt hatte. Damals florierte noch das Englische Empire, sodaß praktisch alle Gebiete und alle Meere östlich von Suez englisches Hoheitsgebiet waren. Wir hätten nicht mächtiger abgeschnitten sein können von unseren italienischen Exporteuren, als wir es von so einem Riesenreich waren!

Fantls wurden merkwürdig leise, fast andächtig, als das Gespräch auf das letzte und schönste Haus fiel. Hier handelte es sich um zwei Junggesellen, etwa Mitte dreißig, die gemeinsam wohnten, wie es in Bangkok üblich war, um Unkosten zu sparen und gleichzeitig nicht ganz so einsam zu sein. Der eine stammte aus Lemgo und hieß Herbert Hamlet, der zweite Marcel Weil aus Hamburg, aus erstklassiger Kaufmannsfamilie, wie mir fast flüsternd vor Hochachtung beigebracht wurde. Leider, meinte Frau Fantl resigniert, wären beide zu stolz, um bei ihnen zu verkehren. „Sie sprechen überhaupt kaum mit jemandem, bedauerlicherweise", meinte Frau Fantl. „Auch nicht mit Rosemarie?" nun wollte ich es genau wissen. Herrn Fantls Äuglein wurden listig und lustig, überhaupt öffnete er zum ersten Mal seine schmalen, blassen Lippen. „Soweit wir es erkennen können, nicht." Etwas lakonisch und nicht sehr präzise!

Meine Eltern hielten wenig von unserer unmittelbaren Nachbarschaft, dennoch wiederholte ich einige Male meine Besuche: es war oft erheiternd, wenn auch völlig belanglos.

Cyril zog bei uns ein, mit Begeisterung, guter Laune und einem Geschenk für mich, das Unpassendste in unserer Situation: einen jungen schwarzen Hund von seiner Insel. Typisch für Cyril, der nur impulsiv und ziemlich unüberlegt handelte. Sein Impuls war, mir Freude zu machen, und was kann ein russisches Mädchen mehr freuen als ein liebes Haustier? Der junge Hund wurde Hippy genannt und hatte von der ersten Stunde an bei uns nur krasses Pech. Völlig erschöpft von der Seereise nach Bangkok legte er sich zum Schlafen vor den Kleiderschrank in meinem Zimmer, wurde jedoch durch ein schweres Schloß aus tiefem Schlaf gerissen, das ihm direkt auf den Kopf fiel. Ich weiß nicht, ob er auch sonst ein dummer Hund geworden wäre, aber nach dem anhaltenden Klagen und Wimmern zu urteilen, das dieser Unfall verursachte, muß er schon damals Schaden davongetragen haben. Der Arme! Er wuchs und wuchs, war anhänglich und ganz lieb, aber sein Verstand ließ zu wünschen übrig. ,,Wenn er nicht besser wird, bringe ich Dir noch einen'', meinte Cyril strahlend. Wir fanden Hippy sofort alle drei, wie aus einem Mund, ausreichend gut.

Eines Morgens traf ich Dr. Ludwigsohn in unserer Straße. Er war unterwegs zu Rosemarie, in ärztlicher Eigenschaft! Die Morgenstunde sprach dafür, außerdem wäre ihm jeglicher Scherz in dieser Richtung mit einer Frau wie Elsa im Hintergrund ganz schlecht bekommen. Dr. Ludwigsohn freute sich, mich zu sehen, denn er wollte mich bitten, seinen Kindern, wenn ich könnte, französischen Unterricht zu erteilen. Ob ich bei Elsa vorsprechen würde? Obwohl ich mich vor einer großen Barriere fühlte, sagte ich zu, so begeistert wie ich es konnte, kehrte allerdings um, setzte mich zu Hause hin und versuchte mir vorzustellen, wie man von einem Tage zum anderen Lehrerin wird und wie ich wohl mit Elsa auskommen könnte. Erst zuletzt fielen mir die Kinder ein, die ich unterrichten sollte. Ja, das Honorar war im Moment das Wichtigste, und auch darüber hatte ich keinerlei Vorstellung. Die größte Mutprobe erschien mir jedoch die Verhandlung mit Elsa zu sein.

Ich machte mich auf den Weg, bevor der Schwung abebben würde, die Befürchtungen wuchsen. Als ich bei Elsa vorsprach, hatte ich trotz der Hitze kalte Füße wegen der Panik, die mich mittlerweile ergriffen hatte. Während ich auf der Terrasse wartete, war ich sicher, daß mein Leichtsinn bestraft werden würde. Der Holzfußboden knarrte, und Elsa stand vor mir. Sie war kein bißchen anmutiger geworden und trug dieselben negativen Aspekte zur Schau, die zu ihr gehörten: verschwitzte Kleidung, dieselben flachen Sandalen, in denen sie anscheinend rund um die Uhr steckte, derselbe strenge Ausdruck auf ihrem herben Männergesicht. Flucht erschien mir ratsam, aber schon erwischte Elsa meine Hand, befahl mir, Platz zu nehmen, und fragte, ob ich Franz getroffen hätte. Ich sagte ihr, daß ich keinerlei Erfahrung im Unterricht hätte und überhaupt keinen Beruf erlernt hätte. ,,Das werden Sie schon schaffen'', meinte sie. Ich wollte die Kinder kennenlernen, aber Elsa kannte Prioritäten. Erst mußte das Honorar besprochen werden. Unter ,,besprechen'' verstand Elsa die lakonische Mitteilung ihres Preises: täglich zwei Stunden vormittags für monatlich 45,— Tikal. Ich wollte die Kinder sehen. Die Summe erschien mir sehr gering, da ich jedoch keinerlei Vorstellung hatte über meine eventuelle Eignung, fehlte mir völlig der Mut, etwas zu erwidern.

Zum Glück gefielen mir die Kinder sofort. Die blonde Lily, 14 Jahre alt, blaß, schüchtern und sehr sanft, hatte einen leichten Sprachfehler. Irene, rothaarig, sehr wach, stämmig, mit großer Ausstrahlung, war zwölf. Als dritter Ulli, zehn Jahre alt, dunkelblond, schöne traurige blaue Augen, und Grübchen, wenn er lächelte. Alle waren verschieden voneinander und alle drei sehr sympathisch. Nach wenigen Minuten wußten wir, daß wir uns aufeinander freuten. Am nächsten Morgen, versprach ich, würde ich kommen. Plötzlich erschien mir das Unterrichten keine Hürde mehr. Auf dem Weg nach Hause fragte ich mich bestürzt, durch welches Wunder es Elsa und Franz gelungen war, so reizende Kinder zu zeugen. Diese Frage beschäftigte mich tagtäglich, je näher ich die Kinder kennenlernte; bis heute habe ich keine Antwort darauf gefunden. Was ich damals auch nicht wußte, war der Umstand, daß ich mit meinen Unterrichtsstunden Erfolg haben sollte und zwar nicht nur bei Kindern. Ich hatte viel mehr „Schüler" als Zeit. Lediglich das Honorar von Ludwigsohns war so gering. Die Dänen, die Chinesen und schließlich der französische Konsul zahlten für meine Begriffe Spitzenpreise, und das Schöne dabei war, daß alle Schüler und sicherlich ihre Lehrerin viel Freude und Spaß hatten. Immer wieder war ich erstaunt und beglückt, feststellen zu können, daß alle Schüler tatsächlich auch weiterkamen!

Während ich mich bemühte, eine überzeugende Lehrerin zu werden, und mich dazu zwang, alles andere zu vergessen, erreichten mich regelmäßig immer noch Briefe von Danilo, mit Photos aus Süd-Frankreich. Er gehörte neuerdings zur italienischen Besatzungstruppe, aber auf seinen Photos sah ich ihn zum Glück nur in Badehose am Strand. Ich konnte mir diesen so freien, prächtigen Mann in Uniform kaum vorstellen, schon gar nicht als sogenannten Sieger, und ich wußte, daß er mir absichtlich Photos schickte, die die Illusion eines einsamen Urlaubes vermittelten. Seine Worte waren wegen der Zensur umsichtig gewählt, und dennoch war zwischen den Zeilen offensichtlich spürbar, daß zwischen uns sich nichts geändert hatte. Nur . . . Pläne schmieden konnte man nicht mehr!

Unsere zweite Monsun-Zeit bahnte sich an, alles nunmehr wohlbekannt. Die Hitze erreichte ihren Höhepunkt, aber ich war glücklicherweise so beschäftigt und bereits tropisch erfahren, daß es mich nicht übermäßig störte. Es war auch das eingetreten, was wir für nicht möglich gehalten hatten: sogar in einem primitiven Häuschen hinter dem Hotel Trocadero hatte sich das Leben eingependelt zu einer mehr oder weniger gewohnten Routine. Cyril fühlte sich bei uns so wohl, daß wir fast befürchteten, er würde sich nie mehr trennen wollen. Er fuhr nur noch selten auf seine Insel und unterhielt wohl nur eine lockere Bindung zu seiner Gefährtin. Hippy war unser Schatten geworden. Er wich nicht eine Stunde vom Hause. Zu ihm hatte sich ein großer weißer Kater gesellt, schließlich kamen drei kleine Hauskatzen. Meine Mutter meinte, die Tiersammlung überschreite die vertretbaren Ausmaße, aber da sie sich untereinander so gut verstanden, blieben sie auch.

Eines Morgens sah ich einen gutaussehenden, großgewachsenen, eher jüngeren Mann an unserem Haus vorbeigehen, der beiläufig zwei Finger zu seinem Kopf hob, kaum dabei aufschaute und sich wohl einbildete, gegrüßt zu haben. Ich erwiderte nicht, weil ich mich nicht angesprochen fühlte, und fragte mich, wie dieser Mensch es schaffte, durch einen so flüchtigen Augenblick einen so entscheidend unsympathischen, hochmütigen Eindruck zu hinterlassen. Wie ich später erfuhr, war es Marcel Weil, Jahre danach mein Mann!

Mein Vater begann damit, sich auf lokalen Handel zu orientieren. Durch den Krieg in Europa wurden einige Importgüter knapper, mehr und mehr machte man sich von ostasiatischen Produkten abhängig. Das bedeutete, daß man zwischen Ein- und Verkauf eine nicht unerhebliche Verdienstspanne hatte, wenn man die finanzielle Puste aufbringen konnte, einige Wochen der Finanzierung zu überbrücken. Da wir keinerlei flüssige Grundlagen mehr hatten, passierte das, was auf unserer langen Wanderung leider üblich geworden war: meine Mutter gab ihr wertvollstes Schmuckstück zum Verkauf, einen herrlichen blauen sechskarätigen Diamanten, den mein Vater ihr, nebst einem Bechstein-Konzertflügel, zur Silberhochzeit geschenkt hatte. Mein Rebellieren half nichts: meine Mutter hatte sich entschlossen, sich davon zu trennen, um dazu beizutragen, unseren Lebensstil zu verbessern. Wie schwer es ihr fiel, war nicht möglich zu erfahren, sie sprach mit keinem Wort darüber. Ich schloß mich mit Hippy im Badezimmer ein und heulte, bis keine Träne mehr kam. Dadurch wurde ich zwar nicht heiterer, aber ich hatte mich von erdrückender Liebe zu Mama und von ohnmächtiger Verzweiflung etwas befreit. Später wurde mir bewußt, daß die längst fälligen Tränen alles beinhalteten: nicht nur Mamas immer wiederkehrende Tragödie der Trennung von den ihr geschenkten Pretiosen und meine uneingeschränkte Liebe zu ihr, es war sogleich der Abschied von allem Vergangenen, Erträumten, Erwünschten, von der Welt, die so heil erschien, weil aus einer Jugendentwicklung erwachsen und mit dem ganzen Herzen herbeigesehnt. Der Abschied davon, ein unwiderruflicher, war jede Träne wert, und jede Träne war eine Erleichterung von einem Schmerz, der die Kehle abwürgte. Geschwächt und taumelnd fragte ich mich: Was nun?

Im Grunde eine müßige Frage, auf die nur das Leben im Laufe der Zeit eine Antwort geben konnte. Für mich selbst hatte ich die unmittelbaren vor mir liegenden Weichen gestellt: ich war, rein zufällig und sicherlich auf Zeit, Lehrerin aus Not geworden. Das Herz war noch erfüllt von vergangenem Glück, das nunmehr keinerlei Aussicht hatte, realisiert zu werden. Blieb meine neuentdeckte Möglichkeit des Geldverdienens. Die Anzahl meiner Arbeitsstunden hatte sich so weit erhöht, daß ich praktisch den ganzen Tag im Einsatz war, außer der Mittagspause und dem Sonntag! Bei Ludwigsohns hatte sich der Unterricht mit Hilfe eines Lehrbuches so gut eingespielt, daß ich alle drei Kinder gleichzeitig unterrichten konnte, trotz ihres Altersunterschiedes. Wir hatten ein freundschaftliches Verhältnis zueinander entwickelt, und sogar Elsa gab Zeichen der Anerkennung. Franz informierte sich regelmäßig bei mir, besonders über den Fleiß seines Sohnes, und hielt mich ständig zur Strenge an, eine Einstellung, die in keinster Weise erforderlich war. Es wurde mir bald klar, daß außer Irene die anderen beiden ihre Eltern fürchteten und sicherlich nicht respektierten. Am meisten fürchteten sie erstaunlicherweise den Vater, obwohl, wie in Lilys Fall, er gar nicht ihr Vater war. Die zwei ältesten Kinder, Peter und Lily, waren in Elsas Zeit vor Franz entstanden. Wie Lily mir etwas stotternd und ziemlich unbeteiligt erzählte, hatte ihr Vater „etwas mit der Feuerwehr" in Berlin zu tun gehabt. Ihre Eltern waren nie verheiratet gewesen, und sie wußte auch nicht, wo ihr Vater abgeblieben war. Nach dem Foto der damaligen Familie zu urteilen, das bezeichnenderweise eingerahmt im Vorplatz zur Küche hing, muß der „Feuerwehrvater" ein nichtssagendes, blasses Geschöpf gewesen sein, das vermutlich weder bei Elsa noch in der Prägung seiner Kinder besondere Spuren hinterlassen hatte. So waren die Kinder zwar miteinander befreundet, aber durch ihr völlig verschiedenes Naturell in zwei Lager getrennt. Irene und Ulli besaßen zweifellos intelligente Individualität. Miteinander alle eng verbunden, lebten sie ihren Tag so fröhlich wie möglich, trotz ihrer Eltern.

Anläßlich einer meiner regelmäßigen Besuche bei unserem Freund Noirot in der Apotheke fragte mich Dr. Hermet, ob ich Zeit hätte, beim französischen Consul, Ernest Didot, vorbeizuschauen. Er wollte mich kennenlernen und etwas besprechen. Ich ließ mich anmelden und ging die kurze Strecke zur Légation voller Freude, denn alles, was mit Frankreich zusammenhing, hat mich seit früher Kindheit begeistert. Ein Erbe des guten alten Michot. Ernest Didot war eine Offenbarung. Ganz selten paart die Natur Schönheit, Eleganz, Kultur und außergewöhnliche Liebenswürdigkeit wie in diesem Fall: halb Engländer und halb Franzose, war dieser Consul für mein Gefühl das Gelungenste, was mir seit langem begegnet war. Wir hatten sofort — exzellenten — Kontakt zueinander und sprachen über vielerlei Dinge. Ich begann mich zu fragen, weshalb er mich gerufen hatte. Er meinte, mein Akzent sei bretonisch und mein Französisch vorzüglich. Aus seinem Munde machte es mich glücklich. Und nun kamen wir zur Sache. Er war mit einer Amerikanerin verheiratet und hatte zwei Söhne von sieben und neun Jahren. Da sie zuvor in Cuba und später in Neu-Dehli stationiert gewesen waren, sprachen die Kinder zwar fließend englisch und Hindustani, aber kaum französisch; seine französischen Kinder! Hierzu charmantes, humoriges Lächeln um seine haselnußbraunen Augen und den herrlichen, strahlenden Mund. Würde ich es auf mich nehmen, viermal wöchentlich jeden Nachmittag mit den Kindern französische Konversation im Sinne der Allgemeinbildung zu pflegen? Dürfte er mich mit seinem Wagen zu sich nach Hause fahren lassen, damit ich seine Frau und die Söhne kennenlernte? Natürlich sagte ich ja, ohne zu wissen, wie ich das zeitlich organisieren sollte. Es würde wie so vieles irgendwie sich machen lassen, wenn wir uns erst mal sympathisch sein sollten. Ich ließ mich schnell nach Hause fahren, um Bescheid zu sagen, daß ich mich verspäten würde, und fuhr beglückt zu Madame Didot. Dieser Mann konnte nur eine reizende Familie haben, und ich dankte bereits dem Schicksal für diese Begegnung.

Didots wohnten in einer schönen, versponnenen Seitenstraße der Sathorn Road, im letzten Haus einer Sackgasse. Ich konnte an dem späten Vormittag nicht ahnen, daß diese Familie mein zweites Zuhause in Bangkok werden würde, Didots unsere innigsten Freunde, und daß ich von nun an sämtliche Feste und das französische gesellschaftliche Leben in Bangkok mit ihnen teilen würde. Diese Freundschaft hat Zeit und schwere Schicksalsschläge überdauert, ja, intensiviert. So leider den baldigen Tod des unvergeßlichen Ernest, die spätere zweite Ehe seiner Frau, meine Heirat bis schließlich zum erneuten Treffen so viele Jahre später in Hamburg.

Madame Didot spielte im Garten mit den Kindern, alle drei erwarteten mich voller Ungeduld. Als ich sie mir entgegenkommen sah, voller Lebensfreude und Herzlichkeit, hatte ich das sichere Gefühl einer glücklichen Wende in meinem Leben. Ich sollte mich nicht geirrt haben. Helen Didot war eine große, schlanke Frau mit dunkelrotem vollem Haar. Ihr Gesicht und ihr ganzes Wesen, ihre Bewegungen und die Farben ihrer Kleidung, waren sanft und weiblich, trotz ihrer Größe. Auch sie hatte große braune Augen wie ihr Mann und ihre Kinder. Etienne, der ältere, bestand nur aus Armen und Beinen, hager, lebendig, sommersprossig, sehr beobachtend und sehr sensibel. François, viel kleiner, gemütlich, lustig und sehr zufrieden. Sie sprachen ein limitiertes Französisch, dafür fließend ein schönes Englisch. Ihr liebster Freund war offensichtlich der dicke, indische „Babu", der gleichzeitig Pförtner und

Nachtwächter war. Ich hatte die Freude, ihn bald aus ihren Herzen zu verdrängen, und herrschte dort längere Zeit mit leider „zu sanfter Autorität", wie Ernest voller Bedauern öfters zum Ausdruck brachte. Nachdem wir Erfrischungen in einem Queen Anne Salon serviert bekommen hatten, bemerkte Madame Didot mit spontaner Wärme, ihr Mann hätte vollkommen recht, ich sei „adorable". Die Kinder schrien „oui, oui", und ich saß verstört vor Glück und wollte gleich mit dem Unterricht beginnen. Ich wurde diskret nach dem Honorar gefragt, murmelte die Summe, die ich bei Ludwigsohns erhielt, was bei Madame Didot Empörung hervorrief. Die Summe wurde verdoppelt, und das Fahrgeld sollte zurückerstattet werden. Ich mußte versprechen, am nächsten Tag um vier Uhr zu beginnen. Es wurde mir überlassen, wie ich den Unterricht gestalten wollte, volle Freiheit. Etienne, als echter Franzose, murmelte zum Abschied: „tu es très jolie, Mademoiselle!"

Wie von magischer Hand gesteuert, waren die Dinge in Bewegung geraten. Nach dem sehr schmerzlichen Verkauf von Mamas Prachtring und meinen vielen Tränen, unter Ausschluß der Öffentlichkeit im Badezimmer eingesperrt, mit Hippy als einzigem Freund auf der weiten Welt, rollten die guten Nachrichten wie schöne Strandsteine aus einer Wundertüte. Der opiumsüchtige Vater von Frau Joseph hatte Mamas Ring an einen uns unbekannten Deutschen verkauft, der mit einem U-Boot in seine Heimat zurück wollte oder sollte. Die sich daraus ergebende Summe diente als Kapital für Papas neue, nunmehr lokale geschäftliche Transaktionen. Mit Hilfe der bereits bestehenden geschäftlichen Verbindungen aus der kurzen Import-Tätigkeit konnte er den kommerziellen Bekanntenkreis erweitern und nützliche Kontakte zu dänischen und syrisch-französischen Firmen aufnehmen. In der Familie ging es also wieder pulsierend aufwärts, man hatte sich viel zu erzählen und hatte wieder Vorstellungen, nach denen man arbeitete.

Ein weiterer positiver Schritt war die Einstellung einer siamesischen Köchin als Entlastung für meine Mutter. Diese, unsere erste

Hilfe auf thailändischem Boden war wie alles, was auf uns in den Tagen zukam, ein echter Gewinn. Cyril hatte auf irgendeine Weise von ihr gehört und hatte sie gebeten, sich bei uns vorzustellen. Man muß nun versuchen, sich so eine Vorstellung vorzustellen. Als Messaat, so hieß das winzige Geschöpf — zu Deutsch „die Saubere" —, plötzlich vor der Tür stand und leise wie ein Kätzchen sich meiner Mutter vor die Füße kauerte, verstanden wir nicht recht, wie es weitergehen sollte. Messaat lächelte sanft und begann ihre Ansprache, der sie mit ausdrucksvollen Handbewegungen mehr Gewicht zu verleihen versuchte. An ihrem Saronggürtel war ein kleines Stoffbündelchen befestigt. Das nahm sie jetzt heraus und entnahm ihm einige zerknüllte Papiere: ihre Personalien, natürlich in siamesischer Sprache geschrieben und einige chinesisch gehaltene Zeugnisse, darunter aber auch, oh Freude! ein englisches Schriftstück. Ein schwedischer „number two" hatte Messaat einige Monate beschäftigt und empfahl sie wärmstens weiter. Obwohl Messaat nur siamesisch sprach, konnten wir uns mit ihr verständigen. Ich kann jetzt nicht mehr sagen, wie wir es zustande brachten, aber das gegenseitige Vertrauen war da. Am nächsten Morgen wollte sie rechtzeitig kommen, um von Cyril auf siamesisch nähere Erläuterungen zu erhalten. Sie erhob sich etwas, faltete untertänigst ihre Hände zum Gruß, öffnete ihren Mund zu einem breiten Lächeln, und da bemerkten wir mit einigem Entsetzen, daß alle ihre Zähne und ihre Zunge schwarz waren. Sie muß an unseren Augen die Verwunderung abgelesen haben, denn mit ihrem einen Zeigefinger bestrich sie ihre Zähne und erklärte uns etwas dabei, was wir nicht verstanden. Wir nickten dennoch, wechselten abermals freundliches Lächeln, und Messaat huschte lautlos und barfüßig wieder aus dem Hause. Wir mochten die kleine Person instinktiv und freuten uns bereits auf ihre Dienste.

Messaat war knapp 1,50 m groß, vielleicht Mitte Dreißig und dreifache Mutter. Sie hatte sehr dichtes schwarzes Haar von der vergleichbaren Stärke eines Pferdeschwanzes, schöne lebendige wechselhafte schwarze Augen, die ganze flinke Gestalt voller Leben und fellinischem Sex. Ihr jüngstes Kind war zu der Zeit gerade zwei Jahre alt, sie trug es meist auf einer Hüfte gestützt und nährte es immer noch zu den verschiedensten Zeiten, auf dem Boden kauernd und ohne jegliche Andeutung auf Diskretion. Mit unserer gegenseitigen Verständigung kamen wir verwunderlicherweise gut voran. So erfuhren wir aus ihrem schwarzen Munde, daß alle drei Kinder von verschiedenen Vätern stammten, und daß in keinem Falle ein Ehering irgendeine Rolle gespielt hätte. Messaats große Leidenschaft muß ein wohlhabender Chinese gewesen sein, Vater ihres ältesten Sohnes, bei dem sie wohl ein verwöhntes Leben geführt haben muß. Da aber Messaats Blut voller Unruhe war, konnte sie das beständig Gute nicht ohne Unterbrechung bei ihrem Chinesen aushalten. Sie entdeckte plötzlich eine starke Neigung zum riskanten Kartenspiel, ging selbstverständlich hemmungslos dieser Schwäche nach und verlor dabei nicht nur alles, was sie an Geschenken erhalten hatte, sondern versetzte auch Dinge aus dem Besitz ihres Partners. Sie wurde auf die Straße gesetzt mit Säugling und dem, was sie anhatte. Als wir mitleidsvoll den Kopf schüttelten, lachte sie aus vollem Herzen und meinte dazu: mai pen arai! (Macht nichts). Tatsächlich schien es wenig auszumachen. Messaat fand neue Verehrer, gebar neue Kinder und freute sich des Lebens. Nun nährte sie das letzte Baby so lange, in der Hoffnung, dadurch neue Schwangerschaften zu verhüten. Mein Vater äußerte Zweifel an der Zuverlässigkeit dieser Methode und riet ihr, nun erstmal eine Pause einzulegen in ihren Abenteuern. Sie blickte mit ganz falscher Scham zu Boden, und wir wußten, sie hatte bereits eine ganz große Schwäche für einen neuen Mann. Messaat, es stellte sich bald heraus, bestand nur aus herrlichen Schwächen. Ihre Kochkunst war wahrscheinlich ihre einzige Stärke. Wir hatten das Glück, viele Jahre ihre Schwächen beobachten zu können und ihre kulinarische Begabung zu genießen. Dieses generöse, urwüchsige Geschöpf konnte man nur lieben, winzig und leidenschaftlich wie sie war, auf kleinen barfüßigen Affenfüßchen, immer emsig, uns gegenüber wundersam treu und zuverlässig. Wir blieben zusammen bis zu unserem vorletzten thailändischen Tag. Am Abschiedstag war sie nicht vorhanden. Herzschmerz versuchte Messaat, die Saubere, zu vermeiden, jedoch Freude und Hilfeleistung verschenkte sie mit beiden braunen Affenhändchen. Erstaunlicherweise besaß sie viel Wendigkeit in ihren Minifüßen und erstaunliche Kraft in ihren Affenhändchen. Beides sollten wir anläßlich unserer ersten tropischen Erkrankung, dem Denguefieber (eine Art Grippe) auf wohltuende Weise erfahren.

Messaat fühlte sich bei uns wohl. Immer mehr lebte sie sich ein und lebte nach ihren Gewohnheiten. Auch im Gespräch mit uns war sie mehr und mehr ungehemmt. Eines Morgens, als sie, wie immer hockenderweise, den Küchenzettel besprach, passierte etwas Erstaunliches. Messaat rieb sich mit zwei Fingern an den schwarzen Zähnen, holte einmal tief Luft und spuckte im großen Bogen quer durch den Raum exakt zielend etwas Rotes in einen Spucknapf, den sie in einer Ecke ihres Zimmers stehen hatte. Die Prozedur war so erschreckend, hauptsächlich wegen der Farbe, daß wir erstmal ungläubig den Napf anstarrten. Unsere kleine Köchin empfand unser Staunen sofort und begann damit, uns zu erklären, wie die Dinge zusammenhingen. Meine Mutter murmelte terrorisiert: „Die Frau ist schwindsüchtig." Wie vom Himmel gesandt, erschien Cyril in unserer Not, siamesiert, wie er war, ging er auch in die Hocke neben Messaat. Die beiden lachten bald Tränen miteinander, und Cyril erklärte uns die Bewandtnis und den Grund für den schwarzen Mund und die rote Spucke. Messaat, das erfuhren wir nun, hatte ein zusätzliches Laster: sie kaute Betelnüsse.

Die Prozedur des Betelkauens will gelernt sein, aber da Messaat davon mittlerweile abhängig war, beherrschte sie nicht nur die Kunst der Vorbereitung, sie brachte auch immer irgendwie das Geld auf, um sich die Zutaten zu besorgen, egal wie hoch die Spielverluste waren oder die Summen, die sie ihren Kindern borgte. Das Rezept haben wir, wegen mangelnden Interesses unserer seits, nie genau besprochen, das sichtbare Resultat war jedoch eine dunkle Paste, die aus Betelnuß entstanden war. Diese wurde wiederum in ein präpariertes Bananenblatt gerollt und in den Mund gesteckt. Alsbald begann Messaat zu kauen, lange, langsam, bedächtig, mit verträumten Augen. Das Produkt des langen Kauens spuckte sie dann zielstrebig, rasant und sicher quer durch das Zimmer in den Napf. Betel, behauptete sie, restauriert die Kräfte und gibt frischen Lebensmut. Eine harmlose, aber sehr unästhetische Verwandtschaft mit Haschisch. Nun verstanden wir auch, warum man öfter rote Flecke auf der Straße sah, denn unsere Köchin war bei weitem nicht die einzige, die solche Sitten pflegte. Welcher Mann mochte solchen Frauenmund küssen? Cyril beruhigte mich: Siamesen küssen sich nicht, sie beschnuppern sich, und dazu ist nur zu sagen: sie sind sehr sauber und waschen sich so oft sie können, jeden Tag, wie die Katzen.

Das Bedürfnis nach körperlicher Säuberung ist dort unter allen Bevölkerungsschichten lobenswert stark, nur wird leider nicht ausschließlich sauberes Wasser dazu benutzt. Ein großer Teil der breiten Schichten lebte zu unserer Zeit entlang des Flusses Menam und seinen Nebenarmen, die weitverzweigt und idyllisch sind, mit teils urwaldähnlichem Hinterland. Diese Kanäle heißen Klong und verleihen der Stadt den Untertitel „Venedig des Orients“. Das einzige, was meines Erachtens Bangkok mit Venedig gemeinsam hat, ist das unsaubere Wasser der Kanäle; die Charakteristiken sind jedoch so verschieden, daß man in Venedig nie darauf käme, sich an Bangkok zu erinnern und umgekehrt.

Die Holzhütten der armen Eingeborenen, meist auf hohen Stelzen gebaut, hatten weder Kanalisation noch Wasserversorgung, was die Menschen dazu zwang, sich selbst zu helfen. Nur Kleinstkinder wurden an Land von den Eltern gewaschen, alle anderen stellten sich an das Ufer und seiften sich dort ein, zumindest die untere Körperpartie von einem Sarong bedeckt. Auch die Zähne wurden geputzt, mit demselben Kanal- oder Flußwasser auf dem Boote vorbeifuhren, Hunde, tote oder lebende, entlangtrieben und

Haustiere sich abkühlten. Tatsächlich steigen die Menschen dann wieder beglückt an Land, erfrischt und sehr von ihrer Hygiene überzeugt. Messaat schien das fließende Wasser bei uns zu schätzen und erlaubte sich sichtbare Zeichen des Wohlbehagens. An besonders heißen Tagen strich sie sich nach dem Bad eine Art weiße Kreide ins Gesicht. Es diente der Abkühlung, aber auch eine gewisse Koketterie schlich sich dann bei ihr ein, denn so zurechtgemacht, fühlte sie sich hübsch. Voller Glück steckte sie sich aus solchen Anlässen, an der Grenze der Verschwendung, eine neue Betelportion in den Mund und eine Jasminblüte ins Haar und träumte glückselig von fernen Dingen. An den entgegengesetzten Farben in ihrem Gesicht konnte man sich allerdings beim besten Willen nicht erquicken!

Wegen der eingeführten Zensur erhielten wir die Post aus Europa mit zunehmender Unregelmäßigkeit. Nur noch generell waren wir über familiäre Entwicklungen informiert. Meine Schwester, hochschwanger, schrieb bewußt hauptsächlich über das weite Thema Mutterglück, obwohl ihr Mann schon längst als Sanitätsarzt in Jugoslawien war. Danilo war immer noch in Südfrankreich und besuchte treu und rührend meine Schwester anläßlich seiner seltenen Urlaubsaufenthalte in Italien. Lydia schrieb, er spräche nur und immer von mir. Das Leben dort war ernst geworden, und obwohl in allen Briefen die Nazis nie erwähnt wurden, verständlicherweise, fühlten wir sehr die ablesbare große Angst vor der Zukunft.

Eines Morgens kam ein großer, sehr schlanker katholischer Priester zu Besuch. Der Ausdruck seines sanften, glücklichen Gesichtes milderte unsere anfängliche Sorge. Da wir von seiner Existenz nichts gewußt hatten und er uns auf italienisch ansprach, befürchteten wir, aus der Nervosität der Situation, nicht gute Nachricht. Stattdessen übergab er uns eine maschinengeschriebene Botschaft des Schwiegervaters meiner Schwester. Der Pater, stellte sich heraus, war ein Missionar des italienischen Salesianer Ordens, der zu der Missionsstation gehörte, die in einem Außenbezirk von Bangkok stationiert war. In Krisenzeiten betreuten sie nicht nur die Seelen ihrer Schäfchen, sondern stellten sich zusätzlich für humanitäre Dienste insgesamt zur Verfügung. Dazu gehörte eine Rundfunkempfangsstation vom und zum Vatikan. Ausilio Fantaguzzi, eingeweihter Journalist, der er war, hatte diese Verbindung sofort genutzt. Durch Radio Vaticana, das darf man nie vergessen, und durch die Hilfe fabelhafter Missionare sind viele Leben gerettet und viele verzweifelte Situationen gelindert worden. Durch die Salesianer sind wir in ständiger Verbindung mit Italien geblieben, auch zu der Zeit, als der Krieg sich auf Asien ausgeweitet hatte und keinerlei postalische Verbindung mehr möglich gewesen wäre. Unser Pater übernahm lächelnd, mit ständig zuversichtlichen Worten unsere Botschaften und überbrachte uns eiligst, mit fliegender Soutane, die an uns gerichteten, in der Nacht empfangenen Mitteilungen. Nicht nur störte ihn unsere Konfession nicht, wir hatten den Eindruck, sie steigerte zusätzlich seine überzeugte Brüderlichkeit zu Menschen überhaupt.

Der Monsunregen rauschte wieder auf uns ein, wie auf Kommando fanden sich alle Ochsenfrösche wieder ein zum alljährlichen großen Flutenfest. Gewöhnung hat ein beruhigendes Moment: wir kannten das wiederkehrende Naturerlebnis vom letzten Jahr, allerdings jetzt aus etwas veränderter Kulisse. Mein Vater, der nun viel unterwegs war, und ich, als sogenannte Lehrerin immer in Bewegung, stellten aufmerksamst unsere Uhren nach dem erwarteten Wolkenbruch ein, um nicht unterwegs überrascht zu werden. Wir waren nunmehr sozusagen mit der Natur in Einklang und auf sie eingestellt. Da es uns gut gelang, bedeutete dieser erlernte Einklang zwischen naturbedingten Umständen und der eigenen Tätigkeit einen gewissen Frieden mit uns selbst. Wir hatten uns eingelebt, wir hatten überlebt, und wir waren dabei, uns in das exotische, faszinierende Neuland einzugliedern. Ich stellte voller Staunen fest, daß ich mich nicht nur eingefügt hatte, sondern daß ich, verwunderlicherweise, eingeführt und herumgereicht wurde. Mag es an meinen pädagogischen Erfolgen gelegen haben?

Plötzlich befand ich mich inmitten eines Tourbillon von Einladungen, wobei die eine Party gleichzeitig die nächste Einladung provozierte. Meine Förderer waren ohne Zweifel anfänglich meine nunmehr sehr geliebten Didots. Ich liebte sie nicht nur insgesamt, es war ein Verwandtschaftsgefühl. François und Etienne wurden sehr bald meine Lieblinge. Seitdem habe ich so hinreißende Kinder nicht wieder erlebt. Es ist schon rar und sehr beglückend, wenn so junge Burschen animalisch spontan, aufrichtig, lebendig, wach sein können, ungehemmt und dennoch sensibel und bedacht. Wir waren zutiefst Freunde, alle drei.

Nachdem man mir freie Hand im Unterricht überlassen hatte, ließ ich mich treiben, angeregt von diesen hinreißenden Kindern, ihren Wünschen nachgebend, aber dennoch Richtlinien befolgend, die ihr Wissen erweitern und ihre Sprachkenntnisse bereichern sollten. Es war nicht schwer. In meiner Erinnerung war Professor Michot immer noch der beste Pädagoge, den man sich wünschen kann, und da zumindest François in dem Alter war, das ich damals hatte, als Michot mich übernommen hatte, übernahm ich auch meinerseits sein damaliges System des Unterrichts. Ich ging nach dem gemeinsamen Tee mit den Kindern trotz der Hitze spazieren. Dabei war die Konversation sehr flüssig, obwohl der Wortschatz noch bescheiden war. Die zwei Brüder stellten dauernd Fragen, nur auf Französisch, versteht sich, und erwarteten genaue Antworten. Sie wollten alles mögliche wissen: von der Natur um uns beginnend, über Frankreich, das sie nicht kannten, über Amerika, das ich damals nicht kannte, über mich selbst und sehr viel über Hunde. Hunde spielten bei Didots eine große Rolle. Die Familie hatte mehrere Cocker-Spaniels, die Lieblingshunde von Helen.

Zurück von den Spaziergängen setzten wir uns zum Arbeiten hin. Neuerlernte Worte wurden aufgeschrieben, darum herum schriftliche Gedanken ausgearbeitet. Es war wunderbar. Ernest Didot schaute eines Tages gerade herein, als die Konstellation besonders ungünstig für mich war. Im Zuge der großen Sympathie für seine Kinder hatte ich ihnen das „tu“ („Du“) nicht verweigert, sodaß sie mich mit „Mademoiselle“ aber in Dutzform stets ansprachen. Der Formfehler mißfiel Ernest, aber noch mehr, weit mehr, mißfiel ihm die Konzeption, die ich hatte und die ich den Kindern erklärte, über den Krieg in Europa. Die Jungen wollten von mir wissen, wie es um Frankreich augenblicklich stünde. Daß Frankreich erstmal die Runde verloren hatte, wollte Ernest nicht akzeptieren und schon gar nicht seinen Kindern so dargestellt wissen. Frankreich hatte eine Schlacht verloren, aber sicher nicht den Krieg! Die Kinder schrien vor Freude, Patriotismus erfüllte den Raum, und Ernest schloß das Gespräch ab mit der stolzen Bemerkung, Frankreich sei die stärkste und prächtigste Nation, die man sich vorstellen könnte. An der Wand hing jedoch ein eingerahmter Spruch des Maréchal Pétain: „Travail, Famille, Patrie.“ Der Maréchal hatte dieses Symbol in Vichy geprägt für das kleine bißchen Frankreich, das von ihm regiert wurde und dem die Légation in Bangkok diente. Wie gut verstand ich das Aufbäumen von Ernest und seine Verzerrung der Tatsachen! Liebe machte ihn blind, Liebe für Frankreich. Ich teilte das Gefühl, jedoch waren bei mir gerade die Realität und die Verzweiflung größer. Ernest war sich meiner Gefühle bewußt, denn wir sprachen nie mehr darüber und ich lehrte die Kinder, daß Frankreich „très forte“ wäre.

Bei Didots lernte ich die verschiedensten Menschen kennen, hauptsächlich Franzosen und Diplomaten, die entweder in Bangkok akkredidiert waren oder aus den verschiedensten nahöstlichen bis fernöstlichen Ländern in Thailand auf der Durchreise waren. Damals gab es noch geographische Begriffe wie Indochina zum Beispiel. Aus der Hauptstadt Saigon kamen bemerkenswerte Franzosen auf Besuch in das benachbarte Bangkok. Nach dem Unterrichtsnachmittag wurde mir ein volleingerichtetes Badezimmer zur Verfügung gestellt, damit ich mich für den Abend pflegen konnte, in Ruhe und schönem Komfort. Von köstlichen Düften bis zu Badeverwöhnungen, an alles war gedacht, und dafür war Helen zuständig. Das Cocktailkleid war bereits von mir mitgebracht und behutsam aufgehängt worden. Einer solcher Empfänge wurde zu Ehren von Géneral Catroux und Begleitung gegeben, dem französischen Oberkommandierenden in Indochina.

Die Vorbereitungen waren ganz besonderer Art, entsprechend der Position des Gastes. Sogar Etienne und François hatten nicht die richtige Ruhe und schnatterten pausenlos über „le grand Géneral". Die Nervosität griff auf mich über, und ich fragte mich beklommen, worüber man wohl mit Generälen im Dienst spricht. Ich tröstete mich damit, daß auch Diplomaten anwesend sein würden, ich wollte mich an sie halten, denn stundenlang sich über wenig zu unterhalten, hatte ich mittlerweile einigermaßen geübt. Kein Problem. —

Ich hatte mir ein neues Kleid gegönnt, hinreißend, von einem chinesischen Schneider gearbeitet. Mein kleiner Etienne erwartete mich zum Empfang an der Treppe, betrachtete mich von allen Seiten, um mir schließlich hingebungsvoll ein pikantes Kompliment zu machen: „Mademoiselle, tu as un joli derrière, ... nicht so knochig wie bei Maman!" Unter uns blieben wir beim „Du". Dabei ernst zu bleiben, war nicht leicht, ganz heikel wurde es, als Etienne dieselbe Bemerkung gegenüber dem plötzlich erschienenen Ernest wiederholte. Dazu konnten wir nur etwas Dummes murmeln und in verschiedene Richtungen gehen. Da ich in Sachen „joli derrière" nicht versiert war, gestehe ich, daß ich einen großen Spiegel aufsuchte, um nachzuprüfen, was mein junger Freund gemeint haben konnte. Es war zu spät, die ersten Gäste kamen schon, ich verschob die Inspektion auf später.

Dieser bewußte Abend wurde wunderschön. Der chinesische Boy von Didots, der Jahre später auch meine Hochzeit unter Régie haben sollte, war ein zuverlässiger und perfekter Organisator. Die Nervosität der Gastgeber war schnell gewichen, und als schließlich der Stargast mit einigen Offizieren eintrat, wurde es ein fröhlicher, eleganter Abend. Géneral Catroux sah glücklicherweise vollkommen unmilitärisch aus, voller Charme und greifbarer Gespräche. Ihm wurden dem Rang nach die wichtigen Anwesenden vorgestellt, darunter war ich verständlicherweise nicht. Ich unterhielt mich gerade sehr angeregt mit dem Direktor der Banque de l'Indochine, den ich sehr schätzte, als der General mich ansprach und mir nicht mehr von der Stelle wich. Um uns bildete sich ein kleiner, lebendiger Kreis, wir sprachen über Saigon, Mode und Kunst, Reisen und Menschen, aber nicht über Soldaten und Armeen. Es war nicht zu fassen, mein Kopf drehte sich, trotz der vielen Ventilatoren wurde mir schrecklich warm: ich stand mit einigen Auserwählten im Mittelpunkt der Party. Es lag wie so oft wohl auch daran, daß die anderen Anwesenden entweder schlicht Franzosen, Engländer oder Siamesen waren, die Kompliziertheit meines Werdeganges beschwingte einige, die sonst prinzipiell gelangweilt sind. Allerdings war Géneral Catroux sicher nicht ein Mann, der sich langweilte. Ein großer Zuhörer und ein scharfsinniger Kommentator. Didots waren glücklich, daß alles so gut lief, und Ernest, der Schelm, flüsterte im Vorbeigehen, daß Etienne recht hätte, er hatte soeben hingeschaut!!

Der Géneral dagegen muß mehr auf meine Füße geblickt haben, denn er meinte, auf den kleinen Füßen könne man nicht alleine nach Hause gehen, man müsse gebracht werden. Es half nichts, er insistierte, mich nach Hause zu fahren, wobei auch im Auto jeden Augenblick seine Gespräche vor Lebendigkeit sprühten. Ich kam mir wie Aschenputtel vor, nur: ich hatte kein Schuhchen verloren . . .
Es war eine prickelnde Party gewesen, über die wir noch oft sprachen, nach dem Unterricht bei Didots.

Mein Vater kam wieder einmal in seinem Leben geschäftlich gut voran. Nicht nur lebten wir bequemer was unsere Finanzen anbelangte, sondern zogen immer mehr Freunde ins Haus. Geselligkeit begann, auch wie so oft in meinem Elternhaus, etwas Überhand zu gewinnen, wir verloren sozusagen die Kontrolle darüber, wieviele Bekannte berechtigt waren, ohne Anmeldung uns aufzusuchen und wieviele sich diese Freiheit eben nahmen. Zu bemerken ist, daß wir nunmehr in allen Richtungen Freunde hatten: Papas

Geschäftsfreunde, Mamas Bekannte und meine Riesenschar, darunter ein ganzer Kreis von Schülern. Neuerdings kamen zum Unterricht zwei dänische Ingenieure, Vej-Hansen und Wern, die selbstverständlich auch Freunde wurden. Vej-Hansen brachte gleich einen Freund mit, Hjort-Jensen, beide verbrachten am liebsten den ganzen Sonntag bei uns! So intensiv ich auch überlege, fällt mir kein einziger Fall ein, trotz einiger innerer Ungeduld gegenüber dem einen oder dem anderen, bei dem meine Eltern dem Gast zu verstehen gegeben hätten, daß es im Moment schlecht paßte. So war es durchaus üblich, daß allabendlich ein Kreis sich einfand, zum Plaudern und Diskutieren, natürlich bei einem kleinen Imbiß und Getränken, mit Hippy und den Katzen dazwischen, und alle fanden es schön. Dieses ständige Kommen und Gehen von Freunden und Bekannten blieb uns erhalten bis zum letzten Tag unseres Lebens in Bangkok, natürlich mit einigen Varianten, bedingt durch die wechselnden Ereignisse und glücklicherweise auch durch unsere neue Adresse, einer viel besseren, versteht sich!

Unsere zweite Monsun-Zeit war überstanden, und somit ging auch das Jahr 1940 seinem Ende entgegen, ein schweres bedeutungsvolles Jahr, das wir soweit hervorragend überstanden hatten. Gesundheitlich hatten wir keine Schwierigkeiten. Wir wiederholten regelmäßig unsere Pocken-Thyphus-Cholera-Impfungen, arbeiteten emsig, hatten allerdings einige Probleme, das Gleichgewicht zwischen Geselligkeiten und Kraftreserven zu halten.

Wenige Tage nach Weihnachten besuchten uns abermals die Salesianer Pater, dieses Mal kamen sie zu zweit und brachten einen selbstgepflückten Blumenstrauß mit, weil die Botschaft, die sie uns brachten, so erfreulich war. Meine Schwester hatte am 25. Dezember eine gesunde Tochter geboren. Alles war gutgegangen. Wir gaben auch schriftlich unserer großen Freude Ausdruck und tranken ein Gläschen mit den Patres auf die neugeborene Daniela. Ansonsten waren die zensierten Briefe aus Italien ziemlich einheitlich und grau. Meine Schwester sprach von einem eventuellen

Umzug aus Mailand zum Lago Maggiore. Es war uns klar, daß die Lage für sie in der Stadt riskant wurde wegen ihrer Abstammung. Durch Radio Vaticana versicherte uns ihr Schwiegervater, daß er immer in der Lage sein würde, sie zu schützen. Er meinte sicher, was er sagte, aber angesichts des Ernstes und der hohen Risiken ihrer Lage empfanden wir seine beruhigenden Worte nicht als ausgesprochene Lebensgarantie für Lydia. Mein Schwager war zur Zeit in Jugoslawien als Sanitätsarzt stationiert und hatte nur sehr selten einige Tage Urlaub.

So unglaublich es auch erscheinen mochte, das Leben in Bangkok hatte sich kaum verändert, trotz der gewaltigen Kriegsgeschehnisse auf unserem alten europäischen Kontinent. Hitler hatte die militärischen Fehler begangen, auf die mein Vater so gehofft hatte. Er hatte fast ganz Europa besetzt, hatte in Italien einen Alliierten, der ihm nur hinderlich war und hatte schließlich Rußland angegriffen und trotz der großen, rapiden Anfangserfolge nicht besiegen können, bevor der frühe Herbst und der eisige Winter angebrochen waren. Nun stand die deutsche Armee vor Moskau im Winter 1940/41, ein erstarrendes Gefühl für jedes russische Herz, egal ob der derzeitige Herrscher ein Zar oder Stalin war. Wir konnten in Bangkok Radio Moskau gut empfangen, und ich werde nie den Morgen vergessen, an dem Stalin die Bevölkerung informierte, daß Deutschland das Land angegriffen hatte. Er versprach den Russen mit schwerfälliger Stimme dieselbe Vernichtung des Feindes, die Rußland immer wieder im Laufe der Geschichte seinen Invasoren bereitet hatte, trotz vieler Verluste und schrecklicher Opfer. Wir wissen alle, daß Stalin diesbezüglich sein Wort gehalten hat.

Wir, die wir immer noch in Frieden lebten, ohne Hungergefühl und ohne persönliche Gefahr, dachten zwar an Arbeit und Pflichten, aber auch an Vergnügungen. Das Tempo der Parties hatte in keinster Weise nachgelassen. Ich empfand die vielen Geselligkeiten als Kontrast zu den langen Unterrichtsstunden zunehmend angenehm. Außerdem waren wir Mitglieder des Sport Clubs geworden, was bedeutete, daß man regelmäßig schwimmen und die Wochenenden mannigfaltiger gestalten konnte.

Unter anderem erhielt ich eine Einladung zu einer Buffet-Party bei Ludwigsohns. So in etwa wußte ich, wen ich da treffen und welche kulinarischen Spezialitäten Elsa ihren Gästen bieten würde. Beim Unterricht an dem Vormittag stiegen den Kindern und mir die köstlichsten Düfte in die Nase, denn Elsa konnte kochen, wenn sie wollte und bereit war, etwas Geld auszugeben. An dem Tag schien sie in geradezu verschwenderischer Stimmung zu sein — den Gerüchen nach zu urteilen. Wir wurden ganz unruhig und hungrig. Irene ging in die Küche und brachte eine Kostprobe — von Curry bis Ente, von selbstgebackenem Brot bis eingekauften deutschen Wurstspezialitäten. Es hatte sich mittlerweile ein deutscher Schlachter in Bangkok einen Namen gemacht, und Elsa hatte bei ihm bestellt. Für den Abend wären hauptsächlich deutschsprachige Emigranten eingeladen. Es würde wahrscheinlich behaglich und etwas langweilig werden, außerdem dämpfte Elsas Erscheinung bei mir a priori jede freudige Erwartung. All die anderen Parties, es war nicht zu leugnen, lagen mir bei weitem mehr.

Als ich nach dem langen Arbeitstag bei Ludwigsohns ankam, waren bereits alle versammelt, die Stimmen und die Grammophonmusik erfüllten den großen Garten, und das Haus war voll illuminiert. Es klang heiter und einladend. Ich konnte die Gastgeber nicht gleich finden, als ich die sehr geräumige Veranda erreichte. Ludwigsohns waren höchst unkonventionell. Fantls saßen fröhlich plaudernd mit ihrer gewohnten Clique an einem großen Tisch. Sie hatten lediglich die Räumlichkeiten geändert, ansonsten saßen sie allabendlich so zusammen. Plötzlich kam Dr. Ludwigsohn auf mich zu, den ich bei all dem Geschnatter bereits vergessen hatte. Er spielte bei der Unruhe gerade Schach und bat mich zu seinem Tisch. Zwei Herren erhoben sich und wurden mir vorgestellt: Herbert Hamlet, klein, etwas rundlich, mit einem intelligenten Kopf und sehr ironischen Augen, Marcel Weil, groß, blauäugig, schlank und sehr distanziert: der Kaufmannssohn aus Hamburg, dem das Grüßen so viel Mühe zu bereiten schien, wenn ich ihn — äußerst selten — in unserer kleinen Gasse traf. Wir gaben uns die Hand, in keinster Weise, auch nicht im Entferntesten ahnend, daß wir sie uns Jahre später fürs Leben geben würden! Herr Weil, stilgerecht, nickte auch an dem Abend mir nichtssagend zu, seine Augen blieben zutiefst gelangweilt, und überhaupt war er ungeduldig, das Schachspiel fortsetzen zu können. Zum Glück, ich hätte nicht gewußt, was ich diesem enervierenden Menschen als Konversation hätte bieten können, nachdem er selbst für mich so fern und so unvertraut und so wenig wärmend wie beispielsweise der Mond war.

Ich wanderte weiter, plauderte mit dem einen und dann mit der nächsten, und das Ganze war ungeheuer mühsam und ziemlich fremd. Das Buffet war einsamer Trost. Aber da stand Elsa, natürlich erhitzt, natürlich in den gewohnten Sandalen gewichtig in den großen Räumen nach dem Rechten (es geschah nichts Unrechtes!) sehend und verdarb mir rasch den Appetit. Eine kleine Unterhaltung mit dem Fantl-Tisch schien mir für den Abend zu reichen. Der nächste Tag war ausgebucht, ich wollte nach Hause und war dabei, mich zu verabschieden, als Herr Weil unerwarteterweise neben mir stehend mir anbot, mich nach Hause zu fahren. Was sollte das nun? Die Entfernung betrug höchstens 300 Meter, und ich lehnte ab, hauptsächlich, weil die Vorstellung der noch so kurzen gemeinsamen Fahrt mich in keinster Weise erquickte. Ich schlenderte die paar Schritte nach Hause, durch garnichts angeregt und etwas traurig darüber, daß ein Abend so farblos ablaufen konnte, trotz der schönen Räumlichkeiten und der herrlichen Antiquitäten, die dem Interieur eine außergewöhnliche Note gaben.

Nach Hause zu gehen, auch wenn es eine bescheidene Behausung hinter einem guten Hotel war, erfüllte mich immer noch, im zwanzigsten Lebensjahr, mit Glück. Denn nach Hause gehen bedeutete, meine Eltern vorfinden können, meinen dummen Hippy überglücklich an mir herumspringen zu sehen und die Katzen aus ihren verschiedenen Ecken zur Begrüßung zu empfangen. Das war Glück, Geborgenheit, das war das, was wir in vielen Ecken der Welt immer wieder aufbauten und was in meinem Bewußtsein als die Wirbelsäule meines Lebens immer war und bleiben wird. Alles andere, Glück und Kummer, konnte nur von dieser Lebenswurzel ausgehen, sozusagen das Fundament, ohne welches nichts hätte entstehen und schon gar nicht hätte blühen können.

Mein Vater knüpfte zu der Zeit eine neue Geschäftsverbindung an, die sich beglückend und profitabel entwickeln sollte. Syrien war damals französisches Mandatsgebiet, sodaß Monsieur Haim Djemal, Papas neuer Kompagnon, zwar Syrer war, aber mentalitätsmäßig und sprachlich französisch orientiert. Er war Mitte Dreißig, blauäugig, sanft, gemütlich, wohlhabend, geschäftstüchtig und anhänglich. Er stammte aus Aleppo, das er auf romantische Weise oft beschrieb, war dennoch begierig in der Welt Ausschau zu halten und Geld zu verdienen. In meinem Vater hatte er zwar einen wesentlich älteren Gleichgesinnten gefunden, jedoch die Begeisterungsfähigkeit war durch den Altersunterschied in keinster Weise beeinträchtigt. Im Gegenteil, die Lebenserfahrung und die stets hohen Ansprüche hatten die Qualität eher erhöht, sodaß der ältere und der jüngere Partner einander ausgezeichnet ergänzten. Haim Djemal wurde unser Freund, der nicht nur aus geschäftlichen Gründen sich gerne bis in die späten Abendstunden bei uns aufhielt. Er mochte uns und fühlte sich wohl in unserer Mitte. Hinzu kam, daß Messaat im Laufe der Zeit mit feinem Fingerspitzengefühl ihm die Köstlichkeiten servierte, die er so schätzte. Haim streckte sich schließlich auf unserem Sofa behaglich aus und fühlte sich ganz zu Hause.

Die Geheimtips über Djemals Gaumengenüsse erhielt Messaat von seinem chinesischen Koch am Markt und leitete uns alle Informationen zu, inklusive die über die jeweilige Freundin, die im Moment seine Gunst erobert hatte. So subtil und drahtlos verlief das Netz der Informationen in einer Stadt, die Telefon und Telegrafenamt besaß. Für Inside Knowledge brauchte man letzteres nicht!

Mitten in der günstigsten Jahreszeit — Januar/Februar — erkrankten meine Mutter und ich gleichzeitig und zum ersten Mal an der dortigen Grippe, dem sogenannten Dengue-Fieber. Wir hatten schon darüber gehört, dennoch — als die sehr starken Gliederschmerzen mit hohem Fieber einsetzten, meinten wir einen Arzt rufen zu müssen. Da hatten wir nicht berücksichtigt, daß wir Messaat im Hause hatten, die zwar keinen Arzt ersetzte, aber sicherlich einen Medizinmann, jederzeit und mit Bravour. Sie kam und schaute uns an, fühlte die Stirn, fragte, wo die Schmerzen am schlimmsten seien, und wußte Bescheid. Sie stellte die Diagnose und beherrschte die Therapie. Unsere anfängliche Skepsis wurde durch ihre Entschlossenheit, uns auf siamesische Art zu heilen, schließlich besiegt, wobei sie bei meiner Mutter sanfter an die Arbeit ging als bei mir, wohl wegen des Altersunterschiedes.

Während Messaat meine Mutter mit erstaunlicher Kraft, die man ihrer Größe und ihrem Körperbau nie zugemutet hätte, sachkundig und gezielt massierte, ging sie bei mir weitaus radikaler an die Arbeit. Sie entfernte das Bettlaken, mit dem ich zugedeckt lag, knetete mir erst die schmerzenden Schultern und Arme und befahl mir, mich auf den Bauch zu legen. Alles fragen nützte nichts, ich verstummte völlig, als unerwarteterweise etwas Unbekanntes mir das Kreuz durchzubrechen drohte. Ich stöhnte vor Schmerz und Furcht, verstand aber alsbald etwas Unglaubliches: Messaat spazierte behutsam, aber überzeugt auf meinem Rücken herum und drückte mit Nachdruck auf die Muskulatur mit ihren kleinen Affenfüßchen.

Der Schmerz war grotesk und stand in keinem Verhältnis zu der Ursache. Ich murmelte nur: „Messaat, mai chop“ (ich mag es nicht), mir fiel nichts, aber auch gar nichts anderes ein auf siamesisch, worauf sie sehr überzeugt „Maipen arai, Missie“ erwiderte (macht nichts) und trampelte eifrig auf meinem Kreuz herum. War es die Magie ihrer Füße oder die Zähigkeit meiner Knochen, ich weiß es nicht. Sicher war, daß, während sie noch auf mir herumspazierte, sich der Schmerz in Wohltat verwandelte, ich fühlte ihr Gewicht kaum noch, und allgemeines Wohlbefinden durchflutete mich von Kopf bis Fuß. Schließlich hätte ich schnurren können vor Wohlbehagen und war enttäuscht, als Messaat wieder auf dem Boden stand. Die erste Behandlung war beendet, und mir blieb nichts anderes übrig, als immer wieder „Koptchai“ zu murmeln, mein Wortschatz war nicht sehr dehnbar. Koptchai war schon richtig, zu Deutsch dankeschön, nur völlig unausreichend im Vergleich zur Leistung.

Außerdem bereitete uns Messaat einen herben Kräuter- und Wurzel-Trunk, eigene Herstellung, den wir blind und zuversichtlich tranken, ohne genaue Fragen zu stellen aus Angst vor den obskuren Antworten. Am nächsten Tag waren wir fieberfrei, erhielten noch eine Massage, beziehungsweise Trampeltherapie und waren genesen. Seitdem war Messaat nicht nur zuverlässige Köchin, sondern auch höchst originelle, liebevolle Therapeutin, nicht nur für uns in der Familie, sondern später auch für unsere Hühner und Enten. Außerdem hielt sie periodisch durch Stäbchenverbrennung und Opfergaben böse Geister von uns fern und liebte uns voller Hingabe. In anderen Worten: Messaat war gar nicht mehr wegzudenken. Sie hatte sich eingeschlichen, nicht nur in unser Haus, sondern in unser Leben.

Der französische Minister, Roger Garreau, mit einer gebürtigen Russin verheiratet, tat einen entscheidenden Schritt. Bei Didots kennengelernt und oft wieder getroffen, hatte ich für diesen Mann Sympathie und Bewunderung entwickelt. Er besaß eine verhältnismäßig seltene Mischung für einen Diplomaten: vorzügliche Höflichkeit und den Mut zu präzisen Äußerungen, die nicht immer Beifall finden konnten. So überraschte es wohl kaum jemanden, der ihn kannte, daß er seine Bindung zu Vichy-Frankreich abbrach und zur „France Libre“ überwechselte, mit de Gaulle sozusagen als Präsidenten. Für de Gaulle und seine Anhänger war der Krieg nicht beendet, und Frankreich sollte daran teilnehmen bis zu dem endgültigen Sieg. Als ich von Garreau's Entscheidung hörte, packte mich das Fieber. Ich fragte mich plötzlich, wieso ich überhaupt in Bangkok saß und die Zeit mit Unterricht verbrachte, wenn außerhalb dieser Nußschale, in der wir lebten, es so unendlich viel zu tun und zu helfen gab. Ich bat um ein Gespräch mit Garreau und sprach zu Hause nur von der Schande der Untätigkeit, wenn man jung und gesund war. Von dem, was ich vorhatte, deutete ich nichts an, aus Furcht vor einem Pandämonium.

Als mir Garreau bald einen Termin in seinem gehetzten Zeitplan mitteilte, unterbrach ich den vormittäglichen Unterricht bei Ludwigsohns und eilte auf leichten Füßen zur Légation. Ich fand einen sehr beschäftigten, glücklichen Minister vor, was meinen Enthusiasmus wiederum steigerte. Ich bat ihn, mich bei France Libre irgendwo einzugliedern, weil ich mich entschlossen hatte, aktiv zu helfen. Er war erfreut, forderte mich auf, ihm meinen Lebenslauf schriftlich zukommen zu lassen, und versprach mir, ich würde von ihm hören, sobald es möglich wäre. Ich wußte, er würde sein Wort halten. Mit „bon voyage, bonne chance" und einem festen Händedruck verabschiedeten wir uns voneinander.

Cyril Leibowitsch wurde von seiner dänischen Firma ins Landesinnere verpflichtet für ein größeres Brückenbauprojekt. Er war traurig, sein „Zuhause", wie er uns nannte, zu verlassen und hoffte, nur wenige Monate wegbleiben zu müssen. Wir dagegen waren froh, wieder ganz unter uns zu sein, denn er, so sympathisch und originell er war, war für uns nicht „unser Zuhause". Auch ohne ihn war bei uns ein ständiger Strom von kommenden und gehenden Menschen.

Zu den Schülern, die ich bereits hatte, gesellte sich die kleine Tochter eines sehr prominenten chinesischen Kaufmanns hinzu. Die Kleine war zwölf Jahre alt, als ich sie kennenlernte. Ich wurde mit dem Wagen geholt und zu der Familie nach Hause gebracht, da die Kleine nach einer Kinderlähmung gehbehindert war. Dieses Mal sollte ich Englisch unterrichten, eine Sprache, die sie im Internat in Penang begonnen hatte zu lernen, aber noch lange nicht beherrschte! Die Eltern von Mey Lay besaßen ein herrliches sehr großes Haus in Bankapi, einem Villenviertel von Bangkok, wo meist Europäer wohnten. Die zahlreiche Familie lebte ganz und gar nach chinesischer Tradition, inmitten wunderschöner ostasiatischer Möbel, Aquarien, Pflanzen, Tauben und Vögel. In den verschiedenen Innenhöfen plätscherten munter, aber unauffällig, zierliche Brunnen, so daß die Luft in und um dieses in sich ruhende Haus voller Düfte und schöner Klänge war, fast eine glückselige Harmonie.

Von verschiedenen Dienstboten wurde ich untertänigst in einen Hof geleitet, der voller Jasminduft und Taubengeturtel war. In einer schattigen Ecke nahm ich Platz, voller Erwartung, meine zukünftige Schülerin kennenzulernen. Aber erst kam die schlanke, graziöse liebenswürdige Mutter, die sich in perfektem Englisch mit mir über alles mögliche unterhielt, bevor sie zu ihrem tatsächlichen Anliegen kam. Sie sprach über Mey Lay, ihre einzige Tochter, die anderen drei Kinder waren Söhne, gesund und sehr munter anscheinend, alle im Internat in Malaysia. Es galt, Mey Lay nicht nur Englisch und später Französisch beizubringen, sondern auch ihren vereinsamten traurigen Alltag zu erhellen. Durch ihre fatale Krankheit war sie wohl für immer verkrüppelt, von den Hüften abwärts. Gymnastikübungen waren sehr schmerzhaft und halfen gar nicht. Später, wenn das Wachstum beendet sein würde, wollten Mutter und Tochter nach Europa fahren, um gute Orthopäden zu konsultieren. Wollte ich die Geduld aufbringen, Mey Lays Alltag zu verschönen und ihr gleichzeitig die zwei Sprachen beizubringen? Ohne das Kind gesehen zu haben, hatte ich bereits den Wunsch, es zu tun, aber wann? Ich stellte fest, ich war ausgebucht, und niemanden hätte ich gerne aufgegeben, nicht einmal Ludwigsohns, trotz der miserablen Bezahlung. Nichts anderes fiel mir ein, als die zwei Siesta-Stunden vorzuschlagen und zwar unter der Bedingung, daß ich geholt und gebracht würde. Ein harter Job, aber ich mußte es tun, weil mir in diesem Haus alles, aber auch alles so sehr gefiel. Die Mutter war glücklich über diese Regelung und holte von irgendwoher ihr Töchterchen.

Man konnte Mey Lay nicht betrachten, ohne sie zu lieben. Auf unsicheren, entstellten Beinchen mit der Hilfe von Stöcken kam sie mir entgegen, als ob so zu laufen selbstverständlich wäre. Ihr kleines, sehr schlitzäugiges Gesichtchen strahlte Disziplin, Sanftmut und sehr reges Interesse aus. Sie betrachtete mich direkt und intensiv und sagte „I am Mey Lay". Wir gaben uns die Hand und waren schon befreundet. Ich fragte sie, ob ich ihre Lehrerin werden sollte, worauf sie schlicht antwortete: „I like you." Nach einigen Höflichkeiten wollte sie mir ihre Tauben vorstellen, dann ihre Fische, die alle einen Namen hatten, und schließlich murmelte sie voller Ehrfurcht, daß sie mich ihrer Großmutter vorstellen wollte, der Mutter ihres Vaters, also der wichtigsten Person im Hause, nach chinesischer Tradition.

Mehr und mehr verlor ich jegliches Gefühl für Realitäten. Die Düfte, das Geplätschere der Brunnen, der Gesang der Vögel und dieses bemerkenswerte Kind verwandelten die Stunden in ein zeitloses Märchen. Es war mir völlig klar, daß es Mey Lay gestört hätte, wenn man ihr beim Gehen hätte behilflich sein wollen, so bewegten wir uns langsam auf natürlichste Weise zu dem Raum, wo die ehrwürdige Großmutter residierte. Wir traten aus dem grellen Licht in einen verdunkelten kühlen Raum, in dem ich wieder viele schöne Gegenstände erblickte, aber kein Lebewesen. Meine kleine Freundin führte mich zu einer Ecke, wo ein hoher steifer thronartiger Sessel stand, davor verbeugte sie sich und sprach auf chinesisch. Tatsächlich erkannte ich in der Dämmerung ein ganz hageres, sehr alt wirkendes weibliches Wesen, von vielen bestickten Batistgewändern umhüllt, der Rock aus Brokat, der Mund voller Goldzähne, aus dem krächzende Laute mühevoll kamen. Großmutter verschaffte sich zusätzliche Abkühlung mit einem Perlmuttfächer, den sie mit einer verknöcherten, schmuckbeladenen Hand betätigte. Eine faszinierende, irreale Gestalt, die sich jetzt herabließ, auf mich herunterzublicken und mich mit einer Grimasse zu beehren. Das war ihr wohlwollendes Lächeln. Großmutter und Enkelin unterhielten sich ein Weilchen, die Kleine fast im Flüsterton. Großmutter betrachtete mich unbeweglich, und schließlich legte sie ihren Fächer in den Schoß, um ihre beiden Hände zu falten zum Gruß. Dabei klirrten unzählige Armbänder, und die Goldzähne strahlten abermals im Dunkel des großen Raumes. Wir waren entlassen.

Als wir wieder zu „unserem" Hof kamen, Mey Lay durch das Laufen erschöpft, ich von der großmütterlichen Atmosphäre noch völlig benommen, standen bereits Erfrischungen auf dem Tisch. Meine neue Schülerin äußerte, daß ihre Großmutter unendlich gütig sei, denn obwohl sie, Mey Lay, nur ein Mädchen sei, behandele sie sie immer mit Aufmerksamkeit und Liebe. Sie meinte, was sie sagte, und war sichtlich von der Zuneigung der Großmutter gerührt. Überhaupt nannte sie diese „the great Lady", wenn sie von ihr sprach. So selbstverständlich und überzeugt lebten in diesem Hause uralte chinesische Traditionen weiter.

Auf der Fahrt nach Hause, im bequemen Auto, wußte ich immer noch nicht so recht, wo ich mich befand, aber reich und glücklich fühlte ich mich und auch sehr müde. Merkwürdig, dieses Leben! Es waren kaum zwei Jahre vergangen seit unserer Zeit in Mailand, der Schmerz der damaligen Trennung hatte anscheinend jede Freude für die Zukunft ausgeschlossen. Die Abreise von Venedig hatte einer qualvollen Wunde geglichen, die vermutlich nie ganz aufhören würde, zu bluten ... Nun, nach einer relativ kurzen Spanne schmerzte das Herz immer noch, frisch und hartnäckig, mit vielen Sehnsüchten beladen, aber nur, wenn man ihm Zeit gab, sich zu erinnern. Meine neuentdeckte Tätigkeit jedoch hielt mich pausenlos im Einsatz, brachte viel Freude und Abwechslung und gab mir dadurch die Möglichkeit, Sehnsüchte und Erinnerungen in heilsamer Distanz von meiner Seele zu trennen. Welch ein herrliches Wunder, jeden vergangenen Augenblick in sich verschlossen zu wissen, für immer verlassen und dennoch bereits in der Lage, das Neue voll zu leben!

Die Schar meiner Schüler bot wahrhaftig Abwechslung. Zwei dänische Ingenieure, zwei französische Diplomatenkinder, drei deutsche Arztkinder und schließlich die Perle unter ihnen allen:

die exquisite kleine Mey Lay, das edelste wohl, was an chinesischer Erziehung, Tradition und stolzem Charakter sich in einem jungen Wesen vereinen konnte. Durch die engen freundschaftlichen Beziehungen zu meinen Schülern ergaben sich pausenlose Geselligkeiten, die interessant und lehrreich waren. Ich lernte so viel von den jeweiligen Mentalitäten und hatte oft das Gefühl, an einem Tage in verschiedenen Ländern zu Hause gewesen zu sein.

Die Skandinavier hatte ich bis dahin nie Gelegenheit gehabt, kennenzulernen. Durch meine beiden dänischen Schüler öffneten sich auch diese Türen. Der ältere, Vej-Hansen, der Strohwitwer war und erstmal ohne Frau in Bangkok lebte, gab große Festlichkeiten in seinem großzügigen Heim. Dort traf ich nach und nach fast die gesamte dänisch-schwedische Kolonie und einige siamesische Prinzenpaare dazu. Eine spontane Freundschaft verband bald alle, und die Abende wurden lang und fröhlich. Nicht selten frühstückten wir anschließend im kleinen Kreis auf dem Dachgarten eines siamesischen Prinzen namens Miu, der mit seiner halbschwedischen Frau ein palastartiges, extravagantes, selbstentworfenes Haus bewohnte, denn Miu war Architekt und großer Hasardeur von seiner Neigung her. Auf dem Dach seines „Petit Palais" (er sprach perfekt französisch) bei Sonnenaufgang ein englisches Breakfast nach langer Nacht seinen Freunden zu offerieren, war für ihn wie die Freude der ersten Blume des Tages. Lyrisch war er auch. Wesentlich weniger Freude demonstrierten meine Eltern, wenn ich erst gegen neun Uhr morgens von einer Abendparty frisch und munter nach Hause kam. Sie standen in Alarm am Hauseingang und dachten offensichtlich an alle Sünden dieser Welt im Zusammenhang mit ihrer Tochter. Besonders meinem Vater erschien es unglaubwürdig, daß alles harmlos sein sollte!

Mein zweiter dänischer Schüler war der Junggeselle Wern, der großgewachsene, sehr schlanke, sehr rassige, sehr kühle, sehr kluge, leider sehr aufregende. Alles an ihm war einfach perfekt, auch die Manieren, die blauen, nicht sehr kühlen Augen, die Kleidung und die aparte, edle Atmosphäre, die er verbreitete. Wir merkten bald, daß unser Unterricht stellenweise mühsam wurde, weil unsere Gedanken abschweiften, seine Stimme veränderte sich hie und da, und sein Self-control wurde brüchig. Wie konnten nordische blaue Augen so zunehmend zärtlich und schließlich feurig-fröhlich werden? Ich war entzückt. In meinen Gedanken wirbelten Bilder von Danilo und auch Mahnsignale dafür, daß ich zum Lehren der französischen Sprache da saß. Wie weit durfte eine Lehrerin weich werden? Diese Entwicklung überraschte mich sehr. Nach der erzwungenen Trennung von meinem sagenhaften Danilo, der in meinen Augen alles besaß, um von einer Frau geliebt zu werden und sie zu behalten, hatten meine Gedanken keine Abschweifung gekannt, und mein Blut und meine Sinne hatten nicht die Spur von Unruhe verspürt, und wenn es geschah, dann nur aus schmerzender Sehnsucht nach Danilo. Wie konnte es sein, daß dieser ellenlange Däne, der Prototyp eines nordischen Aristokraten, mich verunsicherte und beschäftigte? Nicht nur das, es beglückte mich zu beobachten, wie er von Mal zu Mal mehr Feuer fing und schließlich kaum noch fähig war, dem Unterricht zu folgen, auf den ich mich wiederum mit äußerster Konzentration zu beschränken versuchte. Sehr bald bemerkte Wern mit einem ekstatischen Lächeln, indem er mir die heiße Wange streichelte, daß wir uns wie die Kinder in der Schule benähmen. Und wozu diese ganze Schüchternheit? Das war wohl eine Liebeserklärung dänischen Stils, und ich fand sie hinreißend. Sie war echt, tief empfunden und schüchtern formuliert. Meinem verliebten Schüler glühten die Augen, und ein Hauch von Röte stieg ihm in die Wangen. Er nahm schließlich meine Hand und küßte sie, behielt sie, streichelte sie und küßte sie wieder. Wir saßen unbequem auf zwei harten Stühlen nebeneinander am Arbeitstisch, und ich fragte mich voller Ungeduld, wie er das nun anstellen würde, mich zu küssen. Entweder fiel ihm nichts ein, oder er war von seinen Gefühlen überrascht und überwältigt oder beides zusammen und verschüchtert noch dazu, jedenfalls, es passierte nichts. Er spielte mit der Kette, die ich am Halse trug und bemerkte, daß sogar diese schön wäre, denn alles an mir wäre so unendlich schön. Ich müßte ihm alles über mich erzählen, denn alles an mir wäre so anders und so unbeschreiblich reizvoll, meinte er, aber er küßte mich nicht. Etwas besorgt fragte ich ihn, was wir mit dieser begonnenen Stunde tun sollten, das wäre doch kein Unterricht, er meinte, oh ja, nur kein französischer!

Er lud mich für den Abend zum Dinner ein ins Oriental Hotel. Als er unser Haus verließ, vor dem Ende des Unterrichts, fühlte ich mich auf sanften Wolken schwebend und dem Abend entgegensehnend. Wie sollte ich die restlichen Unterrichtsstunden des Tages absolvieren? Besonders bei Etienne und François, die so lebendig und fordernd waren?

Meine Mutter kam kurz in mein Zimmer, bevor ich zu Ludwigsohns eilte, schaute mich an und meinte, Herr Wern hätte so verstört ausgesehen, als sie ihn im Garten getroffen hatte. „Wir finden ihn wohl beide sehr nett", bemerkte Mama diplomatisch. „Ich finde ihn mehr als nett, Mamatchka", antwortete ich aufrichtig. „Wir gehen heute Abend gemeinsam aus." „Mußt Du noch Papa sagen." Ich war immer noch „das Kind"!!

Mein nordischer Kavalier holte mich pünktlich ab, steckte mir im Auto eine Orchidee an das Kleid, mit unsicheren Fingern und gab zuviel Gas. Wern hatte einen Tisch bestellt auf der großen Hotelterrasse am Menam-Fluß. Die Tischdekoration war geschmackvoll ausgesucht und die Speisen vorzüglich, soweit ich sie registrieren konnte. Wern saß mir gegenüber, Ruhe und Eleganz ausstrahlend und betrachtete mich verzückt. Ich fühlte mich glücklich wie seit langem nicht, dieser Mann war so wohltuend und so vertrauenerweckend, obwohl ich so wenig über ihn wußte. Er wollte alles über mich wissen und gestand, daß meine Geschichte zu kompliziert war für einen so glücklichen Abend, und außerdem wäre nur ich für ihn wichtig und nicht, was vorher war. Wollten wir nicht tanzen nach einem derart köstlichen Dinner? Nein, zu albern, meinte er, „wir werden uns in eine Hollywoodschaukel am Wasser setzen und den Abend genießen.“ Es stellte sich heraus, er konnte gar nicht tanzen. Wir genossen den Abend sehr, bei leisen Gesprächen, meine Hand in seinen schmalen, schönen Händen, bei kühlen Drinks und einer irrealen Kulisse. Mir wurde klar, daß ich für Wern ein exotisches Geschöpf sein mußte, das seine Neugierde weckte und seinen Pulsschlag durcheinanderbrachte. Er war für mich absolutes Neuland, kristallklar, sehr sensibel, sehr ästhetisch, aufmerksam, intelligent und sehr um Selbstcontrol bemüht. Ich genoß seine Gesellschaft und seine Liebe, war mir jedoch nicht darüber im klaren, was ich verspürte. Man muß bedenken, ich war andere Temperaturen gewöhnt, andere Farben, kurzum völlig andere Regionen! Ich betrachtete diesen fremden Menschen, der mir unerklärlicherweise keinesfalls fremd erschien, und versuchte mir vorzustellen, wieviel Gemeinsamkeiten uns tatsächlich verbinden würden, sollten wir soweit gelangen, die Anziehung der Gegensätze in die richtigen Dimensionen zu bekommen. Vor allen Dingen wollte ich endlich einen nordischen, hoffentlich leidenschaftlichen Kuß erleben! Ich hatte nunmehr das Bedürfnis zu erfahren, ob und in welcher Form dieser Mann fähig war zu lieben. An einem siamesischen Fluß zu sitzen, umgeben von europäischem Dekor, eine sternklare Mondnacht, ein verliebter Däne neben mir, einer Russin mit italienischer Prägung, war wieder eine Situation, die für meine Begriffe auf eine Bühne surrealistischer Vorstellungen gehörte. Ich nahm Wern's Hand und sagte auf Englisch: „Ich bin mir darüber bewußt, dieses ist außergewöhnlich, es ist beglückend.“ Er floß in Liebe dahin, sein Kuß war wunderschön, wunder-wunder-schön.

Wir blieben noch eine ganze Weile im Garten. Wern begann zu erzählen, über seine Kindheit, seine Familie und seinen Werdegang. Im Vergleich zu unseren Wanderungen war sein Leben wie ein klarer, kleiner See gewesen, voller Goldfische und ohne Stürme, behütet und abgesichert bis ans Ende des Lebens seiner Enkel voraussichtlich. Mich wunderte, daß er sich entschlossen hatte, nach Bangkok zu gehen, ein Wagnis geradezu, aus dem so programmierten Strom seines Lebens. Er wollte etwas anderes kennenlernen, und außerdem ist die Karriere steiler, wenn man Tropenaufenthalt bei der Firma vorweisen kann! Ich hörte zu und hatte den kleinen Verdacht, man lese mir aus einem schönen, etwas langweiligen Märchen vor. Ich blickte diesen guten, entzückenden Menschen an und empfand Zärtlichkeit für ihn, aber vor allem sollte er auf keinen Fall merken, daß ich nicht im siebenten Himmel war wie er, es hätte ihn zu sehr getroffen. Im Moment versuchte ich eine um sich greifende Langeweile in mir zu unterdrücken. Ich fragte mich mit einiger Überraschung, woran diese merkwürdige Reaktion von mir liegen könnte, es müßte an einem noch nicht erkannten Defekt in mir liegen. Wie konnte mich ein so überzeugender, erfolgreicher Mann wie Wern teils entzücken und teils langweilen. Während er glücklich, frei und zärtlich so viel erzählte wie vermutlich nie zuvor in seinem Leben, dachte ich plötzlich an Großväterchen und wie erregend und spannend jede Stunde mit ihm gewesen war. Er muß mir durch all die Jahre der Trennung zur Hilfe gekommen sein, denn plötzlich wußte ich die Antwort: der liebe Wern war ein Mensch ohne Erlebnisse, mit viel anerzogenem Schliff, auch Charme, aber gleichmäßig, ohne berauschende Höhen. Ich konnte mir daher auch nicht vorstellen, daß er Tiefen hatte. Im übrigen war der Tag lang gewesen, und der Abend war spät. Ich wollte nach Hause, bevor das Gähnen nicht mehr zu unterdrücken sein würde.

Wernchen, der Liebe brachte mich zärtlich nach Hause, in keinster Weise ahnend, daß für mich das „himmelblau" seines Lebens gestört war, daß ich ihn zwar von Herzen schätzte, aber ganz sicher nicht den Kopf verloren hatte. Im Grunde fand ich es sogar beruhigend, daß es so war, ich wußte allerdings nicht, warum.

Papa war „rein zufällig" aufgeblieben und las eine Zeitung, als ich nach Hause kam. Wann würde er aufhören, auf mich aufzupassen, als wenn ich ein törichtes Kind in einem gefährlichen Wald wäre? Kurz nachdem ich im Bett lag, ging auch er schlafen!

Wir näherten uns der dritten Monsun-Zeit seit unserer Ankunft in Bangkok. Die Geschäfte meines Vaters waren gut angelaufen, mit Haim Djemal harmonisierte er gut. Meine Verdienste waren auch sehr zufriedenstellend, bedenkt man, daß ich völlige Amateurin war und auch noch sehr viel Freude an meiner Tätigkeit hatte. Es lag natürlich hauptsächlich an der Qualität der Schüler und dem, was sie mir boten. Außerdem machten sie alle gute Fortschritte, hauptsächlich der liebe Wern. Er kam regelmäßig zum Unterricht, strahlend, voller Vorschläge für den Abend. Wir gingen oft miteinander aus, und ich hatte etwas Furcht vor weiteren Angeboten. Mich beschäftigte auch sehr die Frage, zugegeben sinnloserweise, wie wohl das Privatleben Danilos mittlerweile aussehen mochte. Wurde ihm die freiwillig versprochene Treue lästig? Oder war er schon lange nicht mehr treu? Es erreichten uns keine Briefe mehr, lediglich die Mitteilungen von Radio Vaticana. Danilo war noch in Frankreich. Bei einem chinesischen Abendessen erschien mir Wern etwas blaß und bedrückt. Auf meine Fragen klagte er über erhebliche Störungen im Magenbereich, seit Tagen. Er sei bei Dr. Hermet gewesen zur gründlichen Untersuchung, aber die Ergebnisse würde er erst am nächsten Tag erfahren. Ich solle mir keine Sorgen machen, tröstete er mich.

Das Resultat der Untersuchungen war allerdings beunruhigend genug. Wern hatte in diesem tückischen Klima einen höchst gefährlichen Wurmbefall, der sehr selten auftrat, sich an der Leber festsetzte und das gesamte Blutbild veränderte. Bevor die Ärzte sich entschlossen, ihn in das kriegerische Europa zurückzuschicken, sollte er nach Dalat zur Kur und Erholung fahren. Dalat war damals eine klimatische Oase, hoch in den Bergen von Indochina, nördlich von Saigon. Es war auch gleichzeitig Anziehungspunkt für ermattete Europäer aus Südostasien, die sich etwas regenerieren und erholen wollten. In Dalat gab es ein französisches Krankenhaus und angeblich gute Ärzte. Wern reiste fast überstürzt ab, sah schlecht aus, war jedoch guter Dinge!

Auch Didots fuhren auf Urlaub nach Indochina. Bald würde der neue französische Gesandte eintreffen, dann hätten sie so bald sich nicht von der Légation entfernen könnnen. Kurz vor dem großen Regen wollten mehrere sich eine kleine Erholung gönnen. Wer weiß, was außer dem Regen noch für schwere Belastungen auf uns alle warteten, in Anbetracht dessen, daß kein Ende des Krieges in Europa abzusehen war.

Auch meine süße Mey Lay fuhr mit ihrer Mutter nach Chieng Mai in Nord-Siam, wo das Klima viel angenehmer sein sollte. Angesichts dieses Exodus' meiner Schüler schlug ich vor, wir sollten uns auch eine kleine Atempause gönnen und zwar in Hua Hin, dem sehr gepriesenen Seebad an der Westseite des Golfes von Siam. Das Meer war unser aller Leidenschaft in allen Weltregionen. Es war doch an der Zeit, etwas auszuruhen! Meine Eltern fanden den Vorschlag großartig, und wir begannen unverzüglich Vorbereitungen zu treffen.

Soweit wir informiert waren, bestand der Badeort Hua Hin aus einem vorzüglichen, siamesisch-geführten Hotel, für internationale Ansprüche genügend, das eine Reihe von komfortablen, relativ weit verzweigten Bungalows bewirtschaftete. Der ganze Komplex war am Strand gelegen, von Bougainville-Büschen und anderen dekorativen Pflanzungen umgeben. Außerdem gab es einen gepflegten, hübsch angelegten Golfplatz in unmittelbarer Nähe und etwas weiter das Fischerdorf selbst, mit einer gemischten Bevölkerung von Siamesen und Chinesen, wie überall sonst in Thailand.

Wir entschlossen uns für einen Bungalow mittlerer Größe, der Freiheit wegen und weil wir Messaat gerne mitnehmen wollten, die bei dem Projekt Hua Hin in endloses Freudekichern ausbrach und mit doppelter Schnelligkeit ihre Betelnuß kaute und deren Saft nach wie vor mit verblüffender Zielsicherheit ausspuckte. Sie verdiente wahrhaftig die Freude unserer gemeinsamen ersten thailändischen Reise. Wir buchten, erhielten Zusage vom Hua-Hin-Hotel und reisten am frühen Morgen alle ab — per Bahn — in klusive der letztgeborenen Tochter Messaats, und Hippys. Fantls wollten netterweise die Katzen für die Zeit betreuen.

Das Abenteuerliche, das wir erwartet hatten, blieb aus. Die thailändische Eisenbahn funktionierte nicht anders als alle anderen derartigen Verbindungen in aller Welt. Es gab allerdings drei Klassen, wobei in der dritten Haustiere, Hühner, Enten für den Transport erlaubt waren. Das Ganze rollte mit äußerster Ruhe, allerdings nur mit vager Berücksichtigung irgendeiner Uhrzeit, ab. Der Zug hielt an vielen Stationen, Menschen stiegen ein oder aus, mit oder ohne Geflügel, in ständiger Unterhaltung miteinander. Messaat saß irgendwo in einem Wagen mit ihren Artgenossen, das Kind auf dem Schoß oder an der Brust. Wenn sie uns in unserem Abteil besuchte, trug sie es an der Hüfte, beide strahlend, denn Messaat fand im Leben sowieso meist alles heiter und sorglos. Besonders schön, gestand sie errötend, wären für sie das Kartenspiel, die Liebe und das Reisen. Im Moment reisten wir, und schon war alles so schön. An einem Bahnhof kaufte sie uns je eine Schüssel von einem heißen Nudelgericht, siamesisch gekocht. Es duftete köstlich, dennoch verteilte uns meine Mutter vorsorglich irgendwelche Desinfektionstabletten für den Magen, einer der letzten Ratschläge von Dr. Berghiner.

Überall im Lande gab es transportable warme Küchen, ein unglaubwürdiger Anblick für den Asienanfänger. Meist waren es Chinesen, die ihre Kochkünste von Hütte zu Hütte und von Haus zu Haus anboten. Die Last hat grotesk gewirkt und der Anblick war mitleiderregend, aber die Speisen waren gut, wenn man als Europäer sich erstmal überwunden hatte, davon zu kosten. Das Ganze funktionierte etwa folgendermaßen: an einem langen dicken Bambusstock hingen an beiden Enden Gefäße mit brennender Holzkohle, darauf standen vielerlei Töpfe mit verschiedenen Gerichten, an beiden Enden war je eine Schüssel mit dampfendem Reis und dampfenden Nudeln. Der Besitzer und Koch dieser Wanderküche hievte diese große, heiße Last unter sichtbarer Anstrengung auf eine Schulter, behielt immer auf artistische Weise das

Gleichgewicht und lief beschwingt weiter, barfüßig, zum nächsten Kunden.

Auch während meines Unterrichts bei Mey Lay kam oft immer dieselbe Wanderküche ins Haus, nur wurde der Mann nicht weggeschickt. Dort hatte ich mich dieser Sitte angepaßt und ließ mich einladen. Seitdem brauchte ich nur generell und unauffällig um diese Töpfe zu schnuppern, um zu wissen, ob sie vertrauenerweckend rochen. Meistens war es ausgezeichnet und überraschend billig.

Wir kamen am Spätnachmittag in Hua-Hin an, fuhren mit zwei Taxen zum Hotel, um die Bungalowschlüssel abzuholen. Von der ersten Stunde an liebten wir Hua-Hin. Alles an diesem Ort hatte einen besonderen Reiz: ob es der weite weiße Strand war, die prächtige tropische Vegetation, die gepflegten Hotelanlagen, das großzügige, eher im orientalischen Stil gebaute Hotel, alles sah interessant, ruhig und noch verhältnismäßig unberührt aus. Es gab viele Annehmlichkeiten: Tennis, Segeln, Reiten (deutsche Reitlehrerin) und Golf. Hinter den großzügigen Anlagen verband eine asphaltierte Autostraße die anderen Dörfer miteinander. Überall entlang dieses Küstenstreifens standen Urlaubshäuser, die entweder in fester Hand waren oder zum Vermieten freistanden.

Während unseres ersten Aufenthaltes trafen wir Freunde wie zum Beispiel Gersons. Sie besaßen ein geräumiges festes Haus etwas weiter entfernt. Außerdem lernten wir viele neue interessante Menschen kennen, natürlich wieder und glücklicherweise verschiedenster Nationalitäten.

Die einsame Spitze an Extravaganz und Eleganz inmitten dieser Urlaubskolonie war Prinzessin Tongti Kayou. Sie kam eines Tages in die Halle des Hotels, als wir dort Tee tranken. Obwohl sie sicherlich die Sechzig etwas überschritten hatte, zog sie alle Blicke auf sich. Eine schlanke, fast weißhaarige Dame mit herrlichem frischem Teint (eine Seltenheit nach vielen Tropenjahren), großen blauen Augen voller Witz, einer perlenden Stimme aus einem hübsch geformten Mund. Sie sprach siamesisch mit dem Concierge und hielt zwei siamesische Kinder an der Hand. Wer mochte diese Europäerin sein, die so viel Wärme und Kultur ausstrahlte und offensichtlich völlig siamesiert war? Ein Kellner führte sie zu einem Tisch neben dem unseren, sie gab eine Bestellung auf für mehrere Personen und blickte zu uns rüber. Da wir russisch sprachen, leuchtete ihr Gesicht auf, und sie sprach uns auf russisch an. Wir setzten uns bald an einen Tisch und wurden Freunde von der Minute an. Prinzessin Tongti Kayou und meine Mutter wurden unzertrennlich, ob in Hua-Hin oder in Bangkok, und ich verehrte und liebte sie bedingungslos.

Eine derart charmante Frau mußte ein außergewöhnliches Leben haben, und das hatte sie wahrhaftig. Gebürtige russische Prinzessin aus Petersburg, hatte sie als junges Mädchen anläßlich eines Hofballes am Zarenhof den jungen damaligen siamesischen Botschafter in Petersburg kennengelernt. Ludmilla war von Natur lebensfroh, weltoffen und sehr ungeduldig, Außergewöhnliches zu erleben. Sie schien dafür prädestiniert zu sein und zog Extravagantes an. Der Botschafter, Prinz Tongti Kayou, ein Vetter des beliebten siamesischen Königs Chulalongkorn, bat Ludmilla zum Tanz. Aus ihren Aufzeichnungen in französischer Sprache, die ich die Freude hatte, etwas später auf der Schreibmaschine zu tippen, ging eindeutig hervor, daß der Prinz augenblicklich die verrücktesten Gefühle und Empfindungen in ihr geweckt hatte. Sie hatte zwar keine Ahnung, wo Siam lag, sie wußte nur, daß sie den Prinzen ungeheuer aufregend empfand. Er trug Landestracht pompöser Ausführung an jenem Abend, das bedeutete hochgeschlossenes Jackett mit Edelsteinknöpfen, ein Brokattuch auf traditionelle, komplizierte Weise zu einem hosenähnlichen Gewand gebunden, Lackschuhe mit Silberschnallen. Ein hochgewachsener, dunkelhäutiger Exote, mit großen melancholischen schwarzen Augen, der sicherlich überrascht auf dieses bildschöne blütenartige, vibrierende Geschöpf hinabblickte. Ludmilla setzte sich in den Kopf, diesen Mann heiraten zu wollen und ging diesem

Wunsch mit Zähigkeit nach. Prinz Tongti Kayou fing schließlich Feuer, schrieb an seine königlichen Verwandten über die unvorhergesehene Entwicklung und bat um Erlaubnis, eine junge russische Prinzessin zur Trauung nach Bangkok zu bringen. Während die Antwort auf sich warten ließ, hatte Ludmilla innerhalb der Familie große Auseinandersetzungen zu überstehen. Ihre Eltern hatten natürlich prächtige russische Aspiranten für sie ausgesucht, aber auf keinen Fall doch diesen dunklen . . . was war er noch? . . . Siamesen! Wo lag denn überhaupt dieses Land? Erst als für Ludmilla feststand, daß sie ihren Prinzen heiraten würde, auch wenn sie deswegen enterbt worden wäre, machte sie sich die Mühe, einen Atlas aufzuschlagen. Sie suchte erst unter Afrika, dann unter Indien, völlig entnervt fragte sie ihren Angebeteten, wo wohl sein Märchenland zu finden wäre? Sie empfand Siam bereits auf der Landkarte als berauschend, seiner Lage wegen und weil es keine Kolonie war, sondern ein Land der freien Menschen. Prinz Tongti Kayou erhielt aus Bangkok die Genehmigung zur Eheschließung, was sicherlich zu der Zeit eine außergewöhnliche Gunst bedeutete, denn die Sitten am siamesischen Königshof waren äußerst konservativ und nationalbewußt.

Prinzessin Ludmillas Eltern bestanden auf einer russisch-orthodoxen Eheschließung in Petersburg vor der Abreise ihrer Tochter in das völlig Ungewisse. Sie konnten nicht begreifen, daß gerade dieses Ungewisse ihr Töchterchen so über alle Maßen reizte. Sie wurde sozusagen „per procura" getraut, in Anwesenheit eines hohen siamesischen Hofbeamten, der für diese absonderliche Zeremonie nach Petersburg beordert worden war. Der zukünftige Gatte befand sich bereits in Bangkok, um die Hochzeit nach buddhistischem Ritus, versteht sich, vorzubereiten.

Trotz des abenteuerlichen Wagnisses hatte Ludmilla rückblickend eine glückliche Hand und den richtigen Instinkt gehabt, als sie sich auf diesen Prinzen kapriziert hatte: Ihre Ehe wurde von Glück begleitet. Prinz Tongti Kayou war nicht nur äußerlich der Märchenprinz für Ludmillas ausgeprägte, raffinierte Phantasie.

Er besaß die inneren Werte, die eben nur Märchengestalten ab und an besitzen. Kurzum: der ideale Partner für eine verwegene, verwöhnte, kleine russische Prinzessin.

Anfänglich sprachen sie miteinander französisch und wechselten rasch zum siamesischen über, denn Ludmilla war sprachbegabt und von der ersten Stunde an voll und ganz auf Siam und Liebe eingestellt. Am Hofe machte sie Furore und vergaß sehr bald Petersburg und den Ablauf von programmierten Tagen, die sie bis dahin gelebt hatte. Ihr Prinzgemahl wiederum, von seiner Frau im Sturm bedingungslos erobert, vertiefte sich in die Erlernung der russischen Sprache. Leider haben wir nur das Glück gehabt, Ludmilla Sergeiwna kennen und lieben zu lernen. Der Prinz war seit einigen Jahren verstorben. Es war sicherlich ein einmaliges Paar gewesen: durch sie hatten sich zwei völlig gegensätzliche Kulturen in Harmonie und Schönheit vereint, das Ergebnis war Glück und Grazie gewesen, eine Grazie, die Ludmilla weiterhin verkörperte, das imaginäre Glück pflegte sie weiterhin, indem sie im gemeinsamen Haus weiterlebte, einem Haus mit einer Atmosphäre, die die Einmaligkeit ihrer Besitzer widerspiegelte, wie wir später immer wieder feststellen konnten. Ludmilla hatte ihrem Prinzen zwei Töchter geboren, Söhne blieben aus, ein gewichtiger Minuspunkt für asiatische Verhältnisse, den Prinz Tongti Kayou völlig ignorierte, erfüllt wie er war vom persönlichen Glück. Beide Töchter waren nun verheiratet und Mütter von siamesischen Adelskindern. Ludmilla war etwas enttäuscht darüber, daß ihre Töchter in ihrer Heiratswahl keinerlei außergewöhnliche Prägung bewiesen hatten und dementsprechend verlief ihr Leben: durchschnittlich, langweilig, unruhig im Bewußtsein, bei weitem nicht das Optimale gefunden zu haben. Die jüngste, Pak Pring, lebte bereits von ihrem siamesischen Mann getrennt und sollte jeden Augenblick erscheinen, um mit ihrer Mama und den Kindern eine Teestunde zu verbringen.

Ich hätte mir eine kleine Pause gewünscht zwischen dieser bemerkenswerten Erzählung der Prinzessin und dem Erscheinen der Tochter. Es ist doch wichtig und wohltuend, unvergeßliche Eindrücke innerlich ordnen zu können, nochmal auszukosten, bevor man sich in das nächste Erlebnis begibt. Es verlief jedoch anders. Pak Pring erschien in dem Moment, als ihre Mutter eine kleine Pause in ihrer Erzählung einlegte. Eine kleine, junge Frau, bei der die Mischung von russischem und siamesischem Adel sich als großer Vorteil erwiesen hatte. Ihre Haut war eher hell, schwarze Haare, außerordentlich lebendige freche Augen und aristokratische Gesichtszüge. Sie war als Ludmillas Tochter sofort zu erkennen, nur die Farben waren anders und das Gespräch viel nuancierter, ja fast gewagt stellenweise, ehrlich und außerordentlich dynamisch. Eine andere Generation und eine Blutmischung, die Pak zu schaffen machte, vermutlich, aber sie auch befähigte, außergewöhnlich zu sein. Sie war es, machte keinen Hehl daraus und genoß es.

Pak schloß sich sehr erfreut unserer Runde an, schickte die Kinder in den Park spielen und versuchte anschließend durch viele Fragen, uns etwas kennenzulernen. Ich betrachtete Mutter und Tochter, und der Anblick machte mich glücklich. Sie lebten beide durchaus auf meiner Wellenlänge, und ich war mir sicher, daß wir uns miteinander nie langweilen würden.

Sowohl Ludmilla Sergeiwna als auch Pak trugen wunderschönen kostbaren Schmuck, teils europäischer, teils antik siamesischer Herkunft. Ich fragte sie diesbezüglich aus, denn Schmuck hat mich von früher Kindheit sehr erregt. Diese Stücke stammten meist aus der Königlichen Familie und waren teils von Ludmilla Sergeiwna aus Petersburg mitgebracht. Man plauderte und fand kein Ende. Die Damen luden uns für den nächsten Tag zum Lunch ein, aber wollten wir uns nicht am Strand treffen, den nächsten Vormittag? Dort würden wir die kleine Gruppe von Freunden kennenlernen, die gerade auch in Hua-Hin ein paar erfrischende Wochen verbringen wollten. Meine Mutter ging nie ins Wasser, die Sonne bekam ihr nicht, aber mein Vater und ich sagten zu, voller Freude.

Wir verbrachten dann in unserem Bungalow, inmitten von Palmen und blühenden Bougainvilleas, einen besonders zufriedenen Abend, beglückt wie wir waren von dem schönen Hua Hin und von der Begegnung mit russisch-siamesischer Kultur. Messaat servierte lautlos ihr köstlich vorbereitetes Abendessen, und Hippy schlief glücklich zu meinen Füßen.

Wo war Europa? Wann hatten wir dort gelebt? Warum bekämpften einander die Menschen dort auf so mörderische Weise? Hier war alles Stille, Friede, leise plätscherndes Meer und die Luft voller Düfte. Der nächste Tag war nur zum Faulenzen da, natürlich unter blauem Himmel, am Strand, zwei Schritte von zu Hause, und das Zuhause lag im tropischen Wald, gepflegt, nicht weit von den restlichen Häusern, wo so liebe Bekannte ihre Ferien verbrachten.

Als wir am nächsten Morgen zum fast menschenleeren Strand hinuntergingen, war der große Sonnenschirm von Pak nicht weiter schwer zu finden. Der Tag war grell, sehr warm und voller krasser Farben, wie immer in den Tropen mitten am Tag. Lediglich der Sonnenaufgang und der späte Nachmittag boten die zärtlichsten Nuancen, die man aufmerksam beobachten mußte, um sich das Wunder nicht entgehen zu lassen, denn alles spielte sich so schnell ab. Alles auf diesem Erdteil passierte rasch, nicht nur der Wandel der Farben, auch das Blühen und Verblühen von Pflanzen, Blumen und Früchten, ja sogar das der Frauen. Die Glut, die Feuchtigkeit waren schuld daran. Es galt also, den Höhepunkt des Lebens so rasch und so bewußt wie möglich auszukosten. Dementsprechend lebten die siamesischen Bewohner, so haben wir es immer empfunden, wie fröhliche, freundliche Kinder, inmitten von starkduftenden Blüten unter sengender Sonne, Insekten und Schlangen ignorierend, oder bei den sintflutartigen Regenstürzen des Monsuns, wenn die Erde dampfte und die Kröten brüllten. Diese Bevölkerung ging ruhig und ungestört, immer liebenswürdig, ihrem täglichen Leben nach, immer auf der Suche nach Freude und Schönheit.

Voller Freude, auf der Suche nach erquickender Geselligkeit spazierten wir, die Füße im kühlen Wasser, Pak Prings Sonnenschirm entgegen. Durch fröhliches Winken wurden wir näher gebeten. Es winkten viele Hände, denn Pak mit Mama hielt offensichtlich Hof, gemütlich, sorglos, zeitlos. Ich habe bis heute dieses Bild festgehalten: bei leiser Brise, eingefangen in einer geradezu idealen Kulisse, sich erlauben können ohne Zeitsinn dahinzuleben, schwerelos, sorglos, nur den Launen der Stunde folgend. Und in Europa starben ohne Pause namenlose Menschen. Ich lief zum Schirm, entschlossen, mich der Zeitlosigkeit bedingungslos hinzugeben, diese Lebenskünstler kennenzulernen und vielleicht durch sie etwas weiser zu werden.

Mehrere Schirme waren aufgespannt, die wohltuenden Schatten spendeten und die Brise kühler erscheinen ließen. Auf farbigen Badelaken mit vielen Kissen versehen, saßen und lagen vielerlei Menschen. Die Herren standen auf zur Begrüßung. Der größte unter ihnen war auch der schönste: Mr. West, erklärte Pak mit einem gewissen Stolz. Dänischer Ingenieur von derselben Firma, die mir durch Wern und Vej-Hansen bekannt war, Christiani und Nielsen. Daneben genau der entgegengesetzte Typ: klein, eher korpulent, dunkelhäutig, mit runden, rollenden schwarzen Augen, die alles sahen und alles herrlich fanden: der indische Juwelier Sena, der bedeutendste in Bangkok. Eine kleine drahtige blonde Gestalt erhob sich mit Mühe: Mr. Frandsen, Däne, Christiani und Nielsen. Mr. Frandsen war ausnahmsweise kein Ingenieur, sondern Finanzmann, sah eher aus wie ein hochintellektueller Schriftsteller oder gar ein Philosoph. Er sprach mich in perfektem Französisch an und wollte dabei bleiben. Mir jauchzte bereits das Herz vor Freude: so viele interessante Menschen und alle verschieden. Wie freute ich mich, sie alle kennenzulernen! Außer Sena waren alle Junggesellen. Madame Sena, in indischem Sahri auch am Strand, sah aus wie die Freundlichkeit und die Geduld personifiziert und machte den Anschein sich unbeschreiblich auf uns zu freuen. Ludmilla Sergeiwna, immer noch schön wie ein lichter

Sommertag, packte aus hübschen Körben Getränke und Spielsachen für die Enkelkinder aus. „Sit down, asseyez-vous, saditis", in den drei Sprachen wurde immer wieder ausgerufen. In dem herzlichen Durcheinander nahmen wir Platz, mein Vater wie seine Tochter bereits in jubelnder Hochform — und — es war nicht ein Traum —, und es war erst der Anfang einer schönen Zeit — irreal —, eine siamesische, schneeweiße Wolke, sonnenüberflutet, frei schwebend, einsam — aus vielen Kristallen glitzernd, in einer Welt voller schwarzer Wolken und lautem Donner.

Der Donner sollte uns auch erreichen, aber wie so oft vor einschneidenden Katastrophen, hatten wir ein grelles Zwischen-Hoch, das wir in vollem Bewußtsein auskosteten.

Wie sich herausstellte, war diese kleine Gruppe um die Tongti Kayou-Damen nur ein Teil des größeren und nicht minder interessanten Bekanntenkreises. Alle befanden sich zur Zeit in Hua Hin, vor dem erwarteten Monsun, zur kurzen Erfrischung. Wie es sich von Tag zu Tag in zunehmender Weise herausstellte, schienen wir alle wie von einer glücklichen magischen Hand zueinander geführt zu sein. Die Freundschaften, die wir in den Tagen schlossen, überdauerten teilweise in vertiefter Form unsere Abreise aus Thailand viele Jahre später und beglücken uns sogar bis zum heutigen Tage.

Nach dem so lustigen, sorglosen Vormittag am Strand kehrten wir alle ein zum Lunch bei Pak Pring. Meine Mutter fand sich ein, wir nahmen Drinks auf der schattigen Veranda. Es fehlte noch ein Gast, eine Dame, teilte uns Ludmilla Sergeiwna mit, sie sei immer verspätet, da ihr Uhren unsympathisch seien, und sie lebe mehr oder weniger nach einem inneren Zeitsystem. Das Wundern hatten wir uns seit langem abgewöhnt, als die Dame erstaunlicherweise trotz des gestörten Verhältnisses zur Uhrzeit bald darauf erschien, war es eine Augenweide. Sie trug einen deutschen Namen, sprach kaum deutsch, nur etwas besser englisch, dafür hervorragend russisch. Sie schien die Gastgeberinnen ganz gut zu kennen und wurde mit dem Namen Irina angesprochen. Nun wunderten wir uns doch und verstanden wenig.

Irina füllte die Veranda, später das Eßzimmer und jeden Raum, den sie betrat, vollkommen aus. Eine Frau mittlerer Größe, mehr interessant als schön, rassige Gesichtszüge, sehr weibliche Figur und wunderschöne Beine. Ihr Haar war rötlich, die Augen eher violett als blau, unstet und launisch, leidenschaftlich und rastlos die gesamte Erscheinung. Irina trug Weiß, schönes, freches Weiß, stellenweise durchsichtig mit gezielter Absicht. An ihr bewegte sich alles: die wunderschönen langen Ohrringe, die Hände mit hochkarätigen Diamantringen geschmückt und die vielen, vielen Armbänder, die pausenlos klirrten. Dieses Schauspiel schätzte ich um die vierzig, sicher konnte man keinesfalls sein, es war auch ziemlich unwichtig, denn erregend war sie sicher schon immer gewesen und würde es noch lange bleiben. Irina war eine geborene Tolstoi, eine Nichte des Grafen Tolstoi, des weltbekannten russischen Dichters. Sie ist auch heute noch meine Freundin.

Irina war in vierter Ehe mit einem prominenten deutschen Geschäftsmann verheiratet, den sie wenige Jahre zuvor in Kobe, Japan, kennengelernt hatte. Momentan zog sie es vor, etwas fern von ihm zu leben, sie weilte in Hua Hin, er in Bangkok. Irina hatte nichts im Sinn mit Nazis, ihr Mann belieferte diese mit Metallen, die für die Rüstung unentbehrlich waren. Aus ihrem Munde fiel ab und an das Wort Scheidung, ohne daß ich hätte beurteilen können, ob es ernst gemeint war. Noch war ich dabei, etwas augenklappernd diese Erscheinung samt ihrer dreisprachigen Konversation zu realisieren — wir lernten bald, daß unser exzentrischer Paradiesvogel nicht mit normalen Maßstäben zu messen war. Das hatten wohl auch die meisten Ehemänner begriffen, zu ihrem Leidwesen etwas zu spät.

Irina heiratete mit 16 Jahren zum ersten Mal, nach der Flucht aus Rußland, an der französischen Riviera, einen Mann von 67. Ihre Erklärung: „Ich brauchte einen Vater." Sie war mit ihrer Mutter, einer geborenen Fürstin Woronzoff-Daschkin, ins Ausland gekommen, ihr Vater hatte die Wirren der Revolution nicht überlebt. Ihr Ersatzvater, nämlich ihr Ehemann, überlebte die Ehe nicht, vermutlich weil er nicht ihr Vater, sondern ihr Ehemann wurde. Mit 17 Jahren war sie Witwe und nicht ein bißchen traurig. Ihre kurze Ehe schien sie für die Freuden des Lebens geweckt zu haben, denn aus ihren Erzählungen mußte man entnehmen, daß sie bald nicht nur an der Côte d'Azur begehrt war. Ihre zweite Ehe, wenn ich nicht irre, schloß sie mit einem Franzosen, der offensichtlich kaum Erinnerungen hinterließ, so fade verlief die gemeinsame Zeit für sie. Aber dann, wie hätte es anders sein sollen, wenn Schönheit, Temperament und Lebensgier sich in einer so jungen Frau vereinten, dann lernte sie den glühendst geliebten Mann ihres Lebens kennen: einen Prinzen Radziwill. Mit ihm, den sie bald heiraten konnte, wurde das Leben zu einem Wirbelwind des Glücks. Ihr Radziwill war polnischer Diplomat und wurde Botschafter in Berlin. Ich kann mir Irina schwerlich als pflichtbewußte, disziplinierte Diplomatengattin vorstellen, aber sicher war sie eine atemberaubende Erscheinung auf diplomatischem Parkett und verdrehte weiterhin den Männern die Köpfe, ob sie es wollten oder nicht. Irina fiel es sehr schwer, von dem Ende dieser Ehe zu sprechen, denn das war tragisch: ihr geliebter Radziwill stürzte sich aus dem Fenster und starb auf der Stelle. Er soll depressive Gemütsstörungen gehabt haben, nur sagte sie nicht seit wann und warum. Die junge Witwe war untröstlich. All der überdimensionale Schmuck, den ihr Mann ihr in der kurzen Zeit geschenkt hatte, vermochte nicht ihre Trauer zu lindern, obwohl die so zerfahrene, ungenaue Irina beim Anblick von wertvollem Schmuck andächtig und realistisch wurde und durchaus für solche Dinge ein Preisgefühl besaß.

Die Zeit bis zur vierten Ehe war verhältnismäßig lang, was in keinster Weise bedeutet, daß Irina die Jahre alleine oder gar — verwertlicher Gedanke — eintönig verbrachte. Sie reiste mit den verschiedenen Männern ihrer momentanen Launen kreuz und quer durch die Welt, bereicherte sich an Erfahrungen und an Schmuck und landete schließlich in Japan, weit genug von der heranrückenden Katastrophe in Europa. Auf die Frage, warum sie ihren derzeitigen vierten Mann geehelicht hatte, erinnerte sie sich nicht mehr an den wahren Grund. Sie wußte nur, daß diese Ehe nunmehr keinen Sinn hatte. Sie trennten sich auch bald — erstmal geographisch. Er erreichte, angeblich mit einem U-Boot, gegen Ende des Krieges sein fast zerstörtes Vaterland (Deutschland), fuhr mit einem Jeep versehentlich in ein Minenfeld und wurde in unzählige Stücke zerrissen. Irina blieb in Thailand, wirbelte weiter, so gut es sich für ihre Maßstäbe in Bangkok wirbeln ließ, und heiratete in fünfter Ehe, Jahre später, Herbert Hamlet, Marcel Weils besten Freund. Marcel wurde wenige Monate vor dieser Hochzeit mein Mann. Das Schicksal hatte sich wieder eine interessante Konstellation ausgedacht: zwei deutsche Freunde hatten zwei Russinnen in Bangkok geheiratet, was für alle vier ein Wagnis war, da die Gegensätze von erstaunlichen Ausmaßen waren.

Aber bis dahin lagen noch ereignisreiche, außergewöhnliche Jahre dazwischen.

Die restlichen Tage in Hua Hin wurden immer internationaler in der Auswahl neuer Bekannter. Wir hatten ursprünglich einen Kurzurlaub geplant. Wie es sich herausstellte, bestand der Urlaub darin, daß man keine Arbeitspflichten hatte, dafür befanden wir uns plötzlich und unerwartet in der Mitte eines Kreisels, der sich magisch drehte und uns von einer Geselligkeit zur anderen weiterführte. Sicher, wir verbrachten viele Stunden am herrlichen Strand, aber meist verabredet zu gemeinsamen Wanderungen, Bootsfahrten und Besuchen bei neuen Bekannten, die an der Küste ihre Ferien verbrachten.

Als ich mich eines Tages beim Empfang im Hotel hoffnungsvoll nach eventueller Post erkundigte, traf ich dort ein Ehepaar, das mein Interesse anzog. Die Dame sehr groß, sportlich, schlank, ein ungeheuer waches Gesicht. Im Vergleich zu mir eine Riesin, sie überblickte alles, nicht nur wegen ihres angeborenen regen Interesses, sicherlich auch wegen ihrer Größe. Sie sprach mit ihrem Mann ein schönes Englisch, auf das er in derselben Sprache antwortete, mit schwerem französischem Akzent. Die Franzosen haben die Eigenschaft, jede Fremdsprache durch ihren Akzent mit einem französischen Klang so markant zu umhüllen, daß es gar keine Fremdsprache mehr ist. Dem Herren neben mir gelang dieser Effekt auf natürlichste Weise. Der Airedale-Hund, der die beiden begleitete, schnupperte mit regem Interesse an mir, wie die meisten Hunde, denen ich das Glück hatte, in meinem Leben zu begegnen. Dem Schnuppern des Hundes verdanke ich die Bekanntschaft und bald die enge Freundschaft zu Pierre und Betty Millet. Nach wenigen Minuten saßen wir, mit dem Airedale, an einem Tisch in der Halle. Unsere Gespräche überschlugen sich. Innerhalb des Revirement an der französischen Légation nach der Abreise von Minister Garreau war Pierre Millet als erster Légationssekretär nach Bangkok versetzt worden. Pierre und Betty kamen aus Peking, aus dem damaligen Tschiankeischek-China, wo sie einige wenige Jahre gedient hatten. Sie waren wie so viele Europäer mit ihrer Erfahrung chinasüchtig und hatten einige Tage Bo-Fai eingeplant, bevor sie in Bangkok ihren Dienst aufnehmen sollten. Bo-Fai lag an der Küste, ein winziges Örtchen, wenige Kilometer nördlich von Hua-Hin. Dort hatte die französische diplomatische Vertretung in Thailand ein hinreißendes Haus am Meer. Später war ich dort öfter Gast der Millets, die hochindividuelle, interessante Gastgeber und Gesprächspartner waren. Gemeinsam haben wir viel Fröhliches, viel Schwieriges, manches tief Menschliche erlebt. Sie gehören zu den unvergeßlichen Erinnerungen, die ein Leben bereichern und Menschenkenntnis ermöglichen aus einer Warte, die keinesfalls alltäglich ist.

Betty und Pierre Millet wurden zu einer Bekanntschaft, die meinen Eltern und mir viel bedeutete. Anläßlich einer Lunch-Einladung in Bo-Fai wenige Tage nach meiner Begegnung mit den Millets, lernte ich bei ihnen Colonel de Jonquières kennen, den neuen Militärattaché an der Légation de France.

Es ist nicht leicht, einen Colonel de Jonquières zu beschreiben, weil er so außerordentlich vielseitig war, auf vielen Gebieten geradezu ein Experte und diese Vielseitigkeit anfänglich mit seinem überaus charmanten Understatement zu verstärken wußte. Sein Äußeres war so rassig, aufmerksam und human, daß man sehr bald das Bedürfnis hatte, viel mehr über ihn wissen zu wollen.

Schon bei Tisch, wir waren zu viert, ermunterte Pierre den Colonel, mit mir russisch zu sprechen. Der folgte der Aufforderung etwas unwillig, denn seine Kenntnisse wären bescheiden, wie er behauptete. Das erste Understatement: er beglückte mich mit einer fließenden, poetischen Ausdrucksweise, die mich in Begeisterung versetzte. Pierre bemerkte nicht ohne französische Malice, solche Kenntnisse könnte man nur auf galanten Kissen erwerben! De Jonquières wehrte sich etwas schwach, ein wenig errötend, was mich darauf schließen ließ, daß Pierre seinen Gast nicht schlecht kannte.

Das Leben des Colonel war anscheinend bewegt verlaufen, aber offensichtlich immer elegant und standesgemäß, nichts anderes ließ sich von dieser Gestalt ablesen. Er stammte aus einer französischen Patrizierfamilie mit alter militärischer Tradition. Sein Großvater war der Eroberer Indochinas gewesen. Der Colonel selbst hatte nach der Elite-Militärakademie von St. Cyr die diplomatisch-militärische Laufbahn gewählt, die wie für ihn zugeschnitten zu sein schien: äußerlich und von seiner Begabung her. Er hatte bereits in vielen Ländern gedient, bevor er nach Bangkok kam, unter anderem in Rußland und Finnland, daher die profunden sprachlichen und kulturellen Kenntnisse dieser Länder. Nach Thailand war er mit seiner zweiten Frau und den zwei kleinen Söhnen gekommen, jedoch war bereits zu dem Zeitpunkt auch diese Ehe sehr gefährdet. Das Ehepaar unterhielt nur mehr vage Beziehungen zueinander.

Als ich mich nach dem Lunch verabschiedete, war ich sicher, auch in Jonquières einen Freund erlesenster Klasse gefunden zu haben. Glücklicherweise sollte ich mich nicht getäuscht haben. Gleich in Bangkok ließ er es sich nicht nehmen, meine Eltern aufzusuchen und sie mit wundervollen russischen Kunstbüchern und seiner Gesellschaft zu beglücken. So begann eine Freundschaft, der wir später einiges zu verdanken hatten, womit wir anfänglich in keinster Weise rechnen konnten. Für mich war und bleibt der Name de Jonquières ein Inbegriff hoher menschlicher Qualitäten.

Die Tage in Hua-Hin verliefen so intensiv und beglückend, daß ich das Gefühl hatte, dort viel länger gewesen zu sein als es tatsächlich der Fall war. Bald würden wir nach Bangkok zurückkehren und den beschäftigten Alltag wieder aufnehmen. Mittlerweile hatte ich den Sinn für Zeit und das Verhältnis zu aktuellen Geschehnissen in der Welt so ziemlich ignoriert, in der Befürchtung, daß mit dem bevorstehenden Monsun viele böse Nachrichten auf uns alle warten würden. Schließlich war es Frühsommer 1941, und der Krieg hatte noch nicht einen entscheidenden Höhepunkt erreicht. Wir hatten erst die „kleineren" Tragödien erlebt, die großen standen noch bevor.

Kurz vor der Abreise aus Hua Hin erreichte mich doch noch eine Nachricht von Wern aus Dalat — auf französisch! Als Lehrerin freute ich mich über seine so rapiden Erfolge auf sprachlichem Gebiet, jedoch die gesundheitlichen Fortschritte ließen anscheinend zu wünschen übrig. Seine Zeilen stimmten mich traurig, und ich konnte ihm nur wünschen, daß die Verlängerung seines Kuraufenthaltes die ersehnte Genesung bringen würde. Wieder einmal beruhigte mich die Feststellung, daß mein Engagement begrenzt war.

Wir packten unsere Sachen mit Bedauern. Hua Hin hatte uns beglückt durch die Schönheit der Natur und der außergewöhnlichen Auswahl an neuen, mannigfaltig interessanten Begegnungen. Ludmilla Sergeiwna fand sich zur Verabschiedung ein, sie wollte nach langer, langer Zeit eine russische Abreise erleben. Das konnten wir ihr bieten, denn wir reisten nur und immer nach russischem Zeremoniell, sehr überzeugt davon, daß eine Reise niemals glücklich verlaufen würde ohne unseren traditionellen Ritus.

Messaat kauerte bereits reisebereit auf der Veranda, alle Koffer neben ihr aufgestapelt. Hippy lief aufgeregt hin und her und wußte, daß eine Veränderung bevorstand. Sein Hirn war zwar etwas lädiert, seine Hundeinstinkte schienen jedoch intakt zu sein. Was taten wir? Wir hielten die Gewohnheit ein, wofür Ludmilla Sergeiwna sich die Mühe gemacht hatte, zu uns zu kommen, um es mitzuerleben. Wir saßen alle vier reisebereit entspannt für die sakrale Andachtspause vor Reisebeginn. Schon Großväterchen sah ich so sitzen neben seiner geräumigen, abgenutzten braunen Reisetasche. Wie konnte man sich von einem Ort trennen in der Absicht, den nächsten erreichen zu wollen, ohne einen Augenblick der Verinnerlichung und Andacht? Dank für das Erlebte, Hoffnung für das Bevorstehende. Es tat so gut! Danach stand man auf, sagte „tshias dobri" (möge es eine gesegnete Stunde sein) und küßte sich. Ich könnte auch heute niemals beruhigt verreisen ohne meine Andachtsminute. Bin ich alleine und niemand küßt mich, so denke ich eben innig an meine Lieben und reise ab.

Das so gewohnte Zeremoniell brachte uns noch näher zueinander, und Ludmilla Sergeiwna, nunmehr fast verwandt, versprach zwischen Küssen sehr bald in Bangkok das Glück unserer Freundschaft wieder aufzunehmen. Alle fuhren wir beruhigt und froh zum Bahnhof, in der Annahme, daß irgendwann, wahrscheinlich bald, der Zug kommen würde. Eine Zeitlässigkeit von großem Charme, in Hua Hin nicht anders denkbar, was die Entspannung und die Zuversicht nach unserem „tschias dobri" noch zusätzlich steigerte.

Die Hühner gackerten, die Sonne schien heiß und unermüdlich: wir fühlten uns erholt, in der Seele und im Herzen.

Unser Häuschen hinter dem Hotel Trocadero in Bangkok kam uns recht eng vor nach der herrlichen Weite von Hua Hin. Als Trost meldeten sich sehr bald die neugeschlossenen Bekanntschaften, so daß diese Freuden in der Stadt weitergepflegt werden konnten. Durch Radio Vaticana erreichte uns eine neue Nachricht aus Italien: meine Schwester mit ihrer kleinen Tochter war nach Laveno am Lago Maggiore umgesiedelt, weil die Situation in Mailand für sie zu gefährlich geworden war. Diese Information sprach für sich. Wir ahnten und fühlten, wie die Welt und die Überlebenschancen für sie immer enger wurden. Wir konnten nur verzweifelt hoffen, daß sie mit Hilfe von guten Beziehungen überleben würde. Danilo war in Genua und versuchte den Kontakt zu meiner Schwester nicht abbrechen zu lassen, was sehr schwierig sein mußte, wenn er meine Schwester nicht gefährden wollte. Direkte Briefe erreichten uns nicht mehr.

Wir konnten nichts weiter tun, als die Hoffnung in uns wach zu halten und zu stärken, viel zu arbeiten, Abwechslungen zu pflegen und an das Sprichwort fest zu glauben: „après la pluie, le soleil."

Der Monsun kam in dem Jahr mit erschreckender Stärke. Manchmal meinten wir, daß unser Dach zusammenbrechen würde unter der Last der daraufstürzenden Wassermengen. Hippy verkroch sich ängstlich unter mein Bett. Wir fragten uns etwas bange, wohin alle diese Wassermassen ablaufen könnten. Tatsächlich hatten wir in dem Jahr die einzige große Überschwemmung, die wir in den neun Jahren unseres Lebens dort erleben sollten.

Plötzlich veränderte sich das Leben, auch dieses neuerarbeitete Leben, in das wir uns mit viel Willenskraft eingefügt hatten. Von Stunde zu Stunde sahen wir das Wasser ständig steigen. Wir sahen es in unsere Gasse kommen und unseren Garten überfluten. Es drang ins Parterre des Hauses bis zur zweiten Stufe der Treppe, die in die erste Etage führte. Wir waren nach all den Lebenserfahrungen geistig nicht ganz ungelenkig. Wir reduzierten unseren Lebensraum weiter und beschränkten uns auf die obere Etage. Messaat, äußerst wendig, improvisierte eine Notküche zwischen den Schlafräumen und dem Badezimmer, den Balkon konnte man wegen der einsetzenden Wasserfluten nicht benutzen.

Es entstanden neue Probleme, hauptsächlich im Stadtverkehr. Plötzlich gab es jede Menge Boote, die von Insel zu Insel Menschen transportierten. Meine Inseln waren die Häuser meiner Schüler. Messaat, unsere Fee, hatte einen Bootsmann gefunden und uns für die Dauer der Überschwemmung vermittelt. Er stand uns jederzeit zur Verfügung. Ernest und Helen Didot waren in eine grandiose Wohnung umgezogen, im obersten Stockwerk der Banque de l'Indochine. Durch die riesigen Panoramafenster sah man das unentwegte Treiben auf dem großen Menamfluß, bei Tag und bei Nacht, was beim Unterricht eine erhebliche Ablenkung bedeutete. Der Umzug, kurz vor der Überschwemmung, war für mich günstig. Per Boot erreichte ich in wenigen Minuten meine kleinen Freunde. Dagegen mußte Mey Lay für die Dauer des Hochwassers auf unser Treffen verzichten, was für beide Teile eine Kalamität bedeutete, denn wir waren mittlerweile sehr verbunden. Ludwigsohns waren in wenigen Minuten zu erreichen, so nahe war ihr Haus. Auf ihrem parkähnlichen Grundstück bot sich ein surrealistisches Bild: nicht nur die Affen saßen erschrocken und regungslos auf den Bäumen, auch die Schlangen hingen in Knoten ineinandergerollt in den hohen Ästen. Die Katzen saßen auf dem Geländer der Veranda, blickten abwechselnd erstaunt auf das viele Wasser, das ihre sämtlichen Perspektiven verändert hatte und fauchten erregt in Richtung Schlangen. Diese ließen sich nicht stören. Es war höchst beunruhigend unter diesen Bäumen zum Hauseingang gerudert zu werden, da man nicht wissen konnte, ob irgendeine schlummernde Schlange auf den Ästen durch das Geräusch der Ruder sich provoziert fühlen würde. Auch half es nicht, daß der Bootsmann mir versicherte, daß bei weitem nicht alle Schlangen auf den Bäumen hingen, viele bewegten sich fort wie die Aale fast an der Oberfläche des Wassers zu irgendwelchen unbekannten Zielen. Mein dänischer Schüler Vej-Hansen ließ sich auch nicht von den Wassermengen davon abhalten, seine französischen Kenntnisse zu vertiefen. Er ruderte nach Büroschluß persönlich mit seinem kleinen Boot erst in unseren überschwemmten Garten, dann akrobatisch gekonnt durch die Eingangstür des Hauses bis zu den Stufen zur oberen Etage. Dort wurde das Boot angebunden, und wir schritten zum Unterricht nach oben, wo wir in unschönen, gedrängten Räumen uns für eine Stunde in die schöne, französische Sprache vertieften.

Für die Dauer der Überschwemmung, etwa einen Monat, improvisierte man unter neuen Aspekten die Kontinuität des gewohnten Lebens, mit Erfolg. Man durfte sich jedoch nicht irritieren lassen von dem Gedanken an eventuelle Seuchengefahren, wenn man zum Beispiel tote Hunde und Katzen im Strom des Wassers erblickte.

Auch sonst stand das sonst so rege Gesellschaftsleben ziemlich still. Schließlich lebten wir nicht in Venedig, und der Gedanke, im Boot zu einer Einladung zu fahren, fiel völlig aus der gewohnten Vorstellung.

Inzwischen war der neue französische Minister, Monsieur Gassoin in Bangkok eingetroffen, fast gleichzeitig Botschafter Crolla für Italien. Solche dimplomatischen Veränderungen brachten für das Leben in Bangkok eine erregende Welle neuer Empfänge, neuer Eindrücke, neuer Gespräche und . . . neuer Garderobe für die Damen! Wir lebten immer noch geborgen in einer Oase der relativen Sicherheit mit klimatischen und meteorologischen Tücken um uns, aber verschont von Bomben, Tod und Hunger. Der Gedanke an Europa und die Geschicke des Krieges erlaubte jedoch keine sorgenfreien Stunden. Nicht nur gefährdeten dort die Kämpfe unzählige Menschenleben, von dem Ausgang des Krieges hingen unsere Lebenschancen ab.

Wir hatten aufgegeben, auf Post aus Italien zu warten. Den einzigen bestehenden Kontakt verdankten wir weiterhin der Radio Vaticana. Die Mitteilungen waren knapp und umsichtig formuliert und wiederholten meist, daß alle gesund waren und gut aufgehoben. Das bedeutete, daß meine Schwester am Lago Maggiore nach menschlichem Ermessen in Sicherheit war. Danilo waren militärische Aufgaben in Italien anvertraut worden. Die Wurzeln meiner Jugend starben immer weiter ab, und die erste große allversprechende Liebe hatte ihre Glut verloren, und auch die kleinste übriggebliebene Hoffnung war dabei, im Sande der Zeit zu ersticken. Ich konnte mir nicht vorstellen, woher so viel Sonne und Glück, so viel Faszination und Erregung je wieder kommen sollten, wenn Danilo nicht mehr in meinem Umkreis wäre, um mich damit so reich zu beschenken. Überhaupt fragte ich mich, ob ich je wieder in der Lage sein würde, mich für einen Mann so bedingungslos zu begeistern.

Die Geschäfte meines Vaters florierten in zunehmender Weise. Wir wohnten zwar immer noch in dem kleinen Haus, aber eher wegen der Unsicherheit der politischen Geschehnisse, als aus Sparsamkeitsgründen. Ich unterrichtete weiterhin mit Freude meine liebe Schar von Schülern und konnte das verdiente Geld nunmehr völlig für mich verwenden. Wie immer ging alles für Bücher, Garderobe und Antiquitäten weg, meine beständigen Leidenschaften seit meiner Kindheit. Es war sehr angenehm, gut angezogen zu sein und sich im großen Freundeskreis dadurch noch wohler zu fühlen.

Die wasserreichste und beschwerlichste Monsun-Periode unserer Jahre in Bangkok ging langsam zu Ende. Die Wassermassen auf den Straßen, in den Gärten und Häusern waren gewichen. Wir gingen wieder einmal der schönsten Jahreszeit entgegen: dem sogenannten Winter. In unserer Siedlung hatte sich einiges verändert: die Junggesellen Hamlet und Weil waren umgezogen. Im Zuge fundierterer finanzieller Verhältnisse hatten sie ein schönes großes Haus in einem vegetationsprächtigen Bezirk gemietet. Marcel Weil hatte sich gut bei einer bedeutenden englischen Firma behaupten können, und Herbert Hamlet war in erfolgreichen lokalen Geschäften engagiert. Wir würden sie vermutlich kaum wieder treffen, da auf beiden Seiten nie der Versuch eines engeren Kontaktes bestanden hatte. Mein armer Wern kehrte aus Dalat zurück, keinesfalls kuriert. Er durfte nicht arbeiten und wartete lediglich in seinem Hause auf eine Transportmöglichkeit nach Europa. Ich besuchte ihn ein paar Mal. Wir hatten herzerwärmende Gespräche miteinander. Seine traurigen Augen voller Entsagung machten es mir nicht leicht, Fröhlichkeit vorzutäuschen und auch Zuneigung. Als er schließlich abfahren konnte, war ich voller Hoffnung für ihn und Erleichterung für mich. Dieser schöne, wertvolle nordische Mann hatte in mir wohl Wärme hinterlassen, doch keinesfalls Unruhe oder Wehmut des Abschieds.

Eines Morgens brachte ein Bote der englischen Botschaft einen Brief für mich. Er enthielt die Aufforderung, mich umgehend bei dem Konsulatssekretär, Mr. Gilchrist, zu melden und gleichzeitig eine Einladung zu einer Tombola zugunsten der alliierten Anstrengungen in Europa. Dieser Brief regte mich auf, denn ich hatte keinerlei Verbindung zur englischen Botschaft und fragte mich erstaunt, woher dieses Konsulat von meiner Existenz wußte. Den Alliierten im Krieg gegen Hitler helfen zu wollen, war selbstverständlich, auch wenn es erstmal nur mit einer Spende für die Tombola sein sollte. Ich packte meinen letzten Einkauf ein, einen schönen Band über Rembrandt und seine Zeit, entschuldigte mich bei Ludwigsohns und ließ mich von einer Rikscha zur entfernten Botschaft fahren. So sehr ich auch unterwegs überlegte, fiel mir kein Grund für diese Aufforderung der Botschaft ein.

Mr. Gilchrist, den ich persönlich nicht kannte, empfing mich, nach englischen Maßstäben gemessen, mit außerordentlicher Herzlichkeit. Nach einigem „small talk" teilte er mir mit, daß er von Mr. Garreau eine Mitteilung für mich hätte. Das war es also! Mein Herz begann aufgeregt zu flattern, denn nicht nur ging anscheinend mein Wunsch in Erfüllung, gegen Hitler mitzuwirken, sondern damit war eine Ortsveränderung verbunden. Wohin führte nun mein Weg, und wie würde ich es meinen ahnungslosen Eltern beibringen, die von meinen ursprünglichen Démarchen nichts wußten?

Mr. Gilchrist suchte umständlich zwischen einigen Papieren, fand wohl die richtige Seite und las freudestrahlend vor, daß France

Libre mich gerne aufnehmen wollte, obwohl ich nicht Französin war. Monsieur Garreau bot mir im Auftrag zwei Möglichkeiten an: ich sollte nach Syrien gehen, wo er auch tätig war oder nach Singapur wegen meiner Kenntnisse in fünf Sprachen, als Postzensorin. Für Unterkunft war gesorgt, und das Gehalt war astronomisch hoch für jemanden, der keine Diplome vorzuweisen hatte. Vollkommen verwirrt und überglücklich zwang ich mich zur Selbstbeherrschung: ich saß vor einem englischen Diplomaten, da war Impulsivität fehl am Platze. Ich fragte ihn bange, wofür ich mich entscheiden sollte und meinte damit eher, wie würde ich wohl meine Eltern davon überzeugen, mich reisen zu lassen? Mr. Gilchrist, selbst noch jung, meinte fast väterlich, ich hätte Zeit bis Mitte Januar, dann sollte ich ihm meinen Entschluß mitteilen. Es war Dezember, ich sollte doch erst Weihnachten und Neujahr abwarten und ihm Anfang des neuen Jahres Bescheid geben. Ich übergab ihm meinen Rembrandt-Band für die Tombola, und wir verabschiedeten uns voneinander wie alte Freunde. (Mr. Gilchrist ging nach dem Krieg als englischer Botschafter nach Indonesien.)

Ich fuhr nach Hause im sicheren Bewußtsein, daß mein Leben dabei war, eine völlig neue Richtung einzuschlagen. Zum ersten Male selbständig, alleine, wollte ich versuchen, etwas Nützliches, Anregendes, hoffentlich Beglückendes zu tun. Schon im Garten hörte ich eine fast vergessene Stimme: Cyril war wieder da, sehr munter, hatte das Naturereignis Monsun bestens überstanden. Die Firma hatte ihm etwas Urlaub gegeben, und er wollte auf seine Insel, nicht jedoch, ohne uns vorher gesehen zu haben. Mir schien, daß ein gnädiges Schicksal ihn ausgerechnet zu dieser Stunde zu uns geführt hatte, sozusagen als Dämpfer bei dem bevorstehenden Aufprall zwischen meinen Eltern und mir. Da sollte leider mein Instinkt völlig versagen: die Entschlossenheit der väterlichen Autorität war aus Granit, trotz meiner Volljährigkeit, trotz der guten Absicht für eine gute Sache. Mein Vater gab mir recht, jeder müßte in diesem Krieg helfen, nur: seine Tochter würde niemals seine Erlaubnis erhalten, alleine irgendwohin zu fahren, nicht nach Singapur und schon gar nicht nach Syrien. Syrien sprach er mit betonter Abscheu aus, nur weil ich eventuell dorthin wollte. Ich sagte daraufhin entschlossen Singapur. Meine arme Mutter, wieder einmal hilflos mit den verschiedensten Gefühlen und Ängsten kämpfend, war verstummt und den Tränen sehr nahe. Cyril enthielt sich jeder Hilfestellung und blickte voller Bewunderung zu meinem Vater. Dieser wiederum, von dem Wort Singapur ungeheuer provoziert, richtete sich in seinem Sessel auf, die Adern an seinen Schläfen zuckten verräterisch, immer ein Zeichen dafür, daß sein Blut bereits kochte und sein Geduldsfaden gerissen war. Er fragte mich allen Ernstes, ob ich es zu Hause nicht mehr aushalten konnte und ob ich entschlossen war, unter die Räder zu geraten. Überall lauerten anscheinend unbeschreibliche Gefahren, ob in Syrien oder Singapur. Alle Männer schienen nur darauf zu lauern, Mädchen wie mich zu verschleppen und zu verspeisen. So stellte es mein Vater dar, und ich nehme an, er glaubte es wirklich selbst. Je lauter er wurde, desto leiser bestand ich darauf, zu wiederholen, ich hätte mich für Singapur entschlossen. Es entstand ein Drama: Papa sprang hoch und tobte durch das Zimmer, indem er wiederholte, er erlaube mir, einem kleinen, unerfahrenen Küken keine Widerrede, Mama wischte sich lautlos die Tränen von den Augen, Cyril kommentierte unkollegial, Singapur sei kein Pflaster für junge Europäerinnen und ich murmelte dennoch: Singapur und wir hätten noch einige Wochen Zeit. Mama meinte, sanft und überzeugt: „Du mußt doch Papa gehorchen, er will nur das Beste für Dich.“ Ich gab ihr einen Kuß und ging zu Ludwigsohns, um einen Bruchteil des gewohnten Unterrichts zu absolvieren, aus dem Wunsch heraus, dieser Demagogie zu entfliehen, entschlossen, meinen Willen endlich zum ersten Mal durchzusetzen.

Es sollte jedoch alles anders kommen, nicht weil ich kapitulierte, sondern weil der japanische Überfall auf Pearl Harbour den Krieg auf Asien ausweitete und ein so winziger Traum von einem störrischen, unwichtigen Mädchen in Bangkok damit automatisch ausradiert war.

Der japanische Schritt war ein Hammerschlag für alle in Ostasien, besonders für die weiße Bevölkerung, denn sie waren Gäste in fremden Ländern und konnten in keinster Weise wissen, wie der Krieg zwischen Japan und Amerika sich entwickeln würde. Ungläubig und verstört lasen wir die lokale „Bangkok Times", hörten Radio und fragten uns sehr bange, wie lange Thailand, unser Zufluchtsland vor Hitler, ein freies Land bleiben würde. Geographisch gesehen waren wir von englischen Besitzungen umkreist, was theoretisch beruhigend wirken konnte. Die Erfahrung lehrte jedoch, daß die Alliierten anfänglich viele Schlachten zu verlieren pflegten, bevor sie den Krieg gewannen. Man mußte schon annehmen, daß die Japaner nicht losgeschlagen, wenn sie keinen erfolgversprechenden Plan sorgfältigst ausgearbeitet und mit den Deutschen abgestimmt hätten.

Die Dinge gerieten rasch in Bewegung. Wie erwartet, gab es sensationelle Niederlagen auf Seiten der Engländer. Die japanischen Streitkräfte landeten im Süden Thailands und besetzten gleichzeitig das Gebiet im Norden und Malaysia im Süden. Nach Singapur wurden eiligst alliierte Verstärkungen, unter anderem auch holländische Truppen gebracht, um den so wichtigen Stützpunkt auszubauen und sicher zu halten. Zwei starke englische Kriegsschiffe, welche zum Schutze von Singapur unterwegs waren, wurden von japanischen Bombern aus der Luft versenkt, noch bevor sie ihr Ziel erreichen konnten, während die japanischen Bodentruppen aus Malaysia kommend, die Insel Singapur sozusagen durch die Hintertür angriffen und besetzten, während man ihren Angriff von der See aus erwartete. Singapur fiel zusammen wie ein Kartenhaus, während ihr Oberkommandierender Sir Brook Popham, wie böse Zungen berichteten, mit großem Können Golf auf der Insel spielte. Es war sein Lieblingssport, und ein englischer „Sir" läßt sich nicht so leicht von irgend jemandem sein Sportprogramm durcheinanderbringen.

Die Japaner marschierten angeblich mit friedlichen Absichten auf Bangkok. Ich glaube nicht, daß meine Mutter seit der russischen

Revolution je ähnliche panische Angst erlebt hatte. Es war eine Panik, die sie nicht kontrollieren konnte und auf die wir nur in geringem Maße einen beruhigenden Einfluß hatten. Sie erzählte mir immer wieder, daß die grausamsten Taten wie Morde, Plünderungen, sadistische Verletzungen fast ausschließlich von angeheuerten Japanern und Koreanern damals in Rußland verübt worden waren. Für die Ausübung schlimmster Greueltaten hatten die Kommunisten Mongolen, Japaner und Koreaner engagiert, die, nach den Erlebnissen meiner Eltern zu folgern, mit wahrer Lust folterten und töteten, gnadenlos und ohne Einschränkung. Die Vorstellung, daß sie nach so vielen Jahren wieder den Anblick von Japanern erdulden und überleben müßte, warf sie völlig aus dem Gleichgewicht und ließ sie vor Angst schwitzen. Es half auch nichts, daß ich hoffnungsvoll meinte, dieses sei keine Revolution und Thailand ein freies Land und daß die Japaner als disziplinierte Streitmacht unterwegs seien und nicht als angeheuerte Banditen wie damals unter den Roten. Es half nichts und war mitleiderregend. Schließlich ließ ich mir von Noirot Beruhigungstropfen geben, da offensichtlich weder Logik noch Worte mehr halfen.

Sehr bald erreichten die japanischen Soldaten Bangkok. Plötzlich waren sie in den Straßen zu sehen, meist mit erhobenen Bajonetten betrachteten sie voller Verdacht die Europäer. Das Trocadero-Hotel wurde praktisch umzingelt, und wie der französische Direktor uns später erzählte, wollten sie sich die Gästeliste zeigen lassen, um die Nationalitäten der Besucher zu registrieren. Gleichzeitig gingen sie in unserer Gasse von Haus zu Haus, höflich und verwirrt von der Mannigfaltigkeit der verschiedenen Pässe. Alles, was nicht japanisch war — und nichts war japanisch —, erschien ihnen offensichtlich äußerst kompliziert. Da wir das erste Haus hinter dem Hotel bewohnten, kamen sie als erstes zu uns, mit erhobenen Bajonetten. Meine Mutter verschwand, von Panik ergriffen, im Schlafzimmer, was wieder einmal den relativen Nutzen von Beruhigungstropfen beweist. Unsere griechischen Pässe waren gerade frisch verlängert aus Indien, wo es ein griechisches

Konsulat gab, zurückgekommen, und wir zeigten sie ihnen vor. Von der Existenz Griechenlands schienen sie nichts zu wissen, und wir konnten uns nicht verständigen. Sie gingen. Der nächste Jammer waren für sie die vier Fantls: österreichische abgelaufene, ungültige Pässe, was ist das? ,,Now Germany" als Erklärung half wenig. Wieso war jetzt etwas deutsch, was vorher nicht deutsch gewesen war? Daß Hitler vieles möglich machte, wußten sie einfach nicht. Überhaupt, Hitler, was ist das? Auch dort verließen sie das Gebäude verständnislos. Mama, die alles über japanische Taktiken zu wissen glaubte, sagte zitternd: ,,Sie kommen wieder."

Sie hatte recht: ein Offizier kam mit zwei Soldaten, Bajonette in den Händen, das schien so üblich zu sein. Der Offizier sprach ein gebrochenes, verstümmeltes Englisch, das wie Japanisch klang und wiederholte: ,,ah! ah! Greece!" Was er darunter zu verstehen glaubte, entzog sich unserer Kenntnis, er ließ uns in Ruhe und verließ freundlich das Haus, um Fantls unter die Lupe zu nehmen. Er akzeptierte sie schließlich als Deutsche und ließ sie auch in Ruhe.

Von Stunde zu Stunde bekam die Situation klarere Umrisse. Alle Staatsbürger aus Ländern, mit denen Japan sich im Krieg befand, wurden verhaftet und kamen in Lager, die von Siamesen überwacht wurden. Das Lager in Bangkok hatte bald viele Gäste, denn die englische Kolonie war relativ groß. Büros und Geschäfte wurden von japanischen Soldaten von einer Stunde zur anderen geschlossen und versiegelt. Marcel Weil zum Beispiel, Deutscher, ohne gültigen Paß wegen seiner jüdischen Abstammung, sah zu, wie das englische Unternehmen, in dem er tätig war, eiligst geschlossen und versiegelt wurde. Der englische Besitzer kam wenige Tage später ins Camp.

Viele mußten sich in den Tagen rasch etwas einfallen lassen, um wieder irgendeine Tätigkeit ausüben zu können. Im übrigen hatten alle mehr und mehr den Eindruck, daß die thailändische Regierung sich geschickt und leise mit den Japanern geeinigt hatte. Japanische Militärstützpunkte auf siamesischem Boden gegen Respektierung der Souveränität des Landes. Es schien ganz gut zu funktionieren.

Aus unserer eigenen Perspektive hatte sich, nach dem anfänglichen Schreck, nichts Wesentliches geändert, stellten wir nach wenigen Tagen fest, als sich alles zu normalisieren begann. Unser einziger Nachrichtenkanal zu Italien war und blieb Radio Vaticana durch die liebevolle Hilfe unserer Freunde der Salesianer-Mission. Geschäftlich war mein Vater schon seit einiger Zeit lokal orientiert, meine Unterrichtsstunden liefen unverändert weiter, und alle unsere Freunde waren frei. Es hatte den Anschein, als ob wir trotz möglicher Risiken uns bei weitem nicht in der schlechtesten Ecke befanden im Vergleich zu vielen anderen Ländern, die direkt in den Krieg verwickelt waren.

Meine Mutter hatte angesichts der beruhigenden Lage ihre panische Angst überwunden, eine Art Normalität trat wieder ein, sodaß wir gesund und nicht undankbar das Jahr 1942 begrüßten in der festen Hoffnung, daß wir auch bis Kriegsende irgendwie heil durchkommen würden. Geschäftlich gesehen, schienen neue Verdienstmöglichkeiten sich zu profilieren, da fast jeder Import ausgeschlossen war und man sich so weit wie möglich autark behelfen mußte. Einige improvisierte Einfälle gelangten auch im Laufe der späteren Entwicklung zum Erfolg.

Da die verhältnismäßig große englische Kolonie sich im Camp befand, rückten die anderen Europäer, die dank ihren neutralen Nationalitäten frei waren, enger aneinander. Die Geselligkeiten, einzige Abwechslung in den Tropen, wurden wieder aufgenommen. Sicher war die Allgemeinstimmung etwas gedämpft und abwartend. Vielleicht gerade deswegen war die Freude des Zusammenseins erhöht.

Wenn man die Tageszeitung und die Nachrichten im Rundfunk hätte ignorieren wollen, hätte man sich durchaus in der Illusion wiegen können, daß die Geographie sich zwar etwas verschoben hatte, siehe uniformierte Japaner in Bangkok, aber ansonsten alles friedlich war. Auch war Januar ein schöner Monat: kühler, trockener, weniger Moskitos. Alles erschien beschwingter, leichter, hoffnungsvoller. Didots waren aus Indochina zurück, wo sie die Weihnachtsfeiertage und Neujahr verbracht hatten. Wie immer wurde ich mit einem schönen Geschenk bedacht und zum Festdinner, dem ersten nach dem Jahreswechsel, eingeladen. Ich kehrte beglückt nach Hause zurück, denn bei Didots fühlte ich mich wie ein glückliches Kind bei geliebten Verwandten. Es war immer seelische und geistige Nahrung zugleich. Ein Gespräch mit Helen und Ernest rückte für mich auf magische Art alle Probleme in die richtigen Dimensionen, es entstand innere Ordnung, und die Freuden, die es immer wieder gab, erhielten unerwarteten Glanz. Mit dieser Ruhe und einigem Glanz im Herzen legte ich mich zufrieden ins Bett. Plötzlich krachte es fürchterlich, irgendwo ein paar Häuser weiter, in Richtung der Hauptstraße, mußte wohl ein Haus eingestürzt sein. Aus welchem Grund, mitten in der Nacht? Meine Eltern kamen aus ihrem Zimmer gelaufen, um nach mir zu sehen, da krachte es wieder, lauter, anhaltender, aus verschiedenen Richtungen. Voller Staunen stellten wir fest, daß wir uns inmitten des ersten Bombenangriffs auf Bangkok befanden. Ich kann mich nicht an Sirenen erinnern, vor dem Angriff sicherlich nicht. Wir warteten ab, im Erdgeschoß flach auf dem Fußboden liegend, völlig unerfahren in solchen Situationen. Meine Mutter hatte glücklicherweise keine Zeit gehabt, ihre Ängste zu mobilisieren, dafür war dieser Schreck zu plötzlich gekommen. Während der Zeit des Krieges in Asien sollten wir noch mehrere Luftangriffe erfahren, teils schwere, die alle bei meiner Mutter dieselbe unkontrollierbare Panik verursachten wie der Anblick bewaffneter Japaner. Später hatten wir die Möglichkeit, einen guten Luftschutzbunker mitzubenutzen, was ihr automatisch wieder Zuversicht gab, gegen japanische Kompanien gab es jedoch keinerlei Bunker, sodaß meine arme Mutter mit zwei schrecklichen, verschiedenen Ängsten zu leben hatte.

In dieser ersten Bombennacht gingen wir auf die Straße, als wir nach langer Pause glaubten, die Bombengefahr wäre gebannt. Es begann zu tagen, alle Nachbarn, viele Hotelgäste waren wie wir im Morgenrock, etwas bleich um die Nase, draußen, um Ausschau zu halten. Von irgendwoher erschien Messaat, fröhlich, lebendig, bestens informiert! Was ihr besonders nahe ging und was sie bereits gehört hatte, war die Nachricht, daß der Markt getroffen war, außerdem einige Häuser in unmittelbarer Nähe. Vermutlich hatten die englischen Flugzeuge dort versucht, die Landungsanlagen der Schiffe zu treffen, ohne Erfolg. In unserer unmittelbaren Nähe, nur wenige Meter entfernt, waren einige Häuser zerstört oder beschädigt, glücklicherweise nicht unser Noirot und seine wertvolle Apotheke. Dort mußte man vermuten, daß das Postamt das Ziel gewesen war, auch ohne Erfolg. Man wußte noch nicht, ob und wieviele Opfer es gegeben hatte. Die Luft roch nach Staub, man fühlte sich benommen und war sich nunmehr ziemlich sicher, daß diese Nacht erst der Anfang der alliierten Vergeltungen gewesen sein mußte. Thailand befand sich nicht im Kriegszustand, aber das interne Arrangement mit den Japanern, für die Bewohner angenehm, bedeutete offensichtlich für die Gegner Japans nicht, daß man seinen Feind nicht suchen sollte, wo man ihn finden konnte, um ihn anzugreifen.

Die Sonne ging bereits auf, der Tag begann trotz des nächtlichen Schreckens mit der gewohnten Emsigkeit auf den Straßen. Die ersten Wasserträger, die ersten Rikschas, die Busse vollbeladen, die Straßenbahnen. Business as usual. Es war anzunehmen, daß am Tage keine Angriffe kommen würden, und wir entschlossen uns, das Progamm des Tages abzuwickeln wie es vorgesehen war. Messaat brannte darauf, zum Markt zu eilen und mit eigenen Augen alles zu erforschen, mein Vater ging ins Büro, wo er und sein Freund und Kompagnon Djemal zu tun hatten. Ich absolvierte die gewohnte Routine bei meinen verschiedenen Schülern.

Jeder sprach natürlich nur über die abermals veränderte Lage, in der französischen Légation war man überzeugt davon, daß diese

Nacht die leichteste von vielen gewesen war, die folgen würden. Unser Bezirk hinter dem Hotel Trocadero war wegen seiner zentralen Lage sehr gefährdet, es war sicherlich ratsam, schnellstens auszuziehen. Ludmilla Sergeiwna kam am späten Nachmittag, um nach uns zu sehen und äußerte dieselbe Befürchtung. Aber woher sollte man so schnell ein geeignetes möbliertes Haus herzaubern? Prinzessin Tongti Kayou, die einzige in unserem Freundeskreis mit einflußreichen siamesischen Verwandten, hätte, so meinte sie, einige eventuelle Möglichkeiten, die sie näher untersuchen wollte, um uns in wenigen Tagen hoffentlich eine gute Nachricht geben zu können. Es war alles nicht so einfach, auch mit Beziehungen nicht. Wir mußten eine Bleibe haben, die zwar nicht zentral sein durfte, aber auch nicht in den Außenbezirken, denn wir beide, Papa und ich, mußten am Tage vielerlei Ziele erreichen können, unserer Beschäftigungen wegen. Wir hatten noch kein Auto und würden sobald vermutlich auch keins haben. Importe waren praktisch abgeschnitten, und Benzin würde knapp werden.

Mit unseren verschiedenen Abwägungen und Überlegungen kamen wir nicht so recht voran, denn am Tage waren wir beschäftigt und nachts wiederholten sich die Luftangriffe, zwar nicht sehr stark, so als ob sie nur zur Warnung dienen sollten. Gersons bestanden darauf, daß wir die Nächte in ihrem großen Haus verbringen sollten, außerhalb jeder Bombengefahr, bis wir ein anderes Haus gefunden hätten. Wegen meiner Mutter nahmen wir die großzügige, aber für uns umständliche Aufforderung an. In Friedenszeiten hätte ich mir niemals vorstellen können, wie leicht und unkontrolliert Mama vor physischer Gefahr kapitulierte, dieselbe Frau, die unbeirrt, voller großartiger Selbstkontrolle und mit viel Geduld harte Schicksalsschläge und Enttäuschungen überwunden hatte, immer anpassungsfähig, niemals klagend. Das Krachen der Bomben und der Anblick der Japaner ließen sie zu einem zitternden Häufchen schrumpfen, ein kleines Wesen, das nur noch aus Angst bestand. Mein Vater dagegen kannte Gefühle wie Angst überhaupt nicht, in keiner Lebenslage und funktionierte diesbezüglich kühl und logisch, er, der sonst cholerisch und impulsiv war. Ich, kleiner Ableger dieser zwei so verschiedenen Naturen, war weder ängstlich noch tapfer, ich glaubte ganz einfach und fest, ja, ich war überzeugt, daß uns nichts passieren würde, weder durch Bomben, noch durch imaginäre japanische Gewalttaten. Warum ich so empfand, kann ich nicht erklären, vermutlich wegen meines primitiven Glaubens, daß man im Leben nicht ununterbrochen Schläge bekommt und daß es ein Gleichgewicht gibt zwischen Kummer und Glück. Kummer hatten wir doch reichlich gehabt, nun würden wir das Glück haben, diese Gefahren gesund zu überleben.

Nur wenige Nächte schlugen wir unser Nachtlager bei Gersons auf, das übrigens eher einem Erste-Klasse-Hotel glich, als einer Evakuierungsstätte. Hinzu kam ein besonderes Vergnügen: allabendlich und jeden Morgen beim üppigen Frühstück sprachen wir alle als Großfamilie russisch. Dazu paßt haargenau das russische Sprichwort: „Man weiß nie, wozu die Widrigkeiten gut sind." Die Bombenangriffe hatten uns großzügige, intensive russische Stunden bei Freunden beschert!

Ludmilla Sergeiwna hatte selbstverständlich ihr Wort gehalten und sich nach einem Haus für uns bei ihrer Verwandtschaft umgesehen. Wie mit einem Zauberstab produzierte sie die perfekte Überraschung: ein geräumiges, behagliches Zwei-Etagen-Holzhaus mit Möbeln, mit Garten und Garage in einer perfekten Lage, als Nachbarn von entfernten Familienmitgliedern: Phra Pinit, der Polizeichef von Bangkok mit seiner klugen, interessanten Frau. Sie Prinzessin, er aus erstklassigem Haus. Die Miete war freundlich, und der ausgezeichnete, geräumige Bunker stand uns selbstverständlich zur Verfügung. „Voilà", sagte Ludmilla Sergeiwna zufrieden, „das wäre erledigt." Diese Frau, die aus ihrem Leben ein Märchen gestaltet hatte, produzierte weiterhin kleine märchenhafte Begebenheiten, sie konnte gar nicht anders, das war ihr Stil. Nach der Hausbesichtigung saßen wir bereits im neuen Wohnzimmer und tranken alle zusammen Jasmintee. Ludmilla Sergeiwnas Diamanten funkelten um die Wette mit ihren schönen Augen, uns war dankbar und wohl zumute. Wir hatten uns nicht nur aus der Bombengefahrenzone entfernt, sondern unseren Lebensstil verbessert. Dies war eine schöne Gegend, abseits einer der Hauptvillenstraßen der Stadt, der Sathorn Road. Die Vegetation in unserer Sackgasse war üppig, und hinter dem Haus begann bereits der Urwald. Aus dem Fenster des Wohnzimmers blickte man auf ein weites lichtes Feld. Die Sonne war dabei, rasch wie immer, unterzugehen. Eine ruhige, friedliche Ecke, würde es auch Messaat gefallen, vermutlich weit von männlicher Gesellschaft und vom Markt?

Unser Umzug nach Suan Plu, so hieß die Straße, war unkompliziert und war innerhalb weniger Tage erledigt. Wir waren sehr froh, die Hinterfront eines großen Hotels nicht mehr als tägliche Fassade betrachten zu müssen und auch hoffnungsvoll, daß die Nerven meiner Mutter sich beruhigen würden, wenn eventuelle zukünftige Bomben nicht ganz so erschreckend nahe krachen würden. Das trostlose Moment unserer Umzüge aus dieser Zeit war die Tatsache, daß wir, wenn alle Koffer gepackt waren, feststellen konnten, daß wir nunmehr außer unserer Kleidung nichts mehr besaßen. Natürlich sprachen wir nicht darüber, aber ich wußte, daß uns allen dreien diese besitzlosen Wanderschaften ein bleiernes Gefühl im Magen bescherten. Ich versuchte mich damit zu trösten, daß Beständigkeit und Besitz noch lange keine Lebenswurzeln sind und daß meine Wurzeln ganz wo anders gelagert waren, fest und beständig: bei Menschen, die ich liebte, bei unauslöschbaren Erinnerungen, bei Großväterchen an allererster Stelle. Meine Lebenswurzeln waren in seiner Hand und sind es immer noch. Die Erkenntnis dieser tiefen Zusammenhänge hat mich seitdem jeden Umbruch leichter und belangloser empfinden lassen, denn ich bin nunmehr in der glücklichen Lage, meinen Reichtum von Ort zu Ort nicht nur ohne Belastung, sondern auch mit beglückender Dankbarkeit mitnehmen zu können. Dafür braucht man keine Transporteure und braucht auch keine Rechnungen zu bezahlen. Es ist lediglich ein großes Kapital, das ständig hohe Zinsen abwirft.

Wir fühlten uns alle froh und relativ geborgen im neuen Haus, unserer besten Bleibe, seit wir Italien hatten verlassen müssen. Auch Messaat war glücklich außerhalb des Hauses, im Servants Quarters, wie damals solche Anbauten genannt wurden. Seit langem hatte sie keine abgeschlossene Behausung für sich gehabt. Das Glück strahlte auf ihre anderen Kinder aus: denn der erwachsene Sohn und ihre große Tochter Puan kamen immer öfter zu ihr und wohnten vermutlich auch zeitweilig dort. Das wußte man nie so genau. Puan war ein starkes, nettes Mädchen, eine reine Siamesin mit schönen lustigen schwarzen Mandelaugen und gesunden weißen Zähnen, besonders auffallend, wenn sie neben ihrer betelkauenden, verfärbten Mutter stand. Puan bewarb sich schließlich als Hausmädchen bei uns und blieb, bis auf kleine Unterbrechungen, bis zur Abreise meiner Eltern aus Bangkok, Jahre später.

Als wir glaubten, daß mit unserem Umzug die Bombenangriffe ein Ende genommen hätten, heulten eines Nachts die Sirenen wieder. Meine Mutter, die sich sonst beim Anziehen meistens Zeit ließ, konnte bei Fliegeralarm in Sekundenschnelle, mit Nottasche in der Hand, fertig sein, schon auf dem Weg zum nachbarlichen Bunker, aufgeregt nach Papa und mir rufend. Wir beide hatten es nie so eilig, besonders ich nicht. Ich mußte erst Zahnbürste, Seife, Lippenstifte und meine wertvolle Shakespeare-Ausgabe beieinander haben, dann wartete ich ab, ob die Flieger auch tatsächlich kommen und in welchem Stadtteil sie eventuell ihre Arbeit beginnen würden. Ich hatte einfach keine Furcht, dafür viel Neugierde, wie so etwas vor sich geht.

In der bewußten ersten Bombennacht in Suan Plu passierte etwas Neues. Die Bomber kamen, vielleicht zehn an der Zahl, warfen erst Leuchtkörper ab und dann die Bomben. Sie müssen gewußt haben, daß die ersten Angriffe keine strategischen Erfolge gewesen waren. Das Schauspiel war erschreckend und faszinierend. Ich vergaß, in den Bunker zu laufen, vielleicht auch, weil das Unheil zwar sichtbar, aber entfernt von uns war. Die Flieger kamen mehrmals in Wellen, es fing bereits an zu tagen als alles vorbei war. Es brannten Feuer, vermutlich in der Hafengegend und in dem Bezirk, aus dem wir kamen. Bald kam Messaat mit den ersten Nachrichten, ich glaube, sie war das schnellste und zuverlässigste drahtlose Telegrafenamt sämtlicher Köche. Das große Geschäft und das Möbellager von unserem Freund Gerson war getroffen worden und ausgebrannt, unter anderem. Wir waren bestürzt, der arme Mann hatte doch mit gar nichts angefangen, als er vor den russischen Pogromen flüchtend, in Bangkok einen neuen Anfang versucht hatte. Mein Vater fuhr wenige Stunden später mit seinem neuen Rad zu ihm und war beruhigt zu hören, daß er hoch versichert war.

Mit dem Wechsel unserer Adresse entstanden auch andere Veränderungen, die allerdings in keiner Beziehung zum neuen Haus standen. Bei Ludwigsohns schlug eine Tragödie ein, die mich tief berührte. Irene, die zweite Tochter und meine Lieblingsschülerin in dem Hause, starb innerhalb von wenigen Tagen an Typhus. Hauptsächlich ihretwegen hatte ich weiterhin dort unterrichtet, trotz des lächerlichen Honorars. Sie war ein hochintelligentes, anregendes, herzliches Kind gewesen, mit aufmerksamen Augen und mit einem außerordentlichen Instinkt dafür, dann zu schweigen, wenn Schweigen bereits eine Aussage war. Diese Stärke hatte sie ihren Eltern voraus. Irene starb unter schrecklichen Schmerzen, vermutlich wegen der groben Diätfehler. Am letzten Tage ihres kurzen Lebens aß sie ein scharfes Currygericht, das ihr Ende beschleunigte. Lily und Ulli, Irenes Geschwister, waren untröstlich. Unser Unterricht verlor viel von der gewohnten Lebendigkeit, und das Lachen war verschwunden. Nach einiger Zeit regte ich bei Dr. Ludwigsohn eine Erhöhung meines Honorars an. Er meinte, die Entscheidung darüber mit Elsa besprechen zu müssen, und als diese ablehnte wegen allgemein zu hoher finanzieller Belastung, stellte ich den Unterricht bei Ludwigsohns ein, mit Bedauern den Kindern gegenüber.

Meine Vormittage waren nunmehr frei, und ich plante bereits, meine entzückende, strebsame Mey Lay auf die Vormittage vorzuschieben, als ich ein Angebot ganz anderer Art bekam. Ein Vetter von Haim Djemal, der denselben Namen trug, siedelte aus Kobe in Japan nach Bangkok über, war im Begriff, ein Im- und Export-Büro zu eröffnen für den Handel zwischen Thailand und Japan. Da er als Syrer französischer Staatsangehöriger war, wurde seine geschäftliche Korrespondenz zum größten Teil in französischer Sprache geführt, der kleinste Teil auf englisch. Er bat mich, in seinem Büro mehrere Stunden täglich die Korrespondenz zu pflegen und ausländische Gäste zu empfangen. Ich konnte mich nicht so recht entschließen, weil ich in Bürotätigkeit kaum bewandert war und außer der kurzen Zeit im Kontor meines Vaters, wo ich Mädchen für alles gewesen war, nichts Derartiges je gelernt hatte. Auch meine Schreibmaschinenerfahrung beschränkte sich auf unser eigenes altertümliches Modell, das ich mit viel Zeit und meist mit Ängsten gebraucht hatte. Für Monsieur Djemal waren diese meine Überlegungen nicht Grund genug, um von seinem Angebot zurückzutreten. Er bestand geradezu darauf, und ich willigte schließlich ein. Somit wurde ich Chefsekretärin und blieb auch Lehrerin. Mein Vater empfand meine zunehmende Selbständigkeit als befremdend. Mein zaghaftes Vordringen in eine rein männliche Geschäftswelt war in seinen Augen eine höchst riskante Angelegenheit, geht man davon aus, daß Papa in bezug auf seine Töchter alle Männer als frauenverspeisende Raubtiere betrachtete und wenig Vertrauen in meine Abwehrtaktiken zu haben schien. Da aus meiner Sicht alles ganz anders und viel harmloser aussah, empfand ich seine ständigen Befürchtungen und Beschützungsversuche als Produkt seiner eigenen Einstellung aus jüngeren Jahren in südlichen Ländern. Jedenfalls ließ er sich nicht davon abbringen, mich am ersten Tag ins Büro zu begleiten, mich dort bei Monsieur Djemal persönlich als seinen kostbar behüteten Besitz abzuliefern. Was mein neuer und erster Chef von diesem komischen Auftritt hielt, war nicht auszumachen, denn er ließ sich nichts anmerken. Ich konnte nur hoffen, daß er mich dennoch nicht wie ein zurückgebliebenes Kind behandeln würde.

Somit begann für mich, trotz der Bombenangriffe, trotz des immer schrecklicheren Krieges in Europa, eine recht aufregende und vielseitige Zeit, eigentlich war es der Beginn der interessantesten Zeit für mich in Bangkok.

Ich weiß heute nicht mehr genau, welche Ereignisse es damals waren, die mich fühlen ließen, zum ersten Mal, daß ich erwachsen war und frei sein könnte, wenn ich es nur wollte. Für mich völlig unerwartet, realisierte ich voller Staunen, daß ich mich ernähren könnte, ohne jegliche Hilfe, durch meine Tätigkeit. Ein überraschendes, beglückendes Gefühl, aus der behüteten Geborgenheit erwachend, durch Schicksalsstöße zur Wirklichkeit katapultiert, staunend festzustellen, daß man lebensfähig war in einer gefahrvollen Welt, in der jedoch auf wundersame Weise liebe Menschen zu finden waren, die mir entgegenkamen, mich aufgriffen und mich auf selbstverständlichste Weise in ihr Wirken einbezogen, in ihr Leben. Welch Wunder, welch Glück neuer Erkenntnisse auf neuen Wegen, aus Augen betrachtet, die vom kindlichen Märchenschlaf erwacht waren. Trotz des mörderischen Krieges, der die Welt zerrüttete, hatte ein gnädiges Geschick auch viel Heiles, viel Wärmendes mir mitten in der Zerstörung praktisch vor die Füße gelegt. Wenn ich es erkannte, konnte ich es pflücken. Ich war fest entschlossen, die Blüten auf meinem Wege einzuatmen und mich von der derzeitigen Schicksalssonne bestrahlen zu lassen. Das Märchen meiner jungen Jahre, die erste wunderschöne Liebe, verkörpert von einer blendenden Erscheinung, war dahin. Die stürmischen Ereignisse hatten die vergangene Pracht zerfetzt, und dennoch war ich in keinster Weise gebrochen. Erwachsen, ein klein wenig erfahrener, äußerst neugierig betrachtete ich mein eigenes Werden, voller Dankbarkeit, daß es nicht alltäglich war.

Ja, ich ging soweit in meinen Überlegungen über das Wunder, das Leben heißt, daß ich mir sagte, wenn der Preis des Außergewöhnlichen viel Schmerz und einige Wunden beinhaltet, so hat es sich doch gelohnt. Waren es die Exzentrik meines Vaters und die Lebensfreude meines Großvaters, die in mir vereint sich auswirkten? Ich vermute es, denn nie fühle ich mich aktiver und bejahender als in Situationen, die mich fordern und prüfen. Realismus, der mir fehlt, wäre wohl fatal für mich. Auf schmalen, engen, dunklen Wegen habe ich mich oft befunden und es auch für einen Augenblick nur realisieren wollen. Die Suche nach der hellen, leuchtenden Hauptstraße war dann das Entscheidende. Ich danke Euch, Vorfahren und begleitende Glückssterne, ich habe nie aufgehört, Euch zu fühlen und mich nach Euch zu richten!

Als angehende Chefsekretärin machte ich mich anfänglich alles andere als brillant. Die minutiöse Genauigkeit einiger Büroarbeiten brachte mich einige Male an den Rand der Verzweiflung, und ich fragte mich an manchen Tagen, ob ich es je erlernen würde, das Sortieren und Ablegen von Briefen und Dokumenten, nach Datum versteht sich, das Registrieren und Notieren. Ich biß die Zähne aufeinander und schwor mir, zu bestehen, denn die anderen Aufgabengebiete interessierten mich sehr. Geschäftsleute empfangen, den Terminkalender von Monsieur Djemal unter eigener Regie führen, bei Verhandlungen übersetzen und ihn bei einigen Dinnereinladungen zu begleiten, empfand ich als großes Vergnügen. In dem zweiten Bereich meiner Aufgaben schien ich einigermaßen zu brillieren, denn mein Chef verließ sich mehr und mehr auf mich, fragte mich schließlich oft um Rat und befreite mich in zunehmender Weise von den exakten Kleinarbeiten. Er muß meinen oft verzweifelten Kampf mit Dokumenten und Ordnern erahnt haben, denn an einem glücklichen Morgen meinte er, ich solle mich so wenig wie möglich mit so lästigen, zeitraubenden Dingen beschäftigen und diese einem Clerk überlassen. Ich bin sicher, ihm dankbar mein schönstes Lächeln entgegengebracht zu haben für seinen von tiefer psychologischer Erkenntnis geprägten Entschluß.

Eines Nachmittags bat mich ein syrischer Geschäftsfreund von Monsieur Djemal einen französischen Geschäftsbrief für ihn zu erledigen, gegen Honorar. Ich nannte, wie mir schien, eine hohe Summe aus der Erfolgstrunkenheit dieser Tage. In dem Moment erschien Ernest Didot vor meiner Schreibmaschine, und ich war sicher, zu träumen. Aber er begrüßte mich mit Handschlag, aus sonnigen Augen betrachtete er Schreibmaschine, meinen „Kunden" und mich und meinte, der Preis, den ich soeben genannt hatte, sei viel zu bescheiden. Ich machte die Herren bekannt. Ernest feilschte den Preis zu einer skandalösen Höhe, denn so meinte er, diese Sekretärin könne man kaum bezahlen. Trotz lautem Gelächter erledigte ich den Brief zur vollkommenen Zufriedenheit von Monsieur Assia und erhielt tatsächlich einen Umschlag nach Ernest's Wunsch. Erst dann verließ Didot das Büro. Er war nur gekommen, um nach mir zu sehen und sicherzustellen, daß ich gut untergebracht war!

Ernest und Helen Didot waren kostbare Perlen auf dem Pfad meines Lebens. Wie alle erlesenen Kostbarkeiten bestanden sie aus reinem Glanz und zuverlässiger Echtheit.

Nach Büroschluß, den ich für mich etwas zeitig erbeten hatte, unterrichtete ich weiterhin Etienne und François. Ich eilte geradezu zu ihnen, sie waren schon halbwegs meine Kinder. Obwohl sie gesunde, fröhliche und ausgelassene Jungen waren, überwog immer bei ihnen die gute Erziehung. Ich hatte keinerlei Schwierigkeiten mit ihnen, sondern nur Freude. Sie waren derart herzlich und aufrichtig, daß ich nie bei ihnen Strenge hätte anbringen können. Gelehrig waren sie auch und erledigten fleißig ihre Arbeiten.

Auf andere Art verband mich ein starkes Gefühl mit meiner kleinen chinesischen Schülerin. Ich mußte sie aus Zeitmangel etwas vernachlässigen. Nur an Wochenenden konnte ich ihr einige Stunden widmen und regelmäßiger, wenn Didots auf Urlaub waren. Dennoch wollte May Lye auf keinen Fall einen anderen Pädagogen. Es gab Tränen, wenn ich nur vorsichtig davon sprach. Sie arbeitete viel während der Woche, und wir gingen alles an Wochenenden durch, auch all das, was sie in der Woche erlebt hatte. Ihr Leben war klein, eingefangen im Hause und im Garten, so daß die hochverehrten Eltern, die Großmutter, die geliebten Tauben und seltene Orchideen ihre ganze Welt bedeuteten. Es war weiter nicht verwunderlich, daß innerhalb dieser Grenzen ich für sie sehr wichtig war. Verkörperte ich doch eine andere Welt, über die sie unendlich viele Fragen stellte und mit geradezu hypnotisierten Schlitzaugen an jedem meiner Worte hing. Sie vergaß nie, mir nach jedem Unterricht zu versichern: „Teacher, I love you." Und verabschiedete sich mit tiefem Seufzer. Viele Jahre später, nach dem Kriege, hörte ich von Freunden in Hamburg, daß sich May Lye zu einer gefragten Konzertpianistin entwickelt hatte und auch in Dänemark Konzerte gab, wo sie sich manchmal aufhielt, um sich regelmäßig in ärztliche Behandlung begeben zu können. Die Folgen der Kinderlähmung hat sie jedoch nie ganz überwunden. Sie sprach gut französisch und englisch.

Wir lebten weiterhin unter japanischer Besatzung und lebten gut, wenn man von den nächtlichen, aber nicht regelmäßigen Bombenangriffen absah. Die Geschäfte meines Vaters florierten wieder, was ihn erneut dazu veranlaßte, meine Mutter zu beschenken, mich auch dabei zu bedenken und regelmäßige hübsche Einladungen zu geben. Es ging bei uns kosmopolitisch und interessant zu. Meine Mutter hatte sich vollständig an die Schicksalskurve meines Vaters gewöhnt, die mich eigenartig an ein Naturgesetz erinnerte, wie alles übrigens, was sich auf meinen Vater bezog. Ich mußte an die Wellen eines Meeres denken. Regelmäßig schwammen wir großzügig auf der Spitze, um unausweichlich ins Wellental zu rutschen, aus welchem Grund auch immer. Die verschiedenen Zeitspannen waren das einzige, was die Dauer der jeweiligen Hochs und Tiefs geringfügig voneinander unterschied. Die Dynamik dieser Regel blieb jedoch auf fatale Weise dieselbe bis an das Ende der Tage und der Jahre meiner Eltern. Mama haßte und fürchtete diese Lebensform, aber sie schwamm geduldig und fatalistisch in diesem Wellensystem mit, stets bemüht, die Hochs nicht zu übertreiben, um die darauffolgenden Tiefs unauffälliger zu überwinden.

Ich war ja noch sehr jung, sehr bestrebt, so viel Schönes wie möglich zu erleben, und obwohl ich die wechselhaften Jahreszeiten unseres Lebens zutiefst realisierte, war ich in diesem Spätfrühjahr 1943, als der mörderische Weltkrieg an allen Fronten in vollem Gange war, paradoxerweise zufrieden, zuversichtlich, nie gelangweilt und streckenweise geradezu euphorisch. Da ich die Japaner nicht fürchtete, nicht weil ich etwa mutig war, sondern weil in Thailand dafür kein Grund bestand, und ich auch nicht glauben konnte, daß eine Bombe uns treffen würde, hatte ich innerlich die schöne Vergangenheit überwunden und genoß jeden einzelnen recht exotischen Tag, der mich begrüßte. Das Problem Klima existierte nicht mehr, man kannte nunmehr alle Tücken und wußte sich einzurichten. Außer alljährlichem Dengue-Fieber kannten wir glücklicherweise keine größeren Probleme. Mit Messaat im Hause waren wir gegen lokale Unpäßlichkeiten gut beraten und betreut. So daß, obwohl der Alltag ausgefüllt war und wenig Atempausen offerierte, ich abends, nach einem der vielen Duschbäder, frisch und nicht im mindesten müde war. Selten war ja ein Abend frei. Eine bemerkenswerte Begegnung war für mich der französische Gesandte Gaston Gassouin. Meine Freunde Pierre und Betty Millet, zweiter Mann der Gesandtschaft, luden mich zu einem exquisiten Abend im kleinen Kreis ein. Ich war aufgeregt, denn Betty hatte mir die kleine Gästeliste mitgeteilt und mir den französischen Minister als Tischherrn zugedacht. Colonel de Jonquières, mittlerweile ein hochgeschätzter Freund, sollte unter den Gästen sein, Madame war wieder einmal verreist. Der Minister war Junggeselle, und ich verbrachte viele Nachtstunden vorher damit, mir eine spritzige, witzige Konversation auszudenken, um meinen verwöhnten Tischherrn nicht zu langweilen. Wie unsinnig! Ich hätte lieber ausschlafen sollen, um frisch zu sein, und auch das Herzklopfen war fehl am Platze, denn fünf Minuten nach unserer Bekanntschaft war Minister Gassouin derjenige, der mich sehr amüsierte und mich geradezu bezauberte durch seine Manieren, sein Wissen und seine angeborene Eleganz. Er war nicht außergewöhnlich witzig, aber wohltuend interessant und widmete sich erstaunlicherweise ausschließlich mir, von der ersten bis zur letzten Minute. Monsieur Gassouin und sein Chauffeur brachten mich nach Hause, und sogar vor unserer Gartenpforte war es schwer, einen Abschluß für unsere Gespräche zu finden. Er verabschiedete sich mit einem Au-revoir und einem anhaltenden galanten Handkuß und mit der Aufforderung, ich solle mir überlegen, wann wir gemeinsam nach Saigon reisen könnten, wo er mir bei „Caroline" herrliche Haute Couture Kleider aussuchen wollte. Ich wäre für schöne Dinge prädestiniert, meinte der Minister!

Was sollte das bedeuten? Ich wälzte mich schlaflos im Bett, unschlüssig, ob es eine Beleidigung war oder ein unkontrollierbarer Coup de foudre seitens des Ministers? Ich konnte höchstens die heikle Frage mit meiner Mutter besprechen, denn mein Vater hätte erst den Minister verprügelt, wenn er von seinem Angebot erfahren hätte, und dann jede Verbindung zu ihm untersagt. Gerade das wollte ich vermeiden, denn so anrüchig das Angebot auch klang, ich wollte es analysieren und mich informieren. Ich konnte mir nicht vorstellen, daß ein so exponierter Diplomat im kleinen Gesellschaftskreis Bangkoks, wo man jeden Moskito surren hörte, sich Zudringlichkeiten erlauben würde. Außerdem empfand ich Monsieur Gassouin nicht als leicht entflammenden oder leichtsinnigen Menschen. Er war mir außerordentlich sympathisch und hatte in mir freundschaftliche Gefühle geweckt und einiges Interesse wegen seines umfangreichen Wissens. In keinster Weise war jedenfalls weder mein Blut noch mein Herz in Unruhe geraten. Die Sache intrigierte mich mehr und mehr, je länger ich darüber nachdachte. Ich beschloß, auch mit meiner Mutter noch nicht darüber zu sprechen. Sie hätte mir vermutlich keinen Rat geben können. Sie besaß zwar Menschenkenntnis, aber kannte ja Gassouin nicht, und ihre Erfahrung im Umgang mit Männern war mitleiderregend gering. Bereits im Umgang mit Papa war sie hilflos und ratlos, seinem despotischen Charakter völlig ausgeliefert, obwohl sie voller heimlicher Wünsche war, die sie sich nur in den schwächsten Augenblicken eingestand. Und die waren selten. Ich beschloß am Spätnachmittag, nach dem Unterricht, Helen vorsichtig nach der Person ihres Ministers auszufragen.

Der Tag im Büro erschien mir lang, und später beim Unterricht, gestehe ich, war ich etwas zerstreut. François und Etienne fühlten es sofort und fragten voller Sorge, was Mademoiselle fehle. Kopfschmerzen? Ernest Didot unterbrach den Unterricht, indem er sich diplomatisch nach den Leistungen seiner Kinder erkundigte. Anschließend bemerkte er, ich hätte am Vorabend bei Millets großen Eindruck gemacht. „Auf wen denn genauer?" fragte ich unaufrichtig. „Na, auf unseren Minister", und schon war er aus der Tür. Meine Strategie hatte nicht funktioniert. Helen war „not at home", wie es an der Pforte angeschlagen war, wenn sie Besuche abstattete. Sehr unbefriedigt fuhr ich nach Hause, entschlossen, die ganze Angelegenheit ruhen zu lassen. Schließlich gab es noch viele andere wichtige Überlegungen.

Die Salesianer Patres hatten eine neue Nachricht für uns. Meine Schwester erwartete im September das zweite Kind, ansonsten waren „alle" gesund. War in dem Wort „alle" auch Danilo beinhaltet? Waren meine Schwester und mein Schwager völlig von Sinnen, sich in dieser Zeit Kinder anzuschaffen? Konsterniert saßen wir drei zusammen und waren sicher, daß nicht nur der Krieg, sondern auch der Wahnsinn der Menschen sich verbreitete. Wir trösteten uns damit, daß sie alle gesund waren.

Die Bombenangriffe auf Bangkok wiederholten sich, ohne größeren Schaden anzurichten. Wir waren froh, etwas entfernt davon, ruhiger, komfortabler und sicherer zu leben. Wir genossen den Garten bei Sonnenuntergang und den Anblick des Urwaldes hinter dem Haus und der Felder zur Linken. Unser Haus war das letzte der ruhigen, kleinen Straße, und unser Nachbar und Hausbesitzer Phra Pinit mit seiner Frau wurden mehr und mehr unsere Freunde. Eine gemeinsam unter Bombenangriffen verbrachte Zeit bringt entweder Menschen zusammen oder auseinander. Das erstere war bei uns der Fall.

Zum ersten Mal sehnten sich fast alle den Monsunregen herbei, da man vermutete, daß die Bombenangriffe dann unterbrochen werden würden, weil in der von strömenden Güssen aufgeweichten Erde die Bomben wirkungslos bleiben würden. Jeden Tag schaute man zum Himmel und hoffte, die Wende der Jahreszeit zu erraten.

Eine kleine Überraschung war die Tatsache, daß Marcel Weil und Herbert Hamlet in unsere Gegend umgezogen waren. Wenn man von der Hauptstraße in unseren romantischen Weg einbog, so lag ihr Haus wenige Meter landeinwärts. Eines Abends traf ich Herrn Weil. Er grüßte etwas ausdrucksvoller, als ich es in Erinnerung hatte, und wir plauderten sogar miteinander. Sie hatten das Haus gewechselt, weil es sich als viel zu groß erwiesen hatte und weil sie im umfangreichen Garten ganze Nester von Pythonschlangen unaufhörlich neu entdeckten. Während diese Vorstellung mir großes Unbehagen in der Magengrube verursachte, konnte ich nicht ausmachen, ob und inwieweit dieser Zustand meinen Gesprächspartner beunruhigt hatte. Sein Gesicht blieb kühl und nicht ablesbar. Wir sprachen noch über Bomben, dann über Haustiere und über die steigende Hitze und den erwarteten Regen. Und dann sagte man sich goodbye. Würden wieder Jahre vergehen, bevor man einander wieder traf, obwohl man wieder so nahe beieinander wohnte?

Zu Hause angelangt, fand ich eine schöne Einladung zu einem Dinner in der Légation vor. Absender: der Minister von Frankreich. Sieh mal an, dachte ich glücklich, er läßt nicht locker. Sicherlich würde es ein interessanter Abend werden, auf jeden Fall eine perfekte Soirée, denn Gassouin, das hatte ich stark gespürt, war ein ausgesprochener Ästhet und machte aus allem Schönen einen Kult.

Solange ich keine Roben von „Caroline" besaß, mußte ich mir etwas Raffiniertes einfallen lassen in bezug auf Kleidung. Mich auf mein erhöhtes Einkommen stützend, wollte ich zum besten chinesischen Schneider gehen und mir eiligst etwas Schlichtes, aber Ergreifendes, Langes arbeiten lassen. Ich hatte über eine Woche Zeit. Didots, denen ich mich mitteilte, schienen von der Einladung nicht sonderlich überrascht zu sein, waren aber selbst nicht mit von der Partie!

Zu einem kultivierten chinesischen Damenschneider zu gehen ist ein Erlebnis. Die Fassade des Ateliers von Wang Lee war ein ausgesprochenes Understatement. Ein kleines, weißes, bescheidenes Eckhäuschen mit der Aufschrift Wang Lee — Ladies Tailor — das war alles. Keine Vitrine, keine Dekoration, die eine weibliche Phantasie hätte anregen können. Wang Lee war äußerst hager und verhältnismäßig groß. Sein Englisch war das, was man als Pidgeon Englisch bezeichnet, sein untertäniges Lächeln voller Goldzähne, sein Benehmen höflich bemüht, aber keineswegs penetrant. Wang Lee, der Gute, Umsichtige, hatte trotz Bomben und Krieg noch eine schöne Auswahl an leichten Stoffen für Abendkleider. Ich suchte mir einen weinroten Traum aus Seidenchiffon aus, mit bedruckten schwarzen verwelkten Nelken und blaßgrünen Blättern. Wang Lee freute sich, das passende Täschchen dazu zu arbeiten, und gab mir eine Stoffprobe für die Sandalen mit. Fatt Lee, der Meister-Schuster und natürlich sein Verwandter, empfing mich mit derselben wohltuenden asiatischen Höflichkeit und hatte gerade den passenden Samt auf Lager. Als ich schließlich angezogen an dem bewußten Abend mich im Spiegel betrachtete, wollte ich nicht an die Unkosten für die Kleidung und für den Guerlain Duft denken, denn ich war neugierig auf den Abend und fühlte mich in keinster Weise häßlich. Mein Vater, wie hätte es anders sein können, gab mir gewichtige Warnungen und Ratschläge mit auf den Weg, das Gesicht streng und feierlich, so daß man die Freude hätte verlieren können. Ich behielt sie und hielt sie fest auf der Fahrt zur Gesandtschaft.

Als der dritte Sekretär und Jahre später Frankreichs Generalkonsul in Hamburg, im Vestibül die Gäste empfing, überkam mich für Sekunden Panik. Ich war, so sah es aus, die einzige ohne Begleitung. Aber bald öffnete sich die Tür zu den Salons und der Gastgeber gab mir das Gefühl der selbstverständlichen Häuslichkeit.

Der Gesandte absolvierte die Honneurs auf seine einstudierte, vielleicht angeborene Art. Man vergaß, daß er unverheiratet, also nicht unterstützt, ein Dinner gab. Die meisten Anwesenden waren mir unbekannt: der siamesische Finanzminister mit seiner französischen Frau, der siamesische Botschafter in Tokio mit seiner französischen Frau, einige siamesische Prinzen mit ihren siamesischen Frauen, der zweite französische Sekretär mit Mme. Saugon und einige wenige skandinavische Firmendirektoren mit ihren Damen. Und ich? Wozu, wieso, warum?

Bei Drinks, stehenderweise, benahm ich mich umsichtig auf „diplomatisch". Lächelte rechts, nickte links und hoffte von irgendwoher einen echten Gesprächspartner zu finden, am Glas nippend, zum Glück in klimatisierten Räumen. Plötzlich nahm der Gastgeber meine freie linke Hand und sagte ekstatisch: „Vous êtes un rêve." Jede Frau wird hier verstehen, was das für ein junges Mädchen von 22 Jahren für Auswirkungen hat. Die Schüchternheit war wie ausradiert, nichts erschien mir mehr neu, ich strahlte selbstbewußt besonders die Herren an. Und das hatte seinen Effekt, plötzlich wurde ich das, was man als Mittelpunkt bezeichnet, voll verhaltenem Übermut, sozusagen voller innerer Zuversicht plauderte ich belanglos, denn das schien die Devise zu sein. Viel sprechen und kläglich wenig sagen. Rein intuitiv verhielt ich mich so: vage, amüsiert, bemüht, strahlend, mit dem Verstand dabei, das Herz mausetot. Ich fühlte die diskreten bewundernden Blicke meines Gastgebers, was mir neuen Mut verlieh. Hoffte er weiterhin auf unsere gemeinsame Reise, oder was hatte ihn dazu veranlaßt, mich einzuladen?

Plötzlich stand Madame Saugon an meiner Seite, die dritte Rangdame an der Gesandtschaft. Ich kannte sie ein wenig vom Sportsclub her, wo sie sich ausschließlich mit anderen Franzosen zu unterhalten pflegte, am Pool, in der Cafeteria, ohne sich selbst sportlich zu betätigen. Sie war verhältnismäßig jung, verhältnismäßig attraktiv, unverhältnismäßig stark geschminkt. Ihre dunklen Haare, dunklen Augen drückten dennoch kein Temperament aus. Die Frau war präzise, zielstrebig und penetrant. Vielleicht als Ausgleich zu ihrem Mann, der huschenderweise sich bewegte und einem servilen Hündchen glich. Madame drückte ihre Freude darüber aus, mich am Dinner des Ministers zu sehen, und ich wußte, daß sie log. Ich wäre mir der Auszeichnung bewußt und schätzte mich glücklich, erwiderte ich wahrheitsgetreu. Madame plauderte über dies und das und nochmals über das und dies und ich fragte mich, wann das Dinner beginnen würde und wieviele Gänge begleitet von wievielen Weinsorten kredenzt werden würden, denn die Drinks begannen ihre Wirkung auszustrahlen. Die Gespräche wurden lauter, und es sah aus, als ob sich alle gut unterhielten. Ein Satz von Madame Saugon brachte meine abschweifende Aufmerksamkeit schlagartig zur Realität zurück. Sie meinte bedeutungsvoll, es sei prickelnd, einen Junggesellen als Vorgesetzten zu haben und zumal einen so hinreißenden. Schade, daß er eher zurückhaltend sei. Auf ihrer letzten gemeinsamen Dienstreise nach Indochina hätte der Minister sie völlig ignoriert, obwohl sie in passenden Momenten ihm ihre Zuneigung nicht verhehlt hätte. Sie beabsichtigte, ihm den Vorschlag einer Reise zu zweit einfach zu machen. Warum erzählte sie mir solche Indiskretionen? Die Dame hatte zwar einen fröhlichen Ruf, dennoch ... Ich zeigte mich überrascht, kühl, verständnisvoll, und voller Wärme meinte ich, der Minister hätte auf längere Sicht keine Chance, ihrem Charme zu widerstehen! Mit großer Sympathie drückte sie mir den Lippenstift ihres Kusses auf die Wange. Wie schnell könnte ich gute Diplomatin werden?

Endlich wurde zu Tisch gebeten. Eine der schönsten Tafeln, die ich bis dahin gesehen hatte, bot sich meinen Blicken. Mein Tischherr war der siamesische Botschafter in Tokio, und zur Rechten saß Mr. Knudson, der dänische Generaldirektor der Elektrizitätswerke. Er zählte zu den gutaussehenden, intelligenten Europäern in priviligierter gesellschaftlicher Position. Ein ausgesprochener Mr. One. Der Gastgeber hatte zur Rechten die französische Frau des Finanzministers und die siamesische Frau eines Prinzen zur Linken. Madame Saugon lief unter anderem mit. Ihr Tischherr war ein siamesischer Beamter des Außenministeriums. Auf den Servietten der Damen lag je eine erlesene Orchidee, in jeder Serviette eine kleine Kostbarkeit. Ich fand mein Lieblingsparfum von Guerlain vor, Vol de Nuit —, über Düfte hatten der Minister und ich uns unter anderem auch unterhalten. Welche exquisite Aufmerksamkeit, er hatte sich mein Lieblingsparfum gemerkt. Ich fühlte wieder seine Blicke, als ich gerührt die Überraschung entdeckte. Mein Tischherr war entzückend, erzählte fließend und interessant auf französisch über sein Land, seine Jugend, über Japan und schließlich über seine Frau, die siamesisch gekleidet, außerordentlich charmant aussehend, uns schräg gegenüber saß. Das Menu war erlesen, originell, perfekt serviert und die Weine viel zu gut. Ich fühlte mich wohl, zufrieden, amüsiert und bereits zugehörig! So schnell wirkte des Ministers Aufmerksamkeit!

Nach dem Kaffee und den Likören wurde noch lange geplaudert. Ich bedankte mich beim Gastgeber mit den ersten Geladenen, die aufbrachen, ohne jegliche Lust, bereits zu gehen. Der Minister verabschiedete mich wieder mit Handkuß und mit einem bedeutungsvollen „à bientôt".

Ich war zwar voller Entzücken in sein „Revier" vorgedrungen, aber war keineswegs schlauer über seine Absichten. Über mich selbst war ich allerdings auch einigermaßen überrascht. Es entsprach so gar nicht meinem Temperament noch meinem Gefühlsleben, einen Verehrer dieser Ausstrahlung und dieser Beständigkeit nur mit dem Verstand und warmer Sympathie zu betrachten. Ich schwebte zu keiner Zeit in höheren Regionen, und mein Herzschlag überschlug sich nie. Auch wenn ich in Gedanken bis zu einer hypothetischen gemeinsamen Reise mit dem Minister nach

Indochina vordrang, konnte ich mir nur eine hübsche, kultivierte, ruhige Zweisamkeit vorstellen, bei der das Aussuchen der Garderobe und die kulinarischen Extravaganzen das Erregendste waren.

Einige wenige Tage vergingen programmgemäß: Büro und Unterricht. Die Abende angenehm gesellig, ja meist interessant. Inzwischen hatte man sich auch an den Anblick der Japaner gewöhnt, an das Sirenengeheul in manchen Nächten und freute sich nun auf den einsetzenden Monsunregen. Sie hatte etwas sehr Befreiendes, diese Regenwand, die man auf sich zukommen sah wie einen Vorhang, der die unerträgliche Schwüle buchstäblich wegschob, um anschließend dampfende Straßen und Gärten zu hinterlassen. Ein Naturereignis großer Faszination, erregend wie alles Ursprüngliche. Ich freute mich schon auf das Brüllen der Riesenfrösche in der Nacht. Alte Freunde waren es geworden, die mit ihrem Getöse bei weitem die sanfte stoßartige Sprache der Ching-Chongs an unseren Wohnzimmerwänden übertönten. Unser dummer treuer Hippy, der an meinem Bett schlief, fühlte sich auch nicht gestört. Außerhalb des Moskitonetzes surrten die Mücken weiter, und das tröstende Gefühl der Gewohnheit schlich sich immer mehr in meine entspannten Glieder ein. Draußen sah die Welt so grausam, furchterregend aus, und hier waren wir — entwurzelt zwar —, aber gut ernährt, mit Muße für eitle Gedanken, von vielen Freunden umgeben und nie mutlos. Dieses Siam, diese Hitze, diese tropische Eigenart der Pflanzen und des Lebens begannen mich einzulullen und sich als Fluidum in meinen Kreislauf einzuschleichen. Ein prickelndes Gefühl, das einem die Augen und die Sinne öffnete, für das, was man bis dahin nicht vernommen hatte.

Die große englische internierte Kolonie durfte Besucher empfangen, zweimal wöchentlich. Prompt arrangierten sich Scharen von freilebenden Bekannten, um dahin zu fahren, mit Aufmerksamkeiten und aufmunternden Gesprächen. Benzin wurde immer kostspieliger, sodaß man sich mit Fahrrädern, Rikschas und vollbeladenen Autos dahinbewegte. Als ersten besuchten wir unseren treuen, oft in vorjapanischen Tagen betrunkenen Freund Siggins. Er war nicht wiederzuerkennen: abgemagert, humorlos, unnatürlich nüchtern. Whiksy wurde im Camp nicht verteilt. Ich sah einige Male auch Marcel Weil, der regelmäßig die Herren seiner englischen Firma besuchte, radelnderweise. Ich hatte das Privileg von Betty Millet, der gebürtigen Engländerin mit Diplomatenwagen mitgenommen zu werden. Etwas heikel für Betty, deren Mann Pierre Vichy Frankreich diente und für France Libre fühlte. Die erste Tochter der Millets, die in den Monaten geboren wurde, erhielt auch den hoffnungsvollen Namen Anne Victoire.

Monsieur Gassouin regte einen gemeinsamen Besuch in die Alliance Française an. Dieses Institut gab es glücklicherweise in Bangkok, nicht weit von unserem Haus. Ich hatte es bis dahin nie aufgesucht, teils aus Zeitmangel und teils, weil ich meinte, andere Sorgen zu haben. Zumal ich jung genug war, mir einzubilden, mein Wissen wäre schon beachtlich was französische Literatur anbelangt. War mein Professor Michot etwa nicht ein profunder Experte auf diesem Gebiet gewesen? Es war ein Erlebnis, mit dem Minister im Institut zu verweilen. Wir waren schließlich so beschäftigt mit Autoren und Diskussionen, daß er Didots schnell telefonisch um Verständnis bat, mich für den Tag zu entschuldigen. Der Minister hatte große Freude an guten Büchern, an französischer Geschichte und an Gesprächen darüber. Die Zeit flog dahin. Er duftete angenehm, sah so wohltuend gepflegt und gelockert aus, daß ich seinen Rang vergaß und mich an seiner Gegenwart erfreute. Er brachte mich im Wagen nach Hause, zwischen uns saß Fifi, ein weißer Spitz, die noch stärker duftete als ihr Herrchen: es war eindeutig Chanel. Ich blickte zum Minister und meinte: „Fifi ist eine raffinierte Dame. Badet sie in Chanel?“ Immerhin besaß Monsieur den Humor zu präzisieren: „Sie wird gebadet.“ Nach kurzer Pause: „Bleiben Sie bei Guerlain, bitte!“

Mit empfohlenen Büchern beladen, vom Duft des Hundes etwas benommen, ging ich ins Haus. Ein bemerkenswerter, interessanter Nachmittag! Ich schloß Hippy fester denn sonst in meine Arme und war so froh, daß er nach Hund roch!

Der Duft, den Fifi verbreitete, diese Mischung von zwar saubersten Hundefell und starkem Chanel, haftete aus unerklärlichem Grund an meiner Nase und mißfiel mir. Es war eigentlich das einzige, was mich bis jetzt an Fifi's Herrchen störte. Die fast kokottenartige Neigung, aus einem Hund ein ganz persönliches Luxusspielzeug zu machen. Eigenartig diese Schwäche bei einem Mann seiner Bildung, Intelligenz und Eleganz! Hatte er etwa die Absicht, aus mir sein zweites Spielzeug zu gestalten? Ich würde mich nicht in Guerlain baden lassen und schon gar nicht im Krieg!! Wenn ich den Minister betrachtete, konnte ich nicht glauben, daß es Stalingrad und Kursk gab, Pearl Harbour und das besetzte Europa. Er war eher ein Schloßherr, der vom Turm seiner Burg nur bei Sonnenwetter ins Tal blickte, bei der geringsten Wolke lieber ein schönes Buch zur Hand nahm und bei Gewitter die Kerzen anzünden ließ, die Fenster verriegeln und an der Wärme des Kamins sich auf den nächsten Sonnenstrahl freute. Er diente auch Marschall Pétain und nicht de Gaulle, aus persönlicher Neigung und aus Antipathie gegen die Engländer. „Und welcher von den beiden kann eher Frankreich helfen?" fragte ich ihn. „Frankreich wird aus eigener Kraft wieder erstehen, weil ‚Sie' (la France) stolz und traditionsbewußt ist und keine fremde Hilfe braucht." „Und die Deutschen?" ich abermals. „Eine lästige momentane Laus, die der Selbstzerstörung durch Dummheit entgegengeht." „Chère amie", fügte er hinzu, „zerbrechen Sie sich nicht Ihr Köpfchen, Sorgen machen Frauen häßlich", und küßte mir zärtlich die Hand. Machten Sorgen Männer vielleicht älter?

Helen Didot erwähnte an einem der darauffolgenden Tage, daß Monsieur Gassouin von mir mehr als entzückt sei, und ich sagte ihr sehr verwundert, daß ich es spüre, und mir nicht erklären könne, wieso ausgerechnet ich. Helen meinte, ihm gefiele einfach alles an mir. Ernest kam hinzu, und sie luden mich zu einem kleinen intimen Dinner für den nächsten Tag ein. Ich sagte sofort zu, obwohl ich mich anderweitig von einer anderen Einladung entschuldigen mußte, denn erstens liebte ich Didots und zweitens fühlte ich, daß diese Einladung einige Rätsel im Zusammenhang mit dem Minister lösen würde. Ich beobachtete mich, dabei weder aufgeregt noch engagiert zu sein, ich wollte nur erlernen, G. G. zu verstehen. Was aber am nächsten Abend an mich übermittelt wurde, war nicht an erster Stelle eine nähere Beschreibung der Person meines Verehrers, sondern sein Heiratsantrag. Darauf war ich in keinster Weise vorbereitet, auf solche gedanklichen Spekulationen war ich nie gekommen. Wenn ich an G. G. dachte, so nur, um zu verstehen, warum er ausgerechnet mit mir nach Saigon fahren wollte, um persönlich eine kostbare Garderobe mir zu Füßen zu legen.

Helen, sanft und umsichtig, nutzte die Vor-Dinner-Zeit, um behutsam über den Minister zu sprechen. Ernest war nebenan über Gebühr lange mit der Vorbereitung der Drinks beschäftigt. Helen fragte mich, was ich von ihrem Chef de Mission, wie sie so hübsch sagte, hielte. „Viel, sehr viel", erwiderte ich. „Ich liebe es, mich mit ihm zu unterhalten, zu diskutieren und bewundere sein Wissen und sein Interesse für so viele Gebiete, die mich auch sehr interessieren. Man kann von ihm viel lernen. Außerdem sind seine Manieren vorzüglich auf so selbstverständliche Weise, daß ich mich wohl und geborgen bei ihm fühle." Helen schien erleichtert zu sein, denn der Minister empfand für mich tiefe Bewunderung und Verehrung und ließ mir sagen, daß er sich glücklich schätzen würde, sein Leben mit mir zu verbringen. „Als Maitresse?" war meine empörte Frage. Meine Gastgeberin war entsetzt. „Als seine Frau natürlich! Monsieur Gassouin brauchte eine Frau an seiner Seite, eine Frau, die repräsentieren und mit ihm seine diplomatischen Aufgaben teilen kann. Sie wären für seinen Geschmack das Optimale. Einen wunderschönen Smaragdring seiner Mutter, jetzt in seinem Besitz, offeriert er Ihnen als Verlobungsring. Na, wie wäre es?" „Aber ich bin doch keine Französin, was im höheren diplomatischen Dienst sehr wichtig ist, und außerdem glaube ich, Monsieur Gassouin nicht zu lieben. Das letztere ist für mich sehr entscheidend!" Ich höre heute noch meine Worte von damals, und jede Einzelheit ist mir gegenwärtig. Nur, heute kann ich ohne ein mitleidiges Lächeln das Mädchen von damals nicht betrachten, ein Mädchen, das das Leben immerhin noch gradlinig sah, in präzisen Farben, ohne Schattierungen und Nuancen. Nach Danilo und dem großen Glück mit ihm glaubte ich nur für größere Leidenschaften geboren zu sein, nur die oder gar nichts. Natürlich mit Ehering, aber kompromißlos, mit der Bedingung der großen Flammen.

Helen, die Gute, flüsterte diskret: „Es ist doch gut, daß Sie ihn nicht lieben, denn er kann Frauen nur verehren und bewundern, aber nicht lieben." „Liebt er denn nur Fifi?" „Er liebt anders, eben ganz anders. Er flirtet mit Herren. Sie hätten an seiner Seite Glanz, Sicherheit und Freundschaft. Ihr Privatleben, diskret geführt, würde ihn nicht stören."

Der Schock war nicht unerheblich. Von etwas Derartigem hatte ich schon mal gehört und mich nie in Gedanken damit aufgehalten. Ein Heiratsantrag jedoch von einem Mann aus der Ecke, mir, die die normale Liebe so ungeheuer schätzte ... Ich hatte keine Worte, stammelte, entsetzt, empört und doch ... Verheiratet und doch frei, Sicherheit mit Glanz und Abwechslung und sicherlich ungetrübter Freundschaft. Dennoch, das Labyrinth eines so komplizierten Nebeneinanderlebens, voller Pflichten und diskreter Unternehmungen erschreckte mich und stieß mich ab. Meine Eltern fielen mir ein, es war nicht nötig, über ihre Meinung zu spekulieren. Ich sagte traurig und entschlossen: „Auf keinen Fall, impossible." Helen verstand mich so gut und hatte nur ihrem Minister keine Absage erteilen wollen. Dennoch, sie war viel älter, hatte viele Diplomatenjahre in verschiedenen Ländern hinter sich und hatte erfahren, daß das gesellschaftliche Parkett voller Risse und Tücken war, oft deprimierend und ohne Glanz. Von Feuer ganz zu schweigen.

Ernest hatte wundervolle Drinks gemixt, kühl und wohltuend. So, wie Helen und Ernest zu leben: ja, und sie als Freunde haben: tausendmal ja!! Beim Einschenken der nächsten Gläser fragte Ernest hinreißend: „Wollen Sie den schönen Smaragd nicht akzeptieren? Was meinen Sie?“ Ich ging auf seine Schelmerei ein. „Ich hatte mit Helen gewettet, Sie würden ablehnen, aber ich habe die Wette nicht gewonnen, denn auch Helen hatte nichts anderes erwartet.“

Nach diesen Worten fühlte ich mich wieder zu Hause, befreit und sehr froh. Auch ohne Kleider von „Caroline“ aus Saigon konnte man zufrieden sein, und einen Smaragd, dem ich keineswegs feindlich gesinnt war, würde ich sicherlich noch eines Tages besitzen, geschenkt von einem Mann, der darauf brennen würde, mich zu besitzen! Wo steckte er nur?

Ich blickte in Gedanken um mich und stellte fest, daß ich viele interessante, einige wertvolle Menschen kannte, in einem Tourbillon von Geselligkeiten lebte, aber keinen einzigen Mann kannte, der mich auch nur entfernt beunruhigen könnte. Ich mußte wohl daraus schließen, daß ich, so jung ich auch war, bereits immun war für Liebe und Leidenschaft. Mein ganzes Feuer hatte nur für Danilo gebrannt, und vermutlich war ich ein Wesen, das nur einmal lieben konnte. Wahrscheinlich spürten die Männer das Abgestorbene in mir, wie sonst hätte ein homosexueller Minister mit mir spekulieren können? Überzeugt, daß der Hochsommer meines Lebens bereits hinter mir lag, fuhr ich illusionslos fort mit meinem beschäftigten Alltag.

Tatsächlich hatten wir keine Bombenangriffe während der Monsunzeit. Es wäre reine Verschwendung gewesen, denn die Bomben wären im Schlamm versunken, ohne den erwünschten Schaden anzurichten. Während dieser Ruhepause hatten alle die Illusion, daß der Krieg, der in der Welt tobte, nur ein Alptraum wäre, von dem man erwacht war, um festzustellen, daß einiges zwar verändert war, aber insgesamt war das Leben noch süß. Es gab weniger Autoverkehr, weil Benzin knapp und teuer geworden war, es fehlten einige entbehrliche Dinge wie importierte Stoffe, und allmählich wurden auch Schönheitspräparate, heute würde man Cosmetics sagen, selten und waren meist schon durch lange heiße Lagerung unbrauchbar. Als neugebackene Großverdienerin kaufte ich alles auf, was ich finden konnte, legte es in den Eisschrank, um auf absehbare Zeit mich pflegen zu können. Ich sah nicht ein, warum man äußerlich sich vernachlässigen sollte solange es zu vermeiden war. Trotz der Tragödie, die die Welt befallen hatte.

Durch Radio Vaticana erfuhren wir, daß meine Schwester Ende September 1943 einen gesunden Sohn, Franco, zur Welt gebracht hatte, in einer Klinik in Mailand. Wir waren erleichtert und rätselten, wie sie das Wagnis eines Aufenthaltes in der Stadt riskiert hatte. Nach dieser frohen Botschaft schlug mein Vater vor, wir sollten einen Urlaubsaufenthalt in Hua Hin wiederholen, bevor die Bombenangriffe wieder einsetzen würden mit dem bevorstehenden Ende der Regenzeit. Ich erhielt drei Wochen Urlaub im Kontor und konnte außerdem leichten Herzens meine beiden emsigen Schüler Etienne und François verlassen, da die ganze Familie in Dalat, hoch in den indochinesischen Bergen, Urlaub machen wollte. Nur May Lye, kleine, liebe May Lye, mußte sich etwas gedulden und sich mehr denn je ihren Orchideen und ihren Tauben widmen.

Die Eisenbahnstrecke nach Hua Hin war seit unserer ersten Reise verändert. Zwar war eine von Bomben zerstörte Brücke wieder repariert worden und wieder befahrbar, aber links und rechts von den Eisenbahnschienen arbeiteten die Kriegsgefangenen unter japanischer Aufsicht, die ursprünglich aus Singapur und Malaya dahingebracht worden waren, um, unter anderem, die berüchtigte und berühmte River Kwai Brücke zu bauen. Es waren hauptsächlich Holländer, einige Neuseeländer und viele Australier. Aus den Fenstern des verlangsamten Zuges sah man sie stumm, etwas unterernährt, sonnenverbrannt mit interessierten, hoffnungsvollen Blicken dem fahrenden Zug nachspähen, in der

Hoffnung, Zigaretten oder Sonstiges empfangen zu können, während eines unachtsamen Augenblicks seitens ihrer japanischen Bewacher. Voller Freude stellten wir fest, daß einige Gaben, eingewickelt in Zettel voller alliierter Nachrichten von den Kriegsschauplätzen tatsächlich in ihre Hände gelangten. Dankbare, plötzlich aufleuchtende Augen drückten stumme Freude aus. Wie lange noch würden sie unter derartigen Bedingungen fast unmenschliche Arbeit verrichten müssen? Wieviele waren bereits erkrankt und wieviele schon gestorben? Messaat, die mit Hippy in einem anderen Abteil saß, war erschüttert von dem Anblick. Sie war ja seit jeher gewohnt gewesen, „Weiße“ als Herren zu betrachten, die absoluten Anspruch auf Bedienung und Komfort hatten, aber nie als Sklavenarbeiter. Für sie war diese Situation gleichbedeutend mit dem Zusammenbruch ihrer gewohnten Welt.

Sehr verspätet und niedergeschlagen kamen wir schließlich in Hua Hin an und bezogen den großen, schönsten Bungalow am Strand, der zur Hoteladministration gehörte. Wie stets, wenn Papas Geschäfte gut gingen, war Sparsamkeit vergessen, das oberste Gebot wurde wieder einmal, das Leben großzügig zu genießen, ohne präzisere Planung und mit der geringsten Sorge für die Zukunft. War unser Planet nicht in ständiger Turbulenz, von Kriegen und Revolutionen erschüttert? Sollte man auf so wackeligem Boden „für immer“ bauen? Nein, man sollte sich jeder Stunde erfreuen, die sonnig war, und die Zukunft würde zeigen, wie es weitergehen sollte. Wenn ich Papa betrachtete, während er ernst und überzeugt so leichtfertig seine Lebenseinstellung erläuterte, fühlte ich mich trotz meiner berechtigten Befürchtungen immer wieder mitgerissen von seinem blinden Optimismus, unerschütterlich fatalistisch in der Zuversicht, daß unser Glücksstern uns letztlich nie im Stich lassen würde, unabhängig von den groben Fehlern seinerseits, mit denen er das Schicksal geradezu provozierte. Papas Monologe entstanden immer dann, wenn er Mamas schüchternes Zögern wahrnahm in bezug auf einigermaßen grandiose Entscheidungen seinerseits. Seine autoritären Monologe bezeichnete er als „Besprechungen“, und da Mama mit ihren zaghaften Einwendungen sich nie durchsetzen konnte, endete er meist solche Sitzungen mit der überzeugten Bemerkung in meine Richtung: „Du siehst, Mama und ich sind uns einig!“

Der große Hotelbungalow war weitläufig und sehr behaglich. Die Strandnähe und die riesige Terrasse waren bereits gewichtige Pluspunkte für einen erfolgreichen Urlaub. Wettermäßig hatten wir richtig gewählt: der große Regen war vorbei, und die kühlere, sonnige Jahreszeit bahnte sich an. Es war daher weiter nicht verwunderlich, daß wir viele nette Bekannte und einige Freunde dort trafen. Schön war es, Messaat bei sich zu haben. Der Alltag ohne sie war bereits nicht mehr vorstellbar. Sie sorgte dafür, daß ihre Speisen stets mit Ungeduld erwartet wurden, ihrer Qualität wegen, außerdem war sie Nachrichtenkurier, Freund und Medizinmann gleichzeitig. Überhaupt war sie der allgemeine Hausmanager. Nachdem sie das Frühstück gebracht hatte, verschwand sie eiligst barfuß und betelkauend in Richtung Markt. Neuerdings nahm sie unseren armen, schönen, lieben Hippy mit, denn sie war der Meinung, daß unser lädierter Hund längst heiratsfähig war. Welcher Platz war geeigneter für eine Brautschau als der Markt von Hua Hin, wo es wimmelte von Verkäufern, Käufern aller Nationalitäten, Hunden und Katzen jeglicher Kaste, angefangen mit den räudigen bis hin zu den Schoßhunden edler Rassen, die selbstverständlich stolz getragen wurden, damit sie mit den „Untouchables“ unter den Vierbeinern in keiner Weise in Berührung kommen konnten. Messaat hatte das Problem einer eventuellen Heirat unseres Hundes völlig unterschätzt. Die Tücke war nähmlich die Tatsache, daß Hippy bei den Hündinnen vermutlich als gutaussehend zu bezeichnen war, denn er hatte im Nu das rege Interesse vieler Damen geweckt, Damen in jeglicher Größe und Farbe. Nun stand er da, groß, schwarz und gütig, umringt von einer Schar wedelnder, lustiger Hündinnen und wußte nichts aus der Situation zu machen. Messaat, auch auf dem Gebiet Liebe voller Schwung und Begeisterung, war außer sich und sprach Hippy gut zu. Er rührte sich nicht. Er hatte als Baby offensichtlich zu viel Pech gehabt: das schwere Schloß, das ihm auf den Kopf gefallen war, muß wichtige Impulse in ihm verletzt haben, die spätere Staupe hatte den Rest getan. So stand er nun hilflos und phlegmatisch da und betrachtete seinen Erfolg voller Verwunderung. Messaat, eine eindeutige Feindin von Phlegma, packte kurzentschlossen die schönste Hündin unter der Schar, und mit Hilfe von einigen Zuschauern steuerte sie mit Hippy, den Besorgungen (darunter ein lebendiger Hahn und eine Henne), der schneeweißen Auserwählten und den Helfern auf unseren Bungalow zu, als Papa zum Tennis und ich zum Strand gehen wollten.

Die Karawane, nur so konnte man diese Gesellschaft bezeichnen, bestieg unsere Terrasse, und Messaat erklärte die schwierige, beschämende Situation. Wir meinten, daß Hippy offensichtlich unsere Liebe genügte und daß man es dabei belassen sollte, als wir Pak Pring auf unseren Bungalow zukommen sahen. Pak erfaßte die Situation in Sekundenschnelle und war mit Messaat einig, daß Hippy, dem Instinktlosen, geholfen werden müsse. Meine Mutter, verlegen natürlich, war dafür, den armen Hund in Ruhe zu lassen, während mein Vater durchaus der Meinung war, daß man versuchen sollte, Hippy zu erhöhten Lebensfreuden zu verhelfen. Wie so oft saß ich dazwischen und wagte keine Stellungnahme. Auf Paks Kommando verschwanden alle hinter das Haus in Richtung Servants Quarters, wo sich bereits die Henne und der Hahn befanden. Wir überließen das Weitere Messaat und ihren Ratgebern und hofften sehr für Hippy, daß ein Happy End ihn erwarten möge. Nach dem Mittagessen berichtete Messaat beiläufig, daß Hippy durchaus gelehrig sei und schließlich seine schöne Weiße beglückt hatte. Wir konnten nur hoffen, daß er ein für allemal gelernt hatte und nicht auch noch auf diesem Gebiet vergeßlich wäre. Öffentlicher Hundeunterricht in Sachen Liebe war für unseren Urlaub nicht eingeplant gewesen!

Auch diese Wochen in Hua Hin, so ähnlich wie bei unserem ersten Besuch, versprachen sehr gesellig und interessant zu werden.

Außer der Begegnung mit unserer alten Clique lernte ich einige neue Leute kennen, die unseren Bekanntenkreis bis nach Kriegsende bereichern sollten. Ein italienischer Ingenieur namens Colombo, der bei einem italienischen Bauunternehmen tätig war, verbrachte dort seinen Urlaub, Professor Feroci, Bildhauer, Maler und Dozent an der siamesischen Kunsthochschule und letztlich Kapitän Ghé, Militärattaché an der italienischen Botschaft. Es blieb nicht aus, daß eine kleine zusammenhaltende italienischsprechende Gruppe sich bildete, von der ich, magnetisch angezogen, sehr viel Freude erfahren sollte. Und schließlich, eines Abends, als ich im Hotelpark meinen Hippy spazieren führte, hörte ich ungewohnte Klaviermusik aus dem Hotel klingen: wunderschön, nach so langer Zeit, ein Impromptu von Chopin. Ich näherte mich den Klängen, um festzustellen, wer hier, in Hua Hin, mit solcher Bravour das Bedürfnis verspürte, eine musikalische Köstlichkeit mit solcher Freude vorzuspielen. Die Überraschung hätte nicht größer sein können, am alten, seit Jahren nicht gestimmten Klavier saß die aufrechte Gestalt von Marcel Weil! Was war doch die menschliche Psyche geheimnisvoll und unergründlich! Dieser Mensch, den ich seit Jahren sah und niemals auch den entferntesten Wunsch verspürt hatte, näher kennenzulernen (allerdings schien ich bei ihm auch keinerlei Eindruck hinterlassen zu haben, was auf gegenseitiges totales Desinteresse schließen ließ), entpuppte sich, trotz seines völlig verschlossenen Äußeren als gefühlvoller Pianist, der sich nicht scheute, unbekümmert vor einem zusammengewürfelten Publikum seinen musikalischen Launen nachzugehen. Ich war erstaunt über diese Offenbarung. Nun, mußte ich mir gestehen, hatte ich keinerlei Erfahrung im Umgang mit Deutschen, alles, was ich von ihnen wußte, bezog sich auf meine Schulzeit. Die schwärmerischen Briefe von einem 16jährigen Armin Hall oder die verträumten, anbetenden Augen von Robert Blumenthal, die Gedichte von einem 17jährigen August von Weiss hatten für mich keine anhaltenden Hinweise hinterlassen über das, was einen deutschen männlichen Geist und ein deutsches Herz bewegt, sollten diese Kreaturen überhaupt etwas Derartiges besitzen! War ich doch russisch-italienisch-französisch ausgerichtet und für Jahre von Danilos Glut erfüllt!

Der Applaus der Zuhörenden weckte mich aus dem Staunen. Marcel Weil blickte überrascht um sich, ich hörte ihn etwas über die erbärmliche Qualität des Instruments sagen, dennoch setzte er sich erneut an das Klavier und spielte einen Walzer von Chopin zur Freude aller Anwesenden. Hippy zerrte nach Hause — die musikalischen Künste, der schöne tropische Abend drangen nicht in sein limitiertes Hundeherz. Schließlich befand er sich an der Schwelle seines neuentdeckten Glücks, und das strengte an. Wir gingen nach Hause, und ich freute mich bereits auf den nächsten Tag, ein Tag ohne Bomben, ein gedeckter Tisch, der sonnige Strand vor der Tür, eine hübsche Einladung bei Capitano Ghé und ein offenes starkes Interesse — meinerseits nicht erwidert — seitens Ing. Colombo. Wieviel Grund für Dankbarkeit!

Tatsächlich wurde es wieder ein schöner Tag. Als erstes ging ich gleich nach dem Frühstück zum Golfplatz, wo Betty Millet mich einführen wollte, weil sie und Pierre sich seit Jahren für den Sport begeisterten. Ich verabredete mich für den nächsten Tag mit dem siamesischen Golflehrer zur ersten Unterrichtsstunde. Als ich zu Hause ankam, hörte ich bereits Stimmen auf der Veranda, weiter nichts Verwunderliches, da sich bei uns meistens Besuch einfand, gleichgültig an welchem Ort oder in welchem Land wir uns gerade befanden. An diesem schönen Morgen war es mein Freund und Schüler Vej-Hansen, der Bangkok ohne uns nicht ertragen konnte. Er kam nicht etwa, um uns zu besuchen, nein, er hatte selbstverständlich seine Koffer bei sich. Nun, der Bungalow war groß genug, warum sollte also ein Freund nicht bleiben? Das dachte er auch und fühlte sich außerordentlich zu Hause. Später am Strand fand ich andere Freunde, mit Schwimmen und Spazieren am herrlichen, sonst menschenleeren Strand flogen die Stunden glücklich dahin. Frau Sena, die indische Frau des renommierten Juweliers, beschwerte sich über einen merkwürdigen Ausschlag, den sie im Gesicht und an den Lippen bekommen hatte, seit sie die neue Kosmetikserie mit dem verheißungsvollen Namen ,,Tango'' gebrauchte. Es waren autarkische Produkte, und sie wollte gerne auskundschaften, wer wohl die Verbrecher waren, die sich hinter diesem nostalgischen Namen verbargen. Wir überlegten, voller Mitgefühl, als hoch zu Roß einige Reiter im Trott am Strand entlang in Richtung Bofai an uns vorbeiritten. Das war die deutsche Reitschule von Fräulein Koch, und der winkende Mann war Marcel Weil. Pak Pring erwiderte herzlich, aber ein vielsagendes Lächeln blieb in ihren Augen. Später gestand sie mir, daß die ,,Verbrecher'', die Mrs. Senas zarte Haut zu solcher Irritation gebracht hatten, Marcel Weil und Herbert Hamlet waren. Ihre ,,Tango''—Serie, die auch Schuhcreme einschloß, hatte anfänglich Interesse gefunden, nur ebbte die Freude rasch ab, sei es bei den Herstellern, sei es bei den Konsumenten, als die Produkte eigenartige, höchst individuelle Eigenschaften entwickelten. Zum Beispiel Vanishing Cream, als Tagespflege gedacht, trug mit Recht diesen Namen, sie ,,vanishte'' sozusagen aus dem schönen Töpfchen wie von Zauberhand angezogen. Innerhalb kurzer Zeit war sie verschwunden. Der Puder war zu schwer für das feucht-heiße Klima und legte sich wie mehliger Staub auf das Gesicht der Trägerin. Schließlich waren die Lippenstifte zu trocken, die Farben zu dunkel, ganz zu schweigen von der Schuhcreme, die sich zu einem harten Stein in der Dose entwickelte. Sollte der unglückselige Besitzer dennoch darauf bestehen, sie irgendwie noch brauchbar zu gestalten, so erinnerte sie eher an ein schweres Schmieröl, das die Schuhfarbe nicht deckte, sondern sie wegätzte. Pak fand das Ganze sehr komisch und bat mich lediglich, die beiden Hersteller nicht zu verraten. Sie wären ja selbst so enttäuscht und hätten einige Produkte eingestellt. Schönheitsmittel haben eben ihre Tücken!

Die kleinen Einladungen von Capitano Ghé fanden auf der Terrasse seines Hotelzimmers statt, wo wir, geschlossen im Geist und verbunden durch Freundschaft, uns freuten, beieinander zu sitzen. Der Militärattaché war ein Endfünfziger, ausgewogen, temperamentvoll und gescheit. Er kannte Ostasien gut, besaß eine eindrucksvolle Allgemeinbildung und war ein liberaler Geist. Er war froh, nicht im faschistischen Italien leben zu müssen und wartete wie wir alle auf das Kriegsende, das er mit erstaunlicher Klarheit in Details voraussah, wie später festzustellen war. Bei Capitano Ghé konnte man außer einigen Italienern eine Jüdin wie mich treffen, aber nie einen Deutschen. Die Sprache und die Atmosphäre versetzten mich zurück in das Glück, das wir vor Jahren verlassen hatten müssen, nur die Umrisse, die Ghé von der Welt nach dem Kriege skizzierte, bestätigten immer wieder, daß die goldene Vergangenheit für immer begraben war mit ihrem Glanz und dem falschen Anschein einer erträumten Ewigkeit.

Vollmond in Siam ergab schöne, sehr helle Nächte, so hell, daß sie Mama an Petersburg erinnerten. Dort konnte man mühelos im Mondschein lesen, in Siam auch, nur nicht mühelos. Als wir uns bei Capitano Ghé voneinander verabschiedeten, bewunderten wir den herrlichen Abend und das so friedliche, glitzernde Spiel der seichten Meereswellen. Eine Nacht voller Träume und voller Sehnsüchte. Hippy war zu Hause, und alle schliefen bereits. Eine Gestalt, klein und flink, huschte mir entgegen: Messaat. Sie kicherte, als ich sie fragte, woher sie käme, woraus zu schließen war, daß meine Frage recht indiskret und plump gewesen war. Wenn Messaat verstanden hätte, was ein europäischer Kuß bedeutet, hätte ich ihr einen Kuß gegeben, weil sie so echt und liebenswert war wie ein undressierbares Tierchen. Stattdessen streichelte ich ihre Wange und sagte „Messaat di mak" (Messaat, ich mag Dich sehr). Ihre schwarzen Zähne blieben leider auch in diesem verzauberten Licht so schockierend schwarz. Welche Männer konnten den Anblick überwinden? Plötzlich lautes Sirenengeheul: kein Zweifel, Fliegeralarm. Welche Absurdität. Wir hatten nie an diese Möglichkeit gedacht, nicht hier in Hua Hin und schon gar nicht in solcher Nacht!

Als erste wie immer erschien meine erregte Mutter, nur froh, mich zu Hause und angezogen vorzufinden, so daß ich gleich mitkommen konnte. Wohin? Ins Hotel, meinten Papa und Vej-Hansen. Als wir den großen Wohnraum des Hotels betraten, stellten wir fest, daß alle dabei waren, sich dort zu versammeln. Man erkannte sich auch ohne elektrisches Licht dank des Vollmondes. Die Versammelten vermuteten, daß die Eisenbahnstrecke nach Bangkok das Ziel der englischen Bomben sein würde, und wir dachten dabei nicht nur an uns, keinen Kilometer von den Schienen entfernt, sondern auch an die vielen Kriegsgefangenen, die entlang der Strecke ihre Lager hatten. Die ersten Flugzeugmotoren waren zu hören, und mir schien, ich konnte gleichzeitig das unkontrollierbare Zittern meiner Mutter hören. Wir saßen absurderweise an einem großen, runden Tisch, als ob von jemandem eingeladen, eine Teestunde zusammen zu verbringen. Die Flugzeuge kamen näher und flogen nicht hoch; als wir sie so ziemlich über unserem Dach vermuteten, betätigten sie, aus uns unverständlichen Gründen, ihre Maschinengewehre. Dem Hotel passierte nichts. Das Motorengeräusch entfernte sich wieder, bis es ganz still wurde. Der Alarm dauerte jedoch an. Ich blickte um mich und entdeckte gegenüber am selben Tisch ein neues dunkelhäutiges Herrengesicht, die schönen schwarzen Augen blickten Mama und mich an, er lächelte sanft, die Zähne waren schneeweiß. „Sie brauchen sich nicht zu sorgen, es wird uns nichts passieren, ich weiß es“, sagte die harmonische Stimme, so sanft wie der Ausdruck seines Gesichtes. Er stellte sich vor: Dr. de Campos, Arzt und portugiesischer Generalkonsul. Ich sagte ihm, daß ich aus unerfindlichen Gründen seinen Optimismus teilte, nicht nur für diese Nacht, sondern für alle Tage und Nächte, bis der Krieg vorbei wäre. Seine Gründe wären viel fundierter, meinte Dr. de Campos, denn er könne fast mit absoluter Genauigkeit das Schicksal eines Menschen von seiner Hand ablesen. So wie Mama von Bomben und Japanern vollständig terrorisiert war, so konnte sie nie der Faszination von Karten- und Handlesern widerstehen. Außerdem war es in der Stunde — der Alarm dauerte an, die Motoren waren wieder hörbar — eine gottgesandte Ablenkung. Eine Kerze wurde von irgendwoher gereicht, und schon lag Mamas kleine Hand auf dem Tisch.

Dr. de Campos Augen versenkten sich in diese Hand, die er nie gesehen hatte, und auf Mamas Gesicht, das er nicht kannte. Er schilderte ihre Vergangenheit so genau, daß man gespannt sein durfte, wie die Zukunft wohl aussehen würde. Rückblickend kann ich sagen, daß jedes Wort des Konsuls sich bewahrheitete bis hin zu ihrem Tode: 70 Jahre und wenige Monate wurde sie leider nur alt. Papa wollte sich nicht in die Hand blicken lassen, sicher wie er war, daß er selbst und niemand anderer sein Schicksal je nach Laune gestalten würde. Aber ich, ich war völlig labil, entwurzelt und nirgends angepflanzt, wie ich mich fühlte, ein Blättchen von gnädigen Lüften hin- und hergeweht: sehr gerne hätte ich gewußt, wohin die Reise führte und welche Erlebnisse auf mich warteten.

Dr. de Campos nickte gütig, und schon war meine Hand ausgebreitet in seiner. Mama murmelte: „Hoffentlich nur Gutes, Töchterchen." Ich hörte nicht nur Gutes, aber viel Gutes, trotz einer schweren Operation im 31. Lebensjahr, trotz einer langen Krankheit meines zukünftigen Mannes. Vermögen erwartete mich, ein Leben lang würde ich keine finanziellen Sorgen haben, und heiraten würde ich in Bangkok und anschließend in ein fernes Land ziehen. „Heiraten?" fragte ich ungläubig. „Werde ich denn je wieder lieben?" Darüber hatte Dr. de Campos keine Zweifel und nickte vielsagend und schelmisch. Das alleine machte mich glücklich, sollte es je eintreffen. Ich wollte so sehnsüchtig gerne wieder lieben können. „Darf ich fragen, was Sie erwartet?" fragte ich unseren Hellseher. „Ich werde in sechs Monaten tot sein", war seine lakonische, ruhige Antwort. „An den Folgen der Bombardements?" fragte Mama voller Sorge. „Nein, vermutlich an galoppierender Schwindsucht." Entsetzlich! War dieser Mensch etwa gestört? Sicher, wie er seinem baldigen Ende entgegensah, so offensichtlich war es auch, daß er von seiner bevorstehenden Tragödie keinesfalls erschrocken war. Ein trauriger Mann voller Güte und Zufriedenheit. So behalte ich ihn in Erinnerung, denn er starb tatsächlich bald darauf an Schwindsucht, in Hua Hin, das er seit dem Abend nie mehr verlassen hatte. Und ich heiratete tatsächlich in ein fernes Land und gebar mit 31 Jahren unter lebensbedrohlichen Komplikationen einen Sohn. Und Gottlob war es mir doch gegeben, noch viel und tief zu lieben. Ob Dr. de Campos das erfahren hat?

Nach dem „all-clear" schlenderten wir etwas verwirrt nach Hause. Uns entgegen kam die Gruppe der Leute, die zum Strand gegangen war, als die Sirenen alle erschreckt hatten. Die Mondnacht war immer noch überirdisch schön, voller Frieden und voller Düfte, und das soeben Erlebte war völlig surreal. Schon wedelte uns Hippy freudig entgegen. Er war mit Messaat zum Strand gegangen (wer von den beiden hatte zuerst die Idee gehabt?), und hinter ihnen erkannte ich die hohe, etwas steife Gestalt von Marcel Weil.

Meine erste Golfstunde ist mir deshalb klar in Erinnerung geblieben, weil ich sicher war, für diese Sportart in keinster Weise prädestiniert zu sein. Am liebsten hätte ich Reitunterricht genommen. Fräulein Koch war ja an Ort und Stelle dafür zuständig. Voller Neid schaute ich den Reitern täglich nach, die am Strand entlang, hoch zu Roß, etwas erlebten, was ich sehr gerne kennengelernt hätte: in direkter Berührung mit hochsensiblen Tieren diese schöne Landschaft zu erleben. Aber Papas Eigenart reichte so weit, mir diesen Sport zu verbieten, ausgerechnet diesen, der ihm geradezu im Blut lag. Papa ohne Pferde war so unvorstellbar wie Papa desinteressiert für weibliche Reize. Mir, seiner Tochter, verbot er das Reiten wegen der lauernden Gefahren: ich könnte fallen, könnte stürzen, mir alle Knochen brechen (mit einem begnügte er sich nicht), und das Genick könnte ich mir auch brechen! Was dann? Ja, was dann? Meinem Optimismus entsprechend fragte ich ihn, ob es auch je Reiter mit heilen Gliedern gegeben hätte. Denn schließlich, diejenigen, die an uns vorbeiritten, sahen unbeschädigt aus! „Ja, das sind erfahrene Reiter!" Es war zu mühsam, dieser merkwürdigen Logik zu widersprechen. So begann ich erst mit Golf, ohne Papa über die Gefahren der harten Golfbälle zu informieren. Alles, was zu Fuß erledigt werden konnte, war für ihn eine Garantie für Sicherheit! Den Beginn eines Reitunterrichts ließ ich nicht aus dem Auge: der Zeit Zeit lassen, dachte ich, auch ich werde einmal endlich auf einem Pferd sitzen, mich damit fortbewegen und meinen zitternden Eltern beweisen, daß — mit etwas Glück — reiten mit heilen Knochen durchaus möglich sei. Wie recht ich behalten sollte, konnte ich damals noch nicht ahnen: Marcel Weil wurde mein erster, nicht ungefährlicher Berater, trotz seiner Waghalsigkeit brach ich mir nicht einmal einen Finger. Allerdings sattelte ich aus eigenen Stücken über zu Fräulein Koch, doch aus Sicherheitsgründen, auch um das Pferd und den Sport konsequent kennenzulernen, ohne an Herzschlag zu sterben, nicht, wohlgemerkt, an komplizierten Brüchen!

Die erste Golfstunde begeisterte mich wider Erwarten. Körperkontrolle und Augenmaß waren etwas, was ich nie gekannt hatte. Der siamesische Golfchampion und gleichzeitig Golflehrer ermutigte mich, weiterzulernen wegen angeborener Begabung! Das hielt ich für überaus übertrieben, fuhr täglich mit meinen Übungsstunden fort, machte Fortschritte und entriß zu guter Letzt meinem Lehrer Begeisterungsrufe: ,,very good shot, Sir!". Der arme Mann kannte die Golfregeln ausgezeichnet, brachte jedoch das Geschlecht seiner Schüler völlig durcheinander. Oder machte ihm die englische Sprache zu schaffen?

Merkwürdig, dieser Golfsport! Ich empfand Freundschaft für Betty und Pierre Millet, seit wir uns kennengelernt hatten, aber seit ich ihnen die Freuden einer Golfstunde beschrieb, saß ich tief in ihren Herzen, sozusagen als Zwillingsseele! So fanatisch kann Sport Menschen verbinden. Sie ahnten ja gar nicht, daß ich im Grunde nur auf den Glücksstern einer Reitstunde wartete, horoskopisch richtig gewählt!

Wir nannten die Aufenthalte in Hua Hin Urlaubswochen. Das waren sie auch insofern, als man bis dahin den Verlauf der Tage in eigener Regie hatte. Aber schließlich war die Zeit dort so ausgefüllt, daß ich sie als interessante, anregende Pause betrachtete, mit kaum einer Mußestunde. Nicht einmal im eigenen Zimmer hatte ich totale Einsamkeit und Möglichkeit zur Besinnung, denn dort bekam ich Besuch einer ergebenen neuen Freundin, die ich mir nicht selbst ausgesucht hatte: unsere neue Henne, die Messaat am Markt erworben hatte, um ein kleines Sicherheitspolster in puncto Lebensmitteln aufzubauen, denn, das vergaß sie nie, wir lebten doch in Kriegszeiten, und gackernde Hühner zwischen Servants Quarters und Master's House verliehen ihr die Garantie eines satten Magens und gemütlichen Alltags. Nur, wie so oft, stellte man dann fest, jedes Lebewesen hat Eigenarten, und genau durch diese letzteren sind so manche Pläne durcheinander geraten.

Nun, diese bewußte Henne, eilig erworben, entpuppte sich als Außenseiterin in ihrer Tierart. Daß sie nur ein Auge hatte, war Messaat im Eifer des Kaufes entgangen, schließlich kann auch eine einäugige Henne eine gute Henne sein, dachten wir bei erster Betrachtung. Aber schon beim ersten Anblick beschlossen wir, das arme geprüfte Tier nie zu schlachten, sondern ihr ein paar glückliche Tage zu schenken, bei gutem Futter und geborgen gegen die Stürme des Hühnerlebens. Sie muß unsere Gefühle erraten haben, denn sehr bald benahm sie sich eher wie ein treuer Hund als eine brütende Henne. Jede freie Minute, wenn sie nicht brütete, suchte sie unsere Gesellschaft und legte sich schließlich auf meine Füße, auch wenn es keine Eier waren. Eines Abends schließlich hüpfte sie die wenigen Stufen, die mein Schlafzimmer vom Innenhöfchen trennten, hoch, betrachtete mich im Bette liegend und flatterte schließlich, einäugig auf mein Bett. Ich streichelte ihr kleines, häßliches, rötliches Köpfchen, und sie schloß in entspanntem Glück das einzige Auge. Der Entschluß lag auf der Hand, ich holte den Korb mit ihren Eiern, stellte ihn an mein Bett, und schon begann ein ungewöhnliches Miteinander: die Henne und ich hatten ein gemeinsames Schlafzimmer. Morgens kam sie raus mit ihrer werdenden Brut, führte ein vielseitiges Leben: brütete, spazierte und lauschte Radiomusik, sobald wir das Gerät anstellten. Abends fand der Transport ins Schlafzimmer statt. Wie gesagt: ich war nie alleine.

Reisende aus Bangkok berichteten über Bombenangriffe auf die Stadt, die jedoch keinen großen Schaden angerichtet hätten. Unsere Tage am Meer gingen dem Ende zu, und wir standen vor dem Problem einer Rückkehr mit Mama unter Verhältnissen, die ihre Nerven mehr als belasteten. Wir mußten es wagen, denn Papa und ich hatten Verpflichtungen, und auch das Haus wartete auf uns. Ende Oktober 1943 mußte man damit rechnen, daß uns noch einiges erwartete an Elend und Zerstörung. Der Krieg würde ja nie beendet sein, bis nicht eine Seite nicht nur geschlagen war, sondern sich auch geschlagen fühlte und dazu gehörten leider auch Bomben.

Der Freundeskreis wurde kleiner, jeder hatte eine Aufgabe in der Stadt und man plante die Rückreise in der Hoffnung, daß die Eisenbahnstrecke noch befahrbar sein würde.

An einem der letzten Abende machte ich, wie fast täglich, eine kleine Runde durch den Hotelpark mit Hippy an der Leine. Wir genossen beide die ruhige Zweisamkeit vor dem Schlafengehen. Hippy liebte die Henne, so begaben wir uns anschließend meist alle gemeinsam in mein Zimmer. Marcel Weils große Gestalt, Beine in Leinenstiefeln als Moskitoschutz kam auf mich zu. An dem Abend, erstaunlicherweise, übersah er mich nicht, betrachtete nachdenklich meinen Hund und mich und ließ sich herab, uns seine Begleitung anzubieten. Ich blickte zu Hippy, prüfte mich selbst und sagte: „Danke, nein." „Warum nicht?" kam die Frage leise und verwundert. „Es würde mir keinen Spaß bringen, von Ihnen begleitet zu werden." Innerlich wurde mir heiß von der Schande meiner Unverschämtheit. Marcel Weil schien sich zu amüsieren. Hippy war groß und schwarz, aber ich war klein, dumm und impulsiv! All das ließ mich dieser Mensch fühlen nur durch seinen Blick und seine bloße Anwesenheit. Zum Glück führten mich meine Beine sicher weiter, und diese kurze Erinnerung war bereits ausradiert, bevor Henne, Hippy und ich die Augen zur Nachtruhe schließen konnten!

Wir kamen glücklicherweise alle, Menschen und Tiere, heil in Bangkok an und versuchten, uns wieder an das Stadtleben zu gewöhnen. Auffallend war, daß immer mehr Weiße und Eingeborene sich auf Rädern fortbewegten, in den Schaufenstern wurden importierte Waren immer größere Raritäten, und es kam schon vor, daß mitten am Tag die Sirenen heulten. Papa und ich mußten meiner Mutter versprechen, daß wir in solchen Fällen immer versuchen würden, schnellstens nach Hause zu eilen, was kaum je möglich war, aber das Versprechen beruhigte sie etwas.

Auch Didots waren zurück, und das Wiedersehen mit May Lye wurde zu einem Fest. Sie hatte inzwischen viel gelernt, weit mehr, als ich ihr aufgetragen hatte, um mich zu überraschen. Eine eigene entzückende Stickerei schenkte sie mir auch! Im Kontor war nicht viel zu tun, mit der Zuspitzung des Krieges kam der Handel immer mehr ins Stocken. Monsieur Djemal wußte nicht mehr recht, wie er sein Personal beschäftigen sollte.

Eines Nachmittags erwartete mich große Unruhe im Hause von Helen und Ernest Didot. Ernest war seit wenigen Tagen fiebrig gewesen und mußte das Bett hüten, er hatte aus Indochina eine dumme, nicht weiter identifizierbare Infektion mitgebracht. An mysteriösen Infektionen erkankte in Ostasien so mancher Europäer, einige starben, ohne daß je festgestellt worden wäre, woran sie gestorben waren. Ernest wurde in das französische fromme Krankenhaus gebracht, wo der hagere, nervöse Dr. Hermet Chefarzt war. Helen war besorgt, die Kinder traurig, und ich hatte das Empfinden von bleierner Schwere in der Magengrube. Ernest war so gar nicht der Typ für ein Krankenhaus, und er schien selbst so überrascht zu sein, daß es ihn erwischt hatte.

Ernests Verfall dauerte nur eine Woche. Eine klare Diagnose war nicht zu machen. Gassouin lehnte jede nicht-französische medizinische Hilfe ab für seinen Konsul: man hatte französisch zu leben und notfalls französisch zu sterben. Auch Ratschläge aus Indochina konnten das Drama nicht abwenden. Ernest starb wenige Stunden nachdem er bei vollem Bewußtsein die letzten Sakramente erhalten hatte. Nicht nur seine Frau war gebrochen und untröstlich, auch alle die, die ihn liebten, und es gab wohl niemanden, der ihn kannte und ihn nicht liebte. Es gibt tatsächlich einige wenige, ganz wenige, deren Fehlen nach ihrem Abgang nicht zu ersetzen ist. Ernest war einer von den wenigen. Nach seiner Beerdigung lautete die Diagnose: Meningitis.

Gassouin schüttelte vielen Beileidsbesuchern die Hand, unter ihnen die des deutschen Botschafters. Diplomatie beherrscht die Sitten ihrer Vertreter auch vor einem Sarg — die Gefühle bleiben verborgen —, und Helen hatte keine Mitsprache an der Regie. Sie war nur die Witwe und Gaston Gassouin der vorgesetzte Minister!

Der unfaßbare Tod von Ernest rückte Helen und uns noch enger zusammen. Sie unternahm nichts ohne die Zustimmung meiner Eltern, und ich verbrachte viele Abende bei ihr im sinnlosen Bemühen, für sie die große Leere etwas zu füllen. Helen zog aus der großen Wohnung aus in ein nettes Appartement innerhalb der Légation und wartete mit ihren Kindern auf das Ende des Krieges. Etienne und François blieben tapfer und eifrig meine Schüler und wurden zunehmenderweise die Beschützer und Kavaliere ihrer Mutter. Helen, die nie einen Beruf ausgeübt hatte, schmiedete wirre Pläne für die Zukunft, um ihre zu bescheidene Rente aufzubessern. Ihr schwebte eine Hundezucht vor, Cockerspaniels versteht sich, von denen die Familie immer umgeben war. Es kam natürlich später alles anders für uns alle, und wie so oft löste die Zeit und das Schicksal auf eigene Weise viele Fragezeichen und legte uns ein Leben vor, das wir mit menschlicher Phantasie uns nicht hätten träumen lassen.

Das Jahr 1943, beherrscht von Krieg und Elend, endete, und 1944 begann für uns persönlich beladen mit den bekannten Sorgen um meine Schwester und ihre Familie in Italien, mit der Erwartung zunehmender Bombenangriffe auf Bangkok und ohne einen Silberstreifen am Horizont. Zwar durften wir bereits damit rechnen, daß Hitler doch nicht der Kaiser der Welt werden würde, aber wieviel Elend erwartete noch die Menschheit in aller Welt? Anfang 1944 erschütterte ein neuer Todesfall unseren Freundeskreis in Bangkok. Die einzige Tochter von Haim und Clara Gerson starb innerhalb einer Woche an einem nie identifizierten Infekt. Sheva war auch gleichzeitig die letzte Patientin von Dr. de Campos. Sie erkrankte in Bo Fai bei Hua Hin und wurde von de Campos schleunigst nach Bangkok geschickt, da ihm die Erkrankung schwer und unerklärlich erschien. Er hatte recht, auch in Bangkok konnte kein Arzt Sheva helfen. Bald nach der 11jährigen Sheva starb auch Dr. de Campos, auf den Tag genau wie er es antizipiert hatte.

Erstaunlicherweise blühten Papas Geschäfte. Mit dänischen und schwedischen Gesellschaften betrieb er weiter einen lokalen Handel, der durchaus profitabel war. Mamas Schmuckkasten füllte sich wieder im Zuge eines uns eigenen wiederkehrenden Zyklus' des Wohlstandes und der relativen Üppigkeit. Das gesellige Leben Bangkoks war kleiner, enger und viel bescheidener geworden, gestört durch Bombenangriffe, und besorgt, wie alle waren, um die Angehörigen in Europa. Die Salesianer Patres überbrachten uns eine böse Nachricht über Radio Vaticana: der Schwiegervater meiner Schwester, Professor Fantaguzzi, war an seinem Schreibtisch an einem Herzschlag gestorben. Damit, das war uns klar, war Lydias Beschützer nicht mehr da. Nicht nur an der Folge von Bomben kam man um in dieser Zeit, auch Herzschmerz konnte tödliche Folgen haben.

Ich lernte Marcel Weil etwas näher kennen durch einen zufälligen geschäftlichen Besuch meines Vaters in seinem Haus. Wir kehrten dort während eines gemeinsamen Spazierganges ein. Umgeben von Katzen und einem muskulösen Hund namens Moritz war Herr Weil in eine Lektüre vertieft. Es umgab so etwas wie Freundlichkeit diesen zurückhaltenden, in sich gekehrten Menschen. Braungebrannt, nach eigener persönlicher Mode gekleidet, schien er uns aus traurigen, kühlen blauen Augen zu betrachten, ohne Kommentar. Die Herren unterhielten sich, und ich schloß Bekanntschaft mit den Tieren. Moritz schien sich ein ähnliches Verhalten wie sein Herr angeeignet zu haben: er schnupperte an mir und gab keinerlei Zeichen von Sympathie oder Antipathie. Beide, Marcel und Moritz begleiteten uns zur Pforte. Marcel blickte mich intensiv an und bemerkte distant, ich hätte ein außergewöhnliches Gesicht. Moritz begleitete uns, auch auf Distanz, nach Hause, schnupperte dort an allem herum und ging vermutlich heim. Ich überlegte, was wohl Marcel Weil so völlig von anderen Menschen differenzierte, die ich kannte. Es war so sehr schwer, auszumachen, was in ihm vorging, und sicher war, daß er sein Vertrauen nicht leicht verschenkte. Die Bemerkung über mein Gesicht hatte mich überrascht, ich verstand auch nicht, ob es ein Kompliment sein sollte, mein weiblicher Instinkt sagte mir, ja. Ich mußte mich sehr verändert haben, denn für Danilo war ich stets sein „goldenes Püppchen" gewesen. Das war eindeutig positiv. Wahrscheinlich war ich Marcel Weil genau so fremd wie er mir.

Im Kontor wurde die Arbeit zunehmend uninteressant, alle Angestellten außer einem Einheimischen wurden entlassen, und ich langweilte mich sehr. Schließlich bat ich Monsieur Djemal, unser Arbeitsverhältnis zu lösen, da für die nahe Zukunft die Aussichten denkbar schlecht waren. Wir gingen in Freundschaft auseinander. Viele Nächte verbrachten wir in Phra Pinit's Luftschutzbunker, da die Sirenen immer häufiger heulten. Im geräumigen Bunker empfand ich die gemeinsamen Stunden mit Phra Pinit und seiner Frau als anregend und gemütlich, sicher wie wir alle waren, daß die Bomben niemals für uns gedacht waren. Alle empfanden wir so, natürlich außer meiner Mutter. Mit keinen Mitteln konnten wir diese unkontrollierbare Panik lindern, und sie tat einem leid wie ein wehrloses Tierchen. Helen verließ Bangkok mit ihren Kindern und Hunden und zog in ein gemietetes Häuschen für die Dauer des Krieges, in die Nähe von Hua Hin. Viele Freunde stellten sich darauf ein, Ähnliches zu tun, das Leben in der Stadt war unerfreulich geworden. Aus dichtbesiedelten Stadtgebieten suchten die Einheimischen und Chinesen sicherere Bezirke, so beobachteten wir voller Staunen, daß der Urwald hinter unserem Haus Zuflucht für viele Chinesen wurde. Improvisierte Zelte ohne Wasser und Licht dienten als Provisorium. Da aber Menschen glücklicherweise in jeder noch so unerfreulichen Situation eine bejahende Kontinuität suchen, ging auch aus solchen Notlösungen wie ein Urwald das Leben weiter. Kinder wurden geboren, und es wurde geheiratet.

In unserer leerstehenden Garage hatten wir einen chinesischen Schneider mit seiner Familie aufgenommen. Es war ein leichtsinniger Schritt unsererseits, aber er brachte der Familie und uns Glück. Es waren höfliche nette Menschen, die aus lauter Dankbarkeit darauf bestanden, uns mit selbstgenähten Röcken, Blusen und Kleidern zu beschenken. Sie verstanden sich gut mit Messaat, was uns das Gefühl vermittelte, selbst Gäste einer Großfamilie zu sein. Wie es bei Chinesen üblich ist, hatte auch unser Schneider viele, viele Verwandte, ein Teil von ihnen hatte Zuflucht im Urwald gefunden, und einige von ihnen verspürten wiederum den Wunsch zu heiraten. Selbstverständlich boten meine Eltern den neuen Paaren die Möglichkeit, sich bei uns für die Hochzeit umzuziehen und sich hübsch zu machen. Wir andererseits wurden zu den grandiosen Hochzeitsesssen, die alle in vorzüglichen chinesischen Restaurants stattfanden, eingeladen. So saßen wir des öfteren als Mittelpunkt einer fröhlichen, großen, chinesischen Hochzeitsgesellschaft, und obwohl sie unseren Namen kaum aussprechen konnten und wir lange Zeit vorher den ihrigen einstudieren mußten, sind es schöne Erinnerungen geblieben. Die stark bemalte Braut, immer in roten Satin gekleidet, saß Hand in Hand strahlend mit ihrem artigen, dunkelgekleideten Mann und ließ viele Reden und viele Segenssprüche über sich ergehen, die meisten endeten mit dem Wunsch, die Ehe möge mit vielen Kindern gesegnet werden. Dabei errötete das Paar und bedankte sich. Trotz Hitze und Krieg wurden stets unzählige köstliche Gerichte gereicht, Spanferkel als pièce de résistance, mit Reiswein und anderen Getränken begossen.

Nach der dritten Hochzeit kannten wir das chinesische Hochzeits-Ritual perfekt und müssen im Urwald zu dem Clan gehörend gezählt haben, denn tagtäglich waren wir dankbare Empfänger von Blumen, Früchten und gebastelten Aufmerksamkeiten. Mama fragte etwas besorgt, ob wir auch die Neugeborenen dieser jungen Ehen feiern müßten, wenn der Krieg länger dauern sollte. Eine durchaus berechtigte Frage, wenn man die Anhänglichkeit unserer neuen jungen Freunde miterlebte.

Noch heute erfreuen mich die uns gewidmeten Gruppenaufnahmen dieser Hochzeiten und die Erinnerung an die so spontanen Freundschaften, die hoffentlich den Jungvermählten viel Glück gebracht haben.

Betty Millet hatte ihre zweite Tochter zur Welt gebracht. Sie wurde in diesem Frühjahr 1944 hoffnungsvoll auf den Namen Anne Victoire getauft. Eines vormittags ging ich Betty besuchen, die gerade mit Dengue Fieber im Bett lag. Wir hatten unsere Therapie dagegen, Messaat mit ihren heilsamen Massagen, die sie, wie schon früher erwähnt, mit ihren Affenhändchen und Affenfüßen uns erteilte. Das half ungemein, samt ihren Kräutertees. Wir wollten keine andere Behandlung mehr kennenlernen. Betty wurde natürlich von einem Arzt behandelt, fieberte noch hoch und hatte starke Knochenschmerzen. Während ich an ihrem Bett saß und wir plauderten, begann das große Haus zu beben, gleichzeitig ein ohrenbetäubender Krach. Es dauerte Sekunden bevor wir verstanden, daß Bomben uns beinahe erwischt hatten. Eiligst liefen wir in den Garten mit den Kindern und ihrer Schwester, als die Sirenen heulten und Schutt und Steine uns entgegenfielen. Wir versuchten nur, so schnell wie möglich einen Graben im Garten zu erreichen und die Kinder mit der Schwester in einen kleinen tonnenartigen Shelter zu bekommen. Wir wagten allesamt das Laufen ins Ungewisse, über uns Flugzeuge und um uns herum Explosionen. Plötzlich erschien Pierre, von der Légation war er in Windeseile nach Hause gefahren. In der Hand hielt er absurderweise zwei lustige japanische Papierschirme, sprang zu uns in den Graben und öffnete die Schirme für Betty und mich. Ich dachte, er hätte die Sinne verloren. Wie konnte man sich mit Papier gegen Bomben schützen? Er meinte, indem er mit dem Finger nach oben zeigte: ,,Heute sind es viele, bei Tageslicht, genau über unseren Köpfen. Ihr braucht ja nicht unbedingt die Bombe zu sehen, die uns töten wird." Er war rührend und ich die Wahnsinnige, denn ich schloß den Schirm und betrachtete die glitzernden Metallvögel hoch oben in der Sonne und die vielen Bomben, die sie wie Salven fallen ließen. ,,Ich will alles sehen, Pierre, es ist so irrsinnig. Wir hoffen auf den Sieg von denen da oben und wollen nicht einmal einen Bruchteil ihrer Arbeit sehen. Nichts wird uns treffen und wir werden bald ein Gläschen zusammen trinken." ,,Elle est folle, la petite", meinte Pierre an seine Frau gewandt. Betty schlotterte wegen ihres hohen Fiebers und packte ihren Schirm weg. Wie es sich herausstellte, war es ein schwerer Angriff gewesen, am späten Vormittag. Das Nachbarhaus war getroffen worden, einige Bomben waren in umliegende Gärten gefallen. Das japanische Hauptquartier, vielleicht 200 m entfernt und wohl eines der Ziele, war kaum beschädigt. Wir krochen ziemlich eingestaubt, aber völlig heil aus unserem Graben und sahen die ruhige, etwas massige Gestalt meines Vaters radfahrenderweise, schneeweiß gekleidet, fröhlich auf uns zukommen. ,,Du mußt sofort nach Hause, Mama ist außer sich, weil so viele Bomben hier gefallen sind. Das konnten wir von uns aus beobachten." Wir wohnten kaum einen Kilometer von Millets entfernt. Bevor ich nach Hause eilte, brachte uns Pierre einen Calvados, sozusagen zur Regenerierung.

Papa radelte eiligst voraus, um Mama zu beruhigen, denn natürlich lebte ich, ohne eine Schramme.

Auf dem Weg nach Hause sah ich viele Einheimische aus dem Klong (Kanal) der Sathorn Road steigen, zwar unsauber, aber unverletzt. Sie hatten im Wasser Schutz gesucht. Auch das Haus, in dem Marcel Weil wohnte, stand noch unbeschädigt und auf unserem Weg waren auch keine Schäden entstanden. Zu Hause war es wieder schön, Mama hatte sich gefangen, Messaat hatte das Essen fertig, der Schneider nebst Familie war munter, Hippy und Henne kamen uns fröhlich entgegen. Wie war das Leben schön!

Es erschien nun ratsam, Bangkok zu verlassen und zwar so schnell wie möglich. Hua Hin war das Ziel. Es war nicht mehr ganz so leicht, dort Unterkunft zu bekommen. Sehr viele Europäer waren bereits dahin übersiedelt. Die Häuser waren alle vermietet, andererseits hörte man nur Klagen über die Verpflegung des Hotels. Papa, immer schon großes Organisationstalent in Streßsituationen, zauberte uns einen sehr versierten vietnamesischen Koch herbei, bestellte zwei Zimmer, die letzten, im Hotel Hua Hin und begann mit den Abreisevorbereitungen.

Meine Mutter und ich und der Koch fuhren voraus, Papa würde mit Messaat und Hippy folgen, sobald er einige Termine abgeschlossen hätte. Der Schneider würde mit seiner Familie unsere Henne und ihre über zwanzig Kinder und das Haus hüten. Bis wann? Bis Kriegsende? Was würden wir dann vorfinden? Wie würde dann die Welt ausschauen? Ohne Hitler, aber in Trümmern? Würde es dann noch Italien geben, oder würde es wie das sagenumgebene Atlantis in den Fluten versinken, von Invasionen, Bürgerkrieg und Niederlagen dezimiert?

Ich packte meine Sachen, meine liebsten Bücher und lauschte dabei dem englischen Sender für Übersee. Eine schöne männliche Stimme las Verse von Verlaine, im Hintergrund Chopin. Welch himmlische Vorstellung eines etwas verstaubten Salons, vermutlich ein Flügel umgeben von dem Duft welkender Teerosen, ein Zimmer mit hohen Fenstern und einem Ausblick auf fallende Blätter in einem sanften Herbstgarten. So klangen die Worte, so die Noten von Chopin: ein süßes, sanftes leises Hoffen, Lieben und ein wenig Sterben. Eine Welt im Fegefeuer war die unsere, wie lange noch bis zur Seligkeit oder der neuen Geburt in Hoffnung?

Wir waren erstaunt, ohne größere Hindernisse nach Hua Hin gelangen zu können. In letzter Minute, wie hätte es anders sein können, gesellte sich unser treuer Vej-Hansen zu unserer „Expedition". Er wollte nur wenige Tage bleiben bis zur Ankunft meines Vaters. Die Frage war nur: wo würde er schlafen, bei meiner Mutter, bei mir oder am Strand? Er meinte, auch letzteres würde ihn nicht davon abhalten, uns zu begleiten. Es soll mir einer sagen, daß es keine tiefempfundenen Freundschaften gibt!

Bei einer kleinen Zwischenstation, an der wir auf den Gegenzug warteten, der auch kam, stehen blieb und voraussichtlich wie üblich sich viel Zeit lassen würde, erschien Marcel Weil auf dem Bahnsteig unseres Zuges. Er suchte offensichtlich jemanden. Ich blickte hinaus und winkte: schon war er in unserem Wagen. Nachrichten zirkulierten blitzschnell zwischen Bangkok und Hua Hin, auch ohne Telefon und Postverbindung. Herr Weil hatte gehört, wir hätten für den Tag seiner Abreise aus Hua Hin gebucht. Er wollte uns nur begrüßen und sagen, er würde bald zurückkehren, Bangkok sei nicht mehr das richtige Pflaster und übrigens, das himmelblaue Leinenkleid stehe mir ausgezeichnet. „Was macht der Däne dort? Ist er immer dabei?" „Fast", antwortete ich und freute mich über das Unverständnis, das Fragezeichen im Blick von Marcel Weil. Unser Zug setzte sich in Bewegung, Marcel schien es kaum zu registrieren — er sprang im allerletzten Moment ab. Ich lehnte mich entspannt in unserem Abteil an meine Lehne, nachdenklich, mit dem leisen Gespür, daß nicht nur Verlaine und Chopin einen ausgezeichneten Einklang bildeten, aber daß im inneren, mir so verborgenen Kern von Marcel Weils mysteriöser Seele etwas in Bewegung geraten war. Seine kühlen, aufmerksamen Augen hatten mich von Kopf bis Fuß erfaßt und festgehalten, und er hatte so etwas wie ein Rendez-vous beim Abspringen des fahrenden Zuges mir zugerufen, auf englisch natürlich, deutsch sprachen wir nie.

Dieser war unser dritter Aufenthalt in Hua Hin, aber der erste im Hotel. Mamas und mein Zimmer lagen nebeneinander, große

Räume mit durchgehender Terrasse für die ganze Hotelfront mit Blick auf den Park und das Meer! Vej-Hansen wurde bei einer dänischen Familie untergebracht. Unser Koch durfte in der Hotelküche kochen und uns im Speisesaal bedienen. Eine sehr geschickte Einrichtung, um die uns viele beneideten. Wir waren auch die einzigen, die bis zum Schluß frischgebackene Brötchen zum Frühstück erhielten.

Hua Hin war voll besetzt, die meisten Leute kannten wir. Mein Zimmernachbar war Signor Crolla, der italienische Gesandte, das war wohl der einzige von all den Anwesenden, den ich noch nie erblickt hatte. Da er offiziell das faschistische Italien vertrat, war es weiter nicht verwunderlich. Er war Junggeselle und ein großer, gutaussehender Mann. Da der Minister aus London nach Bangkok versetzt worden und unter Botschafter Grandi Minister gewesen war (welcher im entscheidenden Gran Consiglio gegen Mussolini stimmte), konnte seine faschistische Prägung kaum glaubhaft sein. Die wenigen Tage, die uns von Papas Ankunft trennten, verbrachten wir auf gewohnte Weise, von Freunden umgeben, in großem Kreise diskutierend, viele Stunden am Strand und einige am Golfplatz, wo ich nichts von meinen anfänglichen Erfolgen verlernt hatte, meinte der Trainer. Wieder vergaßen wir nach ein paar Tagen den Grund unseres nicht beabsichtigten Aufenthaltes in Hua Hin, denn dieser Ort war so schön, die Geselligkeiten so angenehm, daß man Traurigkeiten hätte leicht vergessen können.

Sehr bald kam mein Vater nach, mit Messaat, Hippy und Dr. S. Benea, einem rumänischen Arzt, der uns irgendwann in Mailand kurz kennengelernt hatte. Papa war guter Dinge, erzählte die letzten Nachrichten aus der Stadt und überraschte uns mit einer plötzlichen euphorischen Sympathie für Dr. Benea. Sie hätten sich im Zug so gut unterhalten und viele Gemeinsamkeiten entdeckt, inklusive ein paar Brocken russischer Sprache, die Benea vor vielen Jahren aus seiner bessarabischen Heimat gerettet hatte. Papa schloß die Lobeshymne auf Benea mit einer erstaunlichen Nachricht, die er mir sehr eindringlich empfahl, wohlwollend zu überlegen: Dr. Benea würde mich sehr gerne heiraten!

Meine Überraschung hätte nicht größer sein können, da dieser gloriose Entschluß keinerlei Fundament hatte. Ich kannte den Arzt wenig, er war mir stets gleichgültig gewesen, und auch wenn ich mein Gedächtnis anstrengte, konnte ich nichts, aber auch gar nichts an ihm entdecken, was zumindest meine Neugierde hätte wecken können. Er war eher lustig, nicht dumm, und soweit ich wußte, hatte er eine längere Bindung mit Clara Gersons Schwester gehabt.

Papa konnte nicht begreifen, daß ich der Angelegenheit keinen Gedanken schenken wollte, und war einigermaßen indigniert über „meinen hochmütigen Leichtsinn". Ein Mann in den besten Jahren, slawisch ausgerichtet, Jude, mit einem guten Beruf und Auswanderungsplänen nach New York. Soweit wir hörten, wurde er Chefarzt einer Klinik in New York nach dem Kriege. Tatsächlich sahen wir Benea öfter in den nächsten Tagen. Ich verhielt mich mehr als umsichtig aus Angst, er könnte irgendeine Nettigkeit meinerseits mißverstehen. Ich hätte wirklich nicht gewußt, aus welchem Grunde ich mit diesem Mann ein Leben und ein Bett teilen sollte.

Irina Tolstoi war zu dieser Zeit auch in Hua Hin, ungebunden und dennoch theoretisch verheiratet. Nach längerer Entfremdung war ihr deutscher Mann mit einem U-Boot nach Deutschland gefahren. Ich erwähnte ihr gegenüber, daß ich vermutete, Dr. Benea sei auf Brautschau aus. Wir trafen uns alle am Strand, gesellig, fröhlich. Irina ging nie ins Wasser. Schöne Gewänder, prächtiger Schmuck hinderten sie vermutlich daran. Ich empfand ihr sporadisches Erscheinen am Strand als so etwas wie einen Bühnenauftritt, eine Galavorstellung versteht sich. Ich habe sie niemals in einem Badeanzug gesehen, dabei hatte sie durchaus eine Figur, die sich sehen lassen konnte. Ob es jemals zwischen ihr und Benea zu einer Begegnung gekommen ist, weiß ich nicht — vorstellbar wäre es —, jedenfalls für beide ohne Belang, wie die Lebenswege der zwei Personen es beweisen.

Eines Abends saß ich mit einer kleinen Gruppe von Freunden in der Hotelhalle, die einen spielten Karten, die anderen unterhielten sich, als Marcel Weil aus einer Taxe stieg, frisch aus Bangkok kommend. Frisch ist kaum das richtige Wort, verärgert, enttäuscht und sehr müde! Er erzählte uns allen, was ihm im Zugabteil passiert war. Sein schönster Koffer samt vieler Dokumente war ihm von einem japanischen Offizier gestohlen worden, als er sich ein Nickerchen gestattet hatte. Nun, trotz der Wirren der Zeit war es offensichtlich, daß in den Augen von Marcel dieses ein Kapitalverbrechen war, für das er keine Entschuldigung fand, zumal in diesem Fall der Verbrecher ein Japaner war, Angehöriger eines Volkes, von dem alle Welt höchste Integrität und Disziplin erwartete. Pak Pring forderte Herrn Weil zu einem Drink auf, aber nichts Derartiges konnte der aufgebrachte Mann mehr akzeptieren. Er verschwand vermutlich in sein Zimmer und wurde für den Abend nicht mehr gesehen.

Wir befanden uns wieder einmal in der heißen Jahreszeit, man versuchte sich wie man konnte etwas Ventilation zu verschaffen, so wurden tagsüber die Türen der Hotelzimmer nicht mehr zugemacht, man begnügte sich mit den halben Klapptüren, die es überall in Asien gibt. Dadurch erhält das Zimmer Luftbewegung, zumal, wie in diesem Falle, vor und hinter der Hotelfront eine großzügig überdachte Veranda Kühlung verschaffte. Eines Nachmittags stand ich völlig entblößt in meinem Zimmer und war im Begriff, einen Badeanzug anzuziehen, als mehrere italienische Stimmen sich rasch näherten. Bevor ich etwas begreifen konnte, machte der italienische Gesandte meine Klapptür auf und ließ mehrere Salesianer Patres ein, im offensichtlichen Glauben, er befände sich im eigenen Zimmer. Das ganze dauerte wenige Sekunden: Minister Crolla betrachtete mich ungläubig, die Soutanen der Patres drehten sich wie im Winde getrieben um 180 Grad, und weg waren sie alle. Ich konnte vor Lachen erst mal gar nichts anziehen.

Als ich nach dem Abendessen mit meinem Vater und Hippy an der Promenade spazierenging, trafen wir Signor Crolla. Er stellte sich bei Papa vor und entschuldigte sich für den Vorfall des Nachmittags. Dieser Vorfall, so absurd und komisch wie er war, sollte uns Glück bringen. Die Bekanntschaft mit Crolla entwickelte sich zu einer warmen Freundschaft, von der man nur profitieren konnte. Ich konnte mit ihm über Gott und die Welt plaudern und diskutieren. Sein Sinn für Humor war herzerfrischend. Allein seine Berichte über die Begegnungen mit Ribbentrop in London waren von historischem Wert und exzellentem Witz. Jahre später war seine Hilfe für meinen Mann und mich lebensrettend und mutig. Ich werde darauf noch zurückkommen.

Mehr und mehr bekamen die Tage in Hua Hin ihren eigenen Rhythmus und ihren besonderen Flair, den ich beim bloßen Zurückdenken erneut aufs Tiefste genieße. Umrahmt von einer ursprünglichen, tropischen Natur, verbrachte man, abstrakt gesehen, sorglose Tage in einem Freundeskreis, der so vielsprachig und differenziert war, daß man die Qual der Wahl hatte in bezug auf die Einladungen, die sich häuften und oft überschnitten. Der zusätzliche Pfeffer in meinem besonderen Fall war die Tatsache, daß ich fast das einzige ungebundene junge Mädchen war innerhalb dieses Kreises. Es war schon ein Kitzel, sich von einigen begehrt zu fühlen, bewundert und hofiert, selbst aber so wenig engagiert zu sein, daß ich mich in der Lage befand, alles mit Freude zu registrieren, wie ein sorgloser Schmetterling von der Sonne geküßt, mich auf den verschiedensten Blüten niederzulassen und mich nirgends einfangen zu lassen. Eine seltene Atempause voller Düfte, denn von der Veranlagung her fühlte ich mich stets angezogen von Menschen und ihren Situationen, was ein ständiges Engagement bedeutet, im Glück wie im Leid.

Alles inmitten der allgemeinen vulkanischen Eruptionen der Kriegsgeschehnisse erschien in Hua Hin leicht. Die Zimmernachbarschaft von dem stark flirtenden, sehr schönen, hochinteressanten Crolla war außerordentlich reizvoll. Seine zwar diplomatisch formulierten, aber gleichzeitig direkten Versuche, mich abends von Terrasse zu Terrasse in sein Zimmer zu bekommen, waren schon amüsant. Dabei spannte er meinen ahnungslosen Hippy ein, indem er ihm köstliche Delikatessen durch die Terrassengitter unter die Nase hielt und ihn damit zum Hinüberspringen veranlaßte. Mich forderte er auf, alsbald dasselbe zu tun, zwecks eines gemeinsamen Wodkas mit Kaviar. Die Versuchung war groß, nicht nur, ich gestehe es, wegen Wodka und Kaviar, in Friedenszeiten schon für mich eine verführerische Zusammenstellung, geschweige denn in kargen langen Kriegsjahren, dennoch, frisch und jugendlich lächelnd, so fast ahnungslos, schaffte ich es, mich eisern auf mein Revier zu beschränken und dennoch das Interesse von Crolla zu erhalten. Er ließ in seinem Bestreben nicht nach.

Ingenieur Colombo dagegen zeigte Ermüdungserscheinungen. Vej-Hansen vertraute mir vor seiner eigenen Abreise an, daß Colombo ihn meinetwegen angesprochen hatte, ob ich überhaupt normal sei, da ich mit Herzenslust flirtete, ohne mich jemals erwischen zu lassen. Vej-Hansen soll ihm die eigene Vermutung mitgeteilt haben, daß ich völlig normal und der Richtige wohl noch nicht gekommen sei. In der Zwischenzeit hätte ich mir einen Tagesablauf angewöhnt, der in seiner Hektik einige Männer ermattet oder gar leblos auf der Strecke liegen lasse. Er riet ihm, die Hände von mir zu lassen für sein eigenes Heil. Ich lachte Tränen über das ernste, besorgte Gesicht von Vej-Hansen und freute mich, daß er als meine Gouvernante, wie er sich verstand, wieder nach Bangkok zurückkehrte.

Die Nachrichten aus der Stadt wurden immer düsterer. Die Bombenangriffe wurden ständig massiver. Unser Freund Gerson, der sich schwer mit dem Verlust seiner Tochter abfinden konnte, fand eines Morgens sein Bürohaus und die Ausstellungsräume erneut als Trümmerhaufen vor. Zwei Dänen, die aus uns unbekannten Gründen von den Japanern gefangengehalten wurden, starben während eines Bombenangriffes. Ein gewisser Basch, ein emigrierter

Deutscher, verlor seine ganze Habe, als sein Haus einen Volltreffer erhielt. Er und seine damalige Gefährtin, Frl. Blachstein aus unserer Eagle-Hotel Zeit, waren glücklicherweise gerade im Büro, als dieses geschah. Wir dagegen führten ein ausgesprochen privilegiertes Leben und erfuhren alle Nachrichten, entweder durch den Rundfunk oder durch besonders gut informierte Freunde der italienischen und französischen Gesandtschaften.

Marcel Weil unternahm in der Zwischenzeit lässige, aber regelmäßige Annäherungsversuche. Am Strand unterhielten wir uns, oder er begleitete mich spazierenderweise am Wasser entlang. Wenn ich mich auf eine Promenadenbank setzte, gegen Abend, um etwas zu lesen und gleichzeitig das Geräusch des Meeres zu genießen, war er plötzlich neben mir. Seine Komplimente waren rar und kamen unerwartet, es sei denn, ein kurzer Blick verriet Anerkennung, so zum Beispiel die abschätzenden Blicke, die mich ganz einschlossen, um schließlich zu bemerken: ,,Dieses Kleid steht Ihnen besonders gut.'' Eines Abends überraschte er mich alleine auf einem Hotelsofa. Ich sah kontrollierte Freude in seinen Augen, er betrachtete mich immer wieder sehr eingehend und nickte etwas mit dem Kopf. ,,Schön, Ihre Taille, ich könnte sie mit meinen Händen umfassen.'' ,,Das ist das kaukasische in mir. Kaukasische Frauen sind bekannt für ihre schmale Taille'', antwortete ich ohne Bescheidenheit. ,,Ich muß für ein paar Tage nach Bangkok und möchte Ihnen etwas mitbringen, was nicht mehr leicht erhältlich ist, vielleicht einen schönen Badeanzug.'' ,,Oh, das wäre viel zu persönlich, und meine Eltern würden es nicht billigen.'' Es war die Wahrheit, aber Herrn Weil war strenge russische Erziehung unbekannt. Er lachte laut, nahm meine Hand und meinte: ,,Wir sind doch nicht mehr in der Schule. Es bleibt dabei, Sie bekommen von mir einen Badeanzug! Und nun bringe ich Sie nach Hause.'' Er brachte mich bis auf unsere Veranda, wo meine Mutter, mangels russischer Zeitung, Tschechow las, ihre Stickerei noch auf dem Schoß. Immer wieder war ich entzückt von der Ruhe und der Lieblichkeit, die sie verbreitete, nur durch ihre Anwesenheit.

Ich hoffte, daß Marcel Weil es auch empfinden möge. Er legte jedenfalls seinen Arm um meine Schultern, drückte mich an sich und stand wortlos mit mir vor meiner Mutter. Alles an diesem Menschen war unerwartet, ein wenig Glück und große Panik ergriffen mich: es war ein Wagnis und eine Verpflichtung, sich so vor meiner Mutter zu verhalten, wußte er das, oder waren die Sitten in seinem Lande ganz anderer Art? Er schien es so zu empfinden, wie es bei uns war, denn nach diesem Abend fuhr er zwar kurz nach Bangkok, hinterließ mir einen kleinen Zettel des Aufwiedersehens, der mir vom Concierge überbracht wurde mit einer Ansprache eigener Prägung: „dear little girl." Er kam bald zurück mit einem wunderschönen, silbrigen Badeanzug und Parfum. Das Parfum würde man heute nicht benutzen, für damalige Kriegsjahre war es extravagant, ein Hauch der großen Welt: Soir de Paris. Der Badeanzug machte mir Freude und Kummer. Ich zeigte ihn heimlich meiner Mutter, die entzückt war, aber die Provenienz kennen wollte. Ich beichtete es ihr, und sie schien sich zu freuen. „Trage es in Gesundheit," (unser üblicher Spruch bei neuen Kleidungsstücken) „überlasse es mir, mit Papa darüber zu sprechen. Ich finde diesen Weil sehr nett und vertrauenswürdig. Lade ihn zum Frühstück ein, er wird sich über die frischen Brötchen freuen. Ich glaube, er liebt Dich, aber Du alleine mußt wissen, was Du tust."

Das war alles deshalb so verwirrend, weil es von Mama kam. Diese unerfahrene, kindlich reine Frau sollte den enigmatischen Marcel Weil durchschaut haben? Hatte sie recht? Mochte ich ihn überhaupt, wenigstens ein wenig? Ich wußte es nicht und wollte es auch nicht wissen. Bald würde der Krieg hoffentlich beendet sein, und ich schmiedete große Pläne für ein selbständiges Leben. Mir schwebte eine Rückkehr nach Italien vor, wo ich sicher war, einen interessanten Beruf ergreifen zu können, eine eigene Wohnung zu haben, nicht zu heiraten, statt dessen periodisch Männer zu wechseln sobald der Höhepunkt des Glückes mit dem letzten überschritten war. Ich hatte ja so viel diesbezüglich nachzuholen! So etwas schwebte mir vor, ich erzählte es nur Professor Feroci, der dabei war, eine Büste von mir zu arbeiten. Er meinte, das klänge legitim und verständlich, aber auch entschieden skandalös. Ich blieb bei diesem Wunsch, und je mehr ich darüber nachdachte, desto entschlossener war ich, meine Vorstellungen so bald wie möglich zu verwirklichen.

Die Alliierten waren in Sizilien gelandet und machten große Fortschritte, auch weil sie freudig von der Bevölkerung empfangen wurden. Wie lange konnte dieser schreckliche, unendliche Krieg noch dauern? Welches barmherzige Geschick hatte uns, eine kleine Gruppe von Europäern auserwählt, um in einem fast paradiesischen, tropischen Badeort den letzten Teil dieses weltweiten Mordens in relativer Sicherheit abzuwarten?

Bei unserer bunt zusammengewürfelten Gruppe fand sich auch die blonde Madame Miu ein, die halbschwedische Frau des siamesischen Prinzen Miu, der gleichzeitig extravaganter Architekt war und ein alter Bekannter von fröhlichen, großzügigen Nachtparties, die erst meist nach dem Frühstück endeten. Mius hatten ein entzückendes Haus, nicht weit von Hua Hin, das in einem romantischen verträumten Garten lag. Oft waren wir dort Gäste und genossen fast alles, was dort geboten wurde: die aparte Extravaganz der Einrichtung, die Lage des märchenhaften Gartens nicht weit vom Meer, die köstlichen, hausgebackenen Süßigkeiten, die elegante Erscheinung der Gastgeberin. Madame war jung, groß, sehr schlank, schönes, üppiges, langes Haar, das je nach Laune die Farbe wechselte. Nicht nur strohblond habe ich sie erlebt, an einigen Abenden hatte sie bonbonrosa Haare oder himmelblaue, zu ihren Augen passend. Die Haut und die Gesichtsform waren ausgesprochen siamesisch, was dem Aussehen der jungen Dame einen aparten Akzent gab. Madame Miu war lieb, hilfsbereit, eher phlegmatisch und schien nur für den Kult des Schönen zu leben. In Hua Hin entdeckte ich bei der Dame zwei Schwächen, von denen die erste mich überraschte: trotz ihres Phlegmas hofierte sie beharrlich und unentwegt den jeweiligen Mann, der ihr Interesse gerade geweckt hatte; die zweite Passion waren honigfarbene

Cocker-Spaniels. Davon hatte sie zwei, denen sie Namen gegeben hatte, die zu ihrer Welt paßten: King of Copper und Queen of Gold (Kupferkönig und Goldkönigin). Der Name des Mannes, den sie zur Zeit mit unerbittlicher Passion verfolgte, paßte in keinster Weise zu dieser ihrer versponnenen, etwas dümmlichen Welt: es war der Gesandte Crolla. Ihre Neigung war verständlich, nur, leider für Madame Miu, war sie einseitig. Aber wie gesagt, die Dame war beharrlich und wohl gewöhnt, Wünsche erfüllt zu bekommen, zumal ihr Gatte sie auf diesem Gebiet gewähren ließ und für lange Abschnitte selbst anderweitig engagiert war. Crolla wiederum war vermutlich nie großen Schwierigkeiten begegnet auf der Suche nach weiblicher Schönheit, dank seines Aussehens und seiner Position, was ihn wiederum wählerisch gemacht hatte. Er mochte es viel lieber, die Damen selbst zu erobern, anstatt von den Damen belagert zu werden. Madame Miu umwarb ihn sehr, und als der Erfolg ausblieb, wählte sie die Taktik der Belagerung. Fataler Fehler und lästige Störung für mich, die Türe an Türe mit Crolla im Hotel wohnte. Der Dame war es bei aller Tücke selten gelungen, in das erwünschte Zimmer Einlaß zu bekommen, und als es einmal geschah, war sie nach wenigen Minuten wieder draußen.

Wir waren einige Zeit zuvor mit Hippy Gäste von Madame Miu gewesen. Ich erinnere, daß ich sie darauf aufmerksam gemacht hatte, daß Queen of Gold, vermutlich wie ihre Herrin, ein Auge auf das Ungewohnte geworfen hatte, in diesem Falle auf unseren Plebejer Hippy. Copper King mit seinem Duft und seinem Glanz war für sie banal geworden. Queen und Hippy erschienen fröhlich nach langer Zeit wieder, in offensichtlicher Eintracht und Zuneigung. Hippy hatte gelernt, seine Reize zu verteilen! Ich war sicher, daß dort etwas passiert war, was Madame Mius Wünsche außerordentlich durcheinanderbringen würde, denn sie freute sich wie ein Kind auf die Babys ihrer goldenen Lieblinge.

Die Zeit ging dahin, und noch immer zeigte Crolla keine Gunst für die verliebte, immer noch hoffnungsvolle Dame, dafür war Queen of Gold am Ende einer Schwangerschaft, die Madame Miu in einen Glückszustand versetzte, als ob es die eigene wäre. Eines Morgens, sehr früh, der Tag war gerade angebrochen, bollerten Fäuste an meine Zimmertür, eine von Schluchzen und Tränen zerrüttete Stimme schrie: „they are all black, all black, open the door." Ich wußte Bescheid und ging verschlafen, aber gefaßt zur Tür, gleichzeitig öffnete sich auch Crollas Tür, er verstand nichts, war irritiert, zu der Stunde die Dame wiederum vor sich zu sehen, völlig aufgelöst in unkontrollierbarem Schmerz. Ich erklärte ihm die Lage der Dinge schnell auf italienisch, er murmelte „pazza da legare" in Richtung Madame und schloß sanft seine Tür. Die Sonne stand bereits hoch, als Madame Miu sich auf ihr rosa Rad schwenkte, um, von mir getröstet, aber immer noch vom Schicksal hart getroffen, nach Hause zu radeln.

Wie gesagt, unser Leben und unser Treiben in Hua Hin war eine irreale kleine Insel, voller kleiner Begebenheiten, nicht ohne Witz und einige Ironie. Man lebte genießerisch jede Stunde im Bewußtsein eines geschenkten Privilegs. Daß sich in diesem irrealen Zustand außer Witz und Kuriositäten auch Schicksale anbahnten, die lebensweisend waren, darüber war man sich kaum bewußt, beschäftigt wie man war zu leben und wenn möglich, zu überleben, denn eines war klar: Hua Hin mit seinem Zauber hatte uns keine Sicherheitsgarantien für alle Zeiten offeriert. Wir lebten in der beglückenden Umarmung dieses Strandes und der wilden Vegetation und all der Annehmlichkeiten eines Schwebezustandes in Komfort und Muße, bei immer noch guter Kost und amüsanter Gesellschaft. Trotz allem, es war ja nur ein Abwarten, ein langes Warten auf die Rückkehr zu einer Normalität.

Marcel Weil folgte der Einladung zum Frühstück, auf seine Art natürlich, verschlossen, höflich, mit bescheidenem Appetit, mit karger Konversation, nicht ohne knappe, witzige Pointen. Mein Vater, der schon morgens mit gesunder Freude sich zu Tisch setzte, forderte den Gast auf, seine Miniportionen zu erweitern — bitte —, es stand doch alles auf dem Tisch. „Nein, danke, es ist alles wunderbar, aber wenn es am besten schmeckt, sollte man aufhören."

Papa riß die Augen auf und betrachtete Marcel, als wäre er eine völlig unerwünschte, neue Menschengattung. „Wenn es gut schmeckt, soll man aufhören? Was meinen Sie eigentlich, dann beginnt doch erst der Appetit, der Freude ist!" Die Herren betrachteten sich wie Menschen von zwei verschiedenen Planeten, ohne besonderes weiteres Interesse füreinander. Das war nicht der richtige Weg zu Papas Herzen, was Marcel weiter nicht interessierte. Er schien entweder nicht anpassungsfähig zu sein oder verhielt sich kompromißlos nach eigenen Prinzipien. Mama imponierte die straffe Disziplin, und ich litt eher an der krassen Diskrepanz, die dieser Mensch uns ins Haus brachte. Ich fand, etwas mehr Charme und weniger Härte wäre amüsanter und hilfreicher. Aber was dachte ich da? Marcel Weil fragte beim Verabschieden, ob er wiederkommen dürfe. Mama beeilte sich, ihn dazu zu ermutigen, bevor Papa eine ihm eigene Antwort über die Lippen geschlüpft wäre. Später, am Strand, schien Marcel bester Laune zu sein, und ich fragte mich, wann ich nun endlich einmal auf ein Pferd steigen würde. Er schien diesen Sport sehr zu lieben. Ich war in keinster Weise bei meinen Eltern weitergekommen. Golf war doch schön, Tennis auch, genügte das denn nicht? Muß man denn unbedingt waghalsige Dinge tun? Das aus Papas Mund! Marcel schlug vor, er würde nachmittags mir ein Pferd bringen und würde mir selber die erste Unterrichtsstunde erteilen. Die Idee gefiel mir außerordentlich, damit würde ich meine Eltern frontal überraschen und entwaffnen. Marcel Weil war doch so besonnen, so überlegt, bei ihm war ich sicher in guten Händen.

Natürlich fieberte ich der Verabredung entgegen. Mit knappen Shorts bekleidet, Reithosen besaß ich noch nicht, erwartete ich auf der Terrasse den Initiator meiner Reitkunst. Er würde hoch zu Roß erscheinen und würde ein für mich geeignetes Pferd mitbringen. Herr Weil erschien etwas vor der verabredeten Zeit, was sehr günstig war, denn meine Eltern machten noch Siesta. Marcels Pferd war schön, das für mich bestimmte fiel dagegen ziemlich ab. Ein etwas schwerfälliges Tier, lieb und träge. Als ich ihm zwecks näherer Freundschaftsschließung den Kopf streichelte, stellte ich fest, daß es nur ein Auge hatte. Wie unsere kluge, anhängliche, außergewöhnliche Henne —, mit dem Unterschied, daß ich die Henne nicht reiten wollte. Für den Anfang — meinte Marcel — wäre ein Auge völlig ausreichend. Ich mußte ihm glauben, denn ich wollte anfangen.

Nachdem ich das Aufsteigen, Absteigen zu beherrschen glaubte, erklärte mir mein Amateur-Lehrer, wie man ein Pferd zu leiten und schließlich zu beherrschen hatte. Ein Pferd muß wissen, daß sein Reiter stärker ist als er, also Zügel in die Hand und konsequent bleiben. Die ersten Versuche waren so überzeugend, daß Marcel meinte, wir könnten unbesorgt ein paar hundert Meter bis zur Eisenbahnstrecke reiten, wo die Natur so offen und schön, sich geradezu für diesen Sport anbot. Dort würde es auch nicht auffallen, daß ich heimlich dabei war, das Reiten zu lernen. Hier stellte ich fest, daß mein Vertrauen in Marcels Urteil keinesfalls blind war, denn erhebliche Zweifel überkamen mich, ob es nicht verfrüht wäre auszureiten. „Aber der kurze Weg dahin, mit höchstens ein paar Radfahrern unterwegs. Außerdem reite ich doch nebenher!" meinte mein Beschützer. Mit einem stummen schnellen Gebet direkt zu meinem Glücksstern setzte ich mich, so erfahren es ging, auf „mein" Pferd, und ich mußte gestehen, es stand solide und fest, ohne Eile und ohne eine Spur von Temperament. Entweder war es uralt, oder es hatte unendliches Mitleid mit mir. Vielleicht beides. Das gab mir Zuversicht.

Der Anfang des Unternehmens verlief planmäßig, Marcel an meiner Seite, das Pferd langsam und geduldig. Zur Rechten sah ich eine Koppel, die ich beim Spazierengehen sonst übersehen hatte, war gerade dabei, meinen Begleiter auf die Schönheit von weidenden Pferden aufmerksam zu machen, als mein Pferd blitzartig nervös wurde und wild wieherte. Damit nicht genug, es wollte zur Koppel zu seinen ebenfalls wiehernden Artgenossen, ich tat alles, was mir einfiel, um es daran zu hindern, als es sich unerwarteterweise auf die Hinterbeine stellte und erneut wieherte. Ich hielt mich nunmehr an seinem Hals und seiner Mähne fest und schrie vermutlich, was es nicht ruhiger machte. Marcel schrie mir Instruktionen zu, strenge, versteht sich und erklärte, drüben wären Stuten und meiner wäre ein Hengst, deshalb die Erregung. Diese Erklärung beruhigte mich nicht und änderte nichts an meiner Verzweiflung: das Tier ignorierte mich absolut, wieherte und stand die meiste Zeit auf seinen Hinterbeinen. Mein lieber Reitlehrer, überhaupt kein zögernder Typ, versetzte meinem sich nach Liebe sehnenden Pferd einen festen Peitschenhieb auf sein Hinterteil. Was danach passierte, kann ich leider nicht chronologisch beschreiben, inmitten einer Staubwolke raste mein zuverlässiges Pferd mit mir geradeaus, Gott weiß wohin. Marcel schrie neue Instruktionen, die ich nicht verstand, und versuchte, mich einzuholen. Ich fragte mich, was auf der Welt würde dieses wildgewordene Tier je aufhalten und wo? Wie lange noch würde ich mich oben halten können? Wir hatten die Eisenbahnstrecke erreicht, offenes Land, von Büschen unterbrochen, lag vor uns. Dort überholte mich Marcel auf seinem Pferd und stellte sich quer, um meinem den Weg abzuschneiden. Es gelang. Ich weiß auch nicht mehr, wie ich abstieg, ich schmiß mich ins Gras, Schlangen oder keine Schlangen, und versuchte nach dem Schock die Nerven zu behalten. Auch das gelang. Marcel schaute auf mich herab und mußte lachen. Ich glaube, ich haßte ihn. Warum tröstete er mich nicht? Er meinte, nach dem Überstandenen könnte mir nichts mehr passieren, wenn ich es soeben geschafft hatte, auf dem Pferd zu bleiben, wäre die Feuerprobe überstanden. Ich erklärte ihm, nie wieder mit ihm reiten zu wollen, unter keiner Bedingung. Zu Fräulein Koch in die Reitschule würde ich gehen, wo es normal zuging, wo man das Reiten erlernte und nicht Feuerproben durchzustehen hatte. „Schade", meinte Herr Weil, „jetzt, wo wir so schön weitergekommen sind! Es ist doch nichts passiert! Kommen Sie, wir reiten zurück." Natürlich tat ich es nicht, ich konnte ja kaum laufen, geschweige denn reiten, zurückreiten, an den Stuten vorbei! Wir gingen einen Teil des Wegs zurück, Marcel hielt die Pferde, dann bog er mit beiden ab, um sie in den Stall zu bringen. Eine Idylle war es nicht gewesen, alles, woran ich denken konnte, war, daß ich mir keinen einzigen Knochen gebrochen hatte und entschlossen war, das Reiten zu erlernen — ohne Marcel Eisenherz!

Während wir in Hua Hin unserem eingekreisten, kleinen, behaglichen Leben nachgingen, landeten die Alliierten in Frankreich. Die Nachricht elektrisierte uns alle, inklusive die kleine italienische Kolonie. Unter uns waren erstaunlicherweise keine deutschen Staatsbürger, sodaß wir praktisch nicht nur Freunde waren, sondern auch dieselben Hoffnungen teilten: eine Welt befreit von Hitler, wir selbst wünschten uns im Anschluß eine Welt auch befreit von Stalin. Dieses jedoch klang im Moment nicht nur utopisch, sondern wie greller Wahnsinn. Damals, Frühsommer 1944 dachten und sprachen wir nur über die Entwicklungen des Krieges, zwischendurch widmeten wir uns dem Sport und den nunmehr spartanischen Geselligkeiten.

Unser sehr geschätzter Freund de Jonquières kam, ging, kam wieder nach Hua Hin, diskret, leise und beglückend. Wir drei liebten ihn, wir konnten uns nicht erklären, was es genau war, was uns so sehr an ihm gefiel. Es war nicht nur die besondere Brücke der russischen Sprachkenntnisse, es war ein undefinierbares Fluidum des seelischen und geistigen Einklanges. Schließlich kehrte er nach Bangkok zurück, wohnte im Klong Toi Kloster bei den französischen Nonnen. Er war so gar nicht der Kloster-Typ, und wir sagten ihm, daß seine neue Adresse uns wunderte. ,,Wegen der Bombenangriffe'', meinte er. ,,Ein Kloster müßte logischerweise sicherer sein als alles andere.'' Es klang plausibel. Viel später erfuhren wir, daß der Grund ein gänzlich anderer war. Der französische Militärattaché hatte sich im Kloster insgeheim eine Sende- und Empfangsstation eingerichtet und sollte eine wichtige Informationsquelle werden für die Alliierten Streitkräfte gegen die Japaner, hauptsächlich während der Endoffensive, die von Burma ausging.

Pierre und Betty Millet mit den Kindern blieben die meiste Zeit in Bo-Fai, nicht weit von Hua Hin. Pierre pendelte oft hin und her zwischen dem Golf und Bangkok. Er brachte dann stets die letzten Nachrichten. Manchmal fuhr Papa mit und erledigte die dringendsten Angelegenheiten. Ich war oft bei Millets und fühlte mich sehr wohl bei ihnen. Langsam schlossen sie auch Marcel Weil in ihren weiteren Kreis ein. Wir aßen und schwammen gemeinsam und hatten allesamt gute Gespräche. Marcel öffnete sich zunehmend, wenn auch zaghaft und erzählte von seiner Familie und seiner Vergangenheit. Ein typisches deutsch-jüdisches Schicksal in der Zeit des 1000jährigen Reiches: eine sehr vermögende Hamburger Kaufmannsfamilie, nun in alle Himmelsrichtungen verstreut. Vier Brüder waren in vier verschiedene Länder geflüchtet: England, Frankreich, Argentinien und Thailand. Die französische Mutter und der Vater befanden sich in Paris, zu spät ausgewandert und von der deutschen siegreichen Armee eingeholt. Aber Vater Weil fühlte sich als Deutscher und verhielt sich als solcher: erst Vaterlandstreue und dann, viel später die Sorge um das eigene Leben. Marcel hatten die Nazis aus dem väterlichen Kontor geholt und in das Konzentrationslager Sachsenhausen gebracht, im November 1938, sicherlich kein Erholungsaufenthalt, zu keiner Jahreszeit, aber am wenigsten im Winter. Vater Weil gelang es, dank seiner einflußreichen Verbindungen, seinen Sohn nach sechs Wochen frei zu bekommen. Dieser hatte nur einen Wunsch: Deutschland schleunigst zu verlassen. Dies schmerzte den Vater und überzeugte ihn nicht: man hatte Deutscher zu bleiben, in Deutschland, Hitler würde sich nicht ewig halten . . . Nun war Marcel als einziger seiner Familie in Thailand und wollte nicht einmal deutsch sprechen. Auf dieser Ebene verstand ich ihn völlig und verstand immer besser seine innere Skepsis Menschen gegenüber.

In der Reitschule von Fräulein Koch machte ich rasche Fortschritte. Mein Stammpferd wurde gleichzeitig mein Freund, der sich schließlich offensichtlich freute, wenn ich erschien. Ein schönes Pferd mit einem sympathischen Namen: Whisky. Ich hatte mit ihm nur Freude. Das Ausreiten machte großen Spaß, denn Whisky paßte auf uns beide auf und dosierte Wagnis behutsam mit Sicherheit. Er wollte uns heil nach Hause bringen, und das mitgebrachte Zuckerrohr wollte er echt verdient haben. Ich habe nie bei ihm die Peitsche gebraucht, was ich voller Stolz Herrn Weil berichtete! Nun, er ritt scharf und etwas abenteuerlich und hörte meinem Bericht lediglich wohlwollend zu. Unsere Bekanntschaft wurde menschlicher, die Gespräche erweiterten sich auf vielerlei Gebiete. Wir liehen Bücher voneinander aus, und eines Tages klopfte Marcel an meine Zimmertür, um mir ein Buch wiederzubringen. Ich bat ihn herein, er schien mehr und mehr Vertrauen zu gewinnen. Beim Weggehen blickte er auf mein großes Bett und meinte: „Ganz alleine unter dem großen Moskitonetz?" Schalk und Sehnsucht waren offenkundig in seinem Blick.

Die Monsunzeit in Hua Hin änderte wenig an dem Verlauf unserer Tage. Wir stellten die Uhren und unsere Pläne nach den zu erwartenden Wassermassen ein, damit man sich zu der Zeit unter dem Schutze eines Daches befand. Im Unterschied zu Bangkok gab es in Hua Hin keine brüllenden Ochsenfrösche, der vertraute, lärmende Chor blieb aus. Monsunregen ohne Ochsenfrösche entbehrte völlig des dazugehörenden Reizes. Viele trauten sich auf kurze Visiten in die Stadt zurück, da während der so nassen Jahreszeit keine Bombenangriffe zu erwarten waren. Auch wir nutzten die Möglichkeit, zumal Gesandter Crolla uns die Annehmlichkeit eines für ihn reservierten Zugabteiles anbot. Mein Vater war schon vorgefahren, und Mama und ich folgten mit Höchstprivilegien. Crolla war auch auf Reisen außerordentlich angenehm. Seine Konversation, immer spritzig, gewann zunehmend an Reiz, vermutlich unter dem Einfluß des fahrenden Zuges und der Landschaftsbilder die sich boten. Wir hatten uns rustikalen Proviant mitgenommen und erreichten schließlich, nach vielen, vielen Stationen, die Hauptstadt bei Dämmerung. Den riesigen Blumenstrauß, den Madame Miu noch beharrlich ihrem Angebeteten zum Zug brachte, warf Crolla unterwegs den Kriegsgefangenen zu, gefüllt mit Zigaretten und Süßigkeiten. Am River Kwai hatte die Situation sich leider nicht geändert. Wie viele waren im Laufe der Zeit ihren Strapazen erlegen?

Bangkok hatte kein geordnetes Leben mehr, nicht geschäftlich und schon gar nicht gesellschaftlich. Vom Speisezettel bis zu den Schaufenstern war alles ziemlich uniform geworden mangels Importen. In dem sonst so vielseitigen Delikatessengeschäft waren die meisten Regale leer. Auch das Verkaufspersonal war stark reduziert. Ein kleiner Chinese, hager wie ein Stock, verkaufte nur einheimische Lebensmittel. Dafür trug er einen schweren, breiten Ledergürtel mit einer ungewöhnlichen Schnalle: „Virility" stand darauf, klar und deutlich. Seine knochigen Hüftchen trugen die Last solch bombastischer Versprechung. Dennoch, das, was das Land bot, konnte man in ausreichenden Mengen bekommen. Die Preise waren sehr gestiegen, und abends war das elektrische Licht entweder schwach oder fiel vollständig durch Bombeneinwirkungen aus. Marcel Weil gab sein Haus auf und zog in das neuerbaute große Hotel unter siamesischer Führung. Es befand sich in nächster Nähe des Internierungslagers und hatte deshalb gute Chancen, von den Bomben verschont zu bleiben. Wir behielten unser Haus, zur großen Erleichterung unseres chinesischen Schneiders, und waren froh, nach Hua Hin zurückzukehren, zu diesem schönen Provisorium so fast am Ende der Welt. Lediglich die langsame, stockende tägliche Eisenbahnverbindung gab uns das Gefühl, nicht völlig abgeschnitten im Niemandsland zu leben.

Wieder einmal war unsere gewohnte Clique mehr oder minder vollzählig. Die Freundschaften wurden enger, irgendwie ergab sich eine Atmosphäre wie in einer Großfamilie. Marcel fand immer öfter den Weg zu uns und gab sich — für seine Verhältnisse, aufgeschlossen. Er hing an mir, das fühlte ich, und seine Art, es nicht ausdrücken zu können (oder zu wollen?) war mir neu und intrigierte mich. Ich fragte mich, ob er mich liebte und wenn ja, wie lange würde er diese Selbstkontrolle einhalten können.

„Hamburg ist eine schöne Stadt", dieser mein erster deutscher Satz aus meinen Vorschuljahren war plötzlich da in meinem Gedächtnis. Der Mensch neben mir auf der Bank, der wortlos dem Meer lauschte, war aus Hamburg. Beeinflußt zum Beispiel ein Mondschein wie an dem Abend das Gefühlsleben eines Hamburgers? Anscheinend kaum. „Wie kalt ist es denn in Hamburg?" fragte ich den mir vertraut gewordenen Marcel. „Ganz verschieden." Er schloß mich so heftig in die Arme, daß meine kleine Brosche sich löste und ich sie, trotz der Freude in mir, fallen hörte. Ich habe sie heute noch als Talisman.

Marcel wurde zunehmenderweise mein Begleiter. Wir verstanden einander gut, obwohl ich immer noch gelegentlich Mühe hatte, sein Wesen zu verstehen. Sicherlich waren wir entfernte Planeten, deren Wege sich gekreuzt hatten, nur weil im geheimnisvollen All etwas durcheinandergeraten war. Aber der anscheinend frostige Planet Marcel gewann ständig an Wärme und Humor; ich wollte mir einbilden, daß er nichts anderes tun konnte unter dem Einfluß des unberechenbaren, sehr sonnigen Planeten, dem er begegnet war und an dem er offensichtlich Freude hatte.

Meine Mutter, das fühlte ich, betrachtete die Entwicklung mit großer Freude. Sie hatte eine Schwäche für Marcel. Er verkörperte in ihren Augen vermutlich all die Eigenschaften, die ihr sehr entsprachen und die meinem Vater gänzlich fehlten: Beständigkeit, Zuverlässigkeit und Disziplin. Mein Vater dagegen benahm sich eher eckig und spröde meinem Begleiter gegenüber, aus Gründen, die er nicht erklären konnte. Deutsche waren aus seiner Mentalität ausgeschlossen, vor allem solche, die von der Sprache wenig Gebrauch machten und ihre Gefühle kaum zur Schau trugen.

So ging das Jahr 1944 in Hua Hin zu Ende, und wir hofften alle, daß 1945 den so stark ersehnten Frieden bringen würde. Der sogenannte Winter in Hua Hin war die allerschönste Jahreszeit, da es kühl genug war, um ein fast europäisches Strandleben genießen zu können, ohne den Schirmschatten immer aufsuchen zu müssen. Frühmorgens ritten wir lange Zeit am Strand entlang, eine Freude für die Pferde und die Reiter. Nach einem ausgiebigen Frühstück ging ich meistens zum Golfüben, um vor dem leichten Lunch mit oder bei Freunden noch schnell schwimmen zu können. Nach der Siesta traf man sich beim Tennis oder nochmal am Strand, je nach Stimmung. Abends ergaben sich kleine Gesellschaften, die äußerst anregend waren wegen der verschiedenen Nationalitäten und der Qualität der Beteiligten.

Wir lebten immer noch viel zu gut und unbeschwert, verglich man unseren bombenfreien Küstenstreifen mit anderen Gebieten. Bangkok erlebte regelmäßige Angriffe, die einen größeren Radius bekamen. So wurde unsere Lebensader zur der Außenwelt unterbrochen. Die Brücken der Eisenbahnstrecke zur Hauptstadt wurden von englischen und amerikanischen Bomben zerstört, was nicht nur für uns ein großer Schock war. Die armen Kriegsgefangenen lebten vermutlich von der Hoffnung, aus dem täglich vorbeifahrenden Zug Zigaretten und Nachrichten im Telegrammstil zu erhalten. Plötzlich hatten wir das Gefühl, auf einer Insel zu leben, die von Brandung und Ungewißheit umgeben war. Da einige unter uns auf Reisen nach Bangkok angewiesen waren wie zum Beispiel Diplomaten und Geschäftsleute, war alles mobilisiert, um neue Transportmöglichkeiten zu organisieren. Bedenkt man, daß es in Hua Hin weder eine Apotheke, noch einen Arzt, geschweige denn ein Krankenhaus gab, so blieb uns allen nichts anderes übrig, als beständig gesund zu bleiben.

Erfinderisch und geschäftstüchtig wie die Chinesen sind, dauerte es gar nicht lange, bis eine kleine Flotte von chinesischen Dschunken zwecks Transport zur Hauptstadt für Reisende zur Verfügung stand. Der Preis mußte jedesmal ausgehandelt werden und variierte je nach Personenzahl, Dringlichkeit und finanziellem Ruf der Reisenden. Den Reisenden wiederum blieb nach vereinbartem Preis nichts anderes übrig, als zu hoffen, daß sie in einem Boot reisen würden, das von umsichtiger Besatzung und von Glück geführt werden würde, denn die Gewässer nach Bangkok waren nicht nur von Haifischen sondern auch von Minen verseucht. Deshalb fuhren die Boote nur bei Tage und erreichten bei Dunkelheit den Menam-Fluß, um im Hafen von Bangkok vor Anker zu gehen. Die Dschunken, wie wir später selbst erfuhren, waren keine Luxusschiffe. Es gab weder Waschgelegenheit noch Toiletten und schon gar nicht Kabinen mit Schlafmöglichkeiten. Man hatte, bitte sehr, seefest zu sein (wenn möglich), eine dehnbare Blase war von großem Vorteil und auch sonst sollte nichts Unvorhergesehenes an Körperfunktionen einen überraschen. Passierte es dennoch, dann mußte man einfallsreich in Windeseile irgendwelche Tücher zum Zwecke einer Privatecke improvisieren, um sich dann so gut es ging zu behelfen. Meistens waren die Boote so voll wie irgendwie vertretbar, nicht nur mit Menschen, auch mit „lebender Ware" wie Hoftiere, Ziegen, Hunde, Vögel, usw. Vor lauter Unruhe an Deck vergaß man die lauernden Minen im Meer.

Glücklicherweise sind die Chinesen auf vielen Gebieten tüchtig und entpuppten sich auch als Seefahrer umsichtig und geschickt. Mit scharfen Blicken beobachtete die kleine Mannschaft ohne Unterlaß das Meer und machte rechtzeitig die geschicktesten Manöver, um den lauernden tödlichen Gefahren zu entgehen. Die eigene Nervosität läßt im übrigen etwas nach, hat man erst so ein Boot bestiegen. In dem Gewühle an Deck, meist bei bewegter See, hat man genug Ablenkung, ein ausgesprochener Fatalitätssinn stellt sich ein, da man bald einsieht, daß man gar nicht an so viele Gefahren zur selben Zeit denken kann, zumal man selbst keinen Einfluß auf die Geschehnisse hat. Glücklicherweise ist auch jeder immer heil an Land gekommen.

Unsere prekäre Hua Hin Idylle erfuhr eines Morgens eine erhebliche Überraschung. Blitzschnell verbreitete sich die Nachricht, daß eine große Anzahl von japanischen Soldaten in Hua Hin Station machte auf dem Rückzug vor der Offensive der Alliierten, die in Burma begonnen hatte. Mein Vater und ich freuten uns über die ersehnte Nachricht, da auch in unserer Ecke die militärischen Ereignisse sich ganz in unserem Sinne entwickelten, und wir meinten, daß die Japaner sich als disziplinierte, korrekte Besatzungsmacht bewährt hatten. Nur bei meiner Mutter stellte sich bei der Nachricht wieder einmal der unkontrollierbare Mechanismus der Panik ein. Ihre Angst war so unbeschreiblich und total, daß wir annehmen mußten, sollten ihre Ängste Substanz gewinnen, so waren die japanischen Verbände nach Hua Hin gekommen, nur um das Vergnügen zu haben, das Hotel zu zerstören und seine Bewohner zu ermorden und in kleine Stücke zu schneiden. Nicht einmal die beruhigenden Worte des italienischen Militärattachés vermochten sie nachhaltig zu beruhigen. Geplagt, wie meine Mutter war, von einem Schüttelfrost der Angst, konnte sie nur entfernt realisieren, daß die militärische Konstellation auch in Südostasien sich positiv für die Alliierten entwickelte, eine Tatsache, der wir seit Jahren entgegenfieberten.

Auch an dem bewußten Morgen, als sogar Messaat, zwar mit Gelassenheit, nur über „Nippons“ sprach — die allerletzten Nachrichten brachte sie uns vom Markt frisch zum Frühstückstisch —, begannen wir den Tag unerschütterlich, nach bewährtem Programm. Nur Mama, die den Strand mied wegen der grellen Sonne, jegliche Sportbetätigung war ihr nur von Berichten anderer bekannt, verbrachte den Vormittag in gepflegter schattiger Zweisamkeit mit ihrer und unserer überaus geschätzten Ludmilla Sergeiwna Tongti Kayou. Für Prinzessin Ludmilla waren die Japaner eine eher witzige Beilage im grellen Reigen ihrer Bereitschaft zu abenteuerlichen Erlebnissen. Sie war die Idealfreundin meiner Mutter, durchaus in der Lage, Menschen und Geschehnisse in die richtigen Dimensionen einzugliedern und sie furchtlos und humorig zu kommentieren.

Der Ausritt am Strand war genau so herrlich wie an jedem anderen Morgen. Auch Marcel Weil blieb kühl der angeblichen japanischen Invasion gegenüber, beschäftigte sich eher mit dem Erlebnis des Meeres aus der Höhe eines Pferdesattels und meinte gelassen: „Abwarten.“ Da war ich mit ihm einer Meinung.

Das Abwarten sollte nicht lange dauern. Noch an diesem selben Vormittag, als wir uns alle wie üblich zum Schwimmen am Strand trafen, sahen wir eine große Horde von Männern zum Strand laufen, einige hatten Pferde mitgebracht, gaben Schreie, die vermutlich Freudenrufe waren, von sich und sprangen völlig nackt, so wie sie waren, ins kühlende Meer. Einige Pferde weigerten sich mitgezogen zu werden und blieben am Wasser stehen. Das waren die von meiner Mutter so gefürchteten Japaner. Sie wirbelten viel Unruhe um sich, waren leider unbekleidet, ansonsten ignorierten sie uns alle vollkommen. Wie sie gekommen waren, so verschwanden sie auch samt ihren Pferden. Die siamesischen Badegäste entschlossen sich, mit unser aller Unterstützung, bei den lokalen Behörden wegen der Nacktheit der Fremdlinge zu protestieren. Auch badende Pferde gehörten nicht unbedingt zur Strandhygiene. Da es in Hua Hin nur ein Bezirksamt gab (Amphör), in dem einige wenige, sehr lässige Beamte ihren Dienst taten, hatten wir wenig Hoffnung, daß der Protest zur erwünschten Stelle gelangen würde. In der Zwischenzeit wiederholten sich diese Badeorgien mehrmals, mit und ohne Pferde, und jedesmal hatten wir das Gefühl, von Heuschrecken aufgesucht worden zu sein. Eines Vormittags erschien niemand. Etwas Einschneidendes mußte passiert sein. Nach dem Nachmittagstee brachte die allwissende Messaat die Nachricht, daß der Protest bei den Japanern angekommen sei und daß ihr Kommando gewillt sei, die nötigen Korrekturen vorzunehmen. Noch am heutigen Nachmittag würde ein japanischer General die bekleideten, geordneten Mannschaften ohne Pferde zum Strand begleiten, um ihr Benehmen zu überwachen. Wenn die Nachricht stimmen sollte, wäre es doch ein großer Erfolg in unserem Sinne. Da alle Nachrichten von Messaat erstaunlicherweise stimmten, war ich sehr froh darüber, daß die Freude unseres Strandlebens praktisch gerettet war.

Die einzige leichenblasse Gestalt, schweißgebadet, war wieder einmal meine Mutter. Für sie war einzig das Erscheinen eines japanischen Generals von größter, lebensbedrohlicher Bedeutung.

Ein japanischer General konnte niemals friedliche Absichten haben. Sogar Mamas hochgeschätzter Marcel Weil, der anwesend war, mußte angesichts solch kindlicher Panik lachen, und ich hoffte mit meiner Bemerkung: ,,Siehst Du, sogar Marcel findet diese Angst lächerlich'', sie endgültig überzeugt zu haben. ,,Der arme Mann kennt zwar leider die Nazis, aber nicht die Japaner!'' konterte Mama kein wenig ruhiger.

Auch in diesem Fall brauchten wir nicht abzuwarten, denn plötzlich hieß es, der japanische General sei da. Mama erstarrte und griff nach ihrem Taschentuch, um die Schweißtropfen von ihrer Stirn zu wischen. Ein völlig neues Bild präsentierte sich: ein kleiner, untersetzter Japaner, adrett gekleidet, führte eine geordnete, bekleidete große Anzahl seiner Leute zum Strand, alle ohne Pferde. Sie gingen bekleidet ins Wasser, ohne wilde Rufe und verließen allesamt anschließend den Strand, samt dem Bewacher, der vermutlich der furchterregende General gewesen war. Seit langem war meiner Mutter das Abendessen nicht so gut bekommen wie an jenem Abend nach dem zivilen, rücksichtsvollen Auftritt sämtlicher Japaner und ihres Generals.

Die ganze Aufregung hatte sich insgesamt kaum gelohnt, denn wenige Tage darauf zogen die Japaner ab und waren verschwunden. Wir konnten ungestört unser gewohntes Leben wieder aufnehmen.

Mehr und mehr erregten die Nachrichten aus Europa unser aller Gemüter, da der totale Zusammenbruch der Nazis nur noch eine Frage der Zeit sein konnte. Endlich schien der Tag der Erlösung nahe zu sein, Erlösung für die Überlebenden. Wir konnten ja nicht ahnen, exiliert wie wir seit Jahren waren, welche Zerstörung und wieviele Ermordete der deutsche Führer hinterlassen würde.

Marcel Weil und ich waren uns im Laufe der Monate nähergekommen. Wir verbrachten viel Zeit miteinander, und ich hatte mich langsam und behutsam an seinen inneren Kern herangetastet. Ich fühlte sein Vertrauen und freute mich darüber, es war, weiß

Gott, ein langer steiler Weg gewesen, und hätten wir nicht die Muße in Hua Hin dafür gehabt, wäre das Einverständnis wohl nie erreicht worden. Das Schildkrötentempo der inneren Kommunikation war keinesfalls die Geschwindigkeit, die mir lag, aber bei Marcel kam einiges hinzu, was meinen Respekt gewann: eine überzeugende Charakterstärke gepaart mit Witz. Daß er mich liebte, war eindeutig, wir machten jedoch keinerlei Pläne. Für einen Mann, so vorsichtig wie er war, war das Frühjahr 1945 kaum der angebrachte Moment für lebenswichtige Entscheidungen. Ich wiederum wäre nicht in der Lage gewesen, diesem Mann eine ehrliche Antwort zu geben. Träumte ich nicht von vollkommener Freiheit, von interessanten Tätigkeiten, von der Rückkehr nach Europa nach all diesen wirren Jahren, wirre in den Geschehnissen und für die Erlebnisse des Herzens? Lebte Danilo noch? Wie mochte es ihm gehen?

Es beunruhigte mich, daß es Marcel nicht gut ging. Er hatte ständig Halsschmerzen, verlor an Gewicht und fühlte sich schwach. Wir rätselten, was ihm fehlen könnte und fanden keinen plausiblen Anhaltspunkt. Nach einigen Wochen ohne positive Wende entschloß er sich, nach Bangkok zu fahren, um sich in ärztliche Behandlung zu begeben. Es war alles sehr traurig und wieder einmal sehr wirre. Nun, da wir uns so gut verstanden, mußte er alleine in die Hauptstadt, vermutlich kurz vor dem ersehnten Kriegsende in Europa, und ich konnte ihm nicht ein wenig helfen. Ich ging nicht zum Schiff, als er abfuhr, und wir versprachen einander zu schreiben, sobald jemand von oder nach Bangkok fahren würde. Postverbindung existierte nicht mehr, seit die Eisenbahnbrücken zerstört waren. Man war auf die Liebenswürdigkeit der jeweilig Reisenden angewiesen. Marcel war optimistisch und streichelte mir lächelnd die Wange. „Wird schon alles werden!" meinte er aus traurigen blauen Augen. Nicht nur schien er mir ernsthaft krank zu sein, er würde in Bangkok Bomben und die höchste Hitze erleben, denn es war März mit Temperaturen bis 35 Grad bei hoher Luftfeuchtigkeit. Nach sechsjähriger Erfahrung kannten wir nunmehr den Ablauf der Jahreszeiten mit all seinen Tücken.

Trotz der Kühlung des Meeres waren die sportlichen Betätigungen auch in Hua Hin wegen der Hitze etwas reduziert. Ich stand noch früher auf, um Golf zu üben, und verlagerte das Reiten auf den Spätnachmittag. Ich versuchte mich auf alles sehr zu konzentrieren, um nicht die Tage zu zählen, seit Marcel abgereist war. Es gab weiterhin Cocktails und Dinners und nie eine Stunde der Langeweile. Wenn Freunde mit mir über Marcel sprachen, so waren wir uns alle einig, daß er die letzte Zeit zunehmend schlecht ausgesehen hatte. Crolla meinte, daß KZ-Aufenthalte im Winter mit anschließenden großen seelischen Belastungen tiefe Spuren im menschlichen Organismus hinterlassen müßten. Mit dem bevorstehenden Ende des Krieges würden die Genesungsmöglichkeiten in Europa für viele Erkrankte die Rettung bringen. Inzwischen sollte ich mich um Gottes willen nicht an einen kranken Mann binden. Ich konnte sie alle, die Lieben, Gutmeinenden, beruhigen. Marcel und ich hatten nicht über Bindungen gesprochen. Ich war ja nicht einmal sicher, ob ich mit einem Menschen seiner Art ein gemeinsames Leben auf längere Sicht als wünschenswert empfinden würde. Wieder einmal war Abwarten ratsam und es der Zeit zu überlassen, etwaige Knospen, wenn es solche waren, zum Blühen zu bringen.

Es ist eigenartig, wenn ich zurückblicke auf die Entwicklungen und Fortsetzungen in meinem Leben, so ist fast nichts durch rasche Entschlüsse entstanden, die ich so schätze wegen ihrer spontanen Ehrlichkeit. Den allerersten Liebeskuß, den gab ich, kurzentschlossen, an einem Sommerabend in Riccione. Der Auserwählte hieß Anselmo. Mit 15 Jahren blickte er mich unruhig und hungrig an, unfähig sich aus der Paralyse, in die seine Gefühle ihn gestürzt hatten, zu befreien. Seine Hilflosigkeit reizte mich zum Handeln, ich warf mich ihm an den Hals und siehe da: er erwachte aus seiner Trance. Unsere Liebe dauerte den Bruchteil eines Sommers, aber wir empfanden damals nur unsere Sehnsucht und die Unruhe in uns, ohne vermutlich zu wissen, was es war. Jedenfalls behauptete Anselmo, mein Kuß wäre seine Rettung gewesen und küßte nun selbst mit Bravour.

Pierre Millet, aus Bangkok kommend, brachte mir einen Brief von Marcel. Er beschrieb mir dieses und jenes und machte eigene Bemerkungen dazu. Erst zum Schluß erwähnte er, einen geschätzten deutschen Arzt aufgesucht zu haben, Dr. Gotschlich, nachdem er sich bei Hermet nicht in guten Händen fühlte. Die Diagnose sei nicht lustig, aber in keinster Weise hoffnungslos: Lungen- und Kehlkopftuberkulose! Da Marcels Familie kräftig und gesund war, mußte Gotschlich den Beginn der Krankheit auf den winterlichen Aufenthalt im KZ zurückführen, und den Rest hatte das tropische Klima gebracht. Aber . . . mit geeigneter Behandlung und Schonung würde alles wieder gut werden. Er müßte nun in Bangkok bleiben, sodaß wir uns wohl erst nach Kriegsende wiedersehen würden, dann aber „well and strapping", wie Marcel zuversichtlich meinte. In der Zwischenzeit sollte ich auf mich aufpassen und seine tiefempfundene Liebe empfangen.

Nach und nach verließen die Diplomaten Hua Hin und kehrten nach Bangkok zurück. Die deutsche Kapitulation wurde von Tag zu Tag erwartet, dann wollten sie in ihren Botschaften sein. Colonel de Jonquières war seit langer langer Zeit im Kloster bei den Nonnen geblieben, wo er, sicher vor Bomben, seiner Arbeit nachging. Unser Kreis wurde immer kleiner. Wir lebten nur der ersehnten Minute entgegen und lauschten gebannt dem englischen Rundfunksender. Bei unseren abendlichen Zusammenkünften schmiedeten wir bereits vorsichtige Zukunftspläne, die bei fast allen in Europa endeten. Wobei nach all den Jahren der Abgeschnittenheit wir uns kaum vorstellen konnten, wie und wann die Reiseverbindungen wieder aufgenommen werden könnten. Außerdem, wer die Zähigkeit der Japaner kannte, mußte damit rechnen, daß sie auch nach der deutschen Kapitulation alleine weiterkämpfen würden. So lange hätten wir uns nicht rühren können.

So wie die letzten Tage einer Schwangerschaft als die längsten und beschwerlichsten einer Frau erscheinen, so ermattet und verspannt empfingen wir den großen Tag, den 8. Mai, als die Waffen in Europa endlich schwiegen und Hitler samt seiner Götterdämmerung von der Erde verschwunden war. Erschöpft und verstört, um die größte aller Sorgen erleichtert, tranken wir an dem Abend auf der Terrasse meiner Eltern den köstlichsten Wodka unseres Lebens. Mein Vater hatte seinerzeit in Hua Hin guten reinen Alkohol wie durch ein Wunder bekommen können und hatte nach überliefertem ausgezeichnetem Familienrezept einen Wodka hergestellt und aufbewahrt, der von dem Tag an nur als Siegesflasche bezeichnet wurde und geduldig im Schrank auf den Sieg wartete. Da Papas selbsthergestellter Wodka von Freunden stets hochgepriesen wurde, baten wir die Liebsten unserer in Hua Hin übriggebliebenen Freunde, sich zu uns zu gesellen: Ludmilla Sergeiwna und Helen Didot. Während Helen mit Überzeugung „Vive la France" prostete, konnten Ludmilla Sergeiwna und wir nicht ohne Einschränkung auf Rußland prosten, wo Stalin nach wie vor herrschte und als Triumphator bleiben würde. Der Sturm des Krieges hatte ihn gefestigt, und eine neue Drohung wurde praktisch in dem Moment geboren, als die alte in Schutt und Asche untergegangen war. Dennoch: Vive les Alliés et vive la Paix!

Ludmilla Sergeiwna, die ein Haus bewohnte, lud einen kleinen Kreis zu einem Festessen ein, leise und umsichtig, da wir nicht auffallen wollten. Die Japaner hatten sich, wie wir wissen, entschlossen weiterzukämpfen, und wir befanden uns immer noch unter ihrer Besatzung. Auch geheime kleine Feste waren bei Ludmilla Sergeiwna stets Ausdruck einer individuellen köstlichen Eleganz. Es war nicht nur ihre eigene leuchtende Erscheinung, die jedem Raum Glanz verlieh: es waren die Tischdecken, hauchzart und exklusiv, die altrussischen Bestecke, die sie in kleiner Zahl immer nach Hua Hin transportierte, ihre Art, Blumen zu stecken, kleine Kostbarkeiten an Freunde zu verteilen und mit einer brillanten Konversation alle zu verzaubern. Ob sie französisch, russisch oder siamesisch sprach, es war Musik. Wir hätten keinen schöneren Siegeslunch erleben können. Als wir es ihr alle einstimmig sagten, war sie glücklich, denn für diesen ersehnten Tag hatte sie dieselbe Tischdecke aufgelegt und fast das gleiche Menu serviert wie an dem Tage, vor vielen Jahren, als Maréchal Foch ihr und des Prinzen Gast gewesen war.

Die Salesianer brachten uns das erste Lebenszeichen aus Italien seit ungefähr zwei Jahren. Etwas ängstlich öffneten wir den Umschlag und lasen, daß gottlob meine Schwester und die Kinder heil und gesund und die Nachrichten von meinem Schwager gut waren. Er wurde bald zurückerwartet. Danilo war nicht erwähnt.

Unsere Mitteilungen für meine Schwester über Radio Vaticana schienen sie nicht zu erreichen, denn wir erhielten keine Antworten. So versuchte ich mit festem Willen, alle Fragezeichen meiner Gedanken auszuradieren und das Herz weiterhin schlummern zu lassen. Es war nicht mehr so schwer wie in den Jahren zuvor . . .

Tatsächlich kämpften die Japaner weiter, zwar erfolglos, aber unerbittlich. Nach Ansicht von Capitano Ghé, dem italienischen Militärattaché, könnte der Krieg in Südostasien noch Monate dauern. Wieder kehrten einige Freunde aus Bangkok nach Hua Hin zurück, um das endgültige Ende nun hier abzuwarten. Ich bekam viel Post von Marcel Weil. Er wohnte im Hotel und befand sich in ambulanter Behandlung. Er klang zuversichtlich, auch wenn der Arzt ihn warnte, daß das tropische Klima wenig förderlich sei und die Genesung daher nur langsame Fortschritte machen könnte. Mein Vater, der kurz nach Bangkok fuhr, traf Marcel und berichtete, daß er tatsächlich besser aussähe und guter Dinge sei.

Eines Abends im Juli war ich wieder zusammen mit den wenigen Italienern, bei Capitano Ghé zu Cocktails eingeladen und freute mich auf die italienische Sprache und die freundschaftliche Atmosphäre, die bei ihm herrschte. Alle sprachen über die Unvernunft des anhaltenden Krieges und des sinnlosen Sterbens, da der Krieg doch entschieden sei. Da sagte unser Gastgeber etwas, was in dem Moment mysteriös und sogar wenig glaubhaft erschien. Er meinte, der Krieg würde sehr bald, in zehn — vierzehn Tagen beendet sein, da die Amerikaner eine neue Bombe hätten, so zerstörerisch und endgültig in ihrer Wirkung, daß danach die Japaner aufgeben würden. Überhaupt sprach er frei über seine Vorstellungen, wie die Welt aussehen würde in den nächsten Jahrzehnten, über den sowjetischen, aber hauptsächlich den chinesischen Einfluß auf die westliche Welt. Er sprach lange und gab klare Antworten auf unsere verwunderten Fragen. Alle seine Aussagen waren dermaßen revolutionär und jeder Durchschnittsvorstellung fremd, daß wir etwas skeptisch in sein Glas blickten. Nein, er trank wie immer nur Orangensaft. Keiner von uns Anwesenden ahnte, wie gut informiert Ghè war und wie prophetisch sein Urteil werden sollte.

Wenige Tage später explodierte über Hiroshima die erste Atombombe, und alles kam, wie Ghè es beschrieben hatte. Wir hatten auf der Terrasse im Hotel Hua Hin eine historische Wende vorausgesagt bekommen, deren Auswirkungen und Schrecken bis zu unserem Tage die Welt maßgebend beeinflussen. Es ist natürlich ein nie gelüftetes Geheimnis geblieben, woher Ghè in Thailand so exzellente, höchstgeheime Informationen erhalten hatte.

Pierre Millet lud uns zum Siegesdinner ein. Pierre hatte eine schöne Sprache, und in seiner gallischen Euphorie dieser feierlichen Stunde produzierte er sich bei einer eindrucksvollen Rede. Als mein Vater ihn daran erinnerte, daß nun eine neue, schreckliche Wolke für die westlichen Staatsmänner sich aufbaue, mußte Pierre lächelnd abweisen. War Stalin nicht mittlerweile ein überzeugter, dankbarer Freund geworden? „Nein", sagte Papa, der Stalin in Tiflis als Agitator und Terrorist erlebt hatte, bevor seine Partei an die Macht gekommen war. „Keine Sorge, wir alle werden jeder Zeit mit ihm fertig", meinte Millet. Stalin starb Jahre später, das Problem ist geblieben und ist sicherlich nicht kleiner geworden.

Bereits wenige Tage nach Kriegsende rollten abends die ersten Züge vollbepackt mit ehemaligen Kriegsgefangenen durch Hua Hin in Richtung Bangkok. Es waren hauptsächlich Holländer, viele Engländer, Australier und einige wenige Neuseeländer. Sie kamen aus den Camps in Südthailand und wurden dann mit Hilfe von

Fähren in die Hauptstadt gebracht. Natürlich eilten wir zum Bahnhof und sprachen aufmunternde Worte mit diesen armen Menschen, die trotz der jahrelangen Demütigungen und Entbehrungen in einem so schwierigen Klima die Zuversicht nicht verloren hatten. Einige waren krank und hofften, direkt in ein Lazarett zu kommen.

Mir war klar, ich mußte nach Bangkok. Es gab offensichtlich viel zu tun, zu organisieren und zu helfen, und ich brannte darauf, tätig zu werden. Ich sprach mit Betty Millet, sie war ganz meiner Meinung und fuhr mit Pierre zurück. Nach wenigen Tagen folgten wir mit Helen Didot, den Kindern, unserem Koch, Messaat und Hippy. Wir schifften uns in Hua Hin ein, auf eine Dschunke, so vollbeladen, daß man hätte meinen müssen, wir seien alle zum Sinken verurteilt, abgesehen von den Minen und der Haifischgefahr. Tatsächlich überlistete die geschickte Dschunkenmannschaft alle Tücken dieser abenteuerlichen Reise. Bei wolkenlosem Himmel und starker Seebrise tuckerten wir vorsichtig, sehr schwankend endlich den Menam entlang und erreichten spätabends Bangkok. Während der letzten Stunden hatten wir mit zusammengebissenen Zähnen auf den Augenblick gewartet, an Land eilenden Schrittes irgendwelche Waschräume zu finden. Stattdessen wurde auch dieses Problem immer größer. Alle Landemöglichkeiten waren überbesetzt, und wir mußten weitab von einem Kai, eingeklemmt zwischen unzähligen großen und kleinen Booten die Nacht verbringen, ohne Moskitonetz oder sonstige Notwendigkeiten. Der Tagesanbruch fand uns wie Gestrandete an Deck sitzend vor, übermüdet und zerstochen, wortkarg, einzig nach einer Landemöglichkeit Ausschau haltend. Gegen zehn Uhr vormittags erreichten wir unser Haus, das, relativiert durch die letzten dreißig Stunden, sich uns palastartig präsentierte. Messaats Tochter Puan, die chinesische Schneiderfamilie und die Henne und ihr Hahn empfingen uns voller Freude. Ein Pandemonium des Wiedersehens in Frieden, voller chinesischer, siamesischer und Hühnergeschreie des Glücks, schließlich, angesteckt von so viel Erregung, fing Hippy an zu bellen und die Hühner zu jagen. Ich vergaß, was mich am dringendsten peinigte und setzte mich erstmal auf die Hausstufen, um diesen Augenblick auszukosten. Prompt hatte ich die Henne auf dem Schoß, die mein Gesicht mit einem Auge genau inspizierte. Schließlich ließ sie sich auf Hundeart bei mir nieder und gurgelte mir vermutlich alle Neuigkeiten vor. Es mußte sich eine Menge angehäuft haben, denn ihr Monolog dauerte eine ganze Weile. Als Hippy, von Eifersucht getrieben, sich vor meine dreckigen Füße legte, sprang die Henne ihm auf den Rücken, ließ sich dort nieder und erzählte uns beiden weiter. Je mehr Publikum desto besser!

Puan brachte mir einen Brief, der am Vortage überbracht worden war: er war von Marcel. Die Zeilen brachten mich schnell zur Realität zurück. Marcel informierte mich schonend, daß er im Nursing Home untergebracht war, um seine Genesung zu beschleunigen und daß er sicherlich noch etliche Wochen dort verbringen würde, auf Anraten von Dr. Gotschlich. Er, Marcel, nehme an, daß wir sehr bald wieder zurück seien, und er freue sich bereits unendlich auf meinen Besuch. Ich solle mich jedoch nicht erschrecken, wenn er sich mit mir nur schriftlich unterhalten würde, da das Sprechen ihm für einige Monate untersagt worden sei, um den Kehlkopf zu schonen.

Beim besten Willen konnte man diese Zeilen nicht als frohe Botschaft formulieren. Ich ging unter die Dusche, zog mich um und eilte, mit Lektüre unter dem Arm, zum Nursing Home, zehn Minuten von uns entfernt. Marcel war auf seinem Balkon, als ob er mich erwartet hätte und breitete beide Arme aus, als er mich erblickte. Ich wurde schneller und fühlte mich in seinem Zimmer fest umklammert, noch bevor ich ihn gesehen hatte. Mir wurde leichter ums Herz: er sah wohler, entspannter aus. Er kroch ins Bett und begann mir alles aufzuschreiben, was er auf dem Herzen hatte. Fazit war, er hatte eine lange Strecke vor sich, bevor er an eine Lebensnormalität denken könnte, sicher war nur, er würde es schaffen. Er machte sich große Sorgen um seine Eltern und seine Brüder, von denen er seit Jahren nichts gehört hatte und hatte bereits seiner Tante Léonie nach Lausanne geschrieben in der Hoffnung, Nachricht zu bekommen. Die Antwort würde an unsere Adresse kommen, da Marcel sein Zimmer im Hotel aufgegeben hatte. Wäre es mir recht? ,,Natürlich'', murmelte ich in der unerklärlichen Vorahnung einer sich annähernden Tragödie. Erstmal lächelte ich und erzählte Marcel viele muntere, unwichtige Erlebnisse aus den letzten Hua Hin Wochen. Er lauschte interessiert und froh, die Augen voller Liebe. Ich erzählte weiter und noch mehr über das Meer, das Reiten, die Freunde und über den endlich erreichten Frieden und das viele Glück, das auf uns alle wartete, bis die deutsche Oberschwester — ohne Anzuklopfen — das Mittagessen annoncierte. Ihr strenger Blick in meine Richtung, die ich auf Marcels Bett saß, ergab keine Brücke der Zuneigung. Marcel kritzelte schnell: ,,Macht nichts'', und hielt mich fest. Ich versprach sehr bald wiederzukommen.

Kein Zweifel: der Waffenstillstand, der Sieg war erreicht, ein neues Kapitel hatte bereits begonnen. Das neue Kapitel bedeutete, sogar aus der begrenzten Sicht des nicht sehr beschädigten Bangkok, den Versuch, das menschliche Elend, das der Krieg hinterlassen hatte, aufzufangen und zu lindern. Auf dem Wege von Marcel nach Hause bewegte ich in meinem wirren Herzen und übermüdeten Kopf Entscheidungen und Pläne, die ich einzuordnen versuchte. Sicher war Marcel, mit seiner zur Zeit gebrochenen Gesundheit dennoch bereits auf der Suche nach seinen Angehörigen, eines der unendlich vielen Beispiele der Entwurzelung und Emigrationen von Menschen und der Tragödie, sie sie mit sich zogen. Ich war entschlossen, mein kleines Teilchen dazu beizutragen, dieser großen Welle menschlichen Elends mit ausgebreiteten Armen entgegenzutreten und so viel aufzufangen, wie meine Kräfte es erlaubten. Das Hauptproblem war nicht die physische, sondern die seelische Kraft. Ich konnte nur hoffen, daß mit den vielen Aufgaben meine Resistenz und meine Möglichkeiten wachsen würden.

Am Spätnachmittag fuhr ich zu Betty Millet. Zusammen umrissen wir die Situation der ankommenden Kriegsgefangenen und der Hilfsmöglichkeiten. Wir würden einige Damen mobilisieren und eine funktionsfähige Organisation schaffen zwecks Krankenhausbesuche, Verwandtensuche, Geselligkeiten und Gesprächen mit den gesunden und kranken Truppen der Alliierten.

Bereits nach wenigen Tagen waren wir in der Lage, mit der Arbeit zu beginnen. Dänische, norwegische, schwedische und schweizerische Damen hatten sich uns spontan angeschlossen. Die befreiten englischen Zivilisten aus dem Internierungslager wollten wir nicht sofort ansprechen. Sie brauchten erst mal eine Erholungspause. Mir wurden Krankenhausbesuche und private Kontaktaufnahmen zu entlassenen Offizieren aufgetragen. Zwei wundervolle Aufgaben, bei denen sich der Einsatz stets lohnen sollte. Bald erkannten wir, daß die Krankheitsbilder, anders als in Friedenszeiten, hier verhältnismäßig klar einzugliedern waren und sich oft wiederholten: Unterernährung und Hautwunden durch anhaltende Tropensonne verursacht, Lungentuberkulose, schwere Darminfektionen, einige Knochenbrüche. Die seelische Verfassung jedoch war sehr unterschiedlich. Glücklicherweise hatte jede Nationalität einen kleinen Offiziersstab, der seine Leute erfaßt und registriert hatte, so daß wir Listen erhielten und jedem, so gut es ging, helfen konnten.

Die Holländer bildeten bei weitem das größte Kontingent, gefolgt von den Engländern und den Australiern. So unterschiedlich sie im Charakter waren, so kontakthungrig und interessiert waren sie fast alle. Zweimal die Woche luden wir im Rotationssystem die Gesunden ins Haus ein, die anderen Damen taten dasselbe. Die französische Gesandtschaft stellte an bestimmten Tagen die Räume der Alliance Française zur Verfügung, bei Millets fanden abendliche größere Treffen statt. In kurzer Zeit stellte ich fest, daß mir nur wenige Nachtstunden zur Verfügung blieben, um mich zu regenerieren und meine Gedanken zu sammeln. Unser Haus, nie eine Insel der Einsamkeit, wurde in zunehmendem Maße ein Ziel für Gesunde, Genesende vieler Nationalitäten. Sie müssen alle das Gefühl empfunden haben, herzlich willkommen zu sein, denn nicht nur kamen sie wieder, sondern sie brachten die noch nicht von mir erfaßten Freunde mit, diese müssen uns weiter empfohlen haben. Mit der Zeit lernten wir einige allgemeine Charakteristiken der verschiedenen Gruppen kennen und konnten daraus einige Konsequenzen ziehen. Die Australier, fröhlich und herzlich, verwandelten sich in wildentschlossene, unberechenbare Cowboy-Typen, sobald sie etwas Alkohol zu sich genommen hatten. Die zusätzliche Schwierigkeit bestand darin, daß sie ungerne bei „etwas Alkohol" blieben. Da mußte man schon geschickt rationieren. Die Holländer waren milde, gut erzogen und unserem Hause sehr treu. Sobald sie mit „Care"-Paketen versorgt wurden, wollten die meisten uns damit beschenken. Die Engländer hatten nicht einmal die sehr harten Gefangenenjahre spürbar verändert. Ein klein wenig aufgeschlossener, blieben sie sogar im Lazarett schüchtern, vorsichtig und meist kontaktarm, wollten dennoch gerne besucht werden. Einige wenige fanden den Mut, uns zu Hause aufzusuchen, schlossen sich jedoch den anderen kaum an. Die höheren englischen Offiziere traf man bei Betty und Pierre Millet. Betty war Engländerin und Pierre höherer Diplomat, der Rahmen entsprach diesen Gästen eher, aber aufgelockerter wurden sie auch dort nicht. Niemanden störte es, es genügte auch so. Manchmal war nur Pierre etwas verzagt und forderte mich dann auf, etwas russisch-griechisch-italienischen Schwung in den Raum zu bringen, was streckenweise echte Arbeit war. In ganz seltenen Fällen wurde der eine oder andere Herr erstaunlich wach und interessiert, ja geradezu insistent. In solchen Situationen erlernte ich das flüssige Lügen, ohne zu erröten. Ich sprach von meinem kranken Mann zu Hause oder von den Kindern, die ohne ihre Mutter nicht einschlafen könnten. Die ungläubigen Augen der glühenden Verehrer übersah ich spielend, und da ein Gentleman nicht nach dem Alter der Dame fragen würde, hielt meine erlogene Barrikade gut. Pierre versprach, mich nie zu verraten. Ob Großväterchen sich über seine Enkelin amüsiert hätte?

Ich besuchte Marcel regelmäßig und erzählte ihm von der Außenwelt in dosierter Form. Er lebte notgedrungen in steriler Ruhe, mit Lektüre stets versorgt, der Genesung entgegen. Er war tapfer, aber ungeduldig, brannte darauf, wieder arbeitsfähig zu sein und fragte ständig nach Post. Gerade diese Post fürchtete ich, und die Sorge, was man tun würde, wenn sie kommen sollte, nagte sehr an mir. Ich konnte mir nicht vorstellen, daß seine Eltern und Brüder Hitlers Mordlust überlebt haben sollten. Mittlerweile hatte ich mir angeeignet, schwere Sorgen auf morgen oder übermorgen zu verlegen, wenn es nicht von brennender immenser Wichtigkeit war. Jeder Tag war so voll mit Aufgaben und Anliegen, daß es nicht ganz so schwer war, eigene Kümmernisse einstweilen zu verdrängen.

Eines Spätnachmittags hatte ich mich mit erheblichen Magenbeschwerden einen Moment ins Bett gepackt, um noch einen Abendtermin wahrnehmen zu können, als ich Besucherstimmen unten hörte. Überhaupt nichts Außergewöhnliches bei uns! Meine Mutter war bereits dabei, sich um die Ankömmlinge zu kümmern, so wollte ich weiterhin versuchen, etwas Schlaf zu finden. Aber sehr bald bat mich meine Mutter herunterzukommen, denn Fräulein Blachstein und ein holländischer Marineoffizier wollten mich gerne sprechen. Ich verlor etwas die Geduld, denn Fräulein Blachstein war nie eine Bekannte von mir gewesen und lag mir wenig und mit holländischen Offizieren war ich zur Zeit üppigst versorgt. Sie bestanden beide darauf mich zu sprechen. Ihr Anliegen war typisch für die Zeit, in der wir damals lebten. Leutnant de Bruyn, so hieß der Holländer, hatte in Gefangenschaft eine Wette mit einem befreundeten Offizier abgeschlossen und hatte sie verloren. Es ging um den Zeitpunkt, wann der Krieg enden würde. Die Bedingung war ein üppiges, festliches Essen. Nun sollte es stattfinden, nur fehlte es an Damenbegleitung für seinen Freund, Fräulein Blachstein war für ihn selbst reserviert. Sie baten mich sehr, ihnen diesen Gefallen zu tun. Ich konnte mich nicht erinnern, wann ich zuletzt so wenig Lust verspürt hatte, einer Abendeinladung Folge zu leisten, aber schließlich fiel auch diese unter die Aufgaben, die ich mir vorgenommen hatte: menschliche Kontakte und Geselligkeiten. Mit großem Unwillen sagte ich für den nächsten Abend zu, verabschiedete den unerwarteten Besuch und kroch eiligst in mein Bett zurück. Nach dem Motto, ,,first things first", mußte ich mich fit gestalten für den kommenden Abend im Hause von Dr. Stroemme und seiner Frau. Auch dieses norwegische Paar hatte seine Haustüren für die ehemaligen Kriegsgefangenen weit geöffnet. Dort würde ich vermutlich viele neue Gesichter kennenlernen, was neue Impulse und neue Verabredungen ergab. Ich nahm mir vor, mich bei den anwesenden Holländern nach meinem morgigen Partner zu erkundigen, aber da stellte ich fest, daß ich den sehr schwierigen Namen bereits vergessen hatte.

Ich konnte ihn auch nicht behalten, nachdem er mir klar und deutlich am nächsten Abend wiederholt wurde. Fräulein Blachstein und ihr Begleiter holten mich mit einem kleinen alten Wagen ab — neue gab es verständlicherweise nicht, es existierten nur noch Autos, die trotz vieler Reparaturen noch fuhren und andere, die hoffnungslos aus dem Verkehr gezogen waren. Fazit: es gab nur alte Autos und davon wenige. Erklärlicherweise war man nie sicher, ob man das Ziel motorisiert oder zu Fuß erreichen würde. Wenige Wochen später entschärfte sich die Situation wesentlich, als teilweise schöne Autos und viele Jeeps der verschiedenen Hauptquartiere eingesetzt wurden.

An dem bewußten Abend jedoch drückte ich mich auf den Hintersitz des labilen Vehikels, schlecht gelaunt und gähnende Langeweile erwartend. Die Stimmung wurde auch nicht besser, als wir zu dritt den für mich bestimmten Offizier abholten. Den Namen konnte ich ohnehin keinesfalls behalten, und die Gestalt selbst war mindestens 1,90 groß, außerordentlich gepflegt in einer anscheinend nagelneuen Uniform, porzellanblaue klare Augen, schüchtern und zurückhaltend. Mir schien, er verspürte nicht mehr Freude als ich für diesen bevorstehenden Abend. Das Elend begann bereits, als er seine langen Beine irgendwie in dem Autochen unterbringen sollte. Es blieb nicht aus, daß wir eng aneinandergepreßt — gegen unseren Willen versteht sich — zu einem schönen Restaurant fuhren. Es war heiß, mein Kavalier roch stark nach Seife und seine und meine Beine waren schmerzhaft und akrobatisch durcheinandergeraten. Übelster Stimmung fragte ich ihn, wie es wohl wäre, wenn er seine Beine von den meinen entknoten und sie aus dem offenen Fenster hängen würde. Er wurde rot, beschämt und stammelte in einem holländischen Englisch, daß wirklich keine Absicht sondern reine Not diese peinliche Situation erforderte. Das Fenster erwähnte er nicht, und wir blieben ineinander verstrickt, stundenlang schien mir, wortlos. Auch mit seinen langen Armen wußte er nicht wohin und war durch meine vorherige Bemerkung fühlbar verunsichert. Er trug einen Ehering — zum Glück!

Die Dame Blachstein — es war klar —, kannte ihren Leutnant viel, viel näher als ich den meinigen mit dem unaussprechlichen Namen. Ich nahm mir jetzt bei Tisch die Mühe, ihn zu betrachten und stellte fest, daß er dabei war, dasselbe mit mir zu tun. Ohne die beklemmende Enge des Autos fand ich ihn viel besser. So etwas — überlegte ich — hätte man wohl mit körperlicher Aversion bezeichnen können und verspürte sie jedoch nicht mehr. Mein Leutnant, etwa Mitte Vierzig, hielt eine umständliche, lange, korrekte Ansprache an mich gerichtet, über seine Dankbarkeit, daß ich so bereitwillig (!) dieser so merkwürdigen Aufforderung gefolgt sei. Nie hätte er gedacht, daß eine Wette in Gefangenschaft — aus Langeweile abgeschlossen — so vielen Menschen so viel Mühe machen würde. Als er seine steife Ansprache beendet hatte, gab ich ihm den frechen Rat, ich gebe es zu, auch in Friedenszeiten nunmehr mit Wetten etwas vorsichtiger umzugehen.

Dame Blachstein und Begleitung amüsierten sich vortrefflich und vergaßen uns mehr und mehr, was bewirkte, daß so etwas wie ein Gespräch zwischen meinem Leutnant (seinen Namen wußte ich wieder nicht) und mir sich zaghaft entwickelte. Plötzlich bat er mich um einen Tanz. Ich war sicher, er hatte noch nie Tanzmusik gehört. Siehe da, er tanzte vortrefflich, natürlich auf Distanz achtend und das nach all der erzwungenen Beinintimitäten! Er fragte mich beiläufig, wie gut und wie lange ich die Bekannte seines Freundes kannte und war offensichtlich erleichtert über meine Antwort „kaum". Als er mich jedoch fragte, ob wir beide uns bald wiedersehen könnten, stand ich vor einem Dilemma: ich hatte so wenig Zeit und fast gar keine Lust! Ob er mich am nächsten Abend abholen dürfte? „Aber wo denken Sie hin, ich bin so ausgebucht, der früheste Termin wäre in einer Woche." Da hatten wir es, ich hatte nachgegeben und trotzdem war er zutiefst enttäuscht. Ich gab ihm meinen vollen Namen und die Adresse, er gab mir seinen und versprach, sich bis dahin zu gedulden. „In einer Woche", sagte er deutlich, als er sich zum Abschied verbeugte. Das gab mir Zeit, seinen Namen auswendig zu lernen!

Die ersten Nachkriegsmonate in Bangkok waren voller Unruhe. Die Stadt war überfüllt mit alliierten Truppen, die englischen Betriebe, ihren Eigentümern zurückerstattet, versuchten sich neu zu organisieren. Es konnte noch immer keinen Außenhandel geben, da wir immer noch von der Außenwelt abgeschnitten waren. So brodelte das Leben im eigenen Saft im Bestreben, Anschluß an eine relative Normalität zu finden. Parties, in Bangkok stets ein wichtiger Bestandteil des Lebens, blühten mit rasantem Tempo neu auf. Die Anwesenheit so vieler neuer europäischer Männer brachte so manches aus dem Gleichgewicht. Einige Damen verloren rasch ihre Herzen an die Neulinge, die wiederum mit aufgestauter Lebensfreude sich umschwärmen ließen. Viele Ehemänner müssen damals die härteste Zeit gehabt haben, denn ihre Damen hatten die Qual der Wahl und einige quälten sich nicht lange. Fieber dieser Art scheint auf das weibliche Geschlecht hochinfektiös überzugreifen, bald ergaben sich Affären und Skandälchen, man tuschelte viel und mußte diskret informiert sein, um nicht peinlich ins Fettnäpfchen zu treten. Es war schon sehr beschwingt und oft pikant. Kein Zweifel, die Damen waren „in" und sehr im Vordergrund. Außer einer oder zwei Schlägereien hielten sich die

Ehemänner im Hintergrund. Eine losgelassene Zeit voller Feste und Lebensfreude.

Ich nahm intensiv teil an fast allen Festen, empfand jedoch keine überragende Lebensfreude. Für mich war alles provisorisch, alles ungeklärt, nirgends verspürte ich den Wusch, die Stunde festzuhalten. Die vielen Flirts waren am nächsten Tag vergessen, und ich war froh, ständig so beschäftigt zu sein.

Marcel durfte immer noch nicht sprechen und hatte abends regelmäßig erhöhte Temperatur. Dennoch fühlte er sich allgemein besser und ließ mich über alles erzählen und berichten. Der englische Eigner der Firma, bei der er tätig gewesen war, hatte ihn bereits besucht und ihm eine noch bessere Position angeboten, sobald es ihm gut gehen würde. Mehr und mehr gewann ich das Gefühl, daß unsere Freundschaft für Marcel die größte Wichtigkeit hatte, was beglückend und belastend auf mich wirkte. Wir hingen alle in der Luft, nur ein Wunsch war klar für mich: sobald wie möglich nach Italien zurückzukehren, um das Leben zu beginnen, das ich mir aufbauen wollte, frei, aus eigener Kraft.

Als mich mein holländischer Leutnant, pünktlich auf die Minute, aufsuchte, stellte ich mit Entsetzen fest, daß ich vergessen hatte, mir seinen Namen einzuprägen. Nun stand er da, so groß, so gepflegt und gut erzogen und mir wollte nicht einmal einfallen, wo der Zettel mit seinem Namen geblieben war. Visitenkarten hatten diese Burschen seit Jahren nicht gesehen. Eine schöne Orchidee wurde mir überreicht. Die Peinlichkeit erreichte ihren Höhepunkt, als ich ihn meinen Eltern vorstellen wollte. „Sprechen Sie Ihren Namen bitte selber, das können Sie am besten", bat ich ihn in meiner Verwirrung. Das tat er gerne, und wir verstanden alle keinen Zusammenhang, was aus dem Blick meiner Mutter abzulesen war. Es gab Drinks, die Atmosphäre wurde locker und sympathisch. Mein Kavalier meinte, ob ich nicht ein langes Kleid anziehen möchte, er hätte für uns beide einen Tisch bestellt zur Einweihung des Allied Officers Club. Darauf war ich nicht gefaßt gewesen, eine nette Überraschung, ich freute mich, ich eilte in mein Zimmer und war plötzlich voller Schwung. Mein Abendkavalier stand steif und ehrfurchtsvoll auf bei meinem Erscheinen und sagte auf französisch: „quelle beauté.“ Wie hieß noch diese eindrucksvolle Gestalt, die mir nun mit äußerstem Respekt die mitgebrachte Orchidee an einem Träger meines Kleides befestigte? Ich stellte fest, er hatte schöne, rassige Hände. Mit einem geräumigen amerikanischen Wagen, intakt und gleitend fuhren wir die kurze Strecke zum neueröffneten Club. „Woher haben Sie dieses grandiose Auto gezaubert, Leutnant . . .“, peinliches Gestotter meinerseits. „Es gehört unserem Hauptquartier, wo ich wohne und arbeite, seit wir es vor drei Tagn einrichten konnten. Ich bin der Offizier für Transportwesen.“ „Bitte buchstabieren Sie mir Ihren Namen, sonst werde ich es nie lernen.“ „Nennen Sie mich bitte Carel, mein erster Vorname.“ Wie schön, daß es sich so reduzieren ließ!

Der lange Abend verlief im Stil der mitgebrachten Orchidee: schön, großzügig, aufmerksam. Wir tanzten oft und unterhielten uns gut. Als unser Gespräch sich mehr und mehr dem Persönlichen näherte, entdeckten uns einige holländische Offiziere, Carels Bekannte. Er war nicht der Typ, der viele Freunde hätte haben können, auch nicht durch den Zufall der langen Gefangenschaftsjahre. Zwei Offiziere setzten sich schließlich an unseren Tisch, einer von ihnen ein de Molière, holländischer Nachkomme des französischen Dichters; der zweite ein ehemaliger Plantagenbesitzer aus dem damaligen Java, heute Indonesien. Dabei stellte sich heraus, daß Carel ebenfalls ein Plantagenbesitzer und Generaldirektor einer Kette von Plantagen gewesen war. Die Gespräche waren lebendig, interessant und freundschaftlich. Man sprach englisch und französisch durcheinander. Während ich mich an meinem kühlen Wein erfreute, tranken die Herren Unmengen von Bier, der Plantagentrank überhaupt — versicherten sie mir. Erfreulicherweise, obwohl die Flaschen unter dem Tisch sich rasch mehrten, blieben die Herren unbeeinflußt. Alle tanzten sicher und sprachen vollkommen koherent. Als wir etwas nach zwei Uhr morgens aufbrachen, hatten sie eine Kiste Bier zu dritt geleert, wie gesagt vollkommen ohne ersichtliche Folgen. Ich warf noch einen Blick durch die Räume, ein paar Schritte noch in den Garten mit der illuminierten Tanzfläche, blickte hoch auf zu Carels Größe an meiner Seite und bedankte mich sehr. „Une très belle soirèe", meinte ich. „Das wird wohl unser Stammlokal werden", meinte er und führte mich zum Auto. „Ich möchte auf keinen Fall wieder eine Woche warten bis zu unserem nächsten Wiedersehen." „Kommen Sie doch übermorgen zu uns zum Abendessen", war mein Angebot. Er nahm glücklich an, und ich überlegte indes, ich würde einem geplanten australischen Abend fernbleiben. Dieser Mann war so beruhigend und wohlerzogen, und einmal wieder in Familie bleiben zu können, erschien mir äußerst angenehm.

Unsere chinesische Schneiderfamilie kündigte den Auszug aus der Garage an. Der Krieg war beendet, und sie wollten in ihr kleines Häuschen im chinesischen Teil der Innenstadt zurückkehren. Zum Abschied bekochten Sie uns drei Tage lang mit den köstlichsten chinesischen Gerichten, schenkten uns Stoffe und schmückten das Haus mit Blumen. Es war wie Chinesisch Neujahr, der einzige Anlaß im Jahr, um zu feiern, sich zu freuen, die Arbeit zu vergessen und ausgelassen zu sein. Für dieses ameisenemsige Volk ein grenzenloser Luxus: ein Festival der Freude.

Die nunmehr leerstehende Garage gab meinem Vater eine Idee: wir müssen endlich einmal wieder ein Auto haben! „Was für ein Auto, es gibt ja nur gebrauchte, alte Wagen!" sagte Mama nicht zu unrecht. „Ich werde schon das Richtige finden!" Daran, daß er etwas finden würde, hatten wir keinen Zweifel, aber wäre es das Richtige? Wir hatten jedoch gelernt, daß Papas plötzliche Wünsche keine Bremsen vertrugen und daß Gegenargumente seine Entschlossenheit nur steigerten. Mama und ich schwiegen aus Angst, er würde mit einem im Sterben liegenden Rolls Royce sehr bald vorfahren.

Nein, es wurde nur ein Plymouth Sedan wie es damals hieß. Es bedeutete, daß vorne zwei Sitze waren und hinten, wo wir heute die Koffer unterbringen, befand sich eine Sitzgelegenheit für zwei aneinandergepreßte Personen, unter offenem Himmel, was in unseren damaligen Regionen sengende Sonne, heißen Fahrtwind und Staub bedeutete. Papa war stolz, der Wagen war frisch lackiert, schwarz, der Eleganz wegen; und „einen Motor hat er auch?" fragte ich dumm. „Wie wäre ich sonst nach Hause gekommen?" erwiderte Papa irritiert, Kritik spürend.

Irgendwie war die Unsinnigkeit dieses fatalen Einkaufs meines Vaters etwas gemindert durch die Tatsache, daß gerade zu diesem Zeitpunkt Carel in zunehmender Weise einen Platz in unserem Leben einnahm, und er hatte das Transportwesen des holländischen Hauptquartiers unter sich. Denn: wie zu erwarten war, fuhr unser funkelndes Vehikel trotz seines guten Äußeren selten, nein viel schlimmer, meistens fuhr er an und blieb dann stehen, wenn wir gerade meinten, er fühle sich besonders flott. Carel suchte unermüdlich und fand unzählige Ersatzteile, die allerdings die Lebensfähigkeit unseres Autos nicht retteten, aber uns immer neue Hoffnungen brachten. Wenn wir ganz großes Glück hatten, blieb unser Wagen unweit des holländischen Hauptquartiers stehen. Mein Vater, von Natur wenig geduldig, opferte diesem Vehikel viel Zeit, er stieg gefaßt aus und ging frohen Mutes zu unserem Freund Carel. Daraufhin kamen schnellstens indonesische Monteure, inspizierten die Eingeweide unseres Motors und brachten sie entweder schnellstens in Ordnung, oder wir erhielten leihweise einen perfekten Wagen mit Fahrer. Das waren nun meine Verbindungen! Nicht nur war es nunmehr meine Verbindung, es wurde in rasch zunehmender Weise „mein" Carel.

Carel hatte sozusagen auf leisen Sohlen sich unserer Familie angegliedert. Jeden Abend erschien er bei uns, entweder um mich zu einem Essen abzuholen oder um bei uns den Abend zu verbringen. Tagsüber war ich weiterhin ständig unterwegs, sowie die anderen Frauen unseres kleinen Komitées, aber abends bemühte ich mich, für Carel frei zu sein, es war so wohltuend, mit ihm die Stunden zu verbringen. Ich wußte recht wenig über ihn und schon gar nichts über seine Herkunft. Meine Mutter äußerte in regelmäßigen Abständen, er wäre ein rassiger, wohlerzogener Mann. Ein verheirateter rassiger wohlerzogener Mann. Einen alten abgenutzten Wappenring trug er auch und nach diesem fragte ich ihn eines Abends. Er sei von geringer Bedeutung, ein alter Familienring. Es war nicht weiterzukommen, über den anderen Ring sprachen wir nicht, er erwähnte jedoch, daß er leider keine Kinder hätte.

Ich bekam eine Einladung zu einem Ball, der vom englischen Hauptquartier veranstaltet wurde, was bedeutete, daß nur englische und australische Offiziere anwesend sein würden, Holländer wurden kaum eingeladen nach der feinen englischen Art: erst ein Engländer, dann sein Hund und ganz zuletzt ein Ausländer. Mit dem Verlust des Empire und der progressiven Sozialisierung hat sich vieles geändert, damals hielt man sich an ein strenges Kastensystem, auch unter Alliierten. Ich sagte Carel, daß ich die Einladung angenommen hätte und nicht zu Hause sein würde. Er war bestürzt, soweit hatte sich die allabendliche Gewohnheit eingeschlichen! Ich wurde von einem der treuesten australischen Freunde abgeholt, Rex aus Sidney, ein dynamischer, witziger netter Mann vor Alkoholgenuß. Nach einigen Whiskys wurde er unberechenbar, streitsüchtig, eifersüchtig und kampflustig. Man mußte die Flasche am Tisch im Auge behalten, der Harmonie wegen.

Der Ball war fröhlich bei köstlichen Speisen und einer durchaus vertretbaren Kapelle. Bald saßen Rexy-Boy, so nannten wir ihn wenn er nüchtern war, und ich in einer netten Runde. Zum Essen kam ich kaum, weil kein Tanz ausgelassen wurde. In den Armen von Rexy-Boy stellte ich mit Freude fest, daß er sich gut hielt und seine Drinks artig rationiert hatte. Plötzlich veränderte er sich, sein Blick wurde böse, und er starrte glasig zum Eingang. Dort nämlich stand plötzlich Carel, so betrachtet, erschien er noch größer, über seinem Arm hing eine weiße Stola von mir, und er lächelte mir rührend zu. Rex befahl mir, meinen „bloody Dutchman" wegzuschicken, andernfalls würde er ihn zusammenschlagen. Ich wußte, es waren keine leeren Drohungen. Mir wurde leicht unwohl, und meine Beine fühlten sich plötzlich wie Watte an. Ich sagte Rex, ich würde alles in Ordnung bringen, und eilte zu Carel. Carel blickte auf mich wie ein sehr besorgter Vater, meinte, er sei gekommen, um mich mit einem Schal nach Hause zu bringen, denn der Abend war dabei, zu einer kühlen Nacht zu werden. Ich fragte ihn, was er sich dabei denke, unaufgefordert an der Tür zu stehen, während ich mit nicht ungefährlichen Australiern und ziemlich langweiligen Engländern mich am Ball beteiligte. Er würde warten, bis ich die Lust verspüren würde, nach Hause gebracht zu werden.

Rexy-Boy's Blick wurde noch böser, als er, nach meiner Rückkehr auf die Tanzfläche, Carel immer noch wie angewurzelt am Eingang stehen sah. Als Rex mich stehen ließ, um seine vorherige Drohung in die Tat umzusetzen, hielt ich ihn am Arm fest und bot ihm an, er dürfe mich nach Hause bringen. Ich erschrak vor meinen eigenen Worten, denn was Rex in dem Zustand darunter verstehen würde, war gänzlich ungewiß. Was sollte ich tun? Rex fiel glücklicherweise die unbezahlte Rechnung ein, er suchte den Kellner, und ich eilte zu Carel, um ihm schnell die Situation zuzuflüstern. Er meinte, ich sei waghalsig, unwissend, abenteuerlich, denn Australier seien Piraten usw. Schnell rief er mir noch zu, er würde weiterhin auf mich dort warten. Rex packte mich am Arm, sein Atem war eine Whisky-Wolke und schob mich die Treppe hinunter zum Ausgang und zum Parkplatz. Wortlos setzten wir uns in seinen Jeep, ich fragte ihn, ob er unsere Adresse finden würde. Keine Antwort. Rex fuhr natürlich nicht in die Richtung unseres Hauses, aus unerfindlichen Gründen bog er in Richtung Sports Club ein, eine menschenleere Straße am späten Abend. Er fluchte pausenlos gegen Carel und hörte erst auf, als er ruckartig am Straßenrand anhielt und mir befahl, ihn zu küssen. Ich küßte ihn auf die Stirn und wunderte mich, es geschafft zu haben, denn ich konnte mein Zittern kaum noch kontrollieren. Er riß mich an sich und beschimpfte mich, denn er sei nicht blöd. „Doch, Rexy-Boy, Sie haben wirklich keinen sechsten Sinn. Haben Sie denn nicht gemerkt, daß ich kein Interesse für Männer habe? Ich bin nicht wie Sie hoffen, mich interessieren eher Frauen!" Rex ließ mich los wie eine heiße, faule Kartoffel. Er beschimpfte sich selbst auf übelste Weise und ließ gottlob den Motor an. Völlig zahm, nüchtern, lieb, untertänig fragte er mich leise, wohin ich gefahren werden möchte. „Zurück, woher wir kamen, ich habe dort meine Tasche vergessen!" Ich hatte sie Carel als Pfand in die Hand gedrückt, um seine Verzweiflung zu dämpfen.

Rex fuhr wortlos meinem Wunsch entsprechend zum Club zurück, ließ mich aussteigen und fuhr ab. „Thanks for the nice evening", waren seine einzigen bitteren Worte.

Carel muß Beine aus Eisen gehabt haben! Er stand immer noch da, Stola und Tasche in der Hand, wie ein Felsen in der Brandung. Weder die Musik noch die vielen Menschen schien er wahrzunehmen. Sein Gesicht leuchtete auf, als er mich kommen sah, offensichtlich unversehrt. Die Fragen stellte er erst unterwegs, als wir zu Fuß, Arm in Arm nach Hause gingen. In unserer schmalen Villenstraße bellten nach und nach sämtliche Wachhunde auf beim Geräusch unserer Schritte. Ich ängstigte mich, weil nicht alle an der Kette zu sein pflegten, und Carel zog mich noch enger an sich, so fest, daß ich kaum mit den Füßen den Boden erreichen konnte. Absurd: er tat sonst nichts und sagte nichts. An diesem verrückten, schweißtreibenden Abend tat ich etwas Unvorhergesehens: ich warf meine Arme um den verheirateten Carel! Mit einem Freudenschrei sagte dieser schüchterne Holländer: „Endlich! Mein Gott, wie ich Dich liebe, und ich kann es so schlecht zeigen! Ich bin so ungeschickt auf diesem Gebiet!"

Carel brachte mich nach Hause, jetzt, da seine inneren Schleusen sich geöffnet hatten, beschrieb er mir voller Rührung seine Gefühle, während er mich fest umklammert hielt. Wir hatten uns auf die

Stufen unseres Hauses gesetzt in dieser späten schönen Mondnacht. Es war November 1945, der entsetzliche Weltkrieg war seit einigen Monaten beendet, in Bangkok erlebten wir nach der Monsunzeit die schönsten Wochen des Jahres, und ich befand mich — entgegen meinen Plänen — eng umschlungen mit einem verheirateten holländischen Offizier, der beängstigend starke Gefühle für mich empfand. In dieser so süßen Stunde wollte ich nicht überlegen, ich ließ mich streicheln und liebkosen und wußte, daß ich bei Carel in besten Händen war! Ich weiß nicht, wie lange wir so gesessen haben, entweder war die Zeit stehengeblieben oder sie glitt leise dahin, zerrann in unseren Händen, wie leichte, kostbare Seide.

Als ich dann morgens, viel zu spät und sehr verwirrt erwachte, brachte mir Messaat einen Brief, den Carel mir durch seinen Chauffeur geschickt hatte. Der arme Mann hatte wohl den Rest der Nacht schreibenderweise verbracht, denn er hatte mir acht lange Seiten geschrieben, in denen er mir Tatsachen aus seinem Leben mitteilte, Entscheidungen vorschlug und herrliche Pläne schmiedete. Solcher Briefe habe ich heute noch eine ganze Sammlung, denn Carels Liebe war von solcher Intensität, daß er nach jedem gemeinsamen Abend das Bedürfnis verspürte, mir vor dem Einschlafen zu schreiben, um mich jeden Morgen mit einer Liebeserklärung zu beglücken. Er schrieb zauberhaft, das meiste auf französisch, das ihm auf dem Gebiet der Liebe leichter fiel als das Englische.

Am Tage absolvierte ich weiterhin mein Programm, Carel hatte im Hauptquartier viel Arbeit. Aber bald nach Büroschluß hörte ich schon das gewohnte Geräusch seines Autos.

Bei einem Lunch hatte ich einen holländischen Offizier kennengelernt, der mit Carel noch vor dem Krieg befreundet gewesen war. Er war mein Tischherr und sprach mich bald auf meine Beziehung zu Carel an. Er ließ sich durch meine gespielte Verwunderung nicht davon abbringen, mir in höchsten Tönen Carels adelige Ab-

stammung und seine hohen Qualitäten zu preisen. Seine Familie gehöre in die oberste Schublade des holländischen Hochadels, Minister, Gouverneure, Bürgermeister und hohe Diplomaten aus der Familie wären stets am Hofe gerngesehene Gäste und ihre Dienste seien im Holländischen Parlament durch Tafeln gewürdigt worden. Zur Zeit sei gerade ein Bruder Adjutant des Prinzgemahls. Carel hatte mir nichts darüber erzählt, und ich versuchte mich meinem Gesprächspartner gegenüber weiterhin unbeteiligt zu geben. ,,Die Baronin, ihm durchaus entsprechend, hat ihm weder Kinder noch anscheinend großes Eheglück geschenkt. Aber verheiratet ist er trotz der jahrelangen Trennung immer noch."
,,Was für eine interessante Geschichte, Leutnant de Jonge. Wenn ich mal Zeit habe, werde ich sie mir durch den Kopf gehen lassen."
,,Sie müssen wissen, wir sind etwas besorgt über Carels Liebe für Sie", flüsterte mir mein Tischherr diskret zu. Die Gastgeberin stand auf, was mir eine Antwort ersparte.

Meine regelmäßigen Besuche bei Marcel beunruhigten Carel, denn er wollte alle meine Gedanken bei sich wissen. Marcels Gesundheit war stationär, was schon ein gutes Zeichen war. Er durfte immer noch nicht sprechen und bemühte sich sehr, an Gewicht zuzunehmen und seine abendliche erhöhte Temperatur zu überwinden. Nach wie vor berichtete ich ihm über die Geschehnisse in der Stadt und meine eigenen Aktivitäten. Auch sprach ich von den vielen Freunden aller Nationalitäten und insbesondere über Carel, der mich neuerdings sogar mit einem Auto samt Chauffeur verwöhnte. Marcels und meine Freundschaft war tief und ehrlich und wie fast alles, was mich betraf, kompliziert, kurvenreich und oftmals unerklärlich. Weiterhin beschritt ich den Weg, den ich als den mir vorgeschriebenen empfand und hatte keine Vorstellung, wohin er führen werde. Ich hatte das Glück, von zwei wertvollen Männern geliebt zu werden, ernsthaft und aus vollem Herzen, und beide trugen mit sich einen Berg von Problemen. Ich hing an beiden, auf verschiedene Weise und fühlte mich wie auf einer Schaukel, die keine Möglichkeit hatte, zum Stillstand zu kommen. Da ein

Zustand der Gleichmäßigkeit mir weder entspricht noch mir jemals auf längere Zeit geboten wurde, realisierte ich erst später, daß man nicht ungestraft unlimitiert auf einer Schaukel sitzend sich schwingen lassen kann, ohne Entschlüsse zu fassen. Für Entschlüsse war es allerdings zu früh. Wieder einmal sagte ich mir, man sollte der Zeit Zeit lassen, Situationen und Gefühlen das Heranreifen ermöglichen und bis dahin Freude empfangen und Freude schenken. Was für eine reiche, erlebnisreiche Zeit!

Zu meinem 25. Geburtstag bin ich ungeheuerlich verwöhnt worden. Nicht nur kam Carel schon am späten Vormittag mit einem überdimensionalen Blumenstrauß ins Haus, in dem es köstlich nach Festesssen duftete, er brachte eine Menge Nachrichten mit. Er hatte den ganzen Tag Zeit für mich, für den Abend hatte er uns im Offiziersclub zum Dinner angemeldet. Carel brachte mir nicht nur ein zauberhaftes Bild seiner Mutter, einer von Hugenotten abstammenden Adeligen, sondern auch einen aufschlußreichen Brief seiner Frau, die er über meine Existenz unterrichtet hatte. Anneke, so hieß seine Frau, befand sich noch auf Java, wo sie auf einer Teeplantage, nicht weit von der Hauptstadt, mit ihrem Mann vor dem Krieg gelebt hatte. Sie muß ein liebes, realitätsfremdes Geschöpf gewesen sein, ihrem Mann wie ein treuer Hund ergeben, folgsam, gefügig und steril in jeder Hinsicht. Carel war die bedingungslose Anbetung zur Last geworden und das pfeffer- und salzlose Dasein sterbenslangweilig. Die Ehe war vor dem Krieg als gescheitert anzusehen gewesen, mit allen Konsequenzen der Entfremdung! Anneke schrieb verständnisvoll, voller Trauer, daß es so weit hatte kommen können. Mich rührte sehr die Tatsache, daß sie sich um mich und meine Problematik Sorgen machte, nach all den lobenswerten Dingen, die Carel ihr über mich geschrieben hatte. Sie bat um ein Treffen mit ihrem Mann nach den vielen Jahren der Trennung, bevor man radikale Entschlüsse fassen würde. Mir schien, ich mochte Anneke per Distanz sogar, auch wenn mir ihre Mentalität und ihre Gefühlsarmut fremd waren. Ich schätzte sie als kindlich lieb und — leider für sie — instinktlos ein. Carel war jedenfalls entschlossen, eine Scheidung zu erreichen, und ich versuchte, zu analysieren, ob und inwieweit ich Schuld daran hätte. Carel verbat mir, mich zu grämen und zu prüfen: es sei sein Wille und seine Entscheidung. Wenn ich ihn nur weiterhin lieben würde, wäre er der glücklichste Mann. Die Bürde gehöre erstmal dazu.

Der Abend im Club war berauschend schön. Festlich gekleidet, mit geborgtem Schmuck meiner Mutter geziert, saugte ich Carels Hingabe wie ein Schwamm auf. Ich erkannte meinen Verehrer nicht wieder, verglich ich ihn mit unserer ersten Begegnung. Dynamisch, von ausgelassener Fröhlichkeit verjüngt, von unbeschreiblicher Aufmerksamkeit, wollte er keinen Tanz missen und führte mich verliebt über die Tanzfläche. Plötzlich zog er mir seinen für mich zu großen Siegelring über den Finger und meinte, das verbinde uns zusätzlich: das Bedeutungsvollste, was er besäße. Ich wollte ihn nicht annehmen und trug ihn nur manchmal leihweise in Carels Gesellschaft.

Wenige Tage später wurde uns das langerwartete Telegramm für Marcel überbracht. Ich wollte es ihm nicht ungeöffnet bringen, da sehr böse Nachrichten zu befürchten waren und ich ihm durch sanfte Vorworte den Schmerz etwas lindern wollte. Gegen alle Regeln der Diskretion öffnete ich die makabre Mitteilung aus der Schweiz: Vater 1943 aus Paris von der Gestapo vermutlich nach Bergen-Belsen verschleppt, Bruder Georg ein Jahr später aus derselben Stadt in unbekannte Richtung, Mutter Hortense zwei Tage vor der Befreiung von Paris aus der Wohnung in der Avenue de Versailles nach Auschwitz. Die Ermittlungen hatten ergeben, daß mit großer Wahrscheinlichkeit keiner der drei die Gaskammern überlebt hatte, denn niemand hatte ein Lebenszeichen von ihnen erhalten.

Wie sollte man eine derartige Nachricht einem kranken, sensiblen Mann mitteilen? Ich wußte es noch nicht, ich wußte nur, daß ich es tun mußte, denn mein Vater sagte mir, er könne es nicht. Meine

Mutter stand außer Diskussion, denn schon beim Anblick des Telegramms waren ihre Tränen unaufhaltsam geflossen.

Ausgerechnet an dem Tage empfing mich Marcel in gehobener Stimmung. Der Arzt hatte ihm erlaubt, Besorgungen zu machen und eventuelle kurze Besuche bei Freunden zu unternehmen. Strahlend teilte er mir mit, er würde am nächsten Tag uns besuchen. Es war wundervoll, natürlich schlug ich vor, er solle zum Mittagessen kommen. Nach all den Monaten praktischer Klausur war es ein Fest. Außerdem wollte der Arzt sich um einen Bungalow für Marcel in Siracha kümmern, ein schöner Ort an der Ostküste von Siam, wo das Klima trockener war als anderswo und die Luftveränderung die Genesung beschleunigen würde. „Sie werden mich natürlich besuchen.“ „Selbstverständlich. Ich werde Ihnen auch einen Koch besorgen, der mit Ihnen mitkommen wird und Sie nach meinen Instruktionen verpflegen wird.“ Wir freuten uns beide über diese Wende, die viel Hoffnung versprach.

Meine Gedanken, nun von Panik ergriffen, kreisten um das Telegramm. Ich konnte es nicht mehr ertragen, kuschelte mich an ihn, nahm seine Hand und warnte ihn, stark zu sein. So ruhig ich konnte, leise, langsam versuchte ich ihm die dreifache Tragödie beizubringen. Ich kann mir niemand anderen vorstellen, der Marcels Größe in ähnlicher Situation gehabt hätte. Er richtete sich auf, sagte kein Wort, dicke Schweißtropfen erschienen auf seiner Stirn. Ich konnte mich nicht rühren und ließ ihm Zeit. „Wir haben es die ganze Zeit befürchtet, liebster Marcel. Wir können im Moment nichts anderes tun, als an Ihrer Genesung weiterzuarbeiten. Möge Gott uns für alles Kraft geben. Wir werden es bis zu besseren Zeiten schaffen.“ Marcel nickte, küßte meine Hand und blieb so sitzen. Ich schlug vor, bei ihm zum Mittagessen zu bleiben. Das wollte er nicht. Es war besser, ihm Zeit zu geben, und ich meldete mich zum Tee an. Der schlimmste, unvergeßlich schwere Augenblick war überwunden. Ich wußte, beide würden wir diese Morde nie vergessen, hoffentlich würden wir die Gnade des Verzeihens lernen.

Marcel kam am nächsten Tag zum Lunch, das wir so festlich wie möglich gestaltet hatten. Mit kleinen russischen Spezialitäten verwöhnte ihn meine Mutter wie einen eigenen Sohn. Über unsere Trauer sprachen wir nicht, wir bauten viele Pläne für Siracha, das im Laufe des Gespräches zum Mekka der Gesundheit wurde. Als wir meinten, so etwas wie Hoffnung und Reiselust zustandegebracht zu haben, schrieb Marcel uns auf einen Zettel (er durfte immer noch nicht sprechen): „das Schicksal meiner Eltern lastet sehr auf mir." Papa meinte, man dürfe nicht jede Hoffnung aufgeben, Mama ging aus dem Zimmer, und ich suchte meine Serviette unter dem Tisch. Es galt immer, den spitzesten Schmerz zu überwinden.

Marcel kam bis zur Abreise nach Siracha fast täglich zur Mittagsmahlzeit. Die Abwechslung tat ihm so gut, daß er etwas an Gewicht zunahm, trotz der Last, die er trug. Die angeborene Disziplin war vermutlich seine Rettung in den schlimmen Tagen. Ich, von Herkunft her, ohne ähnliche Qualitäten, erlernte in den Monaten nach mehreren Himmelsrichtungen zu leben. Weiterhin kümmerte ich mich um die mir zugedachten Aufgaben, versuchte Marcels Besuche so glückspendend wie möglich zu improvisieren und hielt mich abends frei, um Carels Dasein mit Sonne zu versehen. Es wäre völlig falsch, wenn der Eindruck entstünde, ich hätte mich nur um das Glück anderer bemüht, ich selbst hatte oft das Empfinden auf goldenen Wolken zu schweben, auf Wolken, gefüllt mit Liebe und außerordentlicher Zuneigung, trotz der Problematik, in die ich mich immer tiefer verstrickte.

Der Transport von Marcel nach Siracha war im Moment das größte Problem. Er hätte unmöglich in einem vollbesetzten Verkehrsbus bei der Hitze reisen können in seiner derzeitigen Verfassung. Andere Möglichkeiten gab es nicht. Mir fiel nichts ein, außer Carel um Hilfe zu bitten, da er das Transportwesen unter sich hatte, allerdings für militärisches Personal. Carel, generös und inzwischen unfähig, mir einen Wunsch abzuschlagen, versprach, sich um die Sache zu kümmern. Das bedeutete, daß sie praktisch in Ordnung war. Einen patenten chinesischen Koch hatte ich auch gefunden und instruierte ihn über die Lieblingsspeisen seines neuen ,,Nai Hang''. Am liebsten wäre Messaat mit Marcel in die Einsamkeit gereist, sie liebte ihn bedingungslos und war stets bemüht, ihn zu verwöhnen.

Nach nur wenigen Tagen erwähnte Carel beiläufig, er hätte den Transport für Herrn Weil perfekt: ein holländischer Krankenwagen würde ihn bis zu seiner Haustür fahren, ein Offizier und ein Fahrer würden mitreisen. Ich fiel Carel um den Hals. Ein Krankenwagen war zwar nicht nötig, aber bequemer hätte er es nicht haben können. Lediglich Carels Frage: ,,Was empfindest Du denn für diesen Weil?'' brachte mich durcheinander. Ja, was empfand ich für diesen Weil? Was empfand ich für diesen Carel? Ich ließ die Fragen im Freiraum schweben, beschäftigt wie ich war, mich für den ersten einzusetzen und mit dem zweiten froh und geborgen diese kostbare Zeit zu verbringen. Die Fragen waren doch rein theoretische, denn beide Herren kämpften mit Problemen, zwar verschiedener Art, aber gewichtiger Natur.

Wir verabschiedeten den dankbaren Marcel voller Hoffnung für seine Genesung und mit dem Versprechen, daß ich ihn bald besuchen würde, natürlich von Mama begleitet (Marcel: ,,muß das sein?''), sobald er sich eingelebt hätte. Er versprach, emsig zu schreiben, was ihm im Prinzip wenig lag, trotzdem hielt er peinlichst sein Wort.

Obwohl eine tiefe Zuneigung meine Mutter und Marcel verband, konnte dieser nicht verstehen, daß ich immer noch unter der Obhut meiner Mutter lebte und daß mir ihre Meinung von größter Bedeutung war. Mama war für mich die Kontinuität von Großväterchen, und das besagt alles über ihren Stellenwert in meinem Leben. Außerdem ,,schickte es sich keinesfalls'', daß ich einen Mann alleine besuchen und bei ihm einige Tage verbringen könnte, auch nicht den fabelhaften, zuverlässigen Marcel.

Carel schien Marcels fernes Domizil mehr als recht zu sein. Er nahm sich immer mehr Zeit für mich und verbrachte jede freie

Stunde mit mir. Eines Abends las er mir glücklich einen Brief seiner Mutter vor, den er kurz zuvor erhalten hatte. Erst daraus entnahm ich, daß er sie nicht nur über meine Existenz in Kenntnis gesetzt, sondern ihr auch mitgeteilt hatte, mich heiraten zu wollen, sobald die Situation geregelt wäre. Der Brief der alten Dame war so menschlich und so lieb, so wohlwollend und so bekümmert, daß ich ganz verstört war. Ich blickte auf meinen guten lieben Carel, der so strahlend mich anschaute, als ob alle Schwierigkeiten und Belastungen bereits hinter uns lägen, und der nicht duldete, daß ich mir Sorgen machte über Annekes Unglück und die gesamte Problematik. In solchen Momenten befahl er mir, ihm alles zu überlassen, mich nicht zu grämen und ihn beständig zu lieben. Seine gesamte Familie, später in Holland, würde mich sicherlich mit Freuden aufnehmen. Außerdem würde er in Holland nicht leben wollen, alter Kolonialexperte, der er nun war, und ohne seine Plantagen vermutlich schlecht atmen können. Mittlerweile sollte ich beginnen, holländisch zu lernen. Ich bemerkte, die Sprache erschien mir nicht leicht und noch häßlicher als jiddisch. Carel vergoß den Whisky, den er gerade zu seinen Lippen führen hatte wollen, noch niemand hatte, soweit er wußte, die ehrwürdige holländische Sprache mit jiddisch verglichen. Aber bitte, ich könnte von ihm aus gleichzeitig jiddisch und holländisch lernen, denn er liebe an mir alles, sogar diese Extravaganz. An dem Abend stritten wir, ich erhitzte mich und fühlte plötzlich all die vielen Juden samt ihrer Traditionen, die in mir schlummerten, und wollte Carel klarmachen, wie wichtig das alles sei und völlig untrennbar von mir, auch angesichts der langen, langen Ahnentafel eines holländischen, blaublütigen Adelsexponenten. Plötzlich fing Carel an zu lachen und fragte mich, ob ich in meiner Erregung nicht gemerkt hätte, daß niemand mir widersprach. Er wolle mir versprechen, alles Jüdische zu pflegen, was mich erfreuen würde, aber: „Nun bitte, nimm einen Bleistift, damit wir mit dem ersten holländischen Unterricht beginnen können.“ Ich nahm einen Schreiber und ein Blatt Papier, und wir begannen mit dem ersten Unterricht. Es war ein Gedicht für Santa Claus, kindlich und entzückend, weil es gerade Dezember war, und obwohl wir uns im heißen Bangkok befanden, sah es in Carels Herz sehr weihnachtlich aus.

Ich habe nie genau erfahren können, welcher Umstand Papas plötzlichen Zorn gegen Carel geweckt hatte. Das wußte man bei meinem Vater nie genau, man konnte nur an seinem Gesicht ablesen, daß Gewitter sich rasch anbahnten. Im Falle Carel mag es bei ihm die plötzliche Feststellung gewesen sein, daß Carel bei uns sich wie zur Familie gehörend benahm und mich wie sein Eigentum behandelte. Auch mag mein Vater gehört haben, daß einige Bekannte von Carel meinen Vater als seinen Schwiegervater bezeichneten, und das kann sein ohnehin erregtes Blut zum Kochen gebracht haben.

Eines Morgens, kurz vor Weihnachten, wurde ich durch Papas laute Stimme geweckt. Es ging um Carel, und er war dabei, meiner Mutter seine Ansicht über „diesen verheirateten Flegel" zu unterbreiten. Mama widersprach sanft, aber nicht wegen der jedem bekannten und nie verheimlichten Tatsache, daß Carel verheiratet war, sondern sie lehnte es ab, ihn beschimpft zu wissen, denn er sei eine Respektperson, offen und ehrlich, hatte allerbeste Manieren und liebte mich tief und ernst. „Tief" und ernst" waren Mamas Lieblingsausdrücke in bezug auf die Liebe, auch Marcel liebte mich „tief und ernst" und das war eben das große schwere Problem, sagte Mama. „Warum muß das arme Kind in Herzenssachen sich immer das komplizierteste aussuchen?" seufzte Mama voller Sorge. „Sie ist unerfahren und leichtsinnig, deshalb muß sie bald heiraten und zwar vernünftig! Ich werde heute noch diesen Holländer aus meinem Hause schmeißen und ihm verbieten, meine Tochter in Verruf zu bringen." Papas Worte duldeten wie immer keine Diskussion. Er teilte lediglich meiner Mutter seinen Entschluß mit und war wie stets überzeugt, er hätte in vollster Harmonie alles mit ihr besprochen.

Normal wäre gewesen, ich wäre aus dem Bett gesprungen, um zu versuchen, die Dinge aus meiner Sicht zu verdeutlichen. Das wäre richtig gewesen bei jedem anderen Menschen. Bei meinem Vater jedoch hatte ich gelernt, nie Geduld zu erzwingen und immer Ruhe zu wahren, auch wenn ich oft meinte, es nicht schaffen zu können. Ihn mitten in seinem cholerischen Ausbruch zu konfrontieren, bedeutete, sich freiwillig dicke Beulen zu holen, denn in solchen Momenten war Papa für mich eine undurchdringliche Gewitterwolke, aus der es nur so blitzte und donnerte, und der Krach war zu laut, um die eigene Stimme zu hören. Mamas Worte waren längst verklungen, und sie unternahm keinen neuen Versuch.

Als ich zum Frühstück hinunterging, verhielt ich mich wie immer. Papa sah finster aus, und da er sich die letzte Zeit über Schlaflosigkeit beklagte, die Mama immer bestritt, mit Nachdruck sogar, sagte ich ihm, er sähe müde aus. Damit löste ich ein neues Donnerwetter aus, anscheinend war es an diesem Tag ein wiederkehrendes Gewitter. Ich bekam dieselben Argumente wieder vorgeschrien, die er bereits oben nicht minder laut meiner Mutter vorgetragen hatte, und während er die Teetasse zur Seite schob und feierlich aufstand, denn er hatte sein Frühstück beendet, teilte er mir mit: „Heute fliegt er raus." Trotz meiner eigenen Erregung glaube ich, ruhig gesprochen zu haben. „Bitte setz Dich hin und gib mir Zeit, Dir etwas zu erklären." „Es gibt nichts zu erklären, verstanden habe ich seit langem alles, und nun will ich diese Zustände, die aus meiner Tochter ein Stadtgespräch machen, nicht mehr gestatten. Heute siehst Du Deinen Baron zum letzten Mal. Das Gespräch ist beendet." „Papa, Du entscheidest Dinge, die meine Angelegenheit sind. Ich bin 25 Jahre alt und könnte schon längst aus dem Hause sein." Weiter ging es nicht mehr. Mit erstickter Stimme und flammenden Augen brachte mir Papa bei: „Töchter verlassen das Elternhaus, wenn sie heiraten und keinen Tag früher. Anders wird es hier nicht gestattet. Solange Du Deine Zeit mit verheirateten Männern vergeudest, kann wohl von Heirat keine Rede sein!" „Es ist schade, daß es Dir nicht gegeben ist, Deine Tochter anzuhören, um die es schließlich geht." Papa verließ das Haus nach dem sakramentalen Kuß auf Mamas Stirn. Sie legte bereits ihr Patience, ungewöhnlich für diese Tageszeit und ein Zeichen ihrer hohen, lautlosen Erregung.

Carel kam auf einen Sprung nach dem Mittagessen, das wir wie gewohnt eingenommen hatten, ohne auch nur mit einem Wort die wilden Wutausbrüche des Morgens zu erwähnen. Carel hatte — wie so oft — eine kleine Aufmerksamkeit für meine Mutter mitgebracht: edle Schokolade, Aprikosenlikör und Vitamintabletten. Eine Zusammenstellung absoluter Raritäten in der frühen Nachkriegszeit. Die beiden ersten Gaben schätzte Mama sehr, die Vitamine gab sie mir nachher, da sie meinte, daß ich sie „mit all den Sorgen" dringend brauchte. Bei meiner Antipathie gegen jegliche Tabletten wollte ich sie Carel empfehlen, aber dieser bestand darauf, daß wir sie nähmen, nach all den Tropenjahren!

Papa forderte ohne Umschweife Carel auf, ihm in den Garten zu folgen, da er mit ihm „Privates, Wichtiges" zu besprechen hatte. Carel, nicht ohne Humor und anscheinend mit gewissen Vorahnungen zwinkerte mir lustig zu, als er Papa in den Garten folgte in Begleitung von Hippy. — Papas Stimme klang laut durch die offenen Fenster in den Raum, ich sah Carel völlig ruhig ihm den Weg zur Pforte weisen, und beide begaben sich auf unseren stillen ländlichen Weg, der zum Feld und in den Urwald führte. Dort sah ich sie auf und ab gehen, der einzige, der sprach, war natürlich Papa. Dann hinderten die hohen Bäume mich daran, am Fenster meine Beobachtungen fortzusetzen. Mama riet mir, mich hinzusetzen, Carel werde sich zu behaupten wissen, meinte sie. Davon war ich überzeugt, aber sitzen konnte ich nicht. Mit Entschlossenheit ging ich aus der Tür und den beiden Herren entgegen. Carel imponierte mir in dem Augenblick ganz besonders, seine große Gestalt strahlte Ruhe und Fröhlichkeit aus, und er streckte mir beide Arme entgegen und sagte: „Wie gut, daß Du jetzt kommst. Ich habe Deinen Vater um Deine Hand gebeten, vor wenigen Minuten." Ich blickte zu Papa, der wortlos dastand, erregt und dennoch wortlos. Ein einmaliges Ereignis.

Peinliche Gesprächspausen gab es in unserer Familie nicht, so lange ich mich erinnern konnte, deshalb erschien mir diese Stille beunruhigend nach Carels bemerkenswerter Mitteilung. Gerade wollte ich eine Frage stellen, wie ein verheirateter Mann einen Heiratsantrag machen kann, als Carel mir aufzählte, welche Schritte er unternehmen würde, um seine Scheidung so schnell wie möglich zu erwirken, inzwischen würde ich — sobald Verbindungen wiederhergestellt sein würden — in Holland bei seinen Verwandten wohnen. Es war nicht zu leugnen, Carel war immer schneller als ich dachte und vor allen Dingen entschlossen. ,,Wir haben ja noch für alles Zeit, Carelchen.'' Mehr fiel mir, so an unseren Zaun angelehnt, nicht ein. Auch dachte ich an Marcel und wie er wohl gesund werden sollte ohne mich. Papa unterbrach in seinem ganz persönlichen Stil meinen etwas schwermütigen Gedankengang. ,,Inzwischen werden Sie unser Haus nur als Freund der Familie betreten und nicht als Heiratsanwärter meiner Tochter.'' Leichte Übelkeit breitete sich in meiner Magengrube aus. Es war klar: in Papa brodelte es immer noch und das sah man. Carel, unbeirrbar, souverän, meinte lächelnd: ,,Solange ich kommen darf, soll es mir recht sein!'' Er legte mir seinen Arm um die Schultern: ,,Laß uns gehen, der Freund der Familie hätte so gerne einen Kaffee getrunken!'' Erleichtert, fast in vollster Harmonie gingen wir drei ins Haus.

Weihnachten 1945 war das erste Fest in Frieden nach langen Kriegsjahren. Viele neue Freunde trafen sich bei uns, wir tauschten Päckchen aus und verbrachten schöne Stunden an einem überladenen Tisch, wie es bei uns üblich war, wenn man Freunde erwartete.

Carel, der Freund der Familie, benahm sich nicht nur als solcher. Voller exquisiter Aufmerksamkeiten mir gegenüber war er einfach nicht zu übersehen. Stets an meiner Seite, mich mit eifersüchtigen Blicken beobachtend, schien er sich an allem zu freuen. Immer wieder mußte ich mein holländisches Santa Claus Gedicht aufsagen, allerdings auch das Einzige, was ich in der Sprache konnte. Zu Silvester lud Carel meine Eltern und mich zum großen Dinner in den Allied Officers Club ein, und Papa, fast zahm wie ein Lämmchen, nahm an. Ich freute mich sehr darauf, mit allen zusammen das Neue Jahr in einem schönen Rahmen zu empfangen. Zwischendurch jedoch wollte ich Marcel in Siracha besuchen.

Durch Dr. Gotschlich, der sein Arzt war und der die Feiertage dort verbracht hatte, erhielt ich einen langen Brief, der fast ein Tagebuch war, von Marcel, und gleichzeitig hörte ich aus dem Mund seines Arztes die Bestätigung über seine Besserung. Marcel hatte abends keine erhöhte Temperatur mehr, er hatte mehrere Pfund zugenommen und hatte praktisch keine Halsschmerzen mehr, durfte jedoch immer noch nicht sprechen. Dr. Gotschlich meinte, daß erst in Europa seine Gesundheit wieder völlig hergestellt werden könnte, inzwischen seien die Erfolge bemerkenswert. Marcels wunderschöner Brief endete mit der Frage: ,,When are you coming to visit your lonely old man, my little girl?'' Ich wollte sofort am liebsten, er sollte mir nur nicht auch noch einen Heiratsantrag machen, sonst würde ich verrückt werden! —

Carel, der unbeschreiblich Gute sah ein, daß er eine Transportmöglichkeit organisieren mußte, damit ich den einsamen Marcel zwischen den Feiertagen aufmuntern könne. ,,Sonst hättest Du doch keine Ruhe'', meinte er. Es beruhigte ihn gänzlich der Umstand, daß meine Mutter mitreisen würde. Papa schlug vor, daß wir in unserem Wagen dorthin gebracht werden sollten von einem der vielen Fahrer, die Carel zur Verfügung hatte. Tatsächlich wurde im holländischen Hauptquartier unser Auto so komplett überholt und nachgesehen, daß wir mit einiger Zuversicht hätten starten können. Etwas beunruhigend waren die Nachrichten, daß auf der Landstraße nach Siracha sich Räuberbanden herumtrieben und Autos überfielen. Deshalb wollte Carel dem Fahrer in Uniform ein Maschinengewehr mitgeben. ,,Nein'', meinte Carel nach kurzer Überlegung, ,,am besten, ich komme auch bewaffnet mit.'' ,,Aber Carel'', konnte ich nur sagen. Schon legte Carel seine große vertrauenerweckende schöne Hand über die meine und sagte voller Liebe: ,,Ich mach das schon, überlaß es mir.'' Das Schlimme war, er meinte, was er sagte.

Am nächsten Morgen fuhr unser elegantes, blitzblankes Auto vor unserer Pforte vor, ein bewaffneter, indonesischer Fahrer am Steuer, Carel frisch und unternehmungslustig neben ihm. Unser Auto, ich glaube, ich vergaß es zu erwähnen, war ein Sportauto (ein anderes Modell hätte das Auge meines Vaters nicht fesseln können) aus der Zeit, was bedeutete, daß nur zwei Sitze vorne waren mit verstellbarem Verdeck; hinten, dort wo man heute einen Kofferraum vermuten würde, befand sich ein Notsitz ohne Verdeck, ziemlich schmal und kurz. Vorne nahmen Mama und der Fahrer Platz, zwischen ihnen ein Maschinengewehr, was mich ahnen ließ, in welch mitleiderregendem Zustand meine Mutter die Fahrt überstehen würde, ich kletterte mit Carels Hilfe in den hinteren Sitz, fand dort ein zweites Maschinengewehr vor und Carel zwängte sich wie ein perfekter Akrobat auch hinein. Ich weiß heute nicht mehr, wie er das angestellt hat, er war jedenfalls an meiner Seite, unsere Beine wieder hoffnungslos ineinander verknotet wie beim ersten Treffen, das kalte Schießgewehr war überall zwischen uns anzutreffen. Ich fragte Carel, ob es geladen sei und wenn ja, ob es in der Aufruhr unserer Beinverstrickung nicht plötzlich die Kontrolle verlieren würde. ,,Überlaß das mir'', erwiderte Carel voller Sicherheit. Wir fuhren los, Papa winkte, wir drei winkten zurück, wobei Mamas Hand mir etwas zaghaft erschien. Ich wußte doch, das war kaum eine Spritztour nach ihrem Geschmack.

Wie immer an der Seite von Carel fühlte ich mich auch in diesem ungewöhnlichen Fall nicht nur wegen der Maschinengewehre wohl und sicher. Ein Mann, der zwar Nerven hatte, sie aber auch zu beherrschen wußte, außerdem die seltene Eigenschaft hatte, weniger zu versprechen, aber dafür mehr zu tun. Auf Carel war Verlaß. Auf dem Wege zu Marcel, auf dieser öden Landstraße, auf der er im Grunde nichts verloren hatte, der sengenden Sonne ausgesetzt, höchst unbequem an mich gepreßt, überkam mich große Dankbarkeit. ,,Carel, Du bist so gut, Du bist einfach immer da, Du erfüllst alle meine Wünsche, Du paßt einfach auf mich auf. Ich habe Dich unendlich lieb, als ob ich Dich schon immer gehabt hätte." Es war eine Welle, eine ganz große Welle der Liebe und Dankbarkeit, die mich überkommen hatte. Carels porzellanblauen Augen schwammen für einen kurzen Moment wie hinter einem Schleier, er preßte mich an sich, und wir waren, ja, was waren wir? — ich meine, es war Glück. Und dennoch, ich machte Mama und Carel diese Umstände, schob sie geradezu in diese Strapazen, um Marcel in Siracha zu besuchen. Ich mußte es tun, warum?

Die Gewehre haben wir glücklicherweise nur zur Schau aufgestellt, als merkwürdige Gestalten am Straßenrand sich zu erheben drohten, ebenfalls bewaffnet. Carel befahl dem Fahrer, weiterzufahren, tatsächlich gehorchte auch der Wagen bis zum Ziel, sodaß unsere Waffen bei flotter Fahrt die vermutlichen Banditen alleine dadurch abschreckten, daß sie sichtbar waren.

Am späten Vormittag erreichten wir Siracha, unversehrt. Carel blieb im Ort, wo er mit dem Fahrer zu Mittag essen und vor der Heimfahrt uns bei Marcel besuchen wollte. Unsere Rückreise sollte nach zwei Tagen mit einem holländischen Militärbus stattfinden. Carel hatte alles gründlichst organisiert.

Marcel lag auf seiner großen, schattigen Terrasse auf einem Liegestuhl, als er den Wagen hörte und uns erblickte. Es war ein verzauberter Augenblick: Marcels Haus und Terrasse waren auf hohen Holzpfählen im Meer gebaut, praktisch wie ein Schiff lag es vor uns, mitten im tiefblauen Wasser, das mit Tausenden von Diamanten in der Sonne glitzerte. Um es zu erreichen, mußte man eine Treppe von der Auffahrt hinabsteigen. Ein paradiesisischer Anblick. Marcel, hochgewachsen und gebräunt, kam uns entgegen mit der Freude eines Mannes, der lange auf diesen Augenblick gewartet haben muß. Mama, diskret, war bei dem Fahrer mit dem Gepäck beschäftigt. Ich hatte nicht geahnt, wie würzig die Luft hier war, wie wild und ursprünglich, wie einsam, zum Jauchzen schön. Wir fielen uns wie glückliche Kinder in die Arme, ich wußte auch nicht, wie innig und wie oft Marcel küssen konnte, wortlos, und doch war mir, als sagte er so viel.

Das Holzhaus hatte mehrere Zimmer, war rustikal und komfortabel. Egal wo man sich niederließ, man hörte das Meer und den leichten Wind. Wir waren begeistert. Marcel sah wohl aus, ja fast kräftig und sportlich wie früher, die Augen strahlten vor Glück. Er schrieb mir sofort. Zettel und Schreiber hatte er seit seiner Krankheit immer bei sich. „Du siehst so hübsch aus." So begannen, von Licht, Meer und Sonne umgeben, unsere wenigen Tage bei Marcel. Der Koch hatte sich bewährt, und das Mittagessen war wunderbar. Als Carel kam, hatten wir uns praktisch eingelebt. Die Herren waren höflich zueinander, Carel freute sich über Marcels Fortschritte. Miteinander fuhren wir ein kurzes Stück zu einem Lokal, wo wir Tee tranken. Das war Marcels erster Ausgang, seit er in Siracha angekommen war. Wir verabschiedeten Carel, der nach Bangkok zurückkehrte und bei Papa zum Abendbrot einkehren wollte. Der Abschied fiel ihm schwer, obwohl es für ganz kurze Zeit war. Ich gab es auf, mich zu analysieren, durchgewirbelt, wie ich mich fühlte, dankbar dem einen, glücklich für den anderen und sehr bewußt darüber, daß vieles in Bewegung geraten war. Die Zeit, die Zeit . . . wenn man ihr Zeit läßt, deutet sie uns die Dinge und legt uns die Alternativen im richtigen Moment vor die Füße. Entscheiden allerdings müssen wir selber. Aber soweit war es noch nicht.

Nach dem Frühstück am nächsten Morgen schrieb mir Marcel, er möchte mit mir einen kleinen Weg durch den Urwald gehen, der gleich hinter der Krankenhausanlage oben am Ufer begann. Dort, schrieb er witzig, wenn man sich tiefer hineinwagt, riecht man den Tiger. Gerade, weil man den Tiger nicht roch, war es so herrlich, ich mußte ihm recht geben, es war ein Erlebnis, sich durch diese Wildnis Wege zu öffnen, die Luft voller Vögel, die Vegetation so prächtig, so saftig, wie nur die tropischen Gebiete sie bieten können. Beim Laufen konnte Marcel sich nicht mitteilen, ich redete für uns beide und verstand durch seine Mimik seine Gedanken. Von Traurigkeiten sprachen wir nicht, nicht von der Vergangenheit, mieden die Zukunft und nahmen ausschließlich den Moment wahr. Im Anschluß an unsere Dschungelexkursion gingen wir am Hausstrand ins Meer. So weit war Marcels Gesundheit, er durfte etwas schwimmen! Diese Freude, wieder gemeinsam die frohen Stunden zu verbringen! Marcel hielt mich im Wasser plötzlich fest, als ob er eine seltene Muschel, ein Juwel des Meeres gefunden hätte, das er nicht wieder hergeben wolle.

Wir verbrachten viele Stunden auf Marcels Veranda, bis in den späten Abend, und wenn wir spazieren gingen, hielt er mich fest an sich gepreßt. Ich dachte an Carel und genoß trotzdem Marcels Umarmung. Marcel ließ sich meinen Tagesablauf erzählen, fragte nach allen Freunden und Bekannten, gab mir Aufträge, die ich für ihn in der Stadt erledigen sollte. Am letzten Abend fragte er mich über Carel, wer er wäre und warum er so viel für uns täte. Ich antwortete schlicht: „Er liebt mich." Marcel schaute mich mit Röntgenblick an. Nach einiger Überlegung schrieb er auf seinen Zettel: „Hat er mit Deinen Eltern gesprochen?" „Ja, er hat die Absicht geäußert, mich heiraten zu wollen, nachdem er seine Scheidung erhalten haben wird." Marcel war konsterniert, verzweifelt, die Augen voller Tränen. Er fragte nicht nach meinen Gefühlen. Was sollte ich tun? Panik ergriff mich, ich konnte diesen Mann nicht mehr leiden sehen und konnte auch nicht lügen. Ich streichelte seine Hand und meinte, wir hätten alle noch viel Zeit. Ich selbst klammerte mich an die Zeit, die Zeit, die alles lösen würde, uns vom Druck und den Sorgen befreien würde, so wie es für uns alle am besten wäre.

Marcel griff jedoch im Moment wieder zum Schreiber. „Ich kann im Moment nichts tun, ich muß meine Genesung abwarten, meiner Zukunft eine Orientierung geben, ich muß letztlich wieder einen Paß haben, und ich will Dich nicht verlieren." „Du kannst mich nicht verlieren, ich bin immer da für Dich und werde Dich bald wieder besuchen. Ich werde keine Entscheidung treffen, ohne sie mit Dir besprochen zu haben. Im Moment ist alles so verworren, ich selbst muß zu mir finden, mich selbst verstehen können. Laß uns nicht versuchen, so wichtige und komplizierte Dinge mit Gewalt lösen zu wollen. Wichtig ist nur, daß Du daran glaubst, daß ich Dich nie täuschen würde. Gib uns allen Zeit und laß uns zuversichtlich unseren Weg ein Weilchen weitergehen, jeder mit seinen Aufgaben. Ich bin für Dich immer da, in einigen Monaten, glaube ich, wird alles klarer sein."

Marcel beruhigte sich zunehmend, nickte mit dem Kopf und schrieb: „Wann kommst Du wieder?" „In ein paar Wochen, inzwischen wird Dich Herbert Hamlet besuchen. Die Zeit vergeht schnell, dann habe ich Dir wieder viel zu erzählen." — Er küßte mir die Hand und legte sie an seine Wange, zufrieden.

Am nächsten Mittag reisten wir ab. Meine Mutter hatte nie so kontinuierlich gestickt und gelesen wie an den Tagen, immer diskret, immer Frohsinn verbreitend, wenn sie auftauchte. Marcel schloß sie immer mehr ins Herz.

In Bangkok zu Hause war alles in Ordnung. Jede Abreise und jede Ankunft war in unserer Familie stets ein wahnsinniges Ereignis, ich weiß nicht weshalb, unabhängig davon wie lange oder wie kurz die Abwesenheit gewesen war oder sein sollte. Das Reisen mit dem Zug entpuppte unsere verschiedenen Temperamente: Mama sehr ängstlich, zu spät den Bahnhof zu erreichen, mein Vater irritiert, so lange vor Abfahrt des Zuges am Bahnsteig zu sein, ich immer mit schwerem Herzen wegen der verschiedenen Tiere, die wir meist hielten und die man erstmal verlassen mußte. Endlich im Zugabteil angelangt, viel zu früh, waren wir meist abgekämpft und mißgestimmt. Die Zeitungen und Zeitschriften, die mein Vater immer in letzter Minute noch am Kiosk besorgen wollte, versetzten Mama in neue Unruhe.

Reisten wir mit dem Auto, so entfiel die Aufregung über die eventuelle Verspätung, dafür fand das Problem der Gepäckunterbringung kein Ende, weil Mama keine annähernde Vorstellung von der Kapazität des Kofferraumes hatte. Die Änderungen in letzter Minute hielten alle in Trab, meinen Vater, die Dienstboten und sämtliche Haustiere. Dafür waren die Ankünfte wunderschön. Das Wiedersehen, das Erzählen, das Auspacken, das Beschenken nahmen Stunden der Freude in Anspruch, die Hunde bekamen doppelte Rationen und Schokolade nach Papas Anweisung, und alle setzten sich zu einem Festessen mit den Haustieren um und unter dem Eßtisch. Eine Orgie der Familienfreude.

Diese Familienfreude fand programmgemäß statt, auch nach dem dreitägigen Ausflug nach Siracha. Ein Liebesbrief von Carel lag bereits auf meinem Nachttisch, er selbst kam kurz nach unserer Rückkehr und verbrachte, wie nunmehr gewohnt, den Abend mit uns, bei uns. Meine Augen waren noch voller Meeresblau, die Urwalddüfte noch in mir und der langsam genesende Marcel vor mir. Carel saß selbstverständlich neben mir, zuverlässig, gar nicht mehr wegzudenken. Er empfand mich müde, verwirrt: beides stimmte. ,,Danke Dir von Herzen für alles, liebstes Carelchen, laß uns heute etwas früher bonne nuit chéri sagen, morgen ist alles wieder normal.''

Nach Mitternacht schreckte mich Carels Stimme auf, er muß im Garten vor der verschlossenen Haustür gestanden haben. Ich sprang aus dem Bett an das offene Fenster. Der Gute stand da, in der hellen Mondnacht und fächerte mir mit erhobener Hand einen Brief entgegen. ,,Lydia hat geschrieben!'' Auch dieses Wunder hatte Careltje (meine neuen holländischen Kenntnisse!) zustande gebracht: durch Militärkurier hatte er uns die briefliche Verbindung zu Lydia ermöglicht. Ohne eine Minute zu verlieren, war Carel mit der ersten Epistel der Nachkriegszeit zu uns geeilt. Die Nachrichten waren relativ gut, wieder in Mailand geschrieben. Mailand wäre eine verarmte Stadt, schrieb meine Schwester. Alle wären damit beschäftigt, Scherben zu entfernen und innerhalb einer extremen Not neue Lebensanfänge zu gründen. Von Danilo hätte sie noch nichts gehört. Durch Lydias Zeilen wurden Erinnerungen wach, Danilos hohe schöne Erscheinung war plötzlich wieder vor mir, hatte nichts von ihrer Frische eingebüßt, trotz der Jahre und der neuen Erlebnisse. Hatte er mich vergessen, war er gefallen, irgendwo auf den Schlachtfeldern Europas, war er verheiratet? Was mag aus ihm geworden sein? Die Gedanken rasten, das Herz raste nicht mit. Abwarten, hoffen auf Vieles, noch etwas Zeit gewinnen. Ich schlüpfte wieder unter das Moskitonetz meines Bettes und hatte wirre Träume. Der Mailänder Dom, Danilo hoch zu Roß auf dem steinernen Pferd des Denkmals auf dem Domplatz, Schiffe im Hafen von Venedig und einige der chinesischen Hochzeitspärchen, die aus unserem Hause in Bangkok geheiratet hatten. Alles drehte sich im Karussell meiner unruhigen Träume. Als ich bei Morgengrauen aufwachte, Hippy als Bettvorleger in meinem Zimmer, freute ich mich, daß Carel sicher bald erscheinen würde, um mir am Frühstückstisch einen guten Morgen zu wünschen. Das war meine Welt jetzt, an dem Tage, dem 30. Dezember 1945.

Der Silvesterabend war ein großer Erfolg. Wir empfingen das Jahr 1946 mit offenem hoffnungsvollem Herzen zu viert im Offiziersclub. Nach Mitternacht tanzten Carel und ich walzenderweise in das Neue Jahr hinein. Bald darauf fuhren meine Eltern nach Hause, Carel und ich tanzten weiter durch die Nacht, auf der beleuchteten Tanzfläche im Garten des Clubs. Carel führte mich unermüdlich, auf sicheren Beinen, trotz der festlichen Getränke, in einem Rausch der Silvesterfreude. Ein Jahr zuvor war er noch Kriegsgefangener der Japaner am River Kwai gewesen, heute begutachtete er mich und mein Kleid, über beide Ohren verliebt und beteuerte mir immer wieder, wie stolz er auf mich sei. Ich rieb seine Hand an meine Wange, etwas beschwipst durch Freude, durch die Einmaligkeit dieses Abends, am wenigsten durch die Getränke und bat Carel, sich herabzubücken, damit ich ihm „liebster Careltje" ins Ohr flüstern konnte. Carel, euphorisch, schlug vor, ich solle mir etwas ganz Besonderes wünschen. Nichts fiel mir im Moment ein, außerdem kannte ich die Gefahr: er macht fast alles möglich! Etwas Verrücktes schoß mir durch den Kopf. ,,Ich möchte fliegen. Noch nie habe ich im Flugzeug gesessen und die Welt von oben betrachtet. Wenn Du mich fragst, so um vier Uhr morgens, am 1. Januar, dann sage ich: fliegen. Vielleicht weil es noch völlig unmöglich ist, es gibt ja noch keine Flugverbindungen.“ ,,Aber wünschen kann man es sich ja“, meinte Carel, ruhig, besonnen, in Gedanken und tanzte unermüdlich weiter.

In den ersten Januartagen fuhr Herbert Hamlet nach Siracha zu Marcel, für eine Woche. Mich freute es sehr, denn nun war Marcel auch wieder in der Lage, sich an der Gesellschaft von Bekannten zu erfreuen und seine totale Abgeschiedenheit zu unterbrechen. Ich gab Herbert Lektüre, einen ausführlichen Brief, viele kleine Päckchen mit als kleine Verwöhnung, mit dem Versprechen, daß ich im Laufe des Monats mit Mama wieder zu Besuch kommen würde. Die kühle Jahreszeit würde Marcel in Siracha besonders gut tun.

Mein eigenes Leben verlief weiterhin hektisch zwischen Krankenhausbesuchen, Geselligkeiten und Carels regelmäßiger Anwesenheit. Wir wurden bereits nur gemeinsam eingeladen, kein männliches Wesen wagte mehr, mir einen Abend zu zweit vorzuschlagen. Carel trug weiterhin seinen Ehering und klebte immer an meiner Seite. Ich konnte geradezu die angestrengten, verständnislosen Gedanken unserer Freunde hören, so intensiv versuchten sie, zu verstehen, was wohl vor sich ging. Ich ,,vergeudete“ meine Zeit mit einem verheirateten Mann und besuchte einen kranken Freund. ,,Was denkst Du Dir eigentlich?“ fragte mich Shewa Kris, die sich gerade mit einem englischen Flugkapitän verlobt hatte. ,,All die schönen Chancen, die vielen Möglichkeiten . . . Wach auf, und tue das Richtige, so wie ich. Wir gehen bald nach Schottland, und ich werde ein normales Leben führen.“

,,Vielleicht will ich kein normales Leben führen, ich weiß es nicht. Ich brauche noch Zeit. Inzwischen freue ich mich auf Deine Hochzeit, Shewa. Mögest Du so glücklich werden, wie Du heute ausschaust.“

Zu meinem wenig normalen Leben aus diesen Monaten gehörte wohl auch eine kurze schriftliche Mitteilung von Carel — mitten am Tage durch Boten übersandt —, ich möge für den nächsten Tag meine Verabredungen stornieren, denn laut meinem ausgesprochenem Wunsch in der Silvesternacht würden wir morgen fliegen. Da hatte ich es nun, auch das hatte dieser Mensch möglich gemacht, mein Wunsch war wohl nicht extravagant genug gewesen. Alle Fragen blieben jedoch offen, bis ich Carel am Abend sehen würde: mit wem und mit welchem Flugzeug sollten wir morgen fliegen? Es gab ja noch keine Verkehrsflugzeuge. War das alles ein Scherz? Auf jeden Fall sagte ich meinen Eltern kein Wort, aus Angst, meine Mutter würde die Nacht nicht überleben.

Carel kam am Abend mit einem fertigen Plan. Abflug am nächsten Morgen um zehn Uhr von Don Muang, dem Flughafen von Bangkok. Ein holländischer erfahrener Pilot hatte alles arrangiert. Außer Carel und mir sollten noch zwei holländische Krankenschwestern und ein Mitglied des Hauptquartiers mitfliegen, sie alle waren von demselben Wunsch beseelt wie ich auch. ,,Wohin fliegen wir ,Careltje? Wie lange?'' ,,Über Thailand, so vielleicht eine Stunde'', meinte Carel voller Vorfreude. Ich freute mich auch, sehr intensiv, nur durfte ich es nicht zeigen, meine Eltern durften auf keinen Fall etwas erfahren. Erst nach unserer Rückkehr, so ungefähr zum Mittagessen, würde ich es ihnen beichten.

Einen faulen Vormittag im Sportclub vortäuschend, stand ich mit weißen Shorts bekleidet am nächsten Morgen vor dem Haus, als Carel mich abholte. Er wie üblich in seiner Khakiuniform.

Schon unterwegs zum Flughafen begann ich mich bei Carel, dem Fabelhaften für seinen Einfallssinn und sein Organisationstalent zu bedanken, gerührt wie ich war, daß dieser Mann mir jeden Wunsch erfüllte. Alle waren pünktlich, stellten wir fest, als wir den Militärflughafen erreicht hatten. Der Pilot, ein rastloser, strahlender Mann, ungefähr Ende Dreißig, mit knallblauen, forschenden Augen und einem frühzeitig gealterten Gesicht empfing Carel und mich so, als ob er seit Jahren auf uns gewartet hätte. Der Bursche sah entschieden wild aus, die schneeweißen Zähne, die tiefen Falten im braungegerbten Gesicht, der schnelle hektische Gang und Hände, die das kraftvolle Zupacken gewohnt waren. Alles an ihm trug dazu bei, daß man fasziniert ihn ununterbrochen betrachten mußte. Carel schien ihn gut zu kennen, unterhielt sich auf holländisch mit ihm und erläuterte mir seine Karriere. Dieser Pilot sei außergewöhnlich erfahren und habe ausschließlich Bomber geflogen über Deutschland. Die Endphase der Bombenangriffe auf Berlin habe er mitgeflogen und er habe die Hölle miterlebt. Dagegen war der kleine Ausflug, den wir vorhatten, eine lächerliche kleine Freude. Nun wußte ich, woher die Falten und das gealterte Gesicht entsprangen. Nur seine scharfen Augen waren voller wilder, ungebrochener Lebensfreude.

Wir gingen alle zusammen zum Flugzeug, natürlich einem Bomber Typ Dakota, und stellten fest, daß die Türe versiegelt war. Unser Pilot, an Hindernisse gewohnt, eilte irgendwohin und holte eine Zange. Schon war das Loch im mächtigen Bauch dieses schwerfälligen Vogels offen. Carel hob mich hinein, in das erste Flugzeug meines Lebens. Schnell setzten wir uns auf zwei befestigte Holzbänke hinter der Pilotenkanzel, die Türe wurde von innen abgeschlossen, und der Pilot begann uns das Innere dieses Bombers zu erklären: ein Riesenraum, dunkel, primitiv hinter uns, dahinter alle Vorkehrungen für die Unterbringung von Bomben und der ganze Mechanismus, der sie automatisch auslöste. Ich vergewisserte mich, daß sämtliche Bomben das Flugzeug seit längerer Zeit verlassen hatten, und fragte unseren Flieger, wann denn sein Kopilot erscheinen würde. „Gar kein Kopilot, ich fliege alleine", meinte er fröhlich. Carel war das neu, aber er bat mich, nicht nervös zu werden. Dieser sei der beste Fachmann weit und breit, geschätzt, zuverlässig. „Aber wenn ihm plötzlich schlecht wird, oder schlimmer, er kriegt einen Herzanfall, was machen wir dann?" „Da ist überhaupt kein Grund, daß er ausgerechnet in dieser Stunde seines turbulenten Lebens Pech haben sollte. Ich habe Dir den besten Piloten gefunden, Du wolltest fliegen und nun sei zufrieden. Schon geht es los, hörst Du?" Ich hörte, ein höllischer Lärm setzte ein, kein Zweifel, wir waren startbereit. Auch die anderen hielten sich an den Bänken fest, mit verängstigten Mienen blickten sie erschrocken um sich, ich nahm Carels große Hand und sagte tapfer: „Dankeschön für diesen aufregenden Moment." Daß mir vor Angst eiskalt war trotz der Hitze, erwähnte ich nicht. Einen flüchtigen Augenblick schien es mir, als ob sich Carel auch der Einmaligkeit dieses Erlebnisses und besonders seiner Gefahren bewußt war, aber es war nur ein Moment, und schon hielt und drückte er meine Hand fest und zuversichtlich.

Was danach passierte, läßt sich mit keinem anderen vorherigen Erlebnis vergleichen. In Mailand hatte ich schreiend vor Angst Achterbahnen erlebt, bei einem schrecklichen Sturm auf hoher See bei Spanien war mir nicht nur entsetzlich schlecht geworden wegen des haushohen Wellenganges, sondern auch wegen des Stöhnens und Knirschens sämtlicher Hölzer unserer Kabine, was mir nackte Angst eingejagt hatte. War das Schiff gut genug gebaut? In diesem Flugzeug, mit diesem Piloten hatte man keinerlei Zeit, sich etwas zu fragen. Anfänglich flogen wir so steil wie möglich in die Höhe, blickten noch einigermaßen gefaßt auf das geschäftige Bangkok unter uns, bald hatten wir vermutlich die erwünschte Höhe erreicht, die Stadt war nicht mehr sichtbar, und schon begann das große Abenteuer. Normal fliegen war unserem „erfahrenen Piloten" anscheinend zuwider. Er schrie durch den Lärm über seine Schulter Carel zu, er würde uns zeigen, was so ein alter, schwerfälliger Vogel alles könne, wir sollten uns festhalten! Wo? Er flog Schleifen, er flog Zahlen, so kompliziert wie die Acht, auch die Sechs gefiel ihm, wir aber flogen durcheinander, aufeinander mit. Als es ein kurzes Weilchen Ruhe gab, zeigte er uns das Meer unter uns, und ich atmete auf, da ich annahm, daß wir die verrückten Kapriolen hinter uns hatten — aber plötzlich irritierte ein Segelschiff das Auge unseres „zuverlässigen" Piloten und er unternahm einen unerwarteten Sturzflug, um lachend feststellen zu können, daß die Besatzung des Bootes sich zu Tode erschrocken hatte. Dasselbe unternahm er mit sämtlichen Fischerbooten, Frachtern und sonstigem, was er finden konnte. Durcheinandergewürfelt wie wir waren, etwas grün im Gesicht, als Reflex unseres Magenzustandes, voller Schmerzen, weil wir überall dort anstießen, wohin wir geschleudert wurden, war uns alles verhältnismäßig gleichgültig geworden. Das blaue Meer, die große Unendlichkeit und das Erlebnis des Fliegens. Dieses war Wahnsinn, Sadismus, Verantwortungslosigkeit. Ich hatte nur einen Wunsch: nicht mehr fliegen, auf der schönen Erde wieder spazieren können, nie wieder einem „erfahrenen" Piloten zu begegnen, ein geregeltes, absehbares Leben zu führen. Carel blickte — auch endlich blaß — auf seine Uhr. Er und der Pilot schrien sich etwas zu, und wir machten kehrt. Zum Abschluß wollte der „erfahrene" Pilot uns ein „Looping" vorführen. Ich wußte nicht, was es war, es klang aber als der Höhepunkt der bis dahin vorgeführten Schreckensübungen, und ich schrie mit aller Kraft: „Bitte nein!" Alle waren mit mir einig. Enttäuscht über seine langweiligen Passagiere nahm der Pilot normalen Kurs auf Bangkok, wo er völlig unerwarteterweise normal landete.

Irgendwie fuhr uns Carel nach Hause, wo wir als erstes eine feste Sitzgelegenheit suchten. Alles schwankte und drehte sich noch vor meinen Augen, meine weiße Kleidung sah aus, als ob ich mich auf schwarzer Erde gerollt hätte und gegen große Steine gestoßen wäre, von der Gesichtsfarbe ganz abgesehen. Meinen fassungslosen Eltern gestanden wir unser Abenteuer, wobei Papa sichtlich froh war, daß mir das Fliegen keinen Spaß gemacht hatte. Es war ihm nicht auszureden, daß unsere wilde Eskapade nicht als normales Fliegen zu betrachten war. Ich brauchte jedenfalls einige Tage, um das normale Gleichgewicht wieder zu erlangen, im Gegensatz zu Carel, der abends wieder ausgehen wollte.

Einige Tage später war ich bei Sheva eingeladen, die mittlerweile ihren schottischen Flieger geheiratet hatte. Dieser erzählte empört, außer sich, die folgende ungewöhnliche Begebenheit auf dem

Militärflughafen: ein holländischer Pilot hatte unerlaubterweise die Siegel eines Flugzeuges entfernt und hatte ohne Genehmigung einige Bekannte geflogen — darunter eine Zivilistin —, was strengstens verboten war. Wußte ich zufällig davon? Ich schüttelte sehr unsicher den Kopf, Worte wären in dieser Situation ein Wagnis gewesen. Jedenfalls hatte der Wahnsinnige drei Wochen Arrest bekommen, teilte der Schotte dem Besucherkreis mit, viel zu wenig für so ein Vergehen, seiner Meinung nach. Der Krieg muß ihm die Sinne geraubt haben, war die Feststellung aller Anwesenden!

Der waghalsige Ausflug im Dakota-Bomber hatte in keinster Weise Carels Eifer gebrochen, mir immer neue interessante Erlebnisse zu vermitteln. So kam er eines Tages mit einer unerwarteten Einladung. Die alliierten Offiziere waren vom thailändischen König Ananda Mahidol und seiner Mutter zu einem Ball eingeladen. Die Herren durften ihre Damen mitbringen, oder sie wurden aufgefordert, den Namen der jeweiligen Dame einzureichen, die sie begleiten wollten, zwecks Genehmigung. Ich brauche nicht zu erwähnen, daß Carel bereits meinen Namen eingereicht hatte und die Genehmigung schon vorlag. Galauniform und Abendkleid waren Vorschrift. Ich freute mich sehr auf den ersten großen Ball im traditionellen Stil des siamesischen Hofes in Anwesenheit des jungen Königs und wollte als Carels Dame so hübsch wie möglich aussehen.

Nach stundenlangen Beratungen mit meiner Mutter eilte ich zum chinesischen Schneider und bestellte ein Kleid aus hauchdünnem blaßrosa Chiffon mit einem breiten Satingürtel aus derselben Farbe. Tatsächlich wurde das Kleid ein romantischer Traum, akzentuiert durch den mir geborgten Smaragdschmuck meiner Mutter. Mein Vater tätigte wieder einmal erfolgreiche Geschäfte, ein glücklicher Umstand, den er — wie meist — mit wertvollen Geschenken für meine Mutter unterstrich. Carel war sichtlich beeindruckt und sehr stolz, als er mich am Ballabend abholte. Den Schmuck schätzten seine konservativen holländischen Augen als etwas zu auffallend ein, nun war ich selbst auch nicht als konservativ holländisch einzuordnen, was Carelchen seit Monaten großen Spaß zu machen schien. Ich sah nur voller Freude Carels verliebte Augen, für seine Bemerkungen hatte ich kein Ohr, aufgeregt wie ich war.

Als wir den Ballsaal betraten, wußte ich, daß ich diesen Abend nie vergessen würde wegen seiner exotischen Pracht und dem allgemeinen Glücksgefühl, das mich erfüllte. Ich hatte einen prächtigen, liebenden, gütigen Kavalier an meiner Seite und schritt mit ihm durch Türen, die nicht für jeden geöffnet wurden. Zudem hatte ich hoffnungsvolle Briefe von Marcel erhalten, und obwohl meine persönliche Problematik sich nicht gelichtet hatte, so fühlte ich mich an diesem Abend unbeschwert, hübsch und sehr entschlossen, jeden Augenblick zu genießen. Daß es zudem auch der letzte große Abend des jungen Königs werden sollte, konnten wir nicht voraussehen. Drei Tage später wurde der König ermordet, unter Umständen, die für die Öffentlichkeit mysteriös geblieben sind. Sein jüngerer Bruder, der jetzige Thailändische König, bestieg den Thron.

Als alle geladenen Gäste gekommen und zu ihren Plätzen begleitet worden waren, erschien der König in traditioneller siamesischer Festkleidung mit seinem Gefolge. Zauberhafte Tänzerinnen, kostbar gekleidet, verbeugten sich erst vor dem König und führten anschließend die nunmehr in aller Welt bekannten geschmeidigen faszinierenden Tänze vor. Anschließend wurden siamesische Speisen aus kostbaren Schalen serviert, man traf Bekannte und lernte Menschen kennen. Bald darauf lud eine spritzige Kapelle zum Tanz. Carel war unermüdlich, der Abend verlief nicht anders als der Traum einer märchenhaften Nacht im Schloß eines jungen gütigen Königs, der trotz allen Glanzes und aller Pracht nur voller Melancholie lächelte, und eine tiefe Traurigkeit verließ nie seine Augen.

Mein Carelchen dagegen, doppelt so alt, wurde immer jünger und glücklicher, je später der Abend wurde. Er stellte mir seinen kommandierenden Offizier vor, General Mantel, und wirbelte mit mir weiter auf der Tanzfläche. Beim Wiener Walzer war er nicht mehr zu bremsen. Als alle ihre Plätze wieder aufgesucht hatten, tanzte Carel mit mir weiter, schwindelfrei, auf Wolken. Der König schien Gefallen an uns zu finden, soweit ich, von Wein, Tanz und Glück verstört, beurteilen konnte. Carels Arme fühlten sich wie Eisen an, während ich mich eher wie schmelzendes Wachs fühlte. Als wir schließlich den längsten Walzer unseres Lebens beendeten, geruhte der König zu applaudieren und alle Anwesenden taten es auch. Carel küßte mir die Hand, und schon waren wir von Freunden umringt und feierten weiter.

Es gab ein progressives, sehr realistisches Erwachen nach dieser Märchennacht. Wie hätte es auch anders sein können, da ich mir sehr wünschte, die Zeit möge auf natürliche Weise meine Probleme lösen, sanft, ohne zu viel Schmerz für alle Beteiligten. So gesehen war wohl die glanzvolle Ballnacht der Höhepunkt der Unbeschwertheit und des Glücks für Carel und mich gewesen. Was danach kam, war die schicksalhafte Entwicklung, die mir eine harte persönliche Entscheidung ersparte und die für mich bis heute als die richtige Wende anzusehen ist. Von zwei Männern gleichzeitig mit derselben Intensität geliebt zu werden, ist für eine junge Frau eine Zerreißprobe, die man irgendwann, nicht zu spät, unter Kontrolle bekommen muß, wenn man unübersehbaren Kummer vermeiden will.

Einige Tage nach dem Ball erhielt ich von General Mantel, dem holländischen Oberkommandierenden, einen fast herzlichen Brief, mit dem er sich für meinen „selbstlosen, unermüdlichen Einsatz" bedankte, den ich für die ehemaligen holländischen Kriegsgefangenen geleistet hatte. Einige andere unter uns erhielten ungefähr dasselbe schriftliche Lob. Gleichzeitig bat er mich zu einer kurzen Unterredung. Ich spürte sofort, weswegen er mich zu sich bat. Die Bestätigung meines Verdachtes kam auch prompt, als ein zerstörter Carel Abends zu uns kam und vor Kummer kaum sprechen konnte. Wie immer in sorgenvollen Situationen aller

Verehrer, Freunde und Bekannten war meine Mutter die Tröstende und Heilende. So ging sie auch bei „Mr. Carel", wie sie ihn nannte, ans Werk. Bei eiskaltem, selbsthergestellten Wodka und durch Mamas wohltuende Ausstrahlung legte sich Carels erster akuter Schmerz. Er begann zu erzählen, mit gebrochener Stimme und feuchten Augen. General Mantel hatte ihn nach Singapur versetzt, wo er binnen drei Tagen sich melden sollte. Der Grund dieses außergewöhnlich raschen Entschlusses war Carel und uns klar, die Einladung an mich erwähnte ich erst gar nicht. Gleichzeitig hatte Carel einen Brief von seiner Frau erhalten, in dem sie mehr und mehr Verständnis für Carels neue Liebe und seinen Wunsch nach einer Scheidung beteuerte. Sie wünschte nur, daß sie alle Einzelheiten sobald wie möglich persönlich besprechen sollten. Immer wieder erklärte Carel verzweifelt, daß er nicht nach Singapur gehen werde. „In Friedenszeiten hätte dieser Mantel keinerlei Befugnis, über mich zu bestimmen."

Plötzlich konnte ich mir auch nicht vorstellen, Carel so sehr bald entbehren zu müssen, ich mußte mich erst an den unvorstellbaren Gedanken gewöhnen, die Tage, die Abende ohne ihn verbringen zu müssen. Annekes Brief, so voller lieber Worte für mich, war zwar tröstlich und hoffnungsvoll, aber ich brauchte noch etwas Zeit für meinen nun endgültigen Entschluß, und so, in dieser Verzweiflung, konnte ich es schlecht ertragen, diesen wunderbaren Menschen wegfahren zu sehen. Mama und ich schlugen vor, Carel solle noch mit General Mantel sprechen, diplomatisch, liebenswürdig, um zu versuchen, seinen Entschluß rückgängig zu machen. Carels Name hatte schließlich Gewicht. „Unabhängig davon wie diese Unterredung endet, werde ich Dich sobald es nur geht heiraten", wiederholte Carel immer wieder an dem Abend. Am nächsten Morgen brachte mir sein Fahrer den längsten und schönsten Liebesbrief, den er mir bis dahin geschrieben hatte, und er hat mir fast täglich einen geschrieben. Mittags kam Carel selbst auf einen Sprung, um mich mit starken Armen in die Luft zu heben und mir zwischen Küssen mitzuteilen, er hätte Mantel umgestimmt. Die Versetzung sei storniert worden. Das mußte im Offiziersclub gefeiert werden, anschließend sollte dort ein Film vorgeführt werden. Am nächsten Tag hatte ich dann den Vorzug, mir General Mantels Einwände anzuhören.

Im Club speisten wir gelöst, Carel in bester Stimmung, unerschütterlich im Glauben an ein Happy End. Ich solle seiner Frau schreiben, vielleicht würden wir eines Tages Freundinnen werden, hoffte Carel. Wir seien so verschieden, deshalb würden wir uns vermutlich gut verstehen. Während Carel sprach und plante, kristallisierte sich in mir immer mehr das Verlangen, über alles mit Marcel zu sprechen. Ein eigenartiges Wesen mußte ich sein! Ich konnte Carels Liebe so sehr genießen und seine Zärtlichkeiten erwidern, und doch empfand ich Sehnsucht nach Marcel. War es für mich vertretbar, der Grund von Carels Scheidung zu sein? Zugegeben, die Entfremdung zwischen ihm und seiner Frau bestand schon länger! Würde Marcel wieder vollkommen gesund werden? Immer mehr plagten mich Unschlüssigkeit und Zweifel, ohne daß ich eine klare Einstellung zu meinen Problemen finden konnte. Ob General Mantels morgiger Vorstoß in meine privaten Angelegenheiten mich weiter bringen würde?

„Was plagt Dich, chérie, worüber grübelst Du?“ Carel nahm sanft meine Hand und riß mich aus meiner Melancholie. „Ich finde alles so problematisch und oft bedrückend, liebster Carel.“ „Solange Du mich liebst, werde ich in der Lage sein, alle Probleme friedlich zu lösen. Beunruhige Dich bitte nicht! Du mußt mich nur lieben!“ Ich wollte es ja auch, aber . . .

Der Film auf dem Programm war ein Beitrag der USIS (United States Information Service). Ich hatte mich vorher nicht danach erkundigt, es war eine Dokumentation über die Verfolgungen und die deutschen Konzentrationslager, der erste visuelle Bericht einer Tragödie, über die man bis dahin nur gewußt und gelesen hatte. Carelchen war für lustige und schwermütige Stunden ein wunderbarer Partner. Wir ließen den Wagen stehen und spazierten langsam durch die warme Nacht nach Hause. Im Garten bei Mondschein tranken wir noch ein gemeinsames Gläschen, leise, traurig und sehr eins. „Heute sind es sechs Monate seit unserer ersten Umarmung und wir sind noch nicht dazu gekommen, es gebührend zu unterstreichen." Das holten wir schnell nach.

General Mantel, den ich nur kurz während der Ballnacht kennengelernt hatte, empfing mich hochachtungsvoll und steif. Seine ganze Gestalt war hochachtungsvoll und steif. Er trug einen Ehering, das verblüffte mich. Ich meinte, er wäre mit seiner Uniform verheiratet und besäße kein Privatleben. Da ich wußte, was er auf dem Herzen hatte, war ich weder neugierig noch aufgeregt! Wir sprachen über den Ball, über den tragischen Tod des Königs, über die stufenweise Rückkehr in die Heimat der ehemaligen Kriegsgefangenen. „Probleme, viele Probleme", seufzte der General und hatte offensichtlich den Schwung verloren, mein spezifisches Problem auf den Tisch zu bringen. Ich bedankte mich für seinen Brief und fragte, weshalb er mich sprechen wollte. Sichtlich erleichtert fand er den Mut und begann mit den Worten: „Sie und der Baron sind ein hübsches Paar, ohne Zweifel. Alles wäre wunderschön, wenn er nicht verheiratet wäre. Ich, als sein Vorgesetzter, fühle mich verantwortlich und verpflichtet, diese Romanze unter Kontrolle zu bekommen. Da ich beim Baron wenig Erfolg hatte, appelliere ich an Sie. In solchen Familien bringt eine Scheidung viel Wirbel und vielleicht zerbrochene Herzen..." Als er seine Ansprache beendet hatte, stellte ich erstaunt fest, daß seine Worte mich kaum beeindruckt hatten. „Sehen wir verantwortungslos aus, General? Der Baron ist über vierzig und ein sehr bewußter Mensch. Es gibt Situationen, die nur die Betroffenen beurteilen und lösen können. Grämen Sie sich nicht, wir sind doch volljährig! Aber ich danke Ihnen für Ihre Sorge und — ich fühle es — Ihre Sympathie!" Mit diesen Worten ging ich zur Tür, wir verabschiedeten uns freundlich voneinander.

Es schien, als ob alle Hindernisse Carel noch mehr in seinen Absichten stärkten, so auch mein Bericht über den Besuch bei Mantel. „Welch ein kindlicher Tölpel!" kommentierte Carel. „Er pustet sich auf und fühlt sich mächtig. Bitte sorge Dich nicht, liebe mich nur!" Diesen Wunsch sprach Carel mehrmals täglich aus, in meinen Ohren war er zu einem lyrischen Refrain geworden. Ich mochte ihn so unendlich gerne und fühlte mich bei ihm sehr geborgen.

Ganz langsam begann das Leben sich auf Frieden umzustellen. Während bald Passagierschiffe von und nach Europa wieder eingesetzt werden sollten, gab es bereits fernöstlichen sporadischen Flugverkehr. Zum Beispiel erschien der Inspektor der holländischen Fluggesellschaft KLM in Bangkok und besuchte Carel. Dieser schien alle maßgeblichen Leute Hollands zu kennen und empfing ihre Huldigungen mit Selbstverständlichkeit. Wir speisten mit dem Inspektor zu dritt. Obwohl er die Situation sehr schnell zu verstehen schien, betonte Carel abermals, ich sei seine zukünftige Frau, und beauftragte den Inspektor alles Erdenkliche anzustellen, um ihm seinen Flug nach Java (heute Indonesien) zu ermöglichen. Dort würde er Anneke treffen und mit ihr die entscheidenden Einzelheiten der Scheidung regeln. Herr Eichholz, so hieß der Inspektor, betrachtete mich mit höchstem Wohlwollen und versprach, sein Bestes zu tun.

Einige Tage danach erhielt ich eine prächtige Torte, kostbar präsentiert, sehr hübsch verpackt, aus Australien, with compliments of Mr. Eichholz. „Auch er ist von Dir begeistert", war Carels Kommentar.

Ein andermal besuchte ihn ein alter Freund aus Vorkriegsjahren. Er kam aus Singapur, um sich bei Carel Rat zu holen wegen seiner ehelichen Schwierigkeiten. Natürlich speisten wir wieder zu dritt. Carel hörte sich kaum die Schwierigkeiten seines Freundes an und riet ihm lediglich, ein ähnliches Glück zu finden wie er selbst es gefunden hatte. Carel empfahl auf jeden Fall eine Trennung und erzählte mir später, die beiden hätten schon immer wie Katz und Maus gelebt. Diese zerrüttete Ehe ging tatsächlich später auseinander, und Carel heiratete Monate nach meiner Hochzeit

Polly, die Geschiedene. Jahre später, in Europa, versuchte ich verzweifelt, Carels und Pollys Ehe zu retten, die von Anfang an eine Mißgeburt war. Weder seiner Schwester noch mir gelang es, so etwas wie Harmonie dort herzustellen. Immer wieder wurde ich als Feuerlöscher gerufen und fuhr erfolglos wieder nach Hause. Zu meiner Zeit in Bangkok konnte man die kurvenreiche Zukunft von Carels Leben nicht voraussehen, auch nicht, daß unsere Freundschaft noch Jahrzehnte überdauern und wir uns viel später am Gardasee unweit voneinander Häuser bauen würden. Carel war so etwas wie ein Arm und ein Bein von mir geworden, ohne ihn hätte ich kaum laufen können.

Ich fuhr, wie beabsichtigt und wie versprochen, natürlich von Mama begleitet, wieder nach Siracha. Marcel, wie er in seinen Briefen beteuerte, lebte und wurde gesünder nur in der Erwartung meiner Besuche. Briefe schreiben war für ihn eine gräßliche Last, seine so sehr verborgenen Gefühle zu Papier zu bringen, muß die Qual eines Einsiedlers gewesen sein, der sich nicht anders zu helfen weiß.

Die Genesung von Marcel hatte sichtbare große Fortschritte gemacht. Er durfte zwar immer noch nicht sprechen, war aber fieber- und schmerzfrei. Wir hatten eine schöne Zeit zusammen. Marcel sollte in der nächsten Woche zu einer gründlichen Untersuchung nach Bangkok kommen. Er plante, seine Zelte in Siracha bald abzubrechen, um in Bangkok seine Position bei der englischen Firma wieder aufzunehmen. Die Eigentümer warteten immer noch auf ihn, der Posten war seinetwegen unbesetzt geblieben. Ganz vorsichtig deutete Marcel an, daß von der nächsten Untersuchung vieles abhängen würde.

In der Stille von Siracha mit einem genesenden Marcel neben mir blickte ich auf das Glitzern des Meeres, lauschte dem Plätschern der Wellen gegen die Hauspfähle und zwang mich, innere Ruhe zu finden. Von Carel sprach ich wenig, Marcel sollte sich nicht aufregen. Ich leugnete ihm gegenüber nicht, daß Carels Absichten dieselben geblieben waren; wie sehr die Zeit drängte, behielt ich für mich. Obwohl meine Mutter mein schweres Dilemma verstand, war ich froh, daß sie in Siracha mit eigenen Augen Marcels tiefe Gefühle für mich beobachten konnte, trotz ihrer mitgebrachten Lektüre (geliehene russische Bücher von Ludmilla Sergeiwna), trotz ihrer Stickereien. Wenn ich aber vor dem Einschlafen mich im Bett wälzte und keine Ruhe fand, meinte sie sanft: „Wir werden später darüber sprechen. Du mußt Deinen Weg gehen, so wie er Dir richtig erscheint. Ich will Dich in keinster Weise beeinflussen. Sicher, auch Marcel liebt Dich sehr."

Ich fragte mich, was geschehen würde, wenn ich mich irgendwohin zurückziehen und versuchen würde, von allem Abstand zu bekommen, experimentieren könnte man, ob man ganz von vorne anfangen könnte, unbelastet von Gefühlen, Sehnsüchten, Erfahrungen? Würde es mir gelingen, oder würden die Bindungen, die Erinnerungen mir einen neuen Anfang unmöglich machen? Wo könnte ich besseren, zuverlässigeren Menschen begegnen als Carel und Marcel es waren?

Zurück in Bangkok brachte uns Carel einen Brief von meiner Schwester. Der Militärkurier hatte sich eingespielt über Neapel. Lydia wollte besonders dringend wissen, wie mein Leben jetzt aussah, nachdem es vor vielen Jahren so geschienen hatte, als ob Danilo mein Leben beherrschen würde. Wo war Danilo? Irgendein Lebenszeichen war von ihm ausgeblieben. Falls er lebte, wie mochte er jetzt aussehen, was waren seine Gedanken? Würden wir einander wiedererkennen bei einem Treffen irgendwann in Italien? Was würden wir empfinden? Lydia, glücklicherweise mit ihrem Walter wieder vereint, hoffte, ich sei verlobt, und riet mir zu heiraten. Der schreckliche Krieg war vorbei, es war Zeit, an Normalitäten und Glück zu denken und dazu gehörte eine Ehe. So einfach war das alles aus der Nachkriegssicht meiner Schwester in Italien.

In Bangkok war manches in Bewegung geraten, was den Kreis unserer Freunde anging. Einige Diplomaten konnten in ihre jeweiligen Länder — auf umständliche Behelfstransporte angewiesen — zurückkehren. Pierre und Betty Millet gaben ihr Abschiedsdinner und luden mich mit Carel dazu ein. Betty war etwas verunsichert — wie sie mir sagte — welcher Begleiter im Moment der aktuellste war. Zu dieser Zeit war es eindeutig Carel, aber er mochte die Millets nicht, ich ging alleine zu der Einladung. Versammelt war der sogenannte alte Kern unserer Bangkoker Geselligkeiten; einige bemühten sich um eine schnelle Rückkehr nach Europa: die Dänen, die Schweden, einige Engländer. Pierre schenkte mir zum Abschied eine Kostbarkeit für Bangkok im Februar 1946: ein Heft von „Life" mit einer photographischen Retrospektive der letzten Jahre Mussolinis bis zu dem Tage, als er in Piazza Loreto in Mailand, genau vor dem Hotel, wo wir unsere letzten Mailänder Tage verbracht hatten, bereits als Leiche aufgehängt wurde, in Gesellschaft seiner ebenfalls erschossenen bereitwilligen Lakaien. Beim Anblick dieser Bilder stellte ich fest, daß man dort, wo man glücklich gewesen ist, seine Wurzeln hat. Mussolinis Ende war unwürdig und absurd, für uns bedeutete es jedoch grünes Licht für eine Rückkehr, eine Rückkehr dahin, wo wir hingehörten nach der Stärke der Sehnsucht zu urteilen, die in allen meinen Gliedern steckte.

Marcel kam für wenige Tage nach Bangkok wie beabsichtigt. Er wohnte im Hotel und verbrachte viel Zeit bei uns. Seine Begegnungen mit Carel hielten uns alle elektrisiert. Wie zwei kämpfende Hähne standen sie einander gegenüber, immer noch erzogen genug, um Höflichkeiten auszutauschen. Ich kam mir vor, als ob ich auf einem Hochspannungsmast säße, völlig ungewiß, was der nächste Moment bringen würde.

Beide, Carel und Marcel, betrachteten offensichtlich unser Haus als ihr Revier und mich als die eroberte Beute. Mir war elend zumute aus vielerlei Gründen, aber ein schlechtes Gewissen hatte ich nicht. Schließlich sagte ich mir, beide florierten an der Wärme meiner Zuneigung und ich zerfleischte mich vor Sorge.

Marcels Untersuchung ergab sehr erfreuliche Resultate. Dr. Gotschlich erlaubte ihm, wieder zu sprechen, empfahl einige zusätzliche Wochen in Siracha und anschließend die Rückkehr nach Bangkok. Eine Wiederaufnahme seiner Tätigkeit bei der englischen Firma in drei bis vier Monaten war durchaus denkbar. In einem Rausch des Glücks feierten wir bei russischer Küche — von Messaat bestens erlernt — zu Hause Marcels Durchbruch in eine progressive Normalität. Er selbst war noch zurückhaltender als sonst: drückte beständig meine Hand und fand keine Worte. Lediglich als er in den Wagen stieg, um in seine Einsamkeit nach Siracha zurückzukehren, sagte er während unserer Umarmung: „Ohne Dich hätte ich es nie geschafft.“ Nicht jedem ist solche Auszeichnung beschert.

Nach Marcels Besuch wurde ich ruhiger, entkrampfter. Die Sorge um ihn war gewichen, bald würde ich mit ihm normal umgehen können: plaudern, Freunde treffen, Wichtiges diskutieren. Ich fürchtete mich weniger vor meinem Dilemma.

Papas Geschäfte blühten, was bedeutete, daß Mamas Schmuckkasten sich wieder zu füllen begann. Um siamesische, indische und chinesische geschäftliche Erfahrungen reicher geworden, plante mein Vater, irgendwann nach Italien zurückzukehren, um von dort aus die vor dem Kriege angeknüpften Kontakte zu erneuern und zu intensivieren.

Auch für Carel stellten sich Probleme dar. Es wurde immer klarer, daß es keine Rückkehr zum Kolonialleben auf Java geben würde, auf das Java, wie er es kannte. Holland war für ihn als ständiger Wohnsitz uninteressant. Er war klimatisch an die Tropen gewöhnt, zudem waren Plantagen sein Fachgebiet, das er liebte. Ein geregeltes Kontorleben in Europa war eine Vorstellung, die ihn krank machte. Er war ein open-air-Mann, von eiserner Konstitution, sprach fast sämtliche indonesische Dialekte und schätzte sehr den Kontakt zu den Eingeborenen. Die nahe Zukunft würde zeigen, welche politischen Regelungen getroffen würden. Ich hatte keinerlei Sorge. Carel war finanziell gut gepolstert und hatte Kontakte so ziemlich überall. Allmählich brannte ihm der Boden unter den Füßen, er wollte schnellstens alles in Ordnung bringen, das Privatleben und das Geschäftsleben. Ich konnte ihm nur recht geben, die Zeit des Stillstandes war vorbei. Jeden Tag wartete er auf Nachricht von Eichholz, mit dem er auch meinen Flug nach Holland besprechen wollte, wo ich, nach Carels Plänen, ihn hätte treffen sollen. Die ganze Familie wußte bereits von meiner Existenz. Ich stellte mir Farben und Gestalten der Rembrandtschen Malerei vor, wenn ich an Carels Verwandte dachte, wobei ich, sollte ich ihnen je vorgeführt werden, sicherlich als ein exotischer Farbenklecks erscheinen würde, eher nach dem Stil französischer Impressionisten.

Eines Abends brachte mir Carel einen Brief von Anneke, an mich adressiert. Dieses Schreiben besitze ich heute noch, weil ich es so wichtig, so wegweisend empfand. Wochen später dachte ich, daß ich unbewußt auf diesen Brief seit längerer Zeit gewartet hatte.

Anneke schrieb mir sehr lieb auf französisch, so als ob sie an eine Schwester schriebe, mit der sie sich ausgezeichnet verstand. Die Formulierungen waren eher verschwommen, verbrämt der Stil, völlig unpassend zum Inhalt. Aus jeder Zeile erkannte ich Anneke, wie Carel sie mir beschrieben hatte: infantil, zu gütig, zu süßlich, zu ergeben, zu bescheiden. Die Bücher der Bibliotheque Rose fielen mir ein, süßliche, alberne Romane aus meiner früheren Jugend, so rein, daß Prof. Michot mir erlaubt hatte, sie zu lesen. Nun begegnete mir in einer entscheidenden Wende meines Lebens ein irreales Wesen dieser Art, und sie war ausgerechnet Carels Frau. Die einzige Erklärung dafür war, daß er 21 Jahre alt gewesen war, als er sie geheiratet hatte. Es ergab sich so in den Familien, außerdem ging er in die Kolonien und dazu gehörte die Begleitung einer weißen Frau, mit Ehering natürlich. Carel war bald erwacht aus der programmierten Vorstellung dieses Ehelebens. Anneke hat nie aufgehört, zu schlummern. Ein hellwacher Zustand war ihr nicht gegeben, das las ich deutlich aus ihren Zeilen und das war genau das, was mir so nahe ging.

Anneke schrieb von ihrem Mitgefühl für meine Lage, sie könne Carel und mich so gut verstehen: es sei so leicht, Carel zu lieben, und die Tatsache, daß er mich liebte, war eine Qualitätsgarantie für mich. Aber: sie und Carel hatten eine lange, glückliche Ehe hinter sich (fünf Jahre Trennung und vorher viele Jahre der Entfremdung!) und so etwas könne doch nicht einfach weggewischt werden. Obwohl sie alles verstünde und mir sehr danke für alles, was ich Carel gab, könne sie sich bei allem guten Willen eine Zukunft ohne ihn kaum vorstellen.

Annekes Worte, rührselig und kindlich, waren ehrlich, sie legten sich wie Blei quer auf meinen Magen. Ich gab Carel wortlos das Schreiben und wartete auf seinen Kommentar. ,,Ein so albernes Kind! Sie hat keinen Kontakt zu Realitäten, bringt alles durcheinander und hat nicht die geringste Vorstellung davon, was eine Ehe sein kann. Durch Dich habe ich erfahren, wie reich das Leben sein kann. Behutsam werde ich Anneke beibringen, daß mein Entschluß nicht mehr rückgängig zu machen ist. Wenn Du mich nur liebst!''

Ich war den Tränen nahe, meine Nerven hatten in diesen Monaten etwas gelitten. Carel brauchte keine Worte, er fühlte, was in mir vorging. Er führte mich in unseren Garten, machte es uns bequem, legte seinen Arm um mich und sprach Dinge aus, von denen jede Frau träumt. Wie war ich reich und so sehr dankbar! Ich erlaubte mir schwach zu sein, lauschte atemlos, streichelte diesen entzückenden Mann, den ich auf ganz besondere Art liebte, und wußte, daß wir die Zukunft nicht gemeinsam beschreiten würden. Die sterile, hilflose Anneke war mein blockierendes Gespenst. Sie war meine Schicksalsfügung, das fühlte ich und folgte ihr. Im Grunde, auf Umwegen, war ich ihr dankbar. Ihren Brief habe ich nie beantwortet, es war zu schwer. Meine späteren Entschlüsse sprachen für sich, falls sie es je verstand, was ich leider bezweifelte. Als ich Carel, Wochen später, nach Indonesien meinen Entschluß schrieb — ich war zu feige gewesen, es ihm zu sagen —, soll Anneke über meine Haltung enttäuscht gewesen sein:

wie schnell ich nach seiner Abreise ihn vergessen konnte! Wie wankelmütig und leichtfertig ich sei! Diese Kritik, mein Entschluß, nichts hat zu ihrem Glück beigetragen. Carel blieb nicht bei ihr, in Holland gingen sie auseinander. Anneke wurde Direktorin eines Mädcheninternats und starb wenige Jahre später. Ein hilfloses Kind hatte endlich Ruhe gefunden. Sie hatte nicht einmal verstanden, wenn andere versucht hatten, ihre Probleme für sie zu lösen. Bis vor zwei Jahren verband Carel und mich eine Freundschaft, die keine Krise kannte und die für uns selbstverständlich war. Carel nahm weiterhin an allem teil, was mich anging und half mir überall, wo er nur konnte: bei der langen, schrecklichen Kranheit meines Vaters bis hin zur Überwachung beim Bau eines Hauses. Es dauerte lange, aber schließlich wurde auch Marcel in diese Freundschaft einbezogen. Wir hatten so etwas wie einen sehr glücklichen Zustand erreicht, der alles überdauert hat, sogar Carels dritte Ehe. Er heiratete verhältnismäßig spät die Nichte seiner zweiten Frau Polly. Er stellte seine neue Freundin noch meinen Eltern und uns vor, sozusagen zur Begutachtung. Uschi wurde in unsere Freundschaft einbezogen, die gemeinsame tiefe Freundschaft währt weiter. Als Carel, bald 70, Vater werden sollte, mußte ich ihn bei dem Schock trösten. Die langersehnte Überraschung kam zu spät, empfand er, ist aber mittlerweile ein sehr stolzer Vater.

Seit zwei Jahren haben wir keine Verbindung mehr, seine dritte Frau machte es in zunehmender Weise unmöglich, und Carel ist zu betagt, um in sein Leben noch mehr Schwierigkeiten zu bringen. Nur über gemeinsame Freunde wissen wir voneinander.

Carels letzte Wochen in Bangkok im März 1946 verliefen nicht anders als die Zeit davor. Wir verbrachten jede freie Stunde zusammen, und es schien, als ob Carel sich nie etwas anderes mehr wünschen könnte. Voller Ungeduld, ein neues Leben zu beginnen, schmiedete er Pläne in allen Einzelheiten, schrieb mir außerdem fast täglich Briefe. Eichholz würde bald für ihn einen Flug nach Java ermöglichen.

Ich wiederum bat Carel, nichts zu überstürzen, wenn er Anneke träfe, seine Entscheidung ohne Sorge um mich zu überdenken, wenn er es für ratsam hielte. Er wäre frei, so zu entscheiden, wie er es für gut halten würde. Ich selbst müsse mich auch als frei betrachten, zu tun und zu entscheiden, wie ich es für gut und richtig fände. Diesen Refrain wiederholte ich so oft es angemessen war, weil ich sicher sein wollte, daß Carel meine Worte in der ganzen Tragweite verstünde. Manchmal fürchtete ich, die Liebe machte ihn nicht nur blind, sondern auch gänzlich taub.

Für unser letztes gemeinsames großes Fest ließ ich mir ein Kleid arbeiten nach seinen Wünschen aus schwarzem und rotem Satin, sehr gewagt in den Farben, das Resultat war doch sehr erfreulich! Wir tanzten pausenlos, denn Carel war wieder einmal unermüdlich und sehr stolz auf mich. ,,Jeder soll Dich von allen Seiten betrachten können und sich an Deiner Schönheit erfreuen!" ,,Aber, Carelchen, ich bin doch gar nicht schön!" Er drückte mich noch fester an sich: ,,Das kann nur ich beurteilen." ,,Das Kleid macht Dich so glücklich!" ,,Der Inhalt noch viel mehr."

Unter den lieben Freunden, die nach und nach Bangkok verließen, befand sich auch Colonel de Jonquières. Es fiel uns schwer, ihn reisen zu sehen. Er kehrte zurück nach Paris, nicht ohne Päckchen und Briefe für meine Schwester und einige Freunde mitzunehmen. Nicht nur erhielten alle, wie versprochen, unsere Aufträge, er schrieb auch meiner Schwester einen persönlichen Brief über uns mit dem Angebot, sich stets an ihn zu wenden im Falle einer Notwendigkeit. Colonel de Jonquières wurde anschließend als Botschafter nach Äthiopien gesandt.

Marcels Briefe klangen gut. Trotz Spracherlaubnis verbrachte er die Tage in fast totaler Abgeschiedenheit. Nur selten fuhr ein Bekannter nach Siracha, obwohl die Natur dort fast aufregend schön war und das Klima viel trockener als anderswo im Umkreis. Die Post hatte begonnen zu funktionieren, sodaß die Eilboten-Briefe mich innerhalb weniger Tage erreichten. Marcels Welt war klein geworden. Größer jedoch als diejenige von Robinson Crusoe es gewesen war. Er hatte immerhin einen englischsprechenden chinesischen Koch, der — so berichtete er in seinen Briefen — auf einer abendlichen Abrechnung bestand und auf die Besprechung der Menüwünsche für den nächsten Tag. Der Dialog dauerte seine Zeit, denn Cook hatte beharrlich chinesische Kochrezepte nie ablegen wollen, während Herr Weil einige deutsche Gaumenfreuden nicht missen wollte, siehe Schokoladenpudding. Diese Schwierigkeiten trübten das harmonische Verhältnis nicht, und ich hatte beide im Verdacht, eine gewisse Freude an diesen regelmäßigen Diskussionen zu haben. Schließlich war Cook das einzige Lebewesen um Marcel, wenn man die Tiere im Urwald und die Haifische im Meer nicht berücksichtigte. Die Morgenspaziergänge durch den Urwald — berichtete Marcel — waren eine große Freude, weil alles dort voller Farben und Geräusche war. Nur, der Monat April nahte, und man mußte immer früher aufstehen, um die große Hitze zu meiden trotz des Schattens im Wald. Von dem langen Haussteg aus konnte man oft die kleineren Haie beobachten, immer auf Beutesuche. Ihre großen Eltern hatten oft genug weiter draußen im tiefen Wasser Menschen angegriffen, die dann mit schrecklichen Wunden ihren Leichtsinn hatten zahlen müssen.

Marcels Briefe aus der Zeit waren reizvoll. In dem ihm eigenen knappen Stil, mit humorigen Bemerkungen versehen, erzählten sie mir von einem Leben, so anspruchslos und dennoch durch die vielen Beobachtungen und die Kommentare über die jeweilige Literatur, die er gerade las, so echt und lebendig, daß sie für meinen Geschmack einen Raritätswert enthielten. Zudem machte seine Gesundung immer raschere Fortschritte, und unter dem Datum notierte er stets die Anzahl der Tage bis zu meinem nächsten Besuch. ,,Komm bald, kleines Mädchen und bringe nur Dich selbst mit. Auf alles andere kann ich sehr gut verzichten.'' Er meinte die Päckchen, die Bücher und die Zeitungen, die meine Mutter und ich für ihn zusammenstellten.

Ich berichtete Carel von dieser Korrespondenz, die ihn natürlich störte. Andererseits war Marcel für ihn ein fabelhafter, aber kranker Mann, selbstverständlich sollte man ihn betreuen. „Ich könnte eifersüchtig sein, aber ich will es Dir nicht schwer machen." Dafür machte er es sich schwer, was mir unendlich leid tat, aber ändern konnte ich es nicht. Seine totale Hingabe mir gegenüber, die immer tiefer und immer selbstverständlicher geworden war, erfuhr keinerlei Schatten deswegen.

Leider war ich lange nicht so beherrscht wie Carel, eine Nichtigkeit brachte mich aus der Fassung, was mich selbst äußerst überraschte und Carel offensichtlich heiter und glücklich machte. Eines Abends tanzte er mehrmals im Offiziersclub mit der jungen Frau eines holländischen Offiziers, die weder hübsch war, noch seinem Geschmack entsprach. Ungewohnt, etwas auch noch so Harmloses bei ihm zu erleben, ärgerte ich mich erst und schließlich fühlte ich mein Blut pochen und sah alles verschwommen vor Wut. Ich kannte mich nicht wieder und dachte an Papas aufbrausendes Temperament, das ich so kritisierte. Was war ich für ein entsetzliches Geschöpf? Wollte ich alles für mich haben und anderen alles, aber auch alles verwehren? Ich nahm mir vor, mit Carel nicht darüber zu sprechen. Konnte ich etwas dafür, daß er mich auf dem Weg nach Hause im Wagen fragte, warum ich stiller sei als sonst? Ich machte ihm eine umfangreiche Eifersuchtszene, aus voller Wut und wußte dabei genau, daß ich schäbig und ungerecht war. Für Carel schien mein Zorn eine herrliche Entdeckung zu sein — er genoß es — bat mich, noch wütender zu werden, es stünde mir ausgezeichnet. Tagelang drohte er lachend, wenn ich dieses oder jenes nicht täte, würde er den ganzen Abend mit Frau X tanzen! Die letzten Tage mit Carel waren vielleicht die innigsten und schönsten. Die Tage danach ohne ihn konnte ich mir beim besten Willen nicht vorstellen und freute mich dennoch auf Marcel. Was war ich für ein Wesen? Ich war mir viel zu kompliziert und verstand mich nicht.

Eichholz hatte für Carel einen Flug für den 6. April nach Batavia, dem heutigen Djakarta gebucht. Dort würde er Anneke treffen und mir täglich Briefe schreiben. Ich würde sie beim Militärpostamt abholen. An alles hatte Carel gedacht, nicht nur an ein exquisites Abschiedsgeschenk sondern auch an ein Abschiedsfoto, auch wenn die Trennung nur für kurze Zeit sein sollte. Wir gingen zum Fotografen, er bestand darauf. Das gut gelungene Foto habe ich noch, sein schönstes Geschenk. Ein strahlendes, zuversichtliches Gesicht und die Widmung wunderschön: „Nach den acht glücklichsten Monaten meines Lebens, Dein Carel." Mein Foto gefiel mir nicht, weil es mir nicht entsprach. Was ich schrieb, erinnere ich nicht mehr, aber alle Erinnerungsstücke besaß Carel noch vor zwei Jahren unter Verschluß, einschließlich der Serviette, die ich benutzt hatte, des Lippenstiftes wegen!

Je näher Carels Abreise heranrückte, desto mehr fürchtete ich mich vor dem Abschied. Auf diesem Gebiet konnte Carel sich schlecht beherrschen, das hatten wir schon erlebt bei seiner angekündigten Versetzung. Außerdem gingen wir beide von verschiedenen Voraussetzungen aus. Carel war sicher, daß er mich bald, wohin auch immer, nachkommen lassen würde, ich hatte beschlossen, ihn Anneke zu überlassen. Nur war ich zu feige, es ihm zu sagen. Ich hatte ihm immerhin wiederholt eindringlich gesagt, daß wir uns beide frei fühlen müßten in der Zeit der Trennung. Carel hatte sicherlich keine innere Bereitschaft gehabt, meine Worte ernst zu nehmen.

Da ich Marcel wieder besuchen wollte, schlug ich Carel vor, uns bis zur Fähre nach Siracha zu begleiten, und dort, im Beisein meiner Mutter würde der Abschied schneller und leichter sein. Der Vorabend verlief sehr zähflüssig: Carel sprach nur über die gemeinsame Zukunft, die sicherlich glücklich sein würde, weil wir sie teilen würden. Ich dachte eisern an übermorgen, um durch diese Stunden noch lächeln zu können. Mehrmals fragte ich ihn, was wäre, wenn in der Zeit seiner Abwesenheit ganz neue Dinge auf mich zukämen, die mich verändern könnten? Ja, dann würde er Verständnis haben müssen, denn alles, was ich je tun würde, könnte nur richtig sein. Außerdem hätte er mit seiner Liebe mich auch sehr belastet seiner Situation wegen. „Aber, warum sprechen wir über ‚wenn'?" fragte Carel. „Wir gehören einfach zusammen, und so wird es sein. Ich werde Dir für Deine Geduld ein Leben lang danken!" Das hat Carelchen auch in großer Weise getan, wenn man eine unauslöschbare Bindung als Dank betrachten kann. In derartigen Beziehungen gibt es kein „bitte" und kein „danke", alles wird selbstverständliches Fluidum von Herz und Seele. Man ist lediglich durch den Raum getrennt, was eine relative Trennung bedeutet.

Dennoch fiel mir diese relative Trennung der ersten Tage unvorstellbar schwer. Carelchen war sehr tapfer mit Mama, dem Fahrer im nachfahrenden Wagen und mir bis zur Fähre gekommen. Dort verabschiedete er sich von meiner Mutter mit Umarmungen und vielen lieben Worten. „Ich hole sie mir bald nach, Mamatschka", versprach er und blickte zu mir, die Augen bereits voller Tränen. „Bitte, Carelchen, geh jetzt, mit Gott und in Liebe." Carelchen, der Holländer, liebte russische Ausdrucksweisen. Er umklammerte mich, und ich dachte, ich würde ersticken. „Auf bald, Liebste, ich schreibe Dir schon heute Abend in Bangkok."

Auf der Fähre gab es viel zu beobachten: die Hitze war so groß, daß mir schien, die Luft surre und koche. Schließlich war es wieder einmal April, der Monat, der die höchsten Temperaturen brachte, ohne Hoffnung auf einen Regentropfen. Der große Regen würde im Juni einsetzen, und bis dahin war noch viel Zeit. Wichtig erschien mir nur jetzt diese Stunde. Carel war fort, und Marcel erwartete mich voller Ungeduld und . . . ja, und Liebe! Ich war auch bereit, zu ihm zu eilen, nur war ich gelähmt, verstört und ausgehöhlt. Hilfesuchend blickte ich zu Mama, gütig und sensibel wie sie war, würde sie ein Zauberwort finden, um mir den Übergang zum neuen Lebensabschnitt zu erleichtern. „Laß Dich gehen, Kindchen. Grübele nicht. Betrachte das Meer und das nahende Ufer. Der Tag ist noch lang, und viele schöne Dinge können noch passieren. Wir haben so viel Glück: drüben erwartet uns wieder ein liebender Mensch." Das hätten Großväterchens Worte sein können, von seiner Tochter gesprochen. Mein Gott, was hatte ich für ein Glück, überall Liebe und das war das Entscheidende! Der tote Punkt, die schreckliche Lähmung waren überwunden. Das Leben ohne Carels physische Anwesenheit begann.

Marcels Erscheinung, gekräftigt und gebräunt, war lebensbejahend. Er hatte für uns schöne wilde Blumen im Urwald gepflückt, unsere Räume waren ausgiebig damit dekoriert. Cook war in der Küche, emsig bemüht, für uns ein Festmahl zu zaubern. Es duftete bis auf den schattigen Steg über dem Meer. Marcel brachte kühle Getränke, seine Augen voller verhaltenem Glück. Seine Stimme war kräftig und froh und seine Stimmung so festlich, wie ich es bei ihm noch nicht kannte. „Lockere Dich, Kindchen!" hatte Mama auf der Fähre gesagt. „Seid herzlichst willkommen zu Hause", sagte Marcel jetzt und meinte es mit jedem einzelnen Wort. Schließlich ging er ja mit Worten und Gefühlen sparsam und vorsichtig um.

Obwohl die Besuche bei Marcel kurz waren, wuchs unsere Verbundenheit unverhältnismäßig schnell. Auch Marcel hatte mich in sein Leben einbezogen, und es schien, er könne es sich nicht mehr anders vorstellen. Bei diesem letzten Besuch in Siracha besprach er mit mir seine endgültige Rückkehr nach Bangkok für Ende April. Er würde erst im Hotel wohnen, alles weitere würde sich ergeben. Einer seiner großen Wünsche war, seine Staatsangehörigkeit wieder zu erhalten, obwohl ihm sehr wenig daran lag, wieder Deutscher zu werden. Ohne Paß jedoch hatte er keine Aussicht, ausreisen zu können oder für irgendein Land ein Einreisevisum zu erhalten, denn ein Europaaufenthalt nach sieben Tropenjahren und seiner schweren Erkrankung war von hoher Dringlichkeit. Aber nach dem Zitat „first things first" freuten wir uns erstmal auf seine Rückkehr in die Stadt.

Während wir noch die Gastfreundschaft von Marcel genossen, erreichte mich ein Eilbotenbrief von Carel, der letzte aus Bangkok, geschrieben am Abend unseres Abschiedes. Ein Brief voller Wehmut und Liebe, aber bereits mit zaghaften Ansätzen der Wiedersehensfreude. Marcel lehnte es ab, ihn zu lesen, als ich es ihm anbot. Er war offensichtlich erleichtert, Carel fort zu wissen, und war mit seinen eigenen Plänen und Absichten beschäftigt.

Wir verabschiedeten uns leichten Herzens dieses Mal von Marcel in der Erwartung, ihn bald in Bangkok bei uns zu sehen. Mir schien, daß ich für meine 24 Jahre eine ausreichende Anzahl an Abschieden hinter mir hatte. Abschiede waren es, die nicht nur mit Schmerz verbunden waren, sondern auch gleichzeitig den Beginn neuer Lebensabschnitte bedeuteten. Auf der Rückreise nach Bangkok begann für mich das Leben ohne Carels ständige, erfreuliche, beruhigende Anwesenheit an meiner Seite, an die ich mich in zunehmendem Maße gewöhnt hatte. Mir war kalt und etwas ängstlich ums Herz.

Zu Hause angekommen, war wieder einmal der gewohnte, beglückende Ablauf aller unserer Wiederkehrzelebrierungen: Umarmungen, Geschäftigkeit, Berichte und die Freude auf den festlich gedeckten Tisch. In meinem Zimmer fand ich eine Überraschung vor: auf meinem Kopfkissen lag ein schweres Päckchen, auf dem Tisch ein raffiniert zusammengestelltes Blumenarrangement, alles von Carel noch am letzten Abend persönlich hingebracht. Das Geschenk war eine typische Aufmerksamkeit von Carel, der sich anscheinend immer alle meine Äußerungen merkte und sie in seinem Herzen bewegte. Ich hatte vor Wochen ekstatisch vor dem Schaufenster eines Antiquars gestanden und ein kostbares altes russisches Zigarettenetui bewundert mit einer dazugehörigen Streichholzschachtel. Carel bemerkte wieder einmal richtig: „Ich weiß, was Du bewunderst, das Zigarettenetui!" Vor Angst, er würde in das Geschäft eilen, um es zu kaufen, nickte ich nur leicht. Am nächsten Tag ging ich dann alleine in das Geschäft und fragte nach dem Preis, der leider so hoch war, daß ich meinen Wunsch unerfüllt ließ. Carel hatte sich auch diese Laune von mir nicht entgehen lassen und muß sehr bald diese Kostbarkeit erworben haben, nun lag sie da auf meinem Kopfkissen und machte es mir schwer, den Neubeginn ohne ihn in den Griff zu bekommen.

Etwas huschte in mein Zimmer, es war die barfüßige Messaat, die mit der Sensibilität eines liebenden Tierchens genau wußte, in welcher Stimmung ich mich befand. Sie strahlte mich an und teilte mir mit, daß etwas höchst Erfreuliches in meiner Abwesenheit sich ereignet hatte: unsere Katze (natürlich hatten wir auch Katzen) hatte nur zwei Kätzchen geboren: ein graues und ein weißes, unter dem Kleiderschrank meiner Mutter. Da in unserer zoologischen Sammlung Geburten öfter vorkamen, verstand ich nicht den Grund für diese außerordentliche Freude. Messaat erklärte mir geduldig und überzeugt, daß ein Wurf von nur zwei Katzenbabies in Siam eine große Bedeutung hat: Verlobung und Hochzeit im Laufe des Jahres. „Es ist klar, Missie wird sich mit dem Nai German (deutschen Herrn) verloben." Messaat strahlte wie eine Mutter, die ihre Tochter endlich auf dem guten Weg weiß, für mich dagegen war es so, als ob sie fiebrige Halluzinationen hätte. Ich wollte sie nicht kränken und ließ mir die Kätzchen bringen. Der Graue erhielt den Namen Marcel, und die Weiße wurde mit meinem Namen beglückt. Messaat verließ das Zimmer in tiefer Zufriedenheit und murmelte: „Endlich haben wir wieder Ruhe!"

Schon am nächsten Tag regneten unzählige Einladungen ins Haus. Offensichtlich waren Freunde und Bekannte der Meinung, man müsse die traurige Hinterbliebene munter halten, während ich persönlich mich zu Hause wohler fühlte. Ich hatte das Verlangen, mich zu verkriechen, um in der Ruhe einer einsamen Ecke wieder ein inneres Gleichgewicht zu erlangen. Acht Monate sind eine lange Zeit, lang genug, um Gewohnheiten anzunehmen, zumal, wenn diese Gewohnheiten mit einem liebenden Menschen zusammenhängen. Ich hatte das Empfinden, Carel eingeatmet zu haben, er zirkulierte auf die selbstverständlichste Weise in meinem ganzen Kreislauf. Die täglichen Briefe, die ich oft ungelesen hingelegt hatte, weil sie immer dasselbe beteuerten, fehlten mir jetzt. Wenn ich zur Tür schaute, glaubte ich, Carel dort zu erblicken, Carel, der mich abholte, Carel, der mich brachte, jeden Tag Carel mit den verschiedensten Vorschlägen und Berichten, acht Monate lang. Das alles mußte erst wieder zur Ruhe kommen und in die richtigen Dimensionen gebracht werden.

Der Reigen der Veranstaltungen und der Feste riß in Bangkok nicht mehr ab. Die Engländer, die Holländer und unsere Freunde wechselten sich ständig ab mit der Organisation von Parties und bewiesen dabei oft ein phantasievolles Talent. Wieder fanden sich bei uns ständig Besucher ein, außer all denen, die Carel im Laufe der Zeit verscheucht hatte. Sie zogen mich schließlich mit, und ich wirbelte wieder, ohne Freude und ohne jegliche Lust. Ich machte mir nicht einmal die Mühe, die Menschen, mit denen ich ausging, näher zu betrachten. Es war alles vollkommen transitorisch; unwichtig, belanglos, sich erinnern zu wollen, in welcher Runde ich diesen oder jenen Abend verbracht hatte. Sowieso waren meine Tage zu der Zeit von zwei Briefen eingeklammert, die meine Welt bedeuteten. Carels Briefe erreichten mich durch den Militärkurier, Marcels Eilboten-Zeilen wurden ins Haus gebracht.

Im unruhigen, chaotischen Nachkriegsbatavia (heute Bandung) fand Carel immer noch die Zeit für lange ausführliche Briefe. Er wohnte in einem kleinen Haus mit unzähligen Menschen zusammen, darunter auch Anneke. Für Carel, der nur wenige Menschen duldete, muß diese Streßlage ungeheuer strapaziös gewesen sein. Die Möglichkeit, mit seiner Frau alleine zu sprechen, mußte strategisch erkämpft werden, und dennoch schrieb er fast täglich über alle Einzelheiten, machte mir Mut und war selbst sehr zuversichtlich: jeder Tag brachte uns näher, seiner Meinung nach, und seine Liebesbeteuerungen waren voller Glut und Zärtlichkeit. In meinen Antworten unterließ ich nie, ihn daran zu erinnern, daß wir beide frei waren für jeden Entschluß.

Marcels Briefe waren wesentlich kürzer, sein Telegrammstil würzig wie die Düfte des Urwaldes und des Meeres von Siracha, die Intensität seiner Gefühle eingekapselt in Redewendungen, die oft zauberhaft waren. Ich wußte, wie lange er sich quälen mußte, um derartiges zu Papier zu bringen. Marcel war bereits mit den Vorbereitungen für seine Rückkehr nach Bangkok sehr beschäftigt. Die wenigen Hotels, die für Europäer geeignet waren, waren ausgebucht! Glücklicherweise ermöglichte ihm sein Arzt eine Unterkunft im französischen Hospital als „paying guest". Das war außerordentlich angenehm: er brauchte kein Personal zu suchen und wohnte gar nicht weit von uns. Die wenigen Wochen bis dahin verbrachten wir mit emsigem Briefwechsel.

Briefe spielten eine ganz große Rolle zu der Zeit. Auf Umwegen, durch Militärverbindungen begannen langsam uns die ersten Nachkriegsnachrichten von alten lieben Freunden zu erreichen. Aus England brachte mir ein Offizier einen langen Brief von der Familie Masters, wo ich als ganz junges Mädchen an der Kent-Küste meine englischen Sprachkenntnisse erweitert hatte. Aus Frankreich, aus Italien und sogar aus Indien erreichten uns Briefe; ob die Nachrichten gut oder schlecht waren, der erneute Kontakt machte glücklich. Nur von Danilo fehlte jede Spur. Ich konnte und wollte nicht glauben, daß er nicht mehr lebte, vielmehr hoffte ich, daß der Sog der Ereignisse ihn überwältigt hätte, ihn weit weg von unserer unvergleichbaren Zweisamkeit getrieben hätte, einer Zweisamkeit, die uns nicht für ein Leben lang gegönnt war. Wir waren zu nahe den Sternen und der Seligkeit gewesen und hatten nicht berücksichtigt, daß weder die Nähe der Sterne noch die Glückseligkeit eine Normalität sein können. Wir waren die wenigen Auserwählten gewesen, die beides erlebt hatten. Was danach zu erwarten bleibt, ist Realität. Ich hoffte innigst, daß wir beide, er und ich dabei waren, jeder in seiner Welt, das Leben „danach" aufzubauen. Auch in diesem Leben würde es Glanz, Höhepunkte und Tiefen geben, aber niemals wieder eine Orgie des Lichts und das Feuerwerk von tausenden Diamanten. Wir hatten es erlebt. Wie viele Menschen waren in der Lage, zu verstehen, was wir erlebt hatten?

Gewohnt wie ich es war, von stürmischen Begegnungen und der dazugehörenden Gefühlswelt verwöhnt zu werden, war die kurze

Phase, in der ich mich befand, nach der Abreise von Carel und während der Abwesenheit von Marcel, als ein kleiner Teich der Ruhe zu bezeichnen. Es war Alltag geworden, ein Alltag, den ich genoß, wofür ich endlich Zeit hatte, obwohl die innere Ruhe sehr schwankend war. Ich lebte im Elternhaus, von ergebenen Dienstboten und vielen Tieren umgeben und stellte täglich fest, wie sehr ich das alles liebte. Sicher, ich träumte von Selbständigkeit, brannte darauf, etwas Kreatives zu schaffen (wußte noch nicht, was), aber meine Mutter betrachten zu dürfen, meinen Vater zu beobachten, Messaats Kochkünste und deren Düfte einzuatmen, die verschiedenen Tiere zu versorgen, das alles war auch Glück und zwar das Glück, das Kraft und Zuversicht gibt, weil von beständiger Liebe genährt. Mit dieser Liebe in mir war ich sicherlich geboren worden, der Liebe für meine Mutter und der Begeisterung und der Kritik an meinem Vater. Das gehörte zusammen, die Welt, die sie darstellten und ihre tägliche Ausstrahlung, war mein Sauerstoff. Ohne ihr Andenken wäre ich ein hohler Mensch.

In Messaats Leben, das anscheinend nie ohne Turbulenz verlaufen war, bahnte sich ein neues Ereignis an, das sie bis dahin nicht kannte: sie war dabei, Großmutter zu werden, und zwar eine junge Großmutter. Messaats Alter war nicht eindeutig feststellbar, da sie außer einem Identitätspapier, das sie nicht lesen konnte, keine Dokumente besaß. Sicherlich war sie unter vierzig. Genauigkeit interessierte sie sowieso recht wenig und neugierig war sie auf ganz andere Dinge schon immer gewesen: auf die ungenauen, sporadischen, vor allen Dingen auf Freude in jeder Form. Nun war sie ungeduldig, ihr Enkelkind zu erblicken, und untersuchte daher täglich den Umfang des Leibes ihrer Tochter. Nach den ihr überlieferten Kenntnissen sollte das Kind nun stündlich kommen. Puan, die besagte Tochter, die auch bei uns tätig war, schien nicht in unserem Sinne verheiratet zu sein, auch hatten wir keine klare Vorstellung darüber, wer der Vater sein könnte. Messaat sprach vage von einem Tischler, der in der Nähe des Marktes wohnte, aber so genau schien es niemand wissen zu wollen. Sicher war, sie freuten sich alle, Bruder inbegriffen, auf das Kind. Meine Mutter beschränkte sich auf die Frage, wo das Kind zur Welt kommen sollte, das alleine kümmerte sie. „Im Krankenhaus natürlich", meinte Messaat, die alle ihre Kinder auf derjenigen eigenen Matte zur Welt gebracht hatte, die sie in dem Augenblick besessen hatte. Der Entschluß für das Krankenhaus war ihre erste Konzession für die neuen Methoden, die sich eingeschlichen hatten.

Als das Baby jedoch keine Anzeichen einer baldigen Ankunft lieferte, griff Messaat entschlossen zu altbewährten Traditionen. Sie befahl ihrer Tochter, sich mit dem Rücken auf den Boden ihrer Behausung zu legen, alsdann begann sie den Leib ihrer Tochter barfüssig zu bearbeiten. Sie spazierte längere Zeit auf ihr herum, ohne daß Puan auch nur einen Laut von sich gab. Messaat ließ sich auch nicht von meiner entsetzten Mutter davon abbringen, diese Behandlung zu beenden. Wir waren sicher, das weder Puan noch das erwartete Kind diese ungewöhnliche Pferdekur überleben würden. Stattdessen holte Messaat bald darauf eine Rikscha, um mit Puan ins Krankenhaus zu fahren: die Wehen hatten eingesetzt. Nach wenigen Stunden brachte uns eine sehr glückliche Messaat die frohe Botschaft: das Kind war da, ein Junge! Mamas Frage, ob es Komplikationen gegeben hätte, verstand sie gar nicht. Nach drei Tagen erschien Puan wieder zu Hause mit Kind und alle lebten harmonisch weiter in den Servants Quarters. Eine Schlange, die Messaat wenige Wochen zuvor ein paar Schritte vor der Küche getötet hatte, hatte die Ereignisse positiv beeinflußt, erklärte uns Messaat. Tatsächlich hing noch die nunmehr getrocknete Schlange in der Sonne an ihrem Fenster und war anscheinend immer noch in der Lage, das Glück ins Haus zu ziehen.

Es läßt sich nicht feststellen, ob es die magische Ausstrahlung der getrockneten Schlange war, die Marcel frühzeitig nach Bangkok lockte. Das Wetter war in Siracha zunehmend ungünstig, berichtete mein Einsiedler, überaus brutig, mit starken Regengüssen. Er brach die Zelte ab, verabschiedete in Bangkok den originellen Koch und stand eines Nachmittags in unserem Garten. Kein Zweifel: eine neue Ära begann, denn ein Typ wie Marcel, einmal genesen, kam, um zu bleiben, fest entschlossen, das Revier für alle Zeiten von seiner Person besetzt zu wissen. Sein Revier war in diesem Falle ich und die kleine Welt um mich.

Marcel erhielt die ärztliche Genehmigung, seine Bürotätigkeit wieder aufzunehmen und sich zunehmend in ein normales Leben wieder einzufügen. So viel Glück hatten wir nicht erwartet, überzeugt wie wir gewesen waren, daß ohne einen Europaaufenthalt eine Genesung nicht möglich wäre. Nun konnte Marcel in Ruhe und Zuversicht abwarten, bis die Schiffsverbindungen nach Europa wieder aufgenommen werden würden.

Der Eigner der englischen Firma, Mr. Mabbett nahm Marcel mit großer Freude wieder auf und übergab ihm den Stuhl des Managers. Ich fürchtete nur, daß die viele Arbeit zu frühzeitig auf ihn zukommen könnte. Marcel jedoch fühlte sich angeregt durch die Verantwortung und lebte in zunehmender Weise auf. Nach Büroschluß kam er zu uns zum Tee und blieb zum Abendessen. Nach einem gemeinsamen Spaziergang fuhr er nach Hause. Es erschien ihm selbstverständlich, ganz offensichtlich, daß das Büro und ich der Inhalt seines Lebens geworden waren. Noch immer von der raschen Entwicklung der letzten Monate verstört, betrachtete ich die Situation, als ob ich mein eigener Zaungast wäre. Vormittags holte ich Carels Briefe ab, traf alte Freunde, hielt endlich wieder Siesta ein und stand für den Rest des Tages Marcel zur Verfügung.

Carel hatte eine harte Zeit in Batavia. Die seltenen Gespräche mit Anneke unter vier Augen waren von dem Streß der äußeren Situation beeinflußt. Beide waren nervös und überfordert. Anneke erschien Carel wie ein verstörtes Kind, dessen sämtliche Spielsachen samt Märchenbüchern zerstört worden waren. Sie flehte ihn an um Zeit und eine gemeinsame Rückreise, sobald wie möglich, nach Holland. Dort würden sie alle Probleme lösen. Carel wollte sie in Batavia gelöst wissen. Carels Glaube an unser Happy-End blieb unerschütterlich und seine Sorge um mich beständig. Es gab gar keinen Zweifel, er war mehr als zuverlässig und voller Liebe. Ich hatte mir vorgestellt, daß es mir leichter fallen würde, ihm brieflich meinen Verzicht mitzuteilen, aber es fiel mir unsagbar schwer und ich verschob es von Tag zu Tag. Von meinem Leben berichtete ich ihm alles, wahrheitsgetreu, von der Verzweiflung der ersten Zeit und von Marcels Rückkehr nach Bangkok. Carel wollte alles wissen, wie immer, sogar die Farbe des Lippenstiftes, das Buch, das ich gerade las und ob ich endlich etwas zugenommen hätte. Ich stellte fest, daß auch Marcel alles an mir mit äußerstem Ernst betrachtete, aber mit wenigen Worten kommentierte. Er stellte Prioritäten, das Wichtigste für ihn war meine Existenz, alles andere wurde relativiert. Obwohl über die Intensität seiner Gefühle kein Zweifel bestand, fielen ihm Aussagen darüber schwer, lieber handelte er, wortkarg. Ich fragte mich, wie sein Heiratsantrag wohl klingen würde, falls er die Absicht hatte, so etwas mir gegenüber auszusprechen. Vielleicht schriftlich oder gar nicht? Wahrscheinlich gar nicht, bis nicht alles geklärt war: die Rückkehr nach Europa, die dortigen Existenzmöglichkeiten, das Paßproblem. Er sprach oft über all die ungelösten Aspekte und über die Verantwortung, die man trägt, „einer Familie" gegenüber, wie er sich auszudrücken pflegte. Verantwortung und Pflicht waren und sind immer noch die Korsettstangen seiner Ethik.

Ich begann mich ernsthaft um eine Rückkehr nach Europa zu kümmern. Die Aussichten waren noch nicht klar zu erkennen, aber ich war entschlossen, an alle verfügbaren Türen zu klopfen in der Hoffnung, daß irgendein Spalt sich auftun würde. Mein Vater hatte die Absicht, noch etwa ein Jahr zu bleiben, um in Bangkok das aufzubauen, womit er vor dem Krieg erfolgreich begonnen hatte: Im- und Export Italien — Thailand und umgekehrt, mit Kontor in Mailand. Die Idee war meines Erachtens begeisternd, aber solange wollte ich nicht warten.

Als ich eines Tages Marcel beiläufig berichtete, daß eine ganz geringe Chance bestünde, nach Neapel zu gelangen durch eine dänische Vermittlung, nicht gleich, in wenigen Monaten, starrte er mich einen Moment an und meinte, es sei sehr überstürzt. Als ich ihn dann zu Fuß zur Hauptstraße begleitete, weil sein Auto kaputt war, sprach er einen Satz, der unser Leben veränderte. Er nahm seinen Hut ab und setzte ihn mir auf den Kopf, um mich gegen die Glut der Sonne zu schützen, blickte auf mich amüsiert nieder (alle meine Kavaliere mußten stets auf mich runterblicken) und sprach: „Ein Hut für eine Familie!" „Familie?" fragte ich erstaunt, etwas listig, denn verstanden hatte ich gut. „Ja, natürlich, wir wollen doch eine Familie gründen." Das könnte ein Heiratsantrag sein, hier mitten auf der Straße, so staubig und heiß. Marcel drückte mich an sich und meinte, es sei ein Heiratsantrag, trotz Hitze und Staub. Er könne doch auf keinen Fall riskieren, hinter mir her nach Neapel reisen zu müssen, so wäre es doch einfacher! Mir wurde merkwürdig schwach in allen Gliedern. Am liebsten hätte ich mich auf die staubige Straße gesetzt, um mich von dieser peinlichen Schwäche zu erholen. Außerdem empfand ich gar nichts im Moment und meinte, man müßte sich doch hinsetzen. Marcel ging mit mir zurück nach Hause, wir setzten uns auf die Veranda und ich begann zu begreifen. Marcel, nicht immer ablesbar, strahlte rückhaltslos Glück aus. Eine große Ruhe, ein schwereloser Zustand breitete sich in mir aus. Wir beschlossen, am 21. Mai unsere Verlobung bekanntzugeben, und gingen ins Haus zu meinen Eltern, um es ihnen mitzuteilen. Die Reaktionen meiner Eltern waren unterschiedlich: für Mama war Marcel der idealste aller Männer, und sie schloß ihn fest in die Arme. Papa bot ihm herzlich seine Hand. Ich kannte ihn: ihm war ein deutscher Jude lieber als ein verheirateter Holländer, aber sein Herzenswunsch waren sie beide nicht. Es hat einige Jahre gedauert, bis er Marcel als seinen Sohn empfand; daß seine Tochter später deutsche Staatsangehörige wurde, hatte er nie ganz verkraften können, er versuchte es zu vergessen.

Unsere Verlobung überraschte viele unserer Freunde, schließlich hatte ich genug Grund zu Spekulationen gegeben. Marcels Freund, Herbert Hamlet war sicher, daß es zur Hochzeit gar nicht kommen würde, der erste große Krach würde schon vorher stattfinden. Marcel meinte dazu, er brauche lange Zeit, um sich zu überzeugen, jedoch würde er doppelt so lange brauchen, um glauben zu können, er hätte sich getäuscht.

Natürlich unterrichtete ich Carel brieflich vor der offiziellen Bekanntgebung über meine Entscheidung. Mein Brief war sehr lang und sehr zärtlich. Die Zeit hätte alles für uns heranreifen lassen, die Entwicklung hätte sich ergeben. Innerhalb der Hoffnungen, die ich in mir trug, war auch der Wunsch, daß Carel und Anneke einen neuen Weg füreinander finden würden, zumindest fiel die große Last von mir, der Grund von Annekes Trostlosigkeit zu sein.

Carels briefliche Reaktion kam prompt. Meine Entscheidung sei gefallen an dem Tag, als Anneke endlich auf ihn verzichtet hätte und bereit gewesen war, sich scheiden zu lassen. Obwohl seine Verzweiflung grenzenlos sei, bliebe ihm nichts anderes übrig, als meinen Beschluß zu respektieren. Ein Trost sei es ihm zu wissen, daß Marcel mich über alles liebte und alles tun würde, um mich glücklich zu wissen. Ihm könne jedoch niemand verbieten, mich unverändert zu lieben und in jeder Lage mein Freund zu bleiben. Anneke sei leider entsetzt über die Leichtfertigkeit meiner Handlungen.

Marcel las den Brief und wußte, wie sehr es mich quälte, Carel so verzweifelt zu wissen. Für uns alle war es jedoch die Lösung einer entsetzlichen Zerreißprobe und einer Prüfung, die man nie vergessen kann. An Annekes frühem traurigen Ende hatte ich keine Schuld, während Carel und ich jahrzehntelang selbstverständlich innig verbunden blieben. Unsere Wege hatten sich getrennt, unser Dialog jedoch nie.

Als Verlobte lebte ich anders als zuvor. Alle Freunde schlossen sich noch mehr an, dafür blieben vergangene und potentielle Verehrer fern. Ich übte keinerlei Tätigkeit mehr aus, weil Marcel mich ganz und gar für unsere gemeinsamen Interessen einspannte. Die übrige Zeit verbrachte ich im Sportclub oder bei privaten Einladungen. Gesellschaftlich passierte viel. Die Amerikanische Botschaft wurde wieder eröffnet, auch die englische Vertretung öffnete wieder ihre Tore. Helen Didot, gebürtige Amerikanerin, verließ ihr Witwenasyl am Meer, und kehrte mit Kindern und Hunden nach Bangkok zurück. Sie erhielt eine Wohnung auf dem Gelände der französischen Gesandtschaft, aber ihr Zuhause wurde mehr und mehr die Amerikanische Botschaft. Wiederum war Helen von Marcel so begeistert, daß sie uns in ihren neuen Kreis völlig integrierte. Der amerikanische Botschafter, Mr. Stanton und seine Frau Josie wurden zunehmend freundschaftlich und luden uns zu großen und kleinen Festen ein.

Mr. Mabbatt, Marcels Chairman war sehr glücklich über die Wahl seines Bevollmächtigten und lud uns in die englischen Kreise ein. Wir stellten sehr bald fest, daß wir uns plötzlich im Rotationsprozeß der unaufhörlichen Parties befanden und daß wir die verschiedensten Freunde hatten, wie immer in Bangkok, sehr international. Da Marcel sich gesundheitlich noch schonen mußte, waren unsere Abende nie sehr lang, sodaß ich zunehmend die Tageseinladungen der Damen annahm. Dieses war ein Leben, das ich in Bangkok bis dahin nie geführt hatte und das mir auf lange Sicht nicht lag. Glücklicherweise waren die Menschen so sympathisch, daß es nie langweilig wurde.

Unsere liebe treue Helen stellte uns dem neuen amerikanischen Generalkonsul vor, Nathaniel Lancaster, bald einfach Nat genannt. Nat war ein gutaussehender, kultivierter Endvierziger mit viel Charme und innerer Wärme. Er wurde sehr bald einer unserer Lieblingsfreunde. Seine letzte Station war Madrid gewesen, wo er sich nicht nur in die südländische Lebensweise verliebte hatte, sondern auch in eine Spanierin der Gesellschaft. Aus welchem Grunde aus dieser Bekanntschaft nichts Dauerhaftes entstanden war, interessierte nicht mehr, denn Nat und Helen kamen sich täglich näher, bis jeder Blinde sehen konnte, daß sie auf dem ganz schnellen Wege waren, ein Paar zu werden.

Eines Tages teilte uns Helen mit, aufgeregt wie ein junges Mädchen, daß Nat und sie am nächsten Vormittag die Verlobungsringe kaufen wollten. Es war eine großartige Nachricht, nach all dem Leid, das Helen und die Kinder erlebt hatten! Eine Frau mit drei Kindern, 47 Jahre alt, verlobt und an der Schwelle eines neuen guten Lebens! Ich wollte glauben, daß unsere zwei jungen Kätzchen auch dieses Glück herbeigebracht hatten, laut Messaats Interpretation. Da jedoch Helens Leben voller Deutungen und Improvisationen bis dahin verlaufen war, stellte ich mich im stillen darauf ein, daß bis zum endgültigen Glück noch irgendetwas passieren würde. Aus meiner eigenen Konstellation heraus kannte ich es ja auch nicht anders. Menschen mit ähnlichen Lebenswegen voller Kapriolen waren meine Zwillingsseelen, hautnah verwandt.

Während an dem besagten Vormittag Nat in der chinesischen Juwelierstraße einen sehr schönen Saphir- und Diamantring für Helen kaufte, brannte ihre Wohnung samt der schönen Einrichtung gänzlich ab. Ein Kurzschluß hatte das Holzhaus innerhalb kürzester Zeit zu einem Hügel heißer Asche verwandelt. Helen suchte in der Asche nach ihren letzten Kostbarkeiten: Perlenketten, Armbändern, einigen wertvollen Gemälden, darunter ein Matisse, alles unversichert wegen der hohen Prämie, die sie nicht bezahlen konnte. Sie fand als einziges den Siegelring von dem verstorbenen Ernest, unversehrt. Noch völlig verstört fuhr sie bei uns vor, um uns zu berichten. Sie war, gestützt durch ihr neues Glück, nicht verzweifelt und kommentierte voller Einsicht: ,,Ich verstehe es so, meine Vergangenheit, meine Erinnerungen sollten verschwinden, damit ich mit Nat neu und unbeschwert ein neues Leben beginnen kann. So sollte es sein.'' Helen war sicherlich eine meiner Zwillingsseelen, es war nicht weiter erstaunlich, daß wir uns auch ohne Worte stets verstanden.

Marcel hatte sich so weit wieder im Kontor eingelebt, daß ihm die Arbeit Freude machte. Seine Kräfte nahmen mit der Zeit weiter zu, und da Erfolg und Gesundheit im Einklang waren, machte er einen sehr zufriedenen Eindruck. Meine Eltern boten ihm an, zu uns zu ziehen, da es sinnlos war für eine kurze Zeit sich ein Haus zu mieten. Wir verstanden uns sehr gut, obwohl Marcel der ernsteste Mensch war, den ich bis dahin kennengelernt hatte. Er handelte immer nur nach reiflicher Überlegung, dachte an alle Einzelheiten und kümmerte sich um alles, was uns beide anging. Meine Eltern waren glücklich, denn ich war in sicheren Händen und sehr geliebt von einem Mann, der tief empfand. Er wurde von allen respektiert, aber sein Ernst war oft eine Barriere für schnelle Freundschaften. Er duzte niemanden, nicht einmal seinen Freund Hamlet. Mich wollte er immer bei sich haben, sobald er aus dem Kontor nach Hause kam. Meine selbständigen Unternehmungen mußte ich während seiner Arbeitszeit erledigt haben. Im Grunde hätte ich mir auch das Denken abgewöhnen können, denn um alles kümmerte sich Marcel, auch sehr interessiert und kritisch um meine Garderobe. Eines war mir klar: wenn ich nicht aufpaßte, würde ich eine sehr disziplinierte Frau werden, obwohl Marcel meinte, dieses sei die größte Utopie!

Weihnachten und Neujahr fuhren wir mit meinen Eltern nach Hua Hin. Die Regenzeit war vorbei, das schöne, sonnige, kühlere Wetter beglückte uns sehr. Wir hatten einen Bungalow des Hotels gemietet und fuhren mit Messaat für vierzehn unbeschwerte Tage an unseren liebsten Strand. Viele Freunde hatten sich eingefunden: Stantons, die Prinzessin Tongti Kajou etc. Zu Silvester gab es nach langen Kriegsjahren wieder eine fröhliche Party. Ich hatte Marcel noch nie so beschwingt gesehen: 1947 empfingen wir mit glücklichen Herzen, leicht erschien mir plötzlich alles, verglichen mit den Belastungen der Vergangenheit. Carel schrieb viel und oft, er war eigentlich mein einziger Kummer im Moment. Seine Briefe hatten sich wenig geändert, er versuchte schnellstens nach Holland zu kommen, um dort weitere Entschlüsse zu treffen.

Kurz bevor wir nach Bangkok zurückkehrten, meinte Marcel, es wäre Zeit, daß wir unseren Hochzeitstag festsetzten, es wäre sein größter Wunsch, daß wir für uns leben könnten. Wir einigten uns auf den 6. März. Obwohl es der logische Ablauf einer Verlobungszeit war, bekam ich vor Erregung Herzklopfen. Es war mir klar: jetzt erst begann mein völlig neues Leben, außerhalb des Elternnestes, mit eigener Verantwortung und eigenen Entschlüssen. Plötzlich war mir das alles schwer vorstellbar, vielleicht weil ich in Marcels Welt endgültig dadurch eintrat, eine Welt, die für mich um so mehr Neuland sein würde in dem Moment, wenn wir Bangkok verlassen würden. Und das war im Programm. Im Grunde hatte ich nichts zu befürchten: bei Marcel war ich behütet und geliebt, eine Kontinuität des Zustandes seit meiner Geburt.

Wir mieteten ein sehr schönes geräumiges Haus in der Silom Road mit großzügigem Garten und schönen alten Bäumen. Marcel hatte immer noch keine Staatsangehörigkeit (die deutsche Botschaft war immer noch geschlossen), und es gab auch keine Synagoge. Wir würden im Hause heiraten, im Beisein von mindestens zehn Juden, damit die Eheschließung religiöse Gültigkeit haben sollte. Es war unglaublich, wie viel zu tun war, um alles rechtzeitig fertigstellen zu können: vom Möbelkauf bis zum Geschirr, an alles war zu denken. Marcel stellte mir allabendlich neue Listen zusammen, und ich erledigte auf leichten Füßen alles. Inzwischen schien mir, als ob mir Glücksflügel gewachsen wären, alles gelang besser als erhofft und ich blickte glücklich dem 6. März entgegen.

Leider mußte mein Vater kurzfristig geschäftlich nach Italien, eine komplizierte Flugverbindung brachte ihn nach Rom, von dort aus fuhr er nach Mailand. Wir waren konsterniert darüber. Meine Mutter, die sich eine Traumhochzeit für uns ausgedacht und programmiert hatte, mußte zum ersten Mal in ihrem Leben selbständig handeln. Das war für uns, die wir sie kannten, ein derartiges Phänomen, daß ich mich hinsetzen mußte, um sie in Ruhe zu betrachten und zu versuchen, es zu realisieren.

Meistens breitete sie täglich auf dem Eßtisch ihre vielen Notizen aus. Beim Anblick dieser Anzahl erfaßte sie Panik und sie blickte hilfesuchend zu Marcel, natürlich nicht zu mir. Marcel wiederum war jeden Abend mit der Schwierigkeit konfrontiert, Mamas Notizen in russischer Sprache zu verstehen, denn nach wie vor dachte und lebte sie russisch. Ich stellte neue Listen auf englisch auf, und wir gaben ihr Ratschläge, wie sie vorgehen sollte. Da sie aber tagsüber die englischen Listen mit russischen Bemerkungen verzierte, sahen wir kein Ende dieser Komplikation und auch nicht die Möglichkeit, ihr behilflich zu sein. Ich schlug vor, man solle sie in Ruhe lassen, russisch oder englisch oder beides, sie würde es am besten schaffen, so wie es ihr am leichtesten fiel. Schließlich hatte sie Lydias Hochzeit vortrefflich gemeistert gehabt trotz des üblichen Wirrwarrs russischer und italienischer Zettel. Was Mama anscheinend in Panik versetzte, waren die übersichtlichen, präzisen Listen von Marcel. Dann erschien ihr alles viel komplizierter und mannigfaltiger.

Marcel zog zwei Wochen vor der Hochzeit in unser Haus, was bedeutete, daß dort ein Haushalt organisiert werden mußte. Als wir dann gewahr wurden, daß die ersten Hochzeitsgeschenke Tage vor dem Stichtag abgegeben wurden, an die neue Adresse, lebten wir alle mit Messaat tagsüber in dem „großen Haus".

Da bei uns keine einzige wichtige Handlung jemals so verlief wie bei anderen normalen Menschen, wurde auch aus dieser Hochzeit, trotz aller penibler Listen von Marcel, ein überwältigender Rausch von freudigen Überraschungen und herrlichen, unvorhergesehenen Situationen.

Wir hatten einhundertdreißig Personen zu dem Empfang eingeladen, darunter Amerikaner, Franzosen, Schweizer, Dänen, Italiener, Siamesen, Chinesen und Inder. Zu der Zeremonie selbst nur die innigsten Freunde, natürlich Helen und Nat Lancaster an erster Stelle. Helen bestand darauf, uns ihren fabelhaften chinesischen Butler zu borgen, der die ganze kulinarische Regie samt Personal übernahm. Die Blumendekoration übernahm Helen selbst, die passionierte Botanikerin war.

Die letzten zehn Tage vor der Hochzeit wurden wir aufwendig von Freunden von unserer individuellen Freiheit verabschiedet. Das bedeutete Buffet-Empfänge am laufenden Band. Meist stand als Blickfang eine hohe Torte auf dem Haupttisch mit den bemerkenswerten Namen der Verlobten. Wir waren sehr überrascht über diese herrliche Welle der Freundschaft. Die oft dazugehörenden Ansprachen waren witzig, da sie uns pointiert charakterisierten. Marcel, der Reservierte muß schon damals empfunden haben, daß er dabei war, in eine gewisse Turbulenz hineinzugeraten. Er hielt sich tapfer und war sehr überrascht, wie beliebt wir doch waren. Bei Lancasters lernten wir die frisch eingeflogenen Grondahls kennen, er Direktor des United States Information Service. Grondahls wurden sofort unsere Freunde. Sie entfachten durch ihr apartes Hochzeitsgeschenk eine neue Leidenschaft in uns: die fanatische Liebe zu Siamkatzen. Grondahls überbrachten uns wenige Tage vor der Hochzeit einen entzückenden Korb, der mit hellblauer Seide bespannt war: zwei Siamkatzen, ein Pärchen, blickten uns fragend an, zwischen den Pfötchen hielten sie französisches Parfum mit einem Kärtchen „say it with perfume"! Seitdem erscheint uns ein Leben ohne Siamkatzen verhältnismäßig trostlos.

Wenn die Hochzeit selbst sich zu einer Apotheose der Überraschungen und der Freude entwickelte, so waren die Tage davor ständig von unerwarteten, ja kaum glaubhaften grandiosen Anerkennungen begleitet. Als Marcel und ich eines Nachmittags im Garten unseren Tee einnahmen, vertieft in Besprechungen und Kommentaren, hielt ein Lastwagen vor unserem Gartentor. Ein riesiger Eisschrank wurde sichtbar, und ich eilte dahin, um den Leuten zu erklären, sie seien am falschen Haus. Der Fahrer betrachtete seinen Zettel und nannte Marcels Nachnamen ganz deutlich. Marcel kam angelaufen, um das Mißverständnis zu klären, und stellte fest, daß die Adresse stimmte. Ein chinesischer Kunde der Firma schenkte uns zur Hochzeit den riesigsten aller Westinghouse-Eisschränke und eröffnete damit den Reigen maximalster Geschenke, die mich vor Freude aus der Fassung brachten, aber Marcel war befremdet. Solche Grandiosität war ihm peinlich, und er besprach sich mit Mr. Mabbatt, der, sehr lebensnah, ihm den weisen Rat gab: „Take all that comes along, it's a true fairy tale."

Tagtäglich wurden danach Geschenke ausgeladen, sodaß Marcel mit seinem leisen Humor bemerkte, wir sollten uns nicht mehr in den Garten setzen, da wir dadurch die beladenen Lastwagen anzögen. Mit so üppigen Aufmerksamkeiten wurden wir von den aisatischen Kunden der Firma bedacht und von unseren persönlichen asiatischen Freunden. Unter anderem wurden gesandt: eine Wohnzimmergarnitur aus Leder, Teppiche, ein antiker chinesischer Schrank, haufenweise Silberglocken als Glücksspender, Herrenuhren, Silberbestecke, Tabletts und Zigarettenschachteln mit Widmungen und — unvergeßlich — das Skelett eines Tigerkopfes, der offene Rachen goldgefüllt mit Widmung für das glückliche Hochzeitspaar. Während mich der Anblick stets erschreckte und ekelte, erstarrten alle unsere Asiaten in andächtiger Bewunderung, denn so ein armer Tigerkopf übertraf an Wert, Rarität und Glücksspender alles, was sonst schenkbar war.

Unser Hochzeitstag wurde so schön wie eine Braut ihn sich nur wünschen kann. Meiner Mutter war alles, aber auch alles gelungen, was für ihr Zettelsystem spricht. Wir heirateten um 16 Uhr nach jüdischem Ritus. Marcel holte seine verschleierte Braut aus dem Nebenzimmer und hob meinen Gesichtsschleier erst vor den Zeugen. Er war so ergriffen, daß er kein Wort sagen konnte. Während der ganzen Trauungszeremonie unter dem Baldachin hielt er meinen Arm mit eiserner Kraft, und der Schmerz, den ich verspürte, störte meine Andacht. Ich genoß die Trauung aus tiefstem Herzen, den Anblick meiner schönen Mutter, der liebsten Freunde. Ich bildete mir ein, den langen gemeinsamen Weg, den ich mit Marcel gehen würde, vor mir zu sehen, und meinte, die Kraft für das Schöne wie auch für das Schwere zu verspüren. In mir war Ruhe und Freude, wenn Marcel bloß meinen Arm nicht so gedrückt hätte, wäre alles von einer herrlichen Vollendung gewesen.

Mein Kleid war aus eierschalfarbenem Satin und hatte eine fünf Meter lange Schleppe, der ebenso lange Schleier wurde von Gardenien gehalten. Marcel hatte mir ebenso einen Gardenienstrauß gegeben und meiner Mutter eine zarte Orchidee in der Farbe ihres Kleides. Als wir nach der Trauung in den großen Garten hinausgingen, wo der Empfang stattfinden sollte, standen dort schon die ersten offiziellen Gäste und jubelten uns zu. Alle kamen nach und nach, und es schien, als ob die großen Tische nicht reichen würden, um alle Geschenke zu fassen. Josie Stanton beteuerte, noch nie etwas Ähnliches erlebt zu haben, und meinte, es fehle nur noch ein Diamantring! In dem Moment erschien ein indischer Bekannter und drückte Marcel und mir je ein Päckchen in die Hand: es war ein Ring mit sechs Diamanten für mich! Ein Schrei von Josie, und aus dem allgemeinen Jubel ertönte ein Wiener Walzer von einer Kapelle gespielt. In dem Freudentaumel, in dem wir uns befanden, hatte ich die Kapelle nicht bemerkt, sie war eine der Überraschungen meiner Mutter. Im selben Moment gingen alle bunten Lichter in den Bäumen an und Helens Butler bat zum Buffet. Als Marcel und ich die vielstöckige Torte anschnitten, bat Mr. Mabbatt um das Wort. Seine Rede war so freundschaftlich und mit so viel englischem Humor versehen, daß die allgemeine Stimmung noch höhere Wellen schlug.

Bis spät dauerte das Fest. Zu guter Letzt verabschiedeten wir die Kapelle, bedankten uns beim Personal und setzten uns mit Mama auf die obere kleine Terrasse, um innig und in Ruhe noch einen Champagner zu trinken. Da kam als letzter Helens Butler, dem wir sehr zujubelten und ihn sehr lobten. Er wünschte uns zum Abschied Berge von Glück für die Zukunft und den Segen von 687 Kindern! Ganz sicher ein alt-chinesischer Segensspruch, auf den Marcel, nun gelöst, erwiderte: „Doch nicht alle mit derselben Frau!" Das erschien dem Butler wiederum eine peinliche Bemerkung zu sein, er zeigte nochmal ein weites, goldverziertes Lächeln, verbeugte sich mehrmals und verschwand.

Am nächsten Morgen wollten Marcel und ich, begleitet von Messaat, nach Hua Hin, wo wir im schönsten Bungalow vierzehn Tage Hochzeitsreise verbringen wollten.

Nachdem der Butler sich verabschiedet hatte, wollte auch Mama zu sich nach Hause gehen. Ich blickte sie an und wollte mich an dem Abend nicht von ihr trennen. Der Gedanke, daß sie die Nacht allein verbringen wollte, nachdem sie uns so viel Glück geschenkt hatte, war mir unerträglich. Ich bat sie, bei mir zu schlafen. Marcel blickte erstaunt auf mich, fragend, völlig überrascht. Hatte er recht verstanden? Mir fiel es nicht schwer, darauf zu bestehen, und ich bat ihn um Verständnis. Morgen in Hua Hin würde unser Leben beginnen. Marcel küßte mich zur Nacht, während ich ihm tausendmal für sein Verständnis dankte. Mir war gänzlich klar, daß mein Wunsch fast eine Zumutung bedeutete, aber ich konnte nicht anders.

Die Eisenbahnfahrt in die Hochzeitsreise wird mir immer in Erinnerung bleiben. Frisch getraut, noch sehr erfüllt von der großen Welle der Liebe, die uns entgegengebracht worden war, reisten wir glücklich zu dem Strand, den wir so liebten. In einem anderen Wagen saß Messaat, stolz und selbstbewußt, uns begleiten zu dürfen. Anscheinend hatte sie einen Aufenthalt ohne Tadel vor, denn sie hatte ihren erwachsenen Sohn als Begleiter mitgenommen.

An der einzigen großen Station, an der unser Zug hielt, warteten Freunde auf uns, die in der Umgebung ein Grundstück besaßen und dort Ferien machten. Erneuter Jubel, wieder ein wertvolles Geschenk, und wir fuhren weiter. Immer wieder blickte ich auf unsere neuen Eheringe und hatte das Bedürfnis, alle an unserem Glück teilhaben zu lassen. Marcel betrachtete daraufhin auch seine Hand. Er schmunzelte, denn nie hätte er geglaubt, der Mann zu sein, der sich zu einer Ehe entscheiden würde. Ich lockte das Geständnis aus ihm: noch nie hatte er so geliebt, trotz seiner 35 Jahre, die er nicht traurig verbracht hatte. Plötzlich freute ich mich über alle Maßen auf die vierzehn bevorstehenden Tage und Nächte!

Wer hatte jemals den englischen Ausdruck „honeymoon" oder „Flitterwochen" erfunden? Unsere Zeit verlief jedenfalls traumhaft schön: wie Honig und der Schein des Mondes. Alle Sterne schienen im rechten Winkel zu stehen, um von ihrer Position aus uns mit ständigem Glück zu berieseln. Wir liebten beide gleichermaßen Hua Hin und kannten dort jeden Winkel bereits, dennoch entdeckten wir neue Aspekte, neue Pflanzen und unternahmen hübsche Ausflüge. Messaat sorgte liebevoll für uns und schien in der Rolle „Dienerin zweier Herren" (auf Zeit) sich besonders wohl zu fühlen. Die Tage vergingen zu schnell, wir hatten noch keinerlei Neigung, wieder zurückzukehren in die Realität, als die zwei Wochen verflogen waren.

Im Zug auf der Rückreise betrachtete ich erneut unsere Eheringe, an die ich mich inzwischen etwas gewöhnt hatte und hoffte, daß die tiefe Schönheit und der Glanz des Sternrubins, den ich am selben Finger trug und den mir Marcel zur Hochzeit geschenkt hatte, Sorgen und Kummer fernhalten würde.

Unser neues gemeinsames Haus empfing uns strahlend. Selbstverständlich hatte meine Mutter für die Aufräumungsarbeiten nach dem großen Empfang gesorgt. Da das Haus so groß war, hatte man für die unzähligen Aufmerksamkeiten den richtigen Platz gefunden. Die neuen Dienstboten, von Helens Butler empfohlen, waren alle Chinesen: Koch, Boy und seine Frau. Sie würden nun für uns sorgen, so gut es nur ging, versprach Boy mit tiefen Verbeugungen und strahlendem Gesicht. Alle, stellten wir fest, hatten viel Gold im Mund und nickten zu jedem Wort, das Boy uns sagte. Sie hielten allesamt ihr Versprechen und blieben bei uns, treu und beharrlich bis zum Morgen unserer Abreise aus Bangkok. Messaat kehrte nun zu meiner Mutter zurück. Hippy hatte leider unsere glanzvolle Hochzeit nicht mehr erleben können, sein Nachfolger war ein kräftiger, intelligenter, eigensinniger Schnauzer, den uns Juwelier Sena geschenkt hatte. Dieser schien die neue Situation blitzschnell erfaßt zu haben: die Tage verbrachte er bei uns, um nach dem Tee zielstrebig zu meiner Mutter zu eilen, um sie nachts zu beschützen. Nintchik hieß dieser Individualist.

Ich hatte keine Mühe als Mrs. Weil das Stadtleben aufzunehmen. Worin sollte auch die Mühe bestehen, in dieser privilegierten Lage zu leben? Nur die Selbständigkeit, die von mir erwartet wurde, machte mir am Anfang zu schaffen, gewohnt wie ich war, mir immer bei Mama Rat zu holen, die immer dafür gesorgt hatte, nein, sie hatte darauf bestanden, daß alles für mich erledigt wurde. Das wollte Marcel nun konsequent abgeschafft wissen.

Die ersten Hindernisse traten bereits auf der Hochzeitsreise auf beim Kofferauspacken und Kofferpacken. Ich stand fassungslos davor und Marcel mußte mir helfen. Meine neue Erziehung begann bereits in dem Moment. Auch das Schicksal stand auf Marcels Seite, die vielen Umzüge, die unzähligen Reisen, die später folgten, haben aus mir eine Meisterin im Packen und Verpacken gemacht. Später, in Europa, sollte es große Probleme mit dem Kochen geben, als wir unsere deutsche Köchin entlassen hatten und ich keinen neuen „Drachen“ engagieren wollte. Aber das war viel später, so ganz selbständig war ich jedoch immer noch nicht geworden. Ohne es zu merken hatte Marcel Mamas Rolle diesbezüglich etwas übernommen: er beschützte mich ständig und räumte Probleme aus meinem Weg. Kein Wunder deshalb, daß meine Entwicklung sehr spät begann, als ich das Rebellieren lernte.

Nach unserer Rückkehr in die Stadt begann eine neue Einladungswelle. Vor der Hochzeit hatte man uns aus dem „Junggesellenleben“ verabschieden wollen, nun wollte man uns festlich in das Eheleben einführen. Alle unsere europäischen Freunde ließen es sich nicht nehmen, uns als Neuvermählte bei sich zu haben, meist wurde Mr. Mabbatt dazu gebeten, sozusagen als Marcels Chef. Er hatte sich mittlerweile fast als väterlicher Freund entpuppt, der wohlwollend, sehr zufrieden uns beschützte und verwöhnte.

Meine Mutter bereitete sich zur Abreise vor. Sie würde mit dem Flugzeug nach Rom reisen, wo mein Vater sie abholen wollte. Ich versuchte, nicht daran zu denken, daß ich mich bald von ihr trennen mußte. Wir warteten immer noch darauf, daß Marcel seine Staatsangehörigkeit zurückgegeben würde, bis dahin konnten wir ja gar nicht reisen. Glücklicherweise ging es ihm gesundheitlich gut, obwohl man nach ununterbrochenen acht Jahren in den Tropen ziemlich ausgelaugt war. Das war unsere ständige Sorge: in den Besitz eines Reisepasses zu kommen. Das Gesuch um eine siamesische Staatsangehörigkeit wurde mit der Begründung abgelehnt, daß Marcel seit Jahren staatenlos war.

Die Berichte meiner Schwester und meines Vaters aus dem Nachkriegs-Italien ließen deutlich die Mühe erkennen, die das Land hatte, um seine tiefen Wunden zu heilen. Es fehlte an allem, und die politische Situation war sehr verworren. Die Zerschlagung der Faschistischen Partei bedeutete zwar Freiheit, aber eine Freiheit voller Mängel, in der die Kommunistische Partei sich breit machte. Man hoffte auf und fürchtete dennoch die ersten kommenden freien Wahlen. Viele Hoffnungen waren auf den neuen Mann, den bis dahin verhältnismäßig unbekannten Politiker de Gasperi gerichtet, der mit sanfter Entschlossenheit die neue italienische Democrazia Cristiana aufbaute.

Ich bat meine Schwester schriftlich, nach Danilo zu forschen, aber Lydia befand sich am Anfang ihrer dritten Schwangerschaft, einen Zustand, der bei ihr stets frenetische Freude gepaart mit einem progessiven Phlegma auslöste. Sie bemühte sich nicht, und er gab kein Lebenszeichen von sich. Außerdem war sie der Meinung, daß es an der Zeit wäre, alte Lieben zu vergessen, da ich nun so glücklich verheiratet war. Über Lydias unnachgiebigen Absolutismus der Ehe sind wir beiden Schwestern stets geteilter Meinung geblieben, über ihre strengste Haltung diesbezüglich gäbe es so manche komische Pointe zu berichten!

Wir verabschiedeten meine Mutter mit einer großen Party, zu der alle alten und manche neuen Freunde kamen. Es wurde glücklicherweise ein frohes Fest, ohne Wehmut, das auch meine Mutter sehr genoß. Es war schließlich alles so gelaufen, wie sie es insgeheim seit langem gehofft hatte, und sie war glücklich zu wissen, daß wir einen so großen, wertvollen Freundeskreis hatten. Sobald Marcel seine Papiere hätte, würden wir nachkommen.

Messaat kam regelmäßig uns besuchen. Bevor meine Mutter abreiste, hatte sie sie bei Freunden als Köchin untergebracht. Wenn Messaat zu mir kam, refüsierte sie sich hinzusetzen, erstens war sie es nicht gewohnt und zweitens gehörte es sich nicht. Ich war zwar nicht ,,Mame Yai" (die große Dame), sondern immer noch ,,Missie" geblieben, dennoch hockte sie zu meinen Füßen auf dem Boden, während wir uns unterhielten. Stets beobachtete sie mich gründlich, ich wußte auch, wo ihr Hauptinteresse lag und ließ sie im Ungewissen. Eines Tages hielt sie es nicht länger aus, genau wie ich es erwartet hatte. Als ich aufstand, um sie zu verabschieden, tastete sie ohne Vorwarnung meinen Leib gründlich ab und stellte fest: ,,Kein Baby!" Sie wurde unruhig, voller Sorge und fragte, ob ich glücklich sei, ob alles stimme. Liebe Messaat, über Geburtenkontrolle hatte sie nichts gehört. Die einzige Empfängnisverhütung, die sie kannte, war das lange Nähren ihres Letztgeborenen. Irgendwie schien sie damit auch gut zu fahren, denn in den Jahren, in denen wir sie kannten, kam kein Zuwachs, trotz ihres wirren Privatlebens. An diesem Tage nahm sie ihre Schuhe, die sie am Eingang gelassen hatte, unter ihren Arm, ihren Hut in die Hand und setzte sich in Bewegung in Richtung Gartentor und dann zur Bushaltestelle. Eine kleine, zierliche Gestalt, mit einem schwarzen Sarong und lustiger Bluse gekleidet, auf raschen Affenfüßchen sich geschmeidig bewegend. Seit ein neuer Erlaß der Regierung die Bevölkerung zum Tragen von Schuhen und eines Hutes verpflichtete, wurde für Messaat das Leben schwieriger. Sie duldete Einengungen in keinster Weise, auch nicht an den Füßen. Meine Mutter hatte ihr Schuhe und Hut geschenkt, Messaats einzige Konzession war, daß sie beides in der Hand trug, wenn sie ein öffentliches Verkehrsmittel besteigen mußte. Als ein Polizist, Hüter des Gesetzes, sie darauf aufmerksam machte, daß sie beide Kleidungsstücke auch benutzen mußte, setzte sie den Hut auf und meinte, daß müßte genügen. Der Polizist kapitulierte vor ihrer zornigen Entschlossenheit, und Messaat fuhr damit fort, Schuhe und Hut als zusätzliche Belastung bei sich zu tragen, während sie energisch ihre Betelnuß kaute.

Grondahls fanden endlich das Haus, das sie suchten, in Bankapi. Ein langgestreckter Bungalow mit schönem Garten und Schwimmbad, Anlaß genug, um eine „Housewarming-Party" zu geben. Es wurde eine fast ausschließlich amerikanische Gesellschaft, sehr lustig und sehr freundschaftlich. Grondahls waren Menschen, die auf selbstverständliche Weise Wohlbehagen und Kultur ausstrahlten. An diesem speziellen Abend, der sich besonders hübsch entwickelte, stellte der Hausherr einen neuen Mann vor: Mr. Cyrus Vance, ganz jung, am Anfang seiner diplomatischen Karriere. „How do you do, Mr. Vance!" „Ein ganz reizender Mann mit intensiven, lauschenden Augen", kommentierte ich, an den amerikanischen Botschafter gerichtet. „Ja, wir haben Glück", meinte dieser, „passen Sie gut auf, he will go places." Mr. Stanton hatte sich als weitsichtig erwiesen: Cyrus Vance wurde amerikanischer Außenminister.

Bangkok erhielt mehr und mehr Kontakt zur Außenwelt. Die Verkehrsverbindungen, wenn auch noch nicht sehr zuverlässig, bestanden bereits. Die Firma wurde von englischen Geschäftsleuten aufgesucht, und auch in Diplomatenkreisen gab es Abreisen und neue Gesichter. Anläßlich des Besuches eines für die Firma wichtigen Herren gaben wir ein Essen, um das unser Mr. Mabbatt gebeten hatte. Dazu luden wir den amerikanischen Botschafter mit Josie ein und, natürlich, Helen und Nat.

Auf unser Personal konnte ich mich verlassen, nach einem sehr gelungenen Dinner plauderten alle miteinander bei leiser Musik, aus einer sehr schönen Anlage, die Mr. Mabbatt uns zur Hochzeit geschenkt hatte. Mr. Stanton setzte sich zu mir, wir unterhielten uns so freundschaftlich, daß ich plötzlich das Bedürfnis verspürte, ihm von unserer quälenden Sorge zu berichten in bezug auf Marcels Staatenlosigkeit. Er müßte unbedingt sobald wie möglich nach Europa, um sich gesundheitlich entgültig zu festigen. Mir fiele nichts mehr ein, was wir diesbezüglich tun könnten.

Mr. Stanton gab keine Antwort, mir schien, als ob er in Gedanken versunken sei. Es tat mir bereits leid, ihn in eigener Sache, in unserem Hause, gelangweilt zu haben. Ich wollte ein ganz anderes Gespräch beginnen, aber er unterbrach mich, indem er Nat Lancaster zu uns rief. Nat war in heiterster Stimmung, wie alle unsere Gäste, kam mit einem Glas in der Hand zu uns und fragte nach dem Grund unserer ernsten Gesichter. Stanton erklärte: ,,Unsere Freunde haben ein Problem und das wollen wir lösen. Marcel ist immer noch staatenlos und dadurch unbeweglich. Wir werden morgen den beiden ein Papier fertigstellen, das besser sein wird als gar nichts. Ich muß noch darüber nachdenken, aber bitte melden Sie sich morgen Vormittag bei Lancaster und dann kommen Sie gemeinsam zu mir.'' Nat beteuerte: ,,Sure, sure'', und klopfte mir wohlwollend auf die Schulter. Selbstverständlich versprach ich, am nächsten Morgen vorzusprechen, machte mir jedoch keine großen Illusionen. Was sagt man nicht so gerne während eines gelungenen Abends und hat es am nächsten Morgen vergessen!

Als alle Gäste uns verlassen hatten, erzählte ich Marcel von der erstaunlichen Aufforderung des Botschafters. Marcel war der Überzeugung, daß auf Stantons Worte absoluter Verlaß war.

Ich betrat Lancasters Büro sehr zaghaft am darauffolgenden Vormittag, überzeugt, daß sich Nat an unser Gespräch nicht mehr erinnerte. Er sprang hoch, kam mit ausgestreckten Armen mir entgegen, schwärmte von dem bei uns verbrachten Abend und meinte: ,,Wir wollen schnell zum Botschafter. Er wartet schon, wir haben etwas Hübsches ausgearbeitet!''

Tatsächlich lagen auf Stantons großem Schreibtisch zwei mehrseitige Dokumente, bereits mit Siegeln und Unterschriften der Amerikanischen Botschaft versehen. Es waren zwei Identitätsausweise für Marcel und für mich, in denen der Grund von Marcels

Staatenlosigkeit und seine und meine Integrität bescheinigt wurden. Die zwei Herren hofften, uns damit geholfen zu haben.

Ich drückte den Diplomaten sehr fest die Hand und steckte die unschätzbaren Papiere ein. Stanton rief noch hinter mir her: „In die Staaten können Sie jederzeit von nun ab!"

Mit Marcel gingen wir die Papiere ungläubig mehrmals durch und konnten vor Freude keine Formulierung finden. Obwohl diese Dokumente verständlicherweise keine Pässe waren, so bewiesen sie doch in auszeichnender Weise unsere Identität. Es blieb abzuwarten, welche Länder außer Nordarmerika uns daraufhin ein Visum erteilen würden. „Auf keinen Fall etwas überstürzen und Staub aufwirbeln." Das war Marcels Warnung. Erst mußte alles mit dem Arzt und Mr. Mabbatt besprochen werden.

Generell gesehen hatten wir noch keinerlei präzise Zukunftspläne. Mr. Mabbatt wollte Marcel gerne wieder in seiner Firma sehen nach einem achtmonatigen Europa-Urlaub, wobei der Arzt der Meinung war, daß das tropische Klima nach der heftigen Krankheit zu meiden wäre.

Marcel schrieb zum ersten Mal nach dem Kriege zwei Briefe nach Hamburg, um von den ehemaligen leitenden Angestellten der väterlichen Firma Informationen über den derzeitigen Stand zu erhalten. Wir wußten allerdings nicht, ob sie den Krieg überlebt hatten und ob wir je eine Antwort erhalten würden. Marcel und ich sprachen immer noch miteinander englisch, so tief war seine Phobie gegen alles Deutsche. Er konnte sich eine Rückkehr in das Land nicht vorstellen, ich konnte sehen, daß ihm darüber zu sprechen bereits schwer fiel. Genauso schienen seine Brüder zu empfinden, weder der jüngste in Amerika, noch der ältere in Argentinien wollten von Deutschland hören. In solchen Situationen hoffte ich erneut auf die oft heilende Entwicklung, die die Zeit bringen würde, auf keinen Fall wollte ich Marcels so tiefe, immer noch offene Wunden weiter aufreißen, indem wir das Thema berührten.

Wir hatten jeden Grund, dankbar zu sein und wollten langsam daraufhin arbeiten, einen baldigen Europa-Urlaub anzutreten. Es war zwar erst der Beginn unserer Ehe, aber ich konnte überzeugt behaupten, glücklich zu sein. Marcel war ein sehr liebender, zuverlässiger Mann, der mich sehr verwöhnte. Jeden 6. des Monats schenkte er mir etwas Schönes, Überraschendes, um unseren Hochzeitstag monatlich zu unterstreichen. Es schien, als ob unsere zwei so verschiedenen Temperamente sich vollkommen ergänzten. Unser gemeinsamer Tag begann, wenn ich Marcels Auto vor dem Gartentor nach Kontorschluß hörte. Nicht nur ich, sondern auch die Katzen und die Hunde jubelten ihm entgegen, und der Genuß begann, wenn wir uns beim gemeinsamen Tee im Garten, von unseren Tieren umkreist, die Geschehnisse des Tages berichteten und die nun regelmäßig eintreffende Post besprachen. Während der Boy abräumte, gingen wir mit Ninchik spazieren, kehrten zum Drink nach Hause zurück und bereiteten uns auf den Abend vor. Ob zu Hause oder eingeladen, alle Stunden erschienen uns wunderschön, und Marcel war stets aufmerksam an meiner Seite. So erschien mir die Frage unserer zukünftigen Residenz nicht von sehr großer Bedeutung: unser Glück sollte bestehen bleiben, alles andere würden wir zur gegebenen Zeit erfolgreich lösen können.

Eine unangenehme Nachricht erreichte uns aus einer Ecke, die wir übersehen hatten: der Hausbesitzer brauchte das schöne Haus, das wir sehr liebten, für den Eigenbedarf und bat uns, innerhalb von dreißig Tagen auszuziehen. Unsere Bestrebungen, ihn zu überreden, sich noch einige Monate zu gedulden, halfen nichts. Aus familiären Gründen brauchte er das Haus. Wir waren mehr als traurig und konnten nicht hoffen, etwas Ähnliches wieder zu bekommen.

Inzwischen hatten wir soviele Beziehungen zu siamesischen und chinesischen Kreisen, daß ich innerhalb weniger Tage ein freies Haus besichtigen konnte, das mich vollkommen bezauberte: ein sehr großer pagodenartiger Holzbungalow mit riesiger, überdachter Terrasse, auf hohen Zementpfeilern gebaut, mitten in einem großen, malerischen Garten gelegen, wo ein kleiner Bach plätscherte. Der Bezirk hieß Nai Lert's Park, eine erstklassige Adresse. Als Marcel am Spätnachmittag mit mir sich das Haus ansah, war auch er sehr begeistert: wir wußten sofort, wie wir uns dort einrichten würden und waren bereits ungeduldig, den Umzug hinter uns zu wissen.

Gegenüber von dem neuen Haus wohnte der derzeitige Premierminister, der so gut bewacht war, daß wir unseren Babu (Nachtwächter) nun bestimmt sparen konnten. Auch Koch, Boy und Familie waren begeistert, was sehr wichtig war, denn sie waren ein fabelhaftes Team und mittlerweile auch unsere Freunde.

Bevor wir umzogen, unternahm ich etwas, was ich mehrmals verschoben hatte: ich tauschte einige Hochzeitsgeschenke unserer asiatischen Freunde bei meinem chinesischen Antiquar in der Altstadt um. Diese Tauschgeschäfte waren eine doppelte Freude: nicht nur bekamen wir Kostbarkeiten, die unserem Geschmack entsprachen, sondern ich erlebte auch an mehreren Vormittagen den Genuß des Feilschens mit meinem Freund, dem Antiquar. Erst durfte ich in seinem Geschäft alles inspizieren, dann wurde ich von seinen Mitarbeitern in immer exklusivere Lager geführt, die von Innenhöfen getrennt waren. Ich hatte die Qual der Wahl, da sein Bestand musealen Wert hatte. Als ich glaubte, ungefähre Auswahl getroffen zu haben, lud mich mein Freund in den kleinsten, schattigsten Innenhof zum Tee ein und die Besprechung begann. Es dauerte meist eine gute halbe Stunde, bis man zum Kern der Sache kam, denn das Höflichkeitszeremoniell und das angebliche geschäftliche Desinteresse wurden immer peinlichst respektiert. Während ich die ausgesuchten Teile mir bereits bei uns zu Hause vorstellen konnte und der Freude entgegenfieberte, fragte der gute Mann, was die ,,große Dame" (meine Mutter) aus Europa berichtete und ob die Gesundheit des Herrn Gemahl gut sei. Ich durfte keine Ungeduld zeigen, um die Preise so niedrig wie möglich zu halten. Ich lernte bei den kostbaren Stücken Gleichgültigkeit vorzutäuschen. Das Resultat dieser mehrtägigen Exkursionen war mehr als gut: alles, was wir nicht schätzten (an erster Stelle der erschreckende Tigerkopf) oder dreifach und vierfach erhalten hatten, wurde getauscht, genau nach unseren Vorstellungen. Das Vertrauen zum Antiquar hatte sich so vertieft, daß er von nun an zu meinen Lieblingschinesen zählte, obwohl wir ohnehin eine ganze Kollektion davon hatten. Das Ritual der Höflichkeiten und der Zauber der Gegenstände, die zur Diskussion standen, beinhalten für mich eine Welt der vollendeten Kultur und der Freude. Als ich diese Welt verlassen mußte, dachte ich, sie entbehren zu können, weil die Sehnsucht nach Europa so groß war. Kaum hatte ich Europa wieder betreten, vermißte ich die Ausstrahlung, die Grazie Asiens.

Das Haus im Nai Lert's Park, unsere letzte Etappe in Bangkok, wird mir stets als das optimale in Erinnerung bleiben. Wir hatten uns in all den Jahren so weit der asiatischen Kultur und Lebensweise genähert, daß wir unser großzügiges, pagodenartiges Haus, nach allen Seiten offen, luftig und einladend, inmitten eines exquisit angelegten Gartens, als die perfekte Residenz empfanden, ein Liebhaberobjekt und das Spiegelbild unserer veränderten Mentalität. Wir liebten das Haus von der ersten Stunde an und vergaßen, daß wir es eigentlich eilig hatten, nach Europa zurückzukehren.

Der Innenhof — der Platz zwischen Haus und Servants Quarters — entwickelte sich zum Eßplatz unserer vielen Haustiere. Glücklicherweise waren Koch und Boy tierlieb, so genossen wir alle gemeinsam das tägliche Ritual der Fütterung aller Tiergattungen gleichzeitig aus verschiedenen Näpfen: elf Hunde, sieben Katzen, einige Hühner und Enten. Alle vertrugen sich bestens, solange wir die Hierarchien respektierten: Nintchik war der Kaiser unter den Hunden, das siamesische Katzenpaar die Könige ihres Hofes. Wenn Marcel nach Kontorschluß sich zur Teezeremonie in den Garten setzte, lagen und saßen Katzen und Hunde uns zu Füßen, die Privilegierten auf dem Schoß. Der kleine Bach plätscherte am Gartenzaun, die vielen Büsche und Blumen dufteten um die Wette, manchmal verbrannte der Gärtner in einer entlegenen Ecke Zweige und Laub, während die Sonne nach einem langen, heißen Tag dabei war, sich zu verabschieden. Ein gemeinsamer Spaziergang und ein schöner Abend warteten auf uns. Ich gestand mir, vorsichtig, zaghaft, das Glück erreicht zu haben. Marcel hatte das Lachen wieder erlernt, seine Zärtlichkeit und seine Liebe bewiesen mir, daß wir einen Hafen gefunden hatten, in dem die Freude eingezogen war. Wir konnten nur hoffen, daß keine Stürme ihn erreichen würden.

Während wir eines Tages zur Teestunde im Garten saßen, gerieten unsere Hunde und Katzen in große Aufregung, die einen liefen bellend am Bach entlang, hin und her, die Katzen fauchten und ihr Fell stand hoch, während ihre Augen auf einen Punkt des Ufers fixiert waren; dort bewegten sich zwei Kobraschlangen in einem geschmeidigen Liebestanz, ihre Körper erhoben, die Köpfe meist wie zu einem Liebeskuß vereint, völlig entrückt den lärmenden Tieren, vermutlich einer inneren Flötenmusik folgend. Wir waren gefesselt von diesem ungewöhnlichen Gastspiel, das uns Jahre zuvor in panische Angst versetzt hätte wegen der Gefährlichkeit der Tiere, ganz abgesehen von dem Ekel, den wir beim Anblick jeglicher Schlangenart empfunden hatten. Boy und Koch eilten herbei, mit langen Stöcken bewaffnet, um die liebeserfüllten Tiere mit einem gezielten Schlag auf den Kopf zu erledigen. Wir waren konsterniert, ließen es nicht zu. Den schönen Tieren sollte doch gegönnt sein, ihren akrobatischen Liebestanz bis zur Erfüllung zu beenden! Tatsächlich ließen sie sich nach einer gewissen Zeit, innig miteinander verschlungen, ins Wasser gleiten. Unsere Tiere gaben endlich Ruhe, ein Zeichen dafür, daß die Reptilien, vom Bach getragen, von unserem Grundstück verschwunden waren. Koch und Boy verschwanden mit ihren Stöcken, das Schauspiel war beendet, und neue Kobraschlangen waren vermutlich gezeugt worden. Ein winzig kleines Glied im Rhythmus des tropischen Lebens.

Unsere Tage im Nai Lert's Park, fern von der Innenstadt, verliefen naturverbundener, in einem langsameren Tempo als zuvor. Wir entdeckten einige neue Vogelarten, die glücklich die Luft mit ihrem Gesang erfüllten. Im Baum vor meinem Schlafzimmerfenster wohnte eine Eule. Jeden Morgen, wenn ich aufwachte, erblickte ich als erstes ihre starren Augen, die mich regungslos betrachteten. Ich versuchte sie immer wieder in ein Gespräch zu verwickeln, mit dem einzigen Erfolg, daß sie ab und wann mir sehr gelangweilt mit einem Auge zuzwinkerte, der Rest ihres Körpers blieb regungslos. Dieses war gewiß ein Fall von einseitiger Liebe, ich liebte sie, und sie liebte den Baum, in dem sie lebte.

Eines Tages entstand ein Krawall im Servants Quarters, gerade zu der Zeit, als ich meine Siesta hielt. Da Harmonie und Stille dort sonst herrschten, verstand ich nicht, was in Bewegung geraten war. Der Boy schrie auf chinesisch, seine Frau schluchzte, der kleine Sohn wimmerte. Dann hörte ich dumpfe Schläge und verzweifeltes Weinen. Schnellen Schrittes eilte ich dahin und fand ein chinesisches Familiendrama vor: unser sanfter, liebenswürdiger Boy schlug wie entfesselt seine Frau, welche, wie die Tradition es befahl, sich widerstandslos verprügeln ließ und vor Schmerz heulte. Ich packte Boy am Arm und befahl ihm, aufzuhören. Er blickte mich aus seinen vor Wut entstellten Augen befremdet an und befahl mir wiederum, zu verschwinden, dieses sei seine Frau und sein Problem, beides ginge mich nichts an. „Sie dürfen Ihre Frau nicht in unserem Haus schlagen, Boy", erwiderte ich laut und deutlich. „Es ist nicht Ihr Haus, Mam, sondern meine Quarters!" drehte sich um und schlug weiter, bis das Weinen verstummt war. Ich fand nicht die Entschlußkraft, erneut hinzugehen, um festzustellen, ob er sie totgeschlagen hatte oder ob sie zu schwach geworden war, um zu weinen.

Zur gewohnten Teestunde servierte Boy mit der üblichen Liebenswürdigkeit, stellte die immer wiederkehrenden diskreten Fragen nach dem persönlichen Wohlergehen von „Master". Wer ihn nicht kannte, hätte nicht vermutet, daß dieser sanfte Mann erst kurze Zeit zuvor in so unkontrollierbare Rage geraten war, daß er sich völlig vergessen konnte. Ich merkte jedoch, daß hinter der Höflichkeit seine Gesichtszüge verspannt und verändert waren. Da ich von unseren asiatischen Freunden gelernt hatte, daß direkte Fragen unhöflich sind, fragte ich ihn nach dem Wohlergehen seines Sohnes und meinte natürlich seine Frau. Boy informierte uns zu meiner Überraschung, daß sein kleiner Sohn erkrankt sei und daß sein Zustand ihn sorgte. Er hätte auch deshalb mit seiner Frau „schimpfen" müssen, sie hätte in ihrer Trägheit nicht ausreichend auf ihn aufgepaßt. „Was fehlt Ihrem Sohn, Boy?" fragte Marcel. „Er hat böse Winde im Bauch, Master." Es war zwar eine Aussage, wir empfanden sie jedoch nicht als Diagnose. „Wollen Sie nicht zu einem Arzt mit ihm?" wagte ich zu fragen. „Oh nein, sicherlich nicht", meinte Boy. Er wolle vielmehr um Erlaubnis und Verständnis bitten, wenn er nach Teatime das Haus mit einer Schnur umranden und Räucherstäbchen anzünden würde, um die bösen Geister von seinem Sohn zu vertreiben. Danach würde er bestimmt genesen. Selbstverständlich durfte er das tun, wir wollten mit ihm hoffen, daß die Wirkung nicht ausbleiben würde. Als jedoch nach dem Abendessen der Rauch der Stäbchen bereits gewichen und nur die Schnur geblieben war, gab das arme Kind unbeirrbare Zeichen einer drastischen Verschlechterung seines Zustandes, es lag hochfiebernd, völlig apathisch da und hatte einen harten Trommelbauch. Marcel schlug vor, Vater mit Sohn schnellstens zu einem benachbarten, europäischen Arzt zu fahren. Die inneren Kämpfe von Boy waren in seinem Gesicht ablesbar, er betrachtete verzweifelt die Schnur, die abgebrannten Stäbchen und willigte schließlich ein. Seine Frau, anscheinend unversehrt, brachte das arme Kind, das so dick eingemummelt war, als ob es zu einer Polarexpedition starten sollte, und Marcel fuhr sie, zum ersten Mal in ihrem Leben, zu einem europäischen Doktor.

Nach drei Tagen hatten alle bösen Winde den Bauch des kleinen Sohnes verlassen, er war wieder fieberfrei und gesund, die herkömmlichen Medikamente hatten ihn geheilt. Boy war die große Sorge los, aber die Enttäuschung über das Scheitern althergebrachter Riten, speziell im Falle seines sehr geliebten Sohnes, machte ihm zu schaffen. Er erwähnte mit keinem Wort den europäischen Doktor und sprach nie mehr über diese peinliche Angelegenheit, die beinahe den Zusammenbruch einer Lebensethik bedeuten mußte.

Als wir gar nicht mehr damit rechneten, erhielt Marcel einen langen Brief aus Hamburg von dem ältesten Prokuristen der ehemaligen Firma seines Vaters, als Antwort auf sein Schreiben. Es war ein großer Moment, allein der Hamburger Poststempel, nunmehr ohne die Verzierung des Hakenkreuzes, war ein ungewohnter Anblick. Die Tatsache, daß geschätzte Menschen die Tragödie überlebt hatten und wieder Kontakt aufnahmen, war Freude und tiefe Erregung zugleich. Marcel, der sich nicht einmal überwinden konnte, zur deutschen Sprache zurückzufinden, korrespondierte nun über die tiefe dunkle Schlucht der Jahre und der Trauer mit dem geschätztesten Mitarbeiter seines Vaters. Die Worte von Herrn Salzmann waren die eines treuen Freundes, der völlig erschüttert über das Schicksal seines Chefs und dessen Familie war. Die alte Firma existierte nicht mehr, da sie „arisiert" worden war und unter dem neuen Namen Geschäfte tätigte. Es lebten auch noch die Sekretärin und einige andere Mitarbeiter meines Schwiegervaters. Hamburg war sehr zerstört, befand sich unter englischer Besatzung und dennoch: Marcel sollte doch zurückkehren, um die Firma, die Weltgeltung gehabt hatte, wieder aufzubauen. Es sei doch eine Pflicht, der man sich nicht entziehen dürfe, fuhr Herr Salzmann in seinem Brief fort. Selbstverständlich stünde er jederzeit Marcel zur Verfügung.

Ich blickte Marcel an, im vollen Bewußtsein, daß dieses Schreiben, dieser Ruf aus einer vergangenen Welt eine Wende für unser zukünftiges Leben sein könnte. Marcel legte den Brief auf den Tisch und sah plötzlich sehr müde aus. Er sagte nichts. Wir saßen auf unserer sehr großzügigen, schattigen Veranda, und Marcel blickte in den Garten, in Gedanken und Reminiszenzen versunken. Ich ließ ihm Zeit und blätterte in den anderen noch ungelesenen Briefen. Da war ein Brief von Carel aus Holland und einige Post aus Italien. Sicher war, daß Bangkok längst keine abgeschnittene Insel mehr war, es ließ sich viel leichter atmen im Bewußtsein, daß man Freunde und Verwandte erreichen konnte. Ich hoffte, bald mit Marcel alle besuchen zu können, nachdem wir mit der Firma nun einen achtmonatigen Urlaub ausgehandelt hatten. Es blieb abzuwarten, welches Land uns eine Einreise genehmigen würde auf Grund unserer neuen amerikanischen Identitätspapiere. Marcel begann nochmal, den Hamburger Brief zu lesen, und ich meditierte über die Kapriolen meines eigenartigen Lebens. Mein erster Satz in deutscher Sprache war zwar einfältig, aber voller ungeahnter prophetischer Weitsicht gewesen: „Hamburg ist eine schöne Stadt." Nun war ich mit einem Hamburger verheiratet, der zwar alles verloren hatte, was er in dieser Stadt gehabt hatte, aber deshalb trotzdem ein Hamburger geblieben war. Und die Firma rief ihn wieder, die bedeutendste und älteste Getreidefirma Deutschlands. Im Grunde hatte ich mir als junges Mädchen streng vorgenommen gehabt, keinen Getreidehändler zu heiraten, zu sehr hatten mich die Sorgen und Ängste dieses risikoreichen Geschäftes beeindruckt während der Zeit, als mein Vater im selben Handel tätig gewesen war. Und nun, wenn Marcel in Hamburg die Firma eines Tages aufbauen würde . . . „Dieser Brief hat wenig Bedeutung", mit diesem Satz riß mich Marcel aus meinen Träumereien. „Eine zerstörte Stadt, keine Staatsangehörigkeit, kein Kapital und eine absolute Abneigung davor, deutschen Boden je wieder zu betreten. Könntest Du jemals unter Deutschen leben?" „Prinzipiell glaube ich überall dort leben zu können, wo Dein Beruf Dich hinführt und wo wir gesund sein können. Du mußt Dich ohnehin in Europa erst gründlich erholen, dann erst werden wir sehen können, ob Dir Deutschland etwas bieten kann. Wir könnten doch in diesem Sinne auf den heutigen Brief antworten. Es hat ja wieder einmal alles noch Zeit, heute brauchen wir uns doch nicht mit unreifen Entscheidungen zu plagen, meinst Du nicht auch?"

Marcel sah sehr bekümmert aus, offensichtlich suchte er nach Worten, um mir etwas Wichtiges, Unerfreuliches mitzuteilen. Mein Herz begann zu rasen, ich beobachtete ihn und wurde von Panik ergriffen. „Wie geht es Dir?“ fragte ich sinnloserweise, denn plötzlich kannte ich bereits die Antwort. „Ich habe seit einigen Tagen wieder Halsschmerzen und habe bereits mit dem Arzt gesprochen. Morgen bin ich zur Kontrolle bei ihm angemeldet.“

Was sagt man in solcher Situation? Ich versuchte, meine Gesichtsmuskeln unter Kontrolle zu halten, unverändert auszuschauen. Es gelang mir, hervorzubringen, daß uns nunmehr nichts passieren könne, wir hatten Papiere und es würde uns schon gelingen, bald das Land zu verlassen. In Europa, endlich in Europa, würden wir diese verrückte Krankheit ein für allemal auskurieren. In diesem Licht gesehen war vielleicht der Brief aus Hamburg wegweisend für unsere Zukunft, denn die vielen Tropenjahre nach dem Konzentrationslager und all dem Leid waren wohl das Äußerste, was einem Menschen zugemutet werden konnte.

Marcel nickte, drückte mich an sich und meinte, wir würden es schon schaffen.

Man muß sich nicht auf einem Schiff befinden, um zu empfinden, daß man auf hoher See schwimmt. Auf unserer schönen Veranda mit dem weiten Blick auf den grünen, prächtigen Garten fühlte ich mich plötzlich wie auf einem fragwürdigen, schwankenden Floß, um mich schreckliche Weite und nirgends ein tröstliches Ufer in Sicht. Wie irreführend diese behagliche Fassade und wie morsch der Inhalt! Europäer in führender Position lebten ihrem Status entsprechend in einer fiktiven Welt, die den Eingeborenen den Eindruck vermitteln mußte, daß die „Weißen“ eine ganz andere Menschengattung waren, für Luxus und Glück prädestiniert, innerhalb eines geordneten Daseins, das sich zwischen Club, Kontor und Parties nach einem strikten Kastensystem abspielte. Hatten diese weißen sterilen Menschen je Sorgen? Viel wichtiger noch, hatten sie die Fähigkeit, das Leben in seiner ganzen Skala zu erleben?

Wir, die durch mehr als außergewöhnliche Gründe zu dieser geordneten „weißen“ Insel zugestoßen waren, hatten nur unvollständig die entsprechende Lebensform aufrecht erhalten, angezogen wie wir uns fühlten von unseren asiatischen Freunden, ihrer Lebensweise, ihrer Toleranz und Weisheit. Wir hatten weder Sonnenschein noch Glück auf Dauer gepachtet, so daß, wenn das Geschick wieder einmal mit Stürmen über uns brauste, wir die Kraft fanden, uns aufzurichten, um dem tobenden Wind entgegenzutreten. Es blieb uns auch keine andere Wahl, als mit fanatischem Überlebenswillen nach vorne zu blicken, um an der Gegenwart nicht zu zerbrechen. Die Gegenwart, überlegte ich in meiner Verzweiflung, sollte ich nutzen als Plattform für die Zukunft, als Absprungbrett sozusagen, in der festen Annahme natürlich, daß die Gegenwart nur ein kurzes Tal sein müßte, das zu einem Hügel der Ruhe und Beständigkeit führen würde. An lange schmale dunkle Täler der Verzweiflung hatte ich ohnehin nie glauben können, weil ich es nicht wollte. Es liegt an uns, den Rotationsprozeß des Lebens in Bewegung zu halten und an die Zyklen der Jahreszeiten zu glauben. Im Moment schien für uns, bei aller äußeren tropischen Wärme, ein eisiger Winter eingetreten zu sein, und das — leider — nach einem zu kurzen Sommer.

Ich brauchte nicht die ärztliche Untersuchung abzuwarten, um zu wissen, woran wir waren. Marcel hatte einen Rückfall erlitten, seine Genesung war von kurzer Dauer gewesen, eine endgültige Heilung war im tropischen Klima nicht möglich. Mir persönlich riet der Arzt, mit ihm schnellstens nach Europa zu reisen, wenn wir überhaupt noch eine gemeinsame Zukunft uns wünschten. Inzwischen solle er die Büroarbeit so weit wie möglich reduzieren und mit seinen Kräften sparsam umgehen.

Während ich mir die sehr ernsten Worte des Doktors anhörte, die ich erwartet hatte, zwang ich mich — zwar völlig verkrampft — an die nächste Einladung und an die Verabredung zum nächsten Mahjong Spiel zu denken. Unbedingt mußte ich versuchen, die brennenden Tränen in der Kehle zurückzuhalten und gleichzeitig an der Kontinuität des Alltags festzuhalten. Nur auf diese Weise meinte ich, Selbstbeherrschung und Kraft im Griff behalten zu können.

Außerdem mußte ich mir einen Verhaltensplan Bekannten gegenüber aufbauen, da ich auf der einen Seite die allermeisten Einladungen absagen mußte und das kontinuierlich bis zu unserer endgültigen Abreise, andererseits wollte ich Marcels Krankheitsrückfall auf keinen Fall publik machen. Nichts ist schwerer zu ertragen, als wenn mitleidige Erkundigungen nach einer Gesundheit, die täglich weiter abbröckelt, und die Angst vor der Zukunft das Überlegen zu lähmen drohen. Ich ging weiterhin zum Sportsclub, zu Damentreffen, zeigte großes Interesse für all die Gespräche, die ich nicht mehr fähig war, zu behalten! In der Zwischenzeit überlegte ich fast ausschließlich, mit welcher List ich ein italienisches Visum dem Konsul Bovo entlocken könnte und wie ich meinen Eltern brieflich beibringen sollte, daß ich mit einem sehr kranken Marcel dort bald eintreffen würde. Plötzlich realisierte ich, daß ich alle Initiativen unserer Handlungen und ihre Ausführung von nun an zu übernehmen hatte, da Marcel vor Sorgen und Belastungen geschützt werden mußte. Diese große Verantwortung zu tragen mußte ich erlernen, wenig prädestiniert wie ich war, alleine wichtige Entschlüsse zu fassen. Ich war diesbezüglich geradezu verkrüppelt worden, von frühester Kindheit an, von elterlicher und großelterlicher Fürsorge sorgfältigst umhüllt, von Ratschlägen stets begleitet, wußte ich nicht, daß man Stürme alleine überleben müsse und vermutlich auch könne mit dem einzigen Rat der eigenen mobilisierten Kraft und, hoffentlich, einer blinden, entschlossenen Zuversicht.

In Gedanken ging ich mein noch kurzes Leben durch und versuchte, die Menschen, die es als nächste begleitet und geprägt hatten, zu analysieren. Wie immer, an erster Stelle, wurde mir Großväterchen gegenwärtig, der viel zu früh, aber bis zum Schluß lächelnd und heiter, an zerbrochenem Herzen gestorben war. Kummer und Sehnsucht können ein Leben auslöschen im Gegensatz zu dem unrealistischen Sprichwort: An Kummer stirbt man nicht. Ich betrachtete das geduldige Leben meiner Mutter, die nie gewußt hatte, Glück und Reichtum bewußt zu genießen aus Furcht vor dessen Vergänglichkeit, da der Lebensstürmer an ihrer Seite, mein Vater, ihr unbewußt immer wieder Angst und Sorgen eingejagt hatte.

Diese Meditationen halfen mir, verbreiteten Ruhe in meinem durcheinandergewirbelten Herzen. Die Panik wich, ohne jedoch die großen Sorgen zu nehmen. Ich wußte plötzlich, wie ich alleine die nächsten entscheidenden Monate zu überleben hatte: mit Großväterchens Ausgewogenheit, mit Geduld und hoffentlich mit einiger Heiterkeit, und da ich sehr viel jünger war als er, obwohl vermutlich gleichermaßen verletzbar, wollte ich ungebrochenen Herzens aus dem dunklen Tunnel das Tageslicht wieder erblicken. Ich wollte es, war mir jedoch nicht darüber klar, wie ich es anstellen sollte, in mir selbst so unbegründete Heiterkeit zu produzieren. Sicher war, ich durfte Marcel nicht mit klarem Verstand betrachten. Er baute so rasch ab! Ständig mit einem Schal um den schmerzenden Hals, wurde sein Gesicht von Woche zu Woche schmaler und blasser und die Augen verloren wieder den Glanz der Freude und des Glücks. Er ging nur noch vormittags ins Kontor und verbrachte den Rest des Tages mit Lektüre und Entspannung. Mehr denn je wollte er mich ständig bei sich haben. Wir sprachen hauptsächlich über die Abreise und die wundersamen, schönen Dinge, die uns in Italien erwarteten. Über die Krankheit selbst sprachen wir kaum. Ein schrecklicher Gedanke bohrte sich in mein Hirn: würde er fliegen können, wenn wir je so weit wären? Die 14000 km, die uns von Europa trennten, erschienen mir mehr und mehr so lang wie mehrere Erdumkreisungen. Ich entschloß mich, zwei Dinge zu tun: zur italienischen Gesandtschaft zu gehen und an Hand von Marcels neuesten Röntgenbildern eine zusätzliche ärztliche Meinung einzuholen.

Als erstes ließ ich mich bei Konsul Bovo anmelden. Dieser betrachtete interessiert unsere neuen amerikanischen Papiere, lobte den amerikanischen Botschafter für seine Hilfeleistung, konnte sie leider selbst nicht als ausreichende Reisedokumente anerkennen, bei allem Wohlwollen nicht. Ich schilderte die verzweifelte Dringlichkeit, in der wir uns befanden, bat ihn, sich zu überwinden, seine Diplomatenaugen zu schließen und uns eine Aufenthaltsgenehmigung für Italien zu geben. Dieser liebenswürdige, pflichtbewußte Mann, an unkomplizierte Routine gewohnt, war offensichtlich durch meine Bitte überfordert. Die kurzen Finger seiner kleinen gepflegten Hand bewegten vor Unruhe und Nervosität viele Gegenstände auf seinem Schreibtisch hin und her, sie trommelten auf unseren so wertvollen Dokumenten herum. Er selbst seufzte tief, betrachtete mich mit geplagtem Blick, während ich nichts tat, um seine Qual zu lindern und kaum zu atmen wagte. Ich mußte hoffen, daß die Güte seines Herzens über die Limitation seiner Befugnisse siegen würde. Plötzlich stand er auf, murmelte, er müsse mir doch helfen können und verließ das Zimmer. Sicher mußte er sich mit dem Minister und der juristischen Abteilung beraten. Wie lange es dauern würde, wußte ich nicht, ich zwang mich lediglich zu glauben, daß meine Bitte erhört würde, die Alternative mußte ich ignorieren. Ich versuchte, interessante Gegenstände in Konsul Bovo's Arbeitszimmer zu entdecken, um mich darauf zu konzentrieren. Als ich unentschlossen zwischen einem Elfenbeinelefanten und einer alten venezianischen Uhr (die nicht ging) meine Augen schweifen ließ, stürzte Bovo erregt ins Zimmer. Die Angst um seine Antwort trieb mich dazu, etwas Absurdes zu bemerken: ,,Sie haben eine kostbare venezianische Uhr." ,,Ja, ja, ja! Und Sie haben ein Visum!" Mit äußerster Irritation ordnete er wieder automatisch seinen Schreibtisch und bediente sich der Klingel. Einem Beamten, der ins Zimmer trat, überreichte er unsere Papiere mit eigenen Instruktionen. Dann erst blickte er mich an.

Da ich kein Wort formulieren konnte, für mich eine Ausnahmesituation, da bereits meine Schulzeugnisse ständig mit dem Vermerk verziert waren, daß ich den Unterricht durch dauerndes Schwatzen störte, sagte Bovo nun lächelnd: ,,Wir handeln gegen alle Vorschriften, möge unser Leichtsinn Ihnen beiden Glück bringen." „Sie sind ein echter Italiener, lieber Commendatore. Botschafter Stanton und Sie haben das Leben meines Mannes gerettet. Ich finde keine entsprechenden Worte für solche spontane Menschlichkeit." „Sie dürfen nicht vergessen, daß wir Ihnen keine Aufenthaltsgenehmigung geben können, sondern nur ein Visum. Wie ich Ihren Vater kenne, hat er in Italien die Verbindungen, um aus dem Visum eine Aufenthaltsgenehmigung zu erwirken!" Das meinte ich allerdings auch, nein, ich war sicher. Bovo umarmte mich, bat mich, mehreren Freunden in Italien Grüße zu überbringen, während ich mir überlegte, wie recht Großväterchen gehabt hatte, wenn er gemeint hatte, daß man Verzweiflung von sich weisen und eher fest und entschlossen das Glück suchen sollte, denn wenn man es mit tiefster Innigkeit herbeirufen würde, würde man belohnt werden. Diese Belohnung trug ich nun in meinen Händen und fühlte, wie Entspannung und Dankbarkeit mich entkrampften. Ich konnte nur, wie Großväterchen es getan hatte, still gen Himmel blicken, wurde von dem Licht und der Sonne geblendet und fühlte voller Heiterkeit, daß ich in meiner Not nicht alleine war.

Der dänische Arzt nahm sich viel Zeit für mich, als ich mit Marcels Röntgenaufnahmen ihn in seiner Praxis aufsuchte. Sorgfältig studierte er die Bilder, stellte einige Fragen, ruhig, ohne jegliches Drama in seinen Gesichtszügen, was bewirkte, daß meine Angst mich mehr und mehr verließ und ich das Empfinden hatte, einem Freund gegenüberzusitzen. Dieser meinte schließlich, daß Marcel fliegen dürfe, aber, daß er sicherlich viele Monate intensiver Pflege bedürfe, um entgültig auf die Beine zu kommen. Eine völlige Genesung sei nach menschlicher Voraussicht durchaus gegeben, allerdings würde er vor einer Rückkehr in die Tropen warnen. Ich eilte nach Hause mit einem relativ guten Empfinden, nun sah ich verhältnismäßig klar und wußte, was zu tun war.

Marcel war beruhigt und beglückt von dem Resultat meiner Démarchen und konnte seinerseits im Kontor dementsprechend handeln und seine Abreise vorbereiten. Die paar letzten Wochen vor unserer Reise waren so voller Aktivität, daß ich nicht zum Grübeln kam. Auch ein Brief meiner Mutter, der mir schonend mitteilte, daß sie sich mehr und mehr von Papa löste, obwohl sie befreundet blieben, durfte mich nicht von meinem Konzept abbringen. Ich mußte eisern meine Kräfte erhalten und perfekt funktionieren können, dazu gehörte, daß ich mich mit bedrückenden Gefühlen zur Zeit nicht beschäftigen durfte, auch nicht mit so hautnahen Problemen, wie die gegenseitigen Beziehungen meiner Eltern. Ich hätte es im Moment nicht ertragen können.

Nachdem wir einen BOAC Flug nach Augusta (Sizilien) gebucht hatten, informierte ich meine Familie über unsere Ankunft und die Umstände, die die Dringlichkeit dieser Reise so akut machten. Es war eine Leichtigkeit, unser so herrliches, asiatisch anmutendes, individuelles Haus zu vermieten. Dem englischen Militär-Attachè ging es wie uns, als wir das erste Mal das Haus besichtigt hatten. Er war so entzückt, daß wir innerhalb von zehn Minuten die Übergabe geregelt hatten, inklusive Domestiken, inklusive Nintchik und die Edelkatzen. Für die restliche Tiersammlung zeigte Colonel W. kein spürbares Interesse. Glücklicherweise hatten wir viele gütige Freunde, es gelang mir, alle unsere wirren Hunde- und Katzenkreuzungen in gute Hände abzugeben. Das Federvieh behielten Cook und Boy.

Die meisten Abschiedsparties mußten wir ablehnen, damit Marcel bei möglichst bester Verfassung reisen konnte. Er würde seine Kräfte dringend brauchen. Die einzige Ausnahme waren Helen und Nat, bei denen wir geradezu verwandtschaftlich von unseren lebensrettenden amerikanischen Freunden verabschiedet wurden. Au revoir, niemals goodbye war die Parole. Dasselbe galt für den Geschäftsteil der Freunde. Trotz vieler au-revoirs kehrten wir nie zurück, wurden jedoch in Europa von einigen liebsten Freunden aufgesucht.

Es bleibt nicht aus, daß man nach einem neunjährigen Aufenthalt in einem Land Bilanz zu ziehen versucht, wenn man dabei ist, es zu verlassen. Wie so oft im Leben hatte ich mir auch die Abreise aus Bangkok ganz anders vorgestellt. Es war eine Gewohnheit aller Europäer gewesen, stets mit Sehnsucht an ihr europäisches Zuhause zu denken, schon der Hitze wegen. Für mich war alles ganz anders gelaufen, überlegte ich beim Kofferpacken. Die ersten Jahre waren zwar aufregend und interessant gewesen, dennoch war ich damals ständig von dem einen Wunsch beseelt gewesen, so schnell wie möglich nach Italien zurückkehren zu können, hauptsächlich Danilo's wegen. Langsam jedoch, fast kaum spürbar, hatte ich begonnen, mich mit der gesamten neuen Lebensweise zu identifizieren, um dann schließlich ganz bewußt Bangkok lieben zu lernen. Die verschiedenen Menschenrassen, ihre Kulturen, das Gewühle in den Straßen im Kontrast zu den europäischen Vierteln, die wilde Schönheit des Dschungels außerhalb der Stadt, die Strände, die fleißigen, gemütlichen Wasserbüffel bei der Feldarbeit und schließlich, ja, erstaunlicherweise auch die Hitze gehörten zu dem abgerundeten Erlebnis Thailand, das sich nunmehr durch alle Poren meiner Haut in meinen Kreislauf eingefressen hatte. Ich packte die Koffer mit zugegebener Furcht vor der Zukunft und wußte bereits, daß ich mich von der Sehnsucht nach diesem Land, nach den wahnwitzigen Situationen und Möglichkeiten, die es bot, nie befreien würde können. Heute, trotz der vielen dazwischenliegenden Jahre, fällt es mir leicht, die damalige Vermutung zu bestätigen, daß ich ohne die neun Jahre in Bangkok ein sehr viel ärmerer Mensch wäre.

Die Flüge von Asien nach Europa im März 1948 sind nicht vergleichbar mit den blitzschnellen Verbindungen unserer Zeit. Auch flogen wir nicht, wie normale Menschen heute abfliegen, von einem Flughafen ab. Die Maschine, die wir bestiegen, lag abseits jeglicher organisierter Bodenwartung auf dem Fluß, denn unsere war ein Wasserflugzeug der Königlich-Englischen-Gesellschaft für Übersee. Auch flogen wir schön langsam, deshalb aber nicht sicherer wie sich herausstellen sollte, mit drei Übernachtungen und einigen Pannen. Wie einer unserer Mitreisenden unweit von

Kairo mit feinem englischen Humor kommentierte: „Wenn Sie es eilig haben, fahren Sie mit dem Schiff, dieses hier dauert zu lange."

Wir verließen unser Haus an einem frühen Morgen. Die Sonne schien bereits mit stechender Hitze, unser Garten war voller Morgendüfte und exquisitem kühlen Schatten. In der schlaflosen Nacht zuvor hatte ich mir fest eingeredet, dieses sei nur ein längerer Ausflug und nichts, was danach käme, könne so schlimm sein, daß man es nicht ertragen könnte. Vor der Abreise setzte ich mich hin für das gewohnte Ritual aller Russen, die kurze Andacht vor der Reise: „Tschas dobri" (Möge es eine gütige Stunde sein), während Marcel mit dem Beladen des Autos beschäftigt war. Ich konnte nicht wissen, was sich in seinem Herzen zu dieser Stunde abspielte, denn Empfindungen zu formulieren, fiel ihm nach wie vor unsagbar schwer. Ich war fest entschlossen, mich diesbezüglich von ihm nicht anstecken zu lassen.

Boy mit Familie und Cook standen nun da mit sehr feuchten Augen, eine geradezu krasse Disziplinlosigkeit für Asiaten. Nintchik rannte verzweifelt hin und her, denn er hatte längst verstanden, daß etwas in seinem Leben dabei war, sich radikal zu verändern. Wir beobachteten mit Entsetzen, daß zwei dicke Tränen auf seinen Hundebacken lagen, um alsbald auf seinen Hals zu rollen. Marcel meinte: „Nun hast Du sogar einen Hund zum Weinen gebracht." Nintchiks Tränen sind die einzigen, die ich je bei einem Hund erlebt habe, und ich habe leider bis heute keine Gelegenheit gehabt, einen Verhaltensforscher darüber zu befragen. Obwohl ich es mir anders vorgenommen hatte, mußte ich noch einmal durch das Hinterfenster des Autos nach meinem ehemaligen Hund schauen. Er rannte stumm hinter dem Wagen her, seine schwarzen Augen voller Tränen, während unsere kleine Gruppe traurig und zurückhaltend winkte. In wenigen Stunden würde der neue Master einziehen und mit unseren Möbeln leben. Nintchik und die Katzen würden sicher Tage brauchen, um ihn zu akzeptieren und würden sich wohl fragen, warum das innige Zusammenleben ein so plötzliches Ende erfahren mußte.

Glücklicherweise hatten alle Freunde unsere Bitte respektiert und sind bei unserem Abflug fern geblieben. Die Taxe fuhr uns zum Fluß, wo zwei Barkassen bereitstanden, um die Passagiere zum Flugzeug zu bringen. Die Maschine war aus Hongkong gekommen, nur wenige Passagiere stiegen in Bangkok zu, wir kannten niemanden von ihnen. Siamesische Paß- und Zollkontrolle wurde noch auf festem Boden durchgeführt. Wie erwartet studierte der thailändische Beamte unsere sehr ungewohnten Papiere lange und intensiv, ohne daß seine verblüfften Gesichtszüge sich beim Studium dieser für ihn sicherlich geheimnisvollen Dokumente entspannten. Sein Stolz jedoch verbot ihm, Fragen zu stellen, und er begnügte sich damit, in dem Siegel der Amerikanischen Botschaft die nötige Rechtfertigung für sein Handeln zu finden: er ließ uns nunmehr mit unbesorgtem Lächeln passieren.

Das plumpe Wasserflugzeug glänzte in der Sonne, schwerfällig in der Form, gemütlich. Bei meiner sehr kargen, eher dramatischen Erfahrung mit Flugzeugen, versuchte ich mir gar nicht erst vorzustellen, wie dieser plumpe Vogel uns bis Augusta in Sizilien fliegen würde. Beruhigend war jedenfalls, daß er sich auf Wasser gut hielt, und wir hatten auf unserer Reise eine Menge Wasser zu überqueren. In unserer Situation hatten wir uns ohnehin auf der ganzen Linie an eine blinde, gütige Fatalität zu halten, und das tat ich auch mit verbissener Überzeugung. Marcel an meiner Seite war hauptsächlich damit vollauf beschäftigt, den Willen und die Kraft für diese Reise aufzubringen. An dem Morgen war er blasser denn je, die Krankheit und die Emotionen belasteten ihn sehr, das spürte ich und spielte weiter eine unbeschwerte Rolle. Es war wieder einmal interessant und etwas außergewöhnlich, und nach Europa wollten wir seit langem schon. Waren Nintchik's Tränen inzwischen getrocknet?

Wir waren dreißig bis vierzig Passagiere, außer uns und einem Deutschen waren alle Engländer mit Endziel London. Marcel saß am Fenster und ließ sich von allen Details, die er sah, ablenken. Neben ihm nahm ich mir nun Zeit, mich innerlich etwas zu ordnen und war froh, daß wir bereits so weit waren auf unserer langen ungewissen Reise in eine Zukunft voller Nebel. Wie immer bat ich innigst um weitere Hilfe und eine segnende Hand, die mich zu den rechten Entscheidungen führen möge, damit der Mann an meiner Seite mit mir dieses Trauma überleben könnte.

Meine Ängste und Hoffnungen wurden durch den plötzlichen Krach der Motoren unterbrochen. Wir waren startbereit und fuhren bereits mit Getöse auf dem Wasser. Au-revoir Bangkok, aurevoir oder adieu?

Unser erstes Ziel war Rangoon, die Hauptstadt Burmas, das zu der Zeit sich nicht mehr unter der Oberherrschaft Englands befand. Wir landeten dort nach einem ruhigen Flug zur Mittagszeit auf dem Fluß und erreichten mit einer Barkasse das Festland. Marcel hatte die verhältnismäßig kurze Reise gut überstanden, etwas erleichtert gönnte ich mir die Vorfreude der Fahrt durch die Stadt in das Hotel, denn dort sollten wir übernachten.

Welch ein Unterschied zu Bangkok bot uns das Chaos und der Dreck dieser Straßen, überall einheitlich, ohne Ausnahme. Die Erklärung der englischen Mitreisenden dazu war einseitig, dennoch schien sie richtig zu sein: der Abzug der Engländer aus dem Land war auf dringenden Wunsch Burmas geschehen, dennoch war das Land gänzlich unvorbereitet für eine Selbstverwaltung. Es funktionierte gar nichts, nicht einmal das äußere Bild der Hauptstadt konnte aufrechterhalten werden. Unser Hotel ist uns als Alptraum in Erinnerung geblieben: seit Monaten nicht gereinigt, schliefen wir ohne Bettwäsche, mit rauhen Militärdecken zugedeckt bei unaufhaltsam tropfenden Wasserhähnen und durchlöcherten Mückenfenstern. Das heißt: wir schliefen nicht, sondern warteten sehnsüchtig auf den nächsten Morgen und auf den Abflug nach Karachi. Als es so weit war, lag unser Wasserflugzeug vor uns wie eine Traumoase der Sauberkeit und der Normalität. Auch brauchten wir uns nicht zu ekeln, als Drinks und Speisen serviert wurden. Allerdings bemerkte mein übermüdeter Marcel, er könne sich nicht vorstellen, wie man sich auf eine Wartung in Rangoon hätte verlassen können, wo barfüßige Analphabeten äußerst gelangweilt das Flugzeug startklar bezeichnet hatten. Wie recht er hatte! Während des Fluges gab der Steward bekannt, daß wir in Kalkutta zwischenlanden müßten, weil man uns in Rangoon zu knapp betankt hatte.

Wir erreichten schließlich mit ausreichendem Benzin Karachi am späten Nachmittag und wurden ganz in der Nähe unseres Landungsplatzes in einer Art Motel untergebracht. Als erstes untersuchten wir die Betten, die Wasserhähne und die Moskitonetze. Alles war in Ordnung, und die höflichen indischen Diener warteten nur darauf, lautlos und sauber unsere jeweiligen Wünsche zu erfüllen. Wir versprachen uns von dieser Nacht einen tiefen, ungestörten Schlaf, um regeneriert und frisch am nächsten Tag in unser Flugzeug steigen zu können. Die Hitze war groß in Karachi, aber die Ventilatoren funktionierten und das Essen war gut. Am Ende des Dinners erhielten alle Passagiere eine unerwartete Mitteilung: der Weiterflug nach Bahrein am Persischen Golf mußte aus „technischen Gründen" vorgezogen werden, so müßten wir uns um 4.30 a. m. zum Abflug bereit halten! Die Empörung darüber war kaum die adäquate Vorbereitung für einen tiefen erholsamen Schlaf, für den wir ohnehin nur wenige Stunden Zeit hatten.

Mitten in der Nacht wurden wir dann zu unserem wartenden, beleuchteten Flugzeug gebracht und sahen bald von der Luft aus die noch schlafende Stadt unter uns. Marcel war sehr müde und so blaß, daß einige Mitreisende mich fragten, ob er krank sei. „Nein, nicht wirklich, nur urlaubsreif nach neun Jahren Bangkok." Sicher war, daß diese Reise viel strapaziöser war, als wir es uns je hätten vorstellen können, auch wenn ich Marcel immer zu schonen versuchte: Paßkontrollen, Hoteleintragungen, Geldwechsel usw. nahm ich ihm ab. Wenn ich ihn nun betrachtete auf dem Flug nach Bahrein, konnte ich nicht die Antwort des dänischen Arztes vergessen, als ich ihn bei meinem Besuch vor wenigen Wochen gefragt hatte, was das Schlimmste wäre, was Marcel während des Fluges passieren könnte: „Ein Blutsturz" hatte er leise und ohne Pathos geantwortet, womit mir jede andere Frage im Halse stecken blieb. „Aber das wird vermutlich nicht passieren", meinte er, indem er mich zum Ausgang begleitet hatte. „Bald werden wir sicher ein herrliches englisches Frühstück in Bahrein serviert bekommen, und darauf sollten wir uns jetzt schon freuen", war das einzige, was mir im Moment als Aufmunterung einfiel. Marcel lächelte müde, nickte und nahm wie immer meine Hand.

Bahrein war ein schwieriger Landeplatz für Wasserflugzeuge. Die geringe Tiefe des Wassers und die Lichtverhältnisse dort boten einem Piloten erhöhte Risiken. Wenige Monate zuvor war der zweite Sohn von Haim Gerson bei einer mißglückten Landung in Bahrein ums Leben gekommen. Er befand sich auf dem Flug nach England, wo er ein Internat besuchen sollte. Wir beide, Marcel und ich hatten ohnehin so großen Kummer, daß wir keine Furcht vor der risikoreichen Landung hatten, und ich fühlte, daß vielleicht deswegen alles gut ausgehen würde.

Tatsächlich landeten wir problemlos und wurden abermals mit Booten an Land gebracht. Mit Taxen wurden wir unweit der Landungsstelle in das angeblich beste Hotel am Platze zum Frühstück gebracht.

Es war kühler geworden, der Himmel war bedeckt, das Bild, das sich unseren Blicken bot, übertraf alles, was meine Augen bis dahin an Trostlosigkeit je erblickt hatten. Die Taxe vor uns wirbelte eine derartige Staubwolke auf, daß wir wie durch einen Nebelschleier Umrisse von niedrigen armseligen Steinhütten am Straßenrand sahen, ab und wann huschten schwarz gekleidete vermummte Gestalten an uns vorbei, die ihren Aufgaben nachgingen. Die Frauen waren tief verschleiert, lediglich schmale Schlitze ließen erkennen, wo die Augen waren. Aber auch die Männer schützten mit Tüchern ihr Gesicht — gegen Staub und Sand —, erklärte uns in gebrochenem Englisch der Taxifahrer. Es gab kein

Gras, keinen Strauch, keine Blume und schon gar nicht einen Baum. Steine, Sand, Staub. Dieser drang in kürzester Zeit in jede Ritze unserer Kleidung, in die Nase, in die Augen und legte sich als klebriger Film auf Haut und Haare. Jetzt verstanden wir, warum alle Menschen verhüllt waren. Alles in Bahrein im Frühjahr 1948 war graue, trostlose, tote Wüste. Sicher würden wir bald beim Breakfast weiteren Staub im Brot, im Tee, in den Servietten finden. Wie lebten die Menschen hier, wovon und wozu? Gab es Europäer hier auf diesem fremden, öden Planeten? Nur wenige, und sie blieben nicht länger als ein Jahr, war die Auskunft, des Klimas wegen. Viele Jahre später, als die ersten Astronauten auf dem Mond landeten, mußte ich stets an unsere Stunden in Bahrein zurückdenken. Außer der Schwerelosigkeit bot das äußere Bild viel Ähnlichkeit mit unseren damaligen Eindrücken. Inzwischen höre ich, hat sich Bahrein völlig verwandelt, wir haben es erblickt, so scheint mir, vor zweitausend Jahren. So schnell können Technik, menschlicher Geist und viel Geld die Natur verändern.

Gegen Mittag bestiegen wir abermals das Wasserflugzeug, unser neues Heim, mit Ziel Kairo in Ägypten. Beim Abfliegen überlegte ich, wieviel Sand und Staub mit dem frischeingepumpten Benzin in die Flugzeugtanks gelangt war. Würden wir es knirschen hören?

Bald nachdem wir Bahrein verlassen hatten, schien die Sonne wieder. Ein Gefühl der Erleichterung überkam uns, als ob wir einer geisterhaften Welt entwischt wären. Die Stewardeß fragte uns, ob wir uns etwas ausruhen wollten, vier Kojen standen hinter einem Vorhang zur Verfügung. Zu meinem Erstaunen lehnte Marcel ab, er wollte wohl Sonne und Licht am Fenster erleben. Eine hochschwangere Engländerin und ich waren die einzigen, die das Bedürfnis verspürten, sich zurückzuziehen.

Wir näherten uns mit jeder Flugstunde unserem alten Europa nach neun erlebnisreichen Jahren, überlegte ich liegenderweise hinter dem Vorhang und konnte vor Erregung keine Ruhe finden. Zu viele Fragen, zu viele Ängste jagten durch meinen Kopf und lähmten mein Herz. Plötzlich empfand ich den dringenden Zwang aufzustehen und aus dem Fenster zu blicken. Marcel war überrascht, mich so bald wiederzusehen. Unsere Maschine flog immer noch ruhig, bei herrlichstem Wetter, unserem Ziel Kairo entgegen. Unter uns sahen wir jetzt Land, und ich fragte die Stewardeß, wo wir uns befänden. ,,Over Palestina.'' Im März 1948 hieß Israel noch Palästina und war kurz davor, ein Staat zu werden. Nun wußte ich, warum mich plötzlich derartige Erregung gepackt hatte: die Wiege meiner Vorfahren lag in der Sonne unter mir, kurz vor der Realisierung einer zweitausendjährigen Sehnsucht, und ich sollte mich entspannen, liegen, hinter einem Vorhang! Ich dachte an die Begegnung mit Haim Weitzmann in Berlin, an den ersten Besuch einer Synagoge in Mailand mit Großväterchen und war plötzlich unsagbar glücklich. Wieder einmal strahlte die Vergangenheit Kraft und Zuversicht aus, Wärme, undefinierbare Geborgenheit.

Wir landeten, mit großem Wasseraufwand, zu Füßen Kairos auf dem Nil. Hier sollten wir, auf Hausbooten verteilt, die Nacht verbringen, hoffentlich endlich die ganze Nacht, in Ruhe, vor dem letzten Sprung zu unserem alten, turbulenten Kontinent, der noch dabei war, die hinterlassenen tiefen Wunden des letzten Krieges gesund zu lecken.

Ich stand mit unseren exzentrischen Ausweisen in der Reihe der Passagiere vor dem ägyptischen Beamten für Paßkontrolle, Marcel wartete erschöpft auf einer Bank. Israel existierte juristisch noch nicht, aber die arabisch-jüdische Problematik war bereits eine unübersehbare Tatsache. Ich musterte den Beamten vor mir und hoffte, daß ihm unsere Papiere zu kompliziert und zeitraubend, belastend erscheinen würden, so daß ein o. k. ihm leicht von den Lippen gleiten würde. Als ich nun vor ihm stand, so klein und freundlich wie es mir gelang, musterte er mich ernst und genau. Seine Augen, schwarz wie Kohlen, blickten an seiner geraden Nase entlang, auf unsere schönen, neuen Ausweise. Er betrachtete die Seiten, er wendete beide hin und her, er blickte mich wieder streng an, ließ die Finger über die amerikanischen Siegel gleiten, faltete die Dokumente, legte seine dunklen, schönen Hände darauf, öffnete die sinnlichen Lippen und fragte: „Jew?" Ich strahlte weiter, trotz des Zitterns in mir und erwiderte: „yes", als ob wir von Blumen sprächen, so leicht, so entzückt. „O. k.", sprach der strenge Mensch und gab mir die unschätzbaren Papiere in die Hand. Ich konnte sie wieder umklammern, an mich drücken, trotz des Bewußtseins, nirgendwohin zu gehören. Wir konnten also auch in einem Hausboot übernachten und ruhig schlafen wie andere Menschen auch, Menschen, die schon immer einen gültigen Reisepaß hatten und zwar immer denselben. Sie hatten anscheinend bereits bei ihrer Geburt ein vollständiges Lebensprogramm mitbekommen, das sie nach und nach absolvierten, wie vorgesehen. Von der kleinen Terrasse unseres Hausbootes aus betrachtete ich unsere Mitreisenden und fragte mich, warum ich sie zwei Tage später auf der Straße vermutlich nicht wiedererkennen würde. Es lag gewiß nicht an der Tatsache, daß sie stets einen gültigen und immer den gleichen Paß besaßen, sondern an der Geborgenheit ihres Lebens, im Schatten eines privilegierten Ausweises, damals war es immerhin der unübertroffene Stolz des British Empire. Sicherheit hatte ihre Gesichter mehr oder minder gestaltet.

Wir waren geprägt durch andere Erfahrungen, die recht wenig mit Geborgenheit zusammenhingen und schon gar nicht vom Glanz eines Empire bestrahlt waren. Wir waren sozusagen Individualisten inmitten dieser einheitlich ausgerichteten Gruppe, Besitzer extravaganter Papiere, die vermutlich als Unikate bezeichnet werden konnten. Dennoch, wäre mein Mann nicht von solch fataler Krankheit betroffen gewesen, wären wir viel lebendiger, vermutlich glücklicher als unsere von beständiger Sicherheit umhüllten Mitreisenden. So wie die Dinge lagen, waren wir dankbar, ohne Zwischenfälle den Nil erreicht zu haben, freuten uns auf die Nachtruhe und fragten uns mit gewohnter Beklommenheit, was am nächsten Tag die italienische Paßkontrolle zu unseren Papieren sagen würde. Auf derart elementare Existenzfragen war unser Leben derzeit reduziert: würden wir so lange bleiben dürfen, bis Marcel wieder gesund geworden wäre, wenn dieses Wunder überhaupt realisierbar wäre und wenn unsere finanziellen Mittel so lange ausreichen würden . . .

Es war still geworden. Ich wartete in meinem Bett auf den Schlaf und versuchte, meine Fantasie in Richtung Kairo zu bemühen. Eine Besichtigung dieser Stadt hätte mich schon interessiert, aber . . . Marcel schlief bereits, und ich lauschte seinen Atemzügen, froh, daß sie regelmäßig und entspannt waren, und hoffte immer wieder, daß ein guter Schlaf auch Wunder vollbringen möge, wie Genesung über Nacht. Mein Leben, mein Glück existierten oder fielen völlig abhängig von seiner Gesundheit, dieser Aufgabe mußte ich mich ausschließlich widmen. Die Besichtigung einer Stadt, sei sie auch vermutlich so interessant wie Kairo, war im Moment ein frivoler, leichtsinniger Wunsch, den ich zu vergessen hatte. Wir lagen in einem Hausboot am Nil, und morgen würden wir gemeinsam italienischen Boden wieder betreten, nach neun Jahren! Dafür wollte ich ausgeschlafen sein. Plötzlich überkam mich der heiße Wunsch nach Marcels Hand zu greifen, um im Schlaf mit ihm verbunden zu sein, aber ich fürchtete, seinen leichten Schlaf zu stören.

Der nächste Morgen überraschte uns durch seine Schönheit. Wir hatten ja fast vergessen, daß Sonne wärmen kann, alles verzaubern kann durch ihren Glanz, ohne gleichzeitig durch Hitze zu erdrücken. Dieser Morgen war golden, prickelnd, wohltuend. Es machte auch gar nichts, daß unser Abflug sich verzögerte wegen „geringfügiger Reparaturen“, wie uns amtlich mitgeteilt wurde. Wir, die kleine Gruppe von Passagieren saßen in der lauen Sonne und warteten zufrieden. Die Nervosität über die geheimnisvollen Reparaturen konnten wir nicht teilen, überzeugt wie wir waren, daß unser Schicksal von völlig anderen Problemen abhängig war. Tatsächlich saßen wir dann bald in der Maschine und konnten den aufregend schönen Abflug von Kairo erleben. Die große Stadt lag golden in der Sonne unter uns und gleich angrenzend begann die Wüste. Ich war so hypnotisiert von diesen Gegensätzen, daß ich die berühmten Pyramiden, die sich nun in unserem Blickfeld befanden, vergessen hatte und nun geblendet von diesen Wundern Marcels Erläuterungen lauschte. Aber nun, erstaunlicherweise, plätscherten dicke Tropfen gegen unsere Fensterscheibe, die Tropfen intensivierten sich dermaßen, daß wir uns fragten, ob starker Regen bei wolkenlosem blauen Himmel zu Ägyptens Wundern gehörte. Die anderen Passagiere wurden unruhig, ein starker Benzingeruch breitete sich unmißverständlich im Flugzeug aus. Was draußen plätscherte, das stand nun einwandfrei fest, war kein Wunderregen sondern Benzin, und besagtes Benzin konnte nur aus unserem Flugzeugtank kommen. Aus dem Plätschern wurde Regen, und die Passagiere wurden bleich. Die hochschwangere junge Frau verlor die Nerven und lief weinend durch den Flur. Wir drehten eine breite Kurve und steuerten offensichtlich wieder Kairo an. Dem Piloten schien keine beruhigende Lüge in dieser Situation einzufallen, und er ließ uns die Wahrheit verkünden: wir verloren mächtig Benzin aus dem unverschlossenen Tank. Man hatte vor Abflug vergessen, die Ventile zu schließen. Der Kapitän hoffte, daß ihm unter den Umständen die Landung in Kairo gelingen würde, falls wir bis Kairo kämen. „Was kann denn uns daran hindern?“ fragte schreiend die Schwangere. „Feuer“, meinte lakonisch der Steward. Das allerdings war nicht in unserem Programm von uns einkalkuliert worden. Es klang schon heikel und so wenig beruhigend. Marcel, wie hätte es anders sein können, nahm meine Hand, und wieder waren wir uns einig: es würde gut gehen. „Schau mal, da sind wieder die Pyramiden, die hattest Du vorher nicht richtig sehen können“, flüsterte mir Marcel zu und gab mir einen Kuß ins Ohr. So ein Mann mußte gesund werden!

Bei der Landung wurde es mäuschenstill, und ich mußte an den armen Piloten denken, dem sicherlich Schweißtropfen auf der Stirn standen. Marcels Hand umklammerte immer noch warm meine Hand, und ich stellte wieder einmal fest, daß ich nicht normal sein konnte: ich fühlte mich geborgen und fand die Situation interessant. Es ging auch alles sehr gut, und wir stiegen zum zweiten Mal in 24 Stunden in Kairo aus dem Flugzeug. Wie einer der Engländer später auf festem ägyptischen Boden beim Kaffee mit unbewegtem Gesicht kommentierte: „That seems to have been a small hitch." „I say again never take a plane if you are in a hurry", meinte sein Nachbar. Unmerkliches, angedeutetes Lächeln aus schmalen englischen Lippen war der Kommentar. Diese Menschen wurden wohl unter keinen Umständen laut und schon gar nicht natürlich. Dagegen blieb ein vulgäres Lachen einsam in der Luft hängen und störte mich sofort als penetrant zwischen diesen Halbleichen. Wo war die Schwangere? Marcel meinte, vielleicht bekomme sie gerade ihr Baby, vorzeitig, auf der Toilette. Um niemanden zu stören und damit es keiner merkt. Zu Hause, als Anzeige, vermutlich unter der Rubrik „Society" wird die glückliche, aparte Geburt publiziert werden, Geburtsort „Kairo, Egypt."

Meinen Fantasieflügen wurde ein Ende bereitet durch die plötzliche Mitteilung, daß der „Heimflug" fortgesetzt werden würde. „Alles schön nachgeprüft?" fragte der humorige Engländer ernst. „Alles dicht, Sir", antwortete genauso der Steward. Noch einmal die selbstverständlichen, nunmehr vertrauten Pyramiden, mitten in der Wüste und danach das blaue Meer unter uns. Die Fensterscheiben blieben trocken, der Steward bereitete eine Erfrischung vor und wir flogen in Richtung Augusta. „Tschas dobri", flüsterte ich mir innerlich zu und genoß abermals die Wärme von Marcels Hand.

Die Schwangere saß schräg gegenüber von uns, immer noch schwanger. Es wird also doch noch ein englisches Baby auf englischem Boden geboren werden. „Le Haiem", sagte ich meinem Marcel, als wir mit einem Sherry uns zuprosteten. Jüdische Ausdrücke waren ihm fremd, deutsche Juden sind eben Deutsche! „Cheers", übersetzte ich und fand es dagegen fad.

Der relativ kurze Sprung von Kairo nach Sizilien bot uns keinerlei Überraschungen mehr. Das war nun unsere letzte Etappe gewesen auf dem langen Flug zurück nach Europa. Die grüne Küste Siziliens war bereits sichtbar, unser alter Kontinent hatte uns wieder. Er hatte abermals in seiner langen Geschichte Blut, Elend und historische Umwälzungen überlebt. Hoffentlich würden wir aus dieser uralten Vitalität selbst die nötige Kraft schöpfen können, um Marcels tiefe Wunden zu heilen.

Die sizilianische Paßkontrolle musterte mit äußerstem Mißtrauen unsere Dokumente, nicht die Spur der sprichwörtlichen italienischen Höflichkeit war bei irgendeinem von ihnen zu erblicken. Sie konsultierten sich untereinander, verschwanden schließlich hinter einer Tür mit unseren Papieren und ließen mich im Alarmzustand stehen. Nach einer Weile erschienen sie wieder mit leeren Händen. Panik ergriff mich. Einer von ihnen fragte mich, wohin wir weiterfliegen wollten, denn wir hätten auf unseren Papieren kein weiteres Visum. Ich versuchte meine fließenden italienischen Sprachkenntnisse verbunden mit freundlichem gespielten Optimismus zu mobilisieren und erwiderte bewußt naiv, wir wollten unsere italienischen Verwandten besuchen, nachdem ich die Hälfte meines damaligen Lebens in Italien verbracht hatte. Die Herren erwiderten weder mein Lächeln noch meine Freundlichkeit und teilten mir kategorisch mit, wir könnten nicht in Italien bleiben.
„Wo sind denn unsere Papiere?" fragte ich einfallsarm vor Angst.
„Es wird im Augenblick geprüft, ob es in Bangkok tatsächlich einen Konsul Bovo gibt, der auf derart fragwürdige Dokumente bereit war, seine Unterschrift zu setzen."

Die Situation war zweifellos mehr als ernst. Ich überlegte, wie ich es anstellen könnte, diesem strengen Beamten gegenüber etwas Zeit für uns zu gewinnen. Einer der Gruppe brachte immerhin unsere Dokumente wieder, und ich streckte gierig meine Hand nach ihnen aus. Ja, sie hatten festgestellt, daß ein Konsul Bovo keine Erfindung war, trotzdem, wir hatten lediglich ein Visum und keine Aufenthaltsgenehmigung. Wir sollten, bitte sehr, einen Weiterflug nach Nordamerika kaufen und Italien verlassen und zwar schnellstens.

Eine Zwischenbesprechung mit Marcel wäre zeitraubend gewesen, außerdem mußte ich aus diesen Herren jetzt, gleich, irgendwie eine kleine Konzession, eine Atempause mir erkämpfen. Mir fiel nichts Weiteres ein als mein Vater, der Mensch, der aus nichts etwas ausbaute, um allerdings oft das Erkämpfte zerrinnen zu lassen. Sicher würde er seine vielen Verbindungen einsetzen, um uns eine Aufenthaltsgenehmigung zu besorgen. Die Schwierigkeit lag darin, daß er sich in Mailand befand, keine kleine Entfernung für solche Situation. Ich faßte sozusagen Mut, das bißchen, was mir noch davon übrig blieb und bat die Beamten zu bedenken, daß wir seit Tagen unterwegs waren, nach einem neunjährigen Tropenaufenthalt. Mein Mann sei sehr erkältet, und es sei dringend notwendig, mindestens zwei ruhige Tage zur Verfügung zu haben, um etwas zu Kräften zu kommen. In dieser kurzen Zeit würden wir die nötigen Entschlüsse fassen, dieser bescheidene Vorschlag sei doch für sie, die Einwanderungsbeamten, kein Risiko und für uns eine notwendige Hilfe. Außerdem, bluffte ich so waghalsig, wie man es nur aus Verzweiflung tun kann, brauchte ich nur unsere Verwandten in Mailand oder Pavia (dort lebten mein Schwager und meine Schwester) anzurufen und wir hätten die erwünschte Genehmigung in kürzester Zeit. Die Herren ließen sich die Namen besagter Verwandter samt ihrer Adressen geben und zogen sich mit ernsten Gesichtern abermals zurück, anscheinend zu Beratungen.

Ich stand nun wieder wartender Weise da, völlig unsicher, ob weitere Schritte auf diesem ersehnten italienischen Boden uns genehmigt werden würden. Eine deprimierende Apathie überkam mich. Plötzlich stand Marcel neben mir. Er kam mir besonders groß vor in diesem Moment, leider auch sehr erschöpft. Bevor ich ihm etwas erklären konnte, erschien ein ganz neuer Beamter, der Ranghöchste, wie es sich herausstellte, begleitet von einem der anderen. Er stellte sich vor und bat Marcel und mich in seinem Büro Platz zu nehmen. Ich interpretierte diese Geste als freundliches Entgegenkommen. Kommissar F. teilte uns mit, daß wir die Genehmigung hätten, drei Tage im Hotel in Augusta zu verbringen, wobei wir uns jeden Morgen bei ihm melden müßten. Nach Ablauf dieser Zeit müßten wir entweder das Land verlassen oder ihm eine Aufenthaltsgenehmigung der italienischen Behörden vorweisen. Das letztere, erwiderte ich, würde keine Schwierigkeit sein. „Um so besser für uns alle", meinte der Kommissar. „Ihr Mann sieht tatsächlich müde aus", ergänzte er, indem er ein winziges Lächeln in Richtung Marcel andeutete. Wir mußten die getroffene Abmachung unterschreiben und durften in das empfohlene Hotel gefahren werden. Die drei Tage in Augusta waren, trotz der ständig scheinenden Sonne, trostlos, voller Sorge und Einsamkeit. Wir fühlten uns vergessen und verlassen, das Zimmer war unbeheizt, und wir froren schrecklich. An hohe Temperaturen gewöhnt, war der sizilianische Frühling für uns entschieden eine kalte Jahreszeit. Das Hotel war mehr als bescheiden, und die Sizilianer in Augusta schienen weder Interesse noch Sympathie für Fremde zu empfinden. Sie schienen überhaupt nichts für uns zu empfinden. Verglichen mit den zwei schweren Hauptsorgen des Augenblicks mußte uns alles andere mehr oder minder gleichgültig bleiben: Marcel durfte sich unter keinen Umständen erkälten. Zweitens: wir mußten schleunigt Augusta verlassen können in Richtung Norden.

Noch am selben Abend erreichte ich meinen Vater telefonisch. Seit anderthalb Jahren hatte ich seine Stimme nicht gehört. Er begrüßte uns voller Freude auf italienischem Boden und war äußerst besorgt um Marcels Gesundheit. Ich erklärte ihm unsere prekäre momentane Lage und bat ihn, alles auf den Kopf zu stellen, um uns die Abreise zu ermöglichen. Es wäre nicht mein Vater gewesen, wenn er diese Hürde als zu hoch bezeichnet hätte. Ein ausgesprochener Akrobat zu Pferde und auch sonst, bezeichnete er dieses Hindernis als „Lapalie" und versprach mir für den nächsten Abend einen positiven Bescheid. Er hatte natürlich wieder seine Freundesschar in Mailand um sich und besaß offensichtlich noch in hohem Maße die natürliche Begabung, Freundschaften zu knüpfen. Ich hatte Vertrauen, daß er unseren sehr heißen Wunsch erfüllen könnte.

Tatsächlich erreichte uns Papas erlösendes Telefonat am nächsten Abend. Eine telegraphische Genehmigung für einen zehntägigen Aufenthalt sei schon an die Behörden in Augusta abgeschickt worden, wir möchten bitte nach Genua kommen, wo er uns erwarten würde. Dort hätte er die Möglichkeit, eine längere Aufenthaltsgenehmigung für uns zu besorgen. Im übrigen würde bei meiner Schwester das große Familientreffen stattfinden und bei einem Lungenspezialisten eine gründliche Untersuchung für Marcel. Danach würden wir gemeinsame Entscheidungen treffen.

Papa klang wieder stark, zuversichtlich, klardenkend. Er machte mir Mut und beruhigte mich mit rührender Stimme. Solche Sentimentalitäten leistete er sich selten. Daraus entnahm ich, daß er selbst besorgter war, als ich glaubte, sogar sehr besorgt, eine Tatsache, die meine mühsam aufgebaute Fassade der Zuversicht plötzlich zum Abbröckeln brachte. In Panik legte ich den Hörer auf, um nicht die Beherrschung zu verlieren. Merkwürdig, wie schwach man wird, wenn der Freund viel stärker ist, in diesem Fall der Vater. Er war wieder der Granitfels meiner Kindheitserinnerungen, und er war für mich da, plötzlich, ganz selbstverständlich. Ich konnte nach ihm greifen und war schon gerettet, gerettet vor der Furcht des völligen Ertrinkens. Wie hatte Mama immer gesagt? „Gott schickt nicht mehr Kummer als man ertragen kann.“ Anscheinend hatte ich ziemlich die Grenze erreicht, und nun hatten wir wieder ein wenig Boden unter den Füßen.

Am übernächsten Tag konnten wir den Zug nach Mailand besteigen, einen Schlafwagen glücklicherweise, der an Langsamkeit kaum zu überbieten war, uns aber zu unserem sehr hart erkämpften Ziel bringen sollte. Es war genau eine Woche her, daß wir Bangkok verlassen hatten, und dieses war unsere Rückkehr nach Europa, von der wir seit neun Jahren träumten. Die paradiesischen Glücksvorstellungen, die ich mit dieser Rückkehr verbunden hatte, fanden wirklich nicht statt. Wann hatten wir zuletzt gelacht? Wann würden wir wieder Grund zur Heiterkeit haben? Ich scheute mich, in die Zukunft zu blicken und sehnte mich nach der wärmenden, ruhespendenden Ausstrahlung meiner Mutter. Bald würde ich sie vor mir haben, mich hoffentlich ihr zu Füßen setzen, mit ihr alleine plaudern und schweigen können. Gemessen an der Sehnsucht, die ich nach ihr empfand, bewegte sich der Zug im Ameisentempo.

Am Bahnhof in Genua endete unsere langwierige, komplizierte Odyssée. Die meisten Wartenden am Bahnsteig waren Sizilianer, die ihre Verwandten und Freunde abholten; die Euphorie und das Gedränge hatten dementsprechende süditalienische Prägung. Marcel fürchtete, sie wären dabei, sich alle gegenseitig umzubringen und daß es erst dann wieder Ruhe geben würde. Er konnte nicht begreifen, daß das, was sich abspielte, absolute Normalität war. Trotz der langen Abwesenheit begann ich dagegen mein Italien wiederzuerkennen, mit seinen verschiedensten Aspekten.

Trotz des unbeschreiblichen Durcheinanders — denn ein Zug aus Sizilien ist lang und meist überbesetzt — sahen wir Papa fast sofort. Nicht nur wegen seines großen Blumenstraußes, der ihn offensichtlich belastete und irritierte. Er stach in jeder Menschenmenge ab, obwohl er weder außerordentlich groß war, noch besonders gekleidet. Etwas fülliger erschien er mir und von Herzen glücklich, uns zu umarmen. Seine Skepsis Marcel gegenüber, typmäßig für ihn der große Unbekannte, war völlig gewichen: nun waren wir beide seine Kinder. Im Hotel, so wohltuend ruhig, konnten wir uns endlich unterhalten.

Wie erwartet hatte mein Vater alles arrangieren können. Einer seiner unzähligen alten Freunde war der englische Honorarkonsul in Genua, dieser wiederum hatte allerbeste Verbindungen zu verschiedenen italienischen Behörden. Am nächsten Morgen konnten wir bereits unsere sechsmonatige Aufenthaltsgenehmigung abholen. Danach folgten wir einer mehr als angenehmen Einladung bei Mr. und Mrs. Caruana. Kein Zweifel, man fühlte, daß Papa Regie übernommen hatte, und alles funktionierte traumhaft unkompliziert. Er hatte selbstverständlich Theaterkarten besorgt (obwohl Marcel kein Wort italienisch zu der Zeit verstand), anschließend hatte er einen Tisch im Restaurant zu einem Souper bestellt. Seine Enttäuschung war die eines Kindes, als wir ihm erklärten, daß Marcels Kräfte limitiert seien und daß wir behutsam mit ihm umgehen müßten für eine ganze Weile. Gesundheitsschäden waren meinem Vater bis dahin unbekannt geblieben, sein Problem war eher, genug Betätigung zu finden, um seiner Vitalität freien Lauf geben zu können. Die Tatsache, daß Marcel erheblich geschwächt war durch die Krankheit, jagte Papa einen gewaltigen Schrecken ein, im Gegensatz zu der vagen Beunruhigung, die er bis dahin gehegt hatte. Verunsichert und verstört wollte er bei Tisch im Hotel die nahrhaften Speisen für Marcel bestellen und zwar in großen Mengen, was einen kleinen Appetit bereits vor Beginn der Mahlzeit blockieren kann. Papa mangelte es völlig an Feingefühl im Umgang mit Krankheiten. Die einzige geläufige Unpäßlichkeit war für ihn seine alljährliche Grippe. Auch diese ertrug er stets mit äußerster Ungeduld, hielt sich nie an die ärztlichen Verordnungen und wunderte sich, warum er nicht innerhalb von zwei Tagen wieder gesund wurde. Er pflegte dabei pausenlos nach meiner Mutter und dem Mädchen zu klingeln und hielt den gesamten Haushalt mobilisiert. Schließlich bat er den Hausarzt an sein ,,Krankenlager'', um ihn zu überreden, ihn aufstehen zu lassen. Er war kein ergiebiger Patient, dafür sehr anstrengend. Als er schließlich in Genua begriff, wie ernst es um Marcel stand, packte ihn eine blinde Angst und große Sorge um mich. Er konnte es kaum erwarten, uns meinem Schwager zu überlassen, der Arzt war und der alles weitere für uns ordnen würde.

Am nächsten Vormittag stiegen wir abermals in einen Zug, um zusammen nach Pavia zu fahren, wo die gesamte Familie uns erwartete. Trotz aller Sorgen freute ich mich auf das große Wiedersehen und ganz besonders auf meine Mutter. Glücklicherweise wurden wir vor dem Bahnhof erwartet und nicht am Bahnsteig, um Aufruhr zu vermeiden, was zwar in Norditalien nicht weiter aufgefallen wäre, aber Marcel schätzte sehr geordnete Emotionen, so unauffällig wie möglich. Nun, ganz nach seinem Geschmack fiel die Begrüßung nicht aus. Jeder wollte sich abwechselnd auf Marcel und mich stürzen, uns drücken, küssen, betrachten, um mehrmals das Ritual mit Freudenrufen zu wiederholen. Meine Schwester war völlig italienisiert und hatte hinter sich eine kompakte, herzliche, spontane Familie. Ausgerechnet Walter, mein Schwager, der einzige echte Italiener in unserer Familie, war die Ruhe personifiziert, genoß aber sichtlich die temperamentvolle Turbulenz seiner Familie. Mama hatte sich überhaupt nicht verändert. Weder Thailand, noch die Rückkehr nach Italien, noch ihre persönlichen Erlebnisse hatten ihr Wesen beeinträchtigt. Sie stand da, klein, gepflegt, entzückend, strahlte Glück und Güte aus, sagte nichts und versuchte ihre feuchten Augen unter Kontrolle zu bekommen. Ich verliebte mich aufs neue in sie. Ihr Italienisch war nach wie vor kläglich, Deutsch sprach sie kaum, das Englisch war schlecht und trotzdem verstand sie sich ausgezeichnet mit Marcel.

In einer Autokolonne fuhren wir nach Vistarino zu meiner Schwester, vierzehn Kilometer von Pavia entfernt. Der Krieg und seine Wirren hatten der Karriere meines Schwagers manche Veränderung aufgezwungen. So war er Landarzt geworden, anstatt seine begonnene Krankenhaus-Laufbahn in Mailand fortzuführen. Er betreute drei große Dörfer, die in der fruchtbaren, aber sehr feuchten, nebeligen Poebene lagen. Das Haus, das sie bewohnten, war geräumig, aber ohne jeglichen Komfort wie alle Häuser damals in der Gegend. Verschiedene Holzöfen sorgten für Wärme, Wasser mußte zu der Zeit noch in Eimern am Dorfbrunnen geholt werden, sodaß Enrica, das ergebene Hausmädchen ständig damit beschäftigt war Holz, Wasser oder Einkäufe in die Wohnung zu schleppen, mit lauten Seufzern oder ebenso laut gesungenen Liedern, die gerade en vogue waren. Die Lieder kannte ich nicht, diese Lebensart war sicher nicht die, die Walter und Lydia angestrebt hatten und trotzdem schienen sie glücklich zu sein.

Lydia war durch die drei Kinder sichtlich überfordert, und Walter erzählte von der Schwierigkeit, sich an die bäuerliche Mentalität zu gewöhnen. Dennoch waren sie dankbar dafür, die Kriegsjahre gesund überlebt und ihre Liebe offensichtlich intakt erhalten zu haben. Ich bewunderte sie und fühlte mich durch meine Erfahrungen von ihnen sehr entfernt. Der Strom des Lebens hatte uns durch verschiedene Nebenarme getrennt und weiterbegleitet, verbunden waren wir durch unsere Anhänglichkeit.

Als Lydia vor unserem Abendessen ihren Kleinsten zu Bett brachte, fragte ich nach Danilo. Sie hatte zuletzt 1943 von ihm gehört, während er vorher bei jedem Urlaub sie besucht hatte, anhänglich fast wie ein echter Verwandter. Für Lydia waren die Familienmitglieder stets das auserwählte Volk gewesen, die anderen waren auch Menschen. „Fast wie ein Verwandter" war eine Auszeichnung. Nun liebte sie Marcel bereits tief und blind, denn er war ihr Schwager, ein naher, echter Verwandter. „Nun werden wir uns darum kümmern, daß Marcel gesund wird, das ist das wichtigste. Kümmere Du Dich um nichts anderes, er ist Dein fabelhafter Mann", so fanatisch einfach war Lydias Welt. „Das stimmt, aber woher weißt Du es, Du kennst ihn ja praktisch gar nicht", mußte ich bemerken. „Das sehe ich doch, außerdem hat Mama so viel über ihn gesprochen und das genügt doch." Persönlich frage ich mich heute noch, ob solcher Absolutismus das Leben vereinfacht oder gar die Wirklichkeit bis zur Unwahrheit verändert. Lydias Weg war oft so schwierig und ungewiß gewesen, daß sie vermutlich nicht mehr wußte, wann sie diese bis zur Einfachheit reduzierte Mentalität angenommen hatte. Seitdem hat es für sie in allen Lebenslagen und allen Fragen nur zwei Farben gegeben: weiß und schwarz, dazwischen keine Schattierungen. Mein menschliches Interesse für Danilo fiel unter „schwarz", und ich ahnte, daß sie nicht mehr darauf angesprochen werden wollte. Marcel war nun meine Welt geworden, auf diese hatte ich mich nunmehr gänzlich einzustellen, auch gedankliche Abweichungen waren im Grunde sündhaft.

Am nächsten Vormittag erwartete uns Walter, um Marcel genauestens zu untersuchen, auch röntgenologisch. Das Resultat war für ihn so erschreckend, daß er Mühe hatte, sich vor Marcel zu beherrschen. Er sprach von berechtigten Hoffnungen, von langer Behandlung mit sicherem Erfolg und vor allen Dingen von der Notwendigkeit, so schnell wie möglich in ein heilendes Klima zu gelangen. Er wollte sich in Pavia mit Prof. R. beraten, einem namhaften Lungenspezialisten, danach würden wir unsere Weiterreise festlegen. Mir war alles völlig klar, als wir seine Sprechstunde verließen, und es war mir auch bewußt, daß ich vor Marcel die heitere unbekümmerte Rolle weiterspielen mußte.

Durch eine besondere Gnade blieb Marcel, der sonst skeptisch und äußerst realistisch war, von einem unbekümmerten Optimismus durchdrungen. Er fühlte sich miserabel, aber geborgen und von Liebe umhüllt, den Rest würde das baldige gute Klima und die ärztliche Kunst vollbringen. Natürlich unterstützten wir ihn in diesem Glauben und benahmen uns fröhlich.

Prof. R. war der Meinung, daß die Röntgenbilder von Marcel diejenigen eines Toten seien. Mit solchen Lungen könne man kaum leben. Er riet uns, nach Meran zu reisen und empfahl uns dort einen Arzt, der uns betreuen sollte. Walter wollte anschließend mit mir alleine sprechen, ich bat ihn, es mir zu ersparen, denn ich wüßte, was er mir zu sagen hätte. Er beschränkte sich deshalb darauf, mich zu fragen, ob Marcel ein Testament aufgesetzt hätte. Wofür? Wir besaßen doch nichts . . .

Mir war eiskalt, mein Kopf war leer, und der ganze Körper schien hohl zu sein. War auch das Herz gestorben? Hoffentlich, nur so würde ich die Hölle der nächsten Monate überleben können. Ich fragte Mama, ob der „liebe Gott" mir nicht doch etwas mehr zumutete, als ich ertragen könnte und ob Marcel und ich nicht der Fall seien, der die Ausnahme von der Regel bildet. „Nein", meinte Mama zuversichtlich, „es wird alles viel besser als befürchtet. Du wirst sehen, verzweifele nicht, wir sind immer für Dich da."

Wir konnten es kaum erwarten, Vistarino zu verlassen, Marcel, weil er sich von der Luftveränderung viel versprach, ich, weil ich es nicht mehr ertragen konnte, inmitten meiner Familie mit übertriebener Fürsorge und Liebe behandelt zu werden. Nur verkriechen wollte ich mich, alleine mit Marcel sein, ganz still alles für ihn tun, um aus dieser Abgeschiedenheit hoffentlich die nötige Kraft zu schöpfen.

Die Reise nach Meran wurde für uns organisiert, auch die Hotelreservierung in einem ruhigen Haus in Obermais. Eigenartig, daß ich nun mit Marcel nach Meran zurückkehrte, einen Ort, den ich sehr gut aus meiner Kindheit kannte. Damals pflegte meine Mutter ihre alljährliche Traubenkur dort zu verbringen. Für uns Kinder war Meran damals der langweiligste Ort, den man sich vorstellen konnte. Das Kurkonzert vormittags forderte meine ganze Geduld stets aufs neue heraus. Ich durfte auch nicht etwas abseits Tauben füttern, weil Mama mich stets sehen wollte. Ich fragte mich oft verzweifelt, warum unsere Mutter unbedingt jeden Herbst nur von Trauben leben wollte, während ich die faden, alten Musiker betrachtete und ihre Musik überhaupt nicht hörte. Nachmittags ging Mama mit einigen Damen zum Tanztee, nicht etwa, um zu tanzen natürlich, sondern der Zerstreuung wegen. Sie trank dabei Tee, und wir durften uns Torte wünschen. Ich glaube, ausgerechnet anläßlich eines solchen Nachmittags zum ersten Mal einen Mann bewußt betrachtet zu haben: es war ein Tänzer, der unaufhörlich Damen über das Parkett schwirren ließ. „Hinreißend", sagte ich zu Mama. „Das ist ein Gigolo", bemerkte sie verlegen. „Was ist ein Gigolo?" Er wurde für mich immer interessanter. „Iß Deine Torte", meinte Mama knapp. Ich erfuhr erst viel später das Geheimnis dieses Berufes, lange nachdem dieser brillantinierte Tänzer mich so frappiert hatte.

Nach Meran fuhr Mama übrigens wegen der Linie, erklärte sie uns und weil fünf Kilogramm Trauben täglich vierzehn Tage lang reinigend, kräftigend und sehr gesund seien, sogar gegen Rheuma. Diese Erklärung machte mir damals die Trauben nicht sympathischer und Meran nicht interessanter. Nun kehrte ich mit Marcel nach Meran zurück. Ich hatte ganz entschieden wenig Glück mit diesem Ort.

Unser Schwager gab mir die Empfehlung an den dortigen Arzt mit und riet mir, kurz bevor wir in den Zug stiegen, in getrennten Zimmern zu schlafen, der Ansteckung wegen. Armer, fürsorglicher Walter, er ahnte gar nicht, wie wenig ich solche Gefahren fürchtete! Außerdem war es mir unvorstellbar, auf Marcels Wärme und auf seinen Atem zu verzichten.

Die Bahnfahrt dauerte viele Stunden, in Bozen mußten wir umsteigen. Als wir bei Dämmerung in Meran ankamen, waren wir beide entsetzlich müde. Marcel hatte die Fahrt sehr angestrengt, mich hatten meine angespannten Nerven und der Abschied von der Familie unter diesen Umständen erschöpft. Der österreichische Hotelbesitzer war zuvorkommend, das Zimmer hübsch mit großem Blick auf einen ruhigen Garten. Auf dem Balkon würde Marcel seine Liegekuren machen können, plante ich bereits.

Wir schliefen beide schlecht die erste Nacht, ich vermutlich, weil Marcel keine Ruhe fand. Der Hals schmerzte sehr, ich konnte es kaum abwarten am nächsten Tag Dr. Franceschini kommen zu lassen. Sehr umsichtig mußten wir uns der Hoteldirektion gegenüber verhalten, auf keinen Fall durften sie erfahren, was Marcel fehlte, der Ansteckung wegen. Wir stießen auf Verwunderung, da wir uns sämtliche Mahlzeiten auf dem Zimmer servieren ließen und ich mir immer neue Ausreden einfallen lassen mußte. Schließlich fiel mir eines Tages eine gelungene Lüge ein, die unsere Lebensgewohnheit plausibel erscheinen ließ: Mein Mann sei herzleidend und brauche für eine Weile absolute Ruhe.

Am Telefon am nächsten Morgen war Dr. F. sehr liebenswürdig. Er hatte bereits den Bericht des Professors aus Pavia erhalten und bat mich, ihm umgehend die Röntgenbilder zu bringen, bevor er Marcel im Hotel besuchen würde. Ich legte ihm nahe, daß die Halsschmerzen gelindert werden müßten, als allererstes, denn das Schlucken von Speisen sei quälend geworden. Er versprach mir, einen Hals-Nasen-Ohren-Spezialisten hinzuzuziehen.

Dr. F. betrachtete ungläubig am Nachmittag die Röntgenbilder und fragte mich, ob sie auch bestimmt nicht verwechselt worden seien. Er war sichtlich konsterniert, durchschritt mehrmals in Gedanken versunken sein Sprechzimmer, schüttelte den Kopf, murmelte schließlich „povera Signora“, als er von meiner Anwesenheit wieder Notiz nahm. Es war ja inzwischen nichts Neues für mich, trotzdem begann ich erneut zu zittern vor Angst und Kälte. „Warum hat Sie der Kollege aus Pavia bloß hierhergeschickt nach Meran, in ein radioaktives Klima? Sie sind hier völlig falsch, außerdem muß Ihr Mann schleunigst in ein Sanatorium, das ist die einzige winzige Chance, die uns bleibt. Nach Arco müssen Sie, schnellstens. Dort kenne ich ein vorzügliches Lungensanatorium, von frommen Schwestern geführt. Es wird allerdings sehr schwer sein, ein Zimmer zu bekommen. Die Wartezeiten sind meistens lang. Ich werde heute abend noch mit der Madre Superiora telefonieren, die ich gut kenne. Wir werden sehen, was sich tun läßt. Rufen Sie mich morgen früh an, bitte.“ „Wo liegt denn Arco, Doktor?“ „Drei Kilometer von Riva, am Gardasee, nicht weit von hier.“

Ich kehrte zu Fuß nach Obermais zu Marcel zurück. Blind lief ich durch die Straßen und fragte mich, wann, wo und wie unsere quälende Odyssee ein Ende nehmen würde. Wir hatten von Bangkok kommend, noch immer nicht das Endziel erreicht, fuhren von Ort zu Ort und lernten immer neue Ärzte kennen, während Marcels Kräfte weiter abnahmen und er die Zeit meist im Bett oder auf einem Liegestuhl verbrachte. Nun mußte ich ihm voller Enthusiasmus beibringen, daß Arco der ideale Ort für uns sei und daß wir vermutlich bald nach dort reisen würden. Dort, in Arco, würden alle schnell gesund!

Tatsächlich schien Marcel an diesem Plan Gefallen zu finden. Er wollte weg von Meran, wo er bereits nach zwei Tagen eine merkliche Verschlechterung fühlte. Abends stieg die Temperatur, und die Halsschmerzen verwandelten die Abendmahlzeit zur Qual. Am nächsten Morgen untersuchte ihn der Hals-Nasen-Ohren-Spezialist. Auch er hatte Mühe, seine Sorge zu verbergen. Marcel bekam ein Sprühmittel, das die akuten Schmerzen vor jeder Mahlzeit betäuben sollte. Damit war einiges gewonnen. In der Zwischenzeit vollbrachte Dr. Franceschini das Wunder: die Oberschwester würde in zehn Tagen ein Zimmer für Marcel im Sanatorium freimachen können und würde mich in einer kleinen Pension in unmittelbarer Nachbarschaft einquartieren. Dr. F. kannte Arco und das Sanatorium. Als er Marcel besuchte, gelang es ihm, seinen Patienten davon zu überzeugen, daß durch das besonders günstige Klima und die optimale ärztliche Betreuung letztlich alles gut werden würde.

Die zehn Tage des Wartens in Meran verliefen im Ameisentempo. Sicher war für Marcel die Zeit unendlich lang, aber er sprach nicht davon. Mit Zeitungen und Büchern versuchte er sich zu zerstreuen. Ich lebte wie in einem Tunnel, der mir endlos erschien, denn ich sah nicht das Licht, das auf ein Ende der Finsternis hätte deuten können. Es war nur etwas über ein Jahr seit unserer rauschenden Hochzeit vergangen, mir schien, das kurze gemeinsame Glück lag Jahre zurück, so bleiern schwer hatte mich seit Monaten dieser Alptraum im Griff.

Der fast tägliche Weg zur Apotheke, der Einkauf von Zeitschriften waren die einzigen Schritte, die ich täglich unternahm, ansonsten saß ich an Marcels Bett oder Liegestuhl. Wenige Tage vor unserer Abreise entdeckte ich eine kleine Schildkröte im Pensionsgarten. Eine alte Dame fütterte sie täglich. Sie schienen befreundet zu sein, denn die Schildkröte war schon längst zur Stelle und wartete, wenn die Dame sich verspätete. Diese wiederum plauderte mit ihr sanft und geduldig, während sie das Futter ordnete. Waren diese womöglich die einzigen Glücksmomente des Tages für beide? Wie klein konnte das Leben werden, und wie langsam verging die Zeit!

Plötzlich empfand ich das Bedürfnis und die Pflicht, an Marcels Brüder zu schreiben, um sie über seinen Gesundheitszustand zu informieren. Ich schrieb auch an die innigsten Freunde, natürlich auch an Carel.

Endlich kam der Tag, ein Sonntag, an dem wir in den Verkehrsbus nach Riva einstiegen. Nach der längeren Schönwetterperiode mit sehr blauem Himmel und kristallklarer Luft war dieser Morgen grau und feucht. „Schönes Reisewetter", hätte Großväterchen gesagt. Marcel kannte diesen Teil Italiens nicht, und ich nahm mir vor, ihn mit Einzelheiten über Städte und Leute zu zerstreuen. Mit großer Erleichterung verließen wir Meran und fragten uns zum hundertsten Mal, warum der Professor in Pavia uns dorthin geschickt hatte. Meine einzige Sorge an dem bewußten Sonntag war, Marcel heil zum Sanatorium zu bringen, weiter gingen meine Gedanken nicht. Schrittweise zu leben und zu denken war die einzige Möglichkeit damals. Was hinter uns lag war das Glück gewesen, ob wir eine gemeinsame Zukunft hatten, war mehr als fragwürdig, sagten die Ärzte. Da ich es nicht glauben konnte, hatte ich die Zukunft ausgeschaltet. Marcel dagegen sah sie rosig und zum Greifen nahe. Welche Gnade!

Wir rührten uns nicht von den Sitzen während der kurzen Aufenthalte in Bozen, Trento und Rovereto. Ich glaube, pausenlos gesprochen zu haben, um Marcel beschäftigt und abgelenkt zu halten. Jetzt erst realisierte ich mit einem Schreck, daß die letzte Nacht für lange Zeit auch die letzte gemeinsam verbrachte war. Marcel würde ohne meine Wärme auskommen müssen, und ich würde alleine im kleinsten Kämmerlein der Pension frieren und um ihn bangen. Der Hals tat mir plötzlich weh, und ich konnte nicht weiter erzählen. Marcel blickte mich überrascht an, drückte noch fester meine Hand und sagte nichts. Er muß geahnt haben.

Kurz nach Rovereto führt die kurvenreiche Autostraße steil bergab zum Gardasee nach Torbole. Unerwartet, nach der letzten Kurve, offenbart sich der große schöne See den Blicken der Anreisenden. Es war kurz vor Mittagszeit, der Himmel immer noch grau, der See stahlgrau, unruhig, wild in der Stimmung, denn ein scharfer kühler

Wind war aufgekommen. Segelboote hatten gutes Tempo, ein Sonntag, wie für einen Segler geschaffen. Nach wenigen Minuten erreichten wir den Hauptplatz von Riva, wo die Cafe's überfüllt waren. Die Sonntagsmesse war beendet, und die Menschen tranken leichten Herzens ihren Aperitivo, immer ein kleiner Höhepunkt des italienischen katholischen Sonntags.

Marcel und ich stiegen in eine Droschke, der Kutscher umhüllte uns mit wärmenden Decken, die anscheinend des Nachts seine Pferde vor Feuchtigkeit und Kälte schützten, so stark rochen sie nach den Tieren. Wir, die so gerne auf einem Sattel gesessen hatten, empfanden die Droschke und den starken Duft der Pferde als beruhigende, wohltuende letzte Etappe nach Arco.

Tatsächlich waren es nur ein paar Kilometer bis zum Ort, der bald verhältnismäßig klein und in sich geschlossen vor uns lag, in einem breiten Tal, offen zum See, von Bergen gegen die rauhen Nordwinde geschützt. Gleich am Ortseingang bog unsere Droschke in eine winzige Seitenstraße ein und hielt vor einem riesigen, sehr repräsentativem Tor. „Ecco arrivati", sagte der Kutscher fröhlich, „das ist das Sanatorium San Pancrazio." Ein schönes, majestätisches Gebäude mitten in einem Park mit altem Baumbestand. Am Eingang an jeder Seite der Auffahrt hohe Zypressen, an diesem grauen Tag besonders feierlich und düster. Der Kutscher klingelte am Tor, und gleichzeitig begann die Kapellenglocke der Sanatoriumskirche Zwölf zu schlagen. Mir wurde übel vor dieser düsteren Feierlichkeit und Stille. Ich blickte hinauf zu den Fenstern und sah einige Gesichter, die uns neugierig betrachteten. Patienten, die den „neuen Fall" sehen wollten. Vermutlich würde es Marcel später auch so ergehen: kleine Neugierden in einer kleingewordenen Welt.

Das große Tor öffnete sich automatisch, gleichzeitig öffnete sich die Eingangstür des Hauses. Eine fromme Schwester stand in der Tür, groß, stolz, mit einem zaghaften Lächeln. Die Droschke mit Marcel fuhr vor, während ich zu Fuß zum Hause ging.

Alles war wieder still geworden, die Glocke hatte den zwölften Schlag geläutet. Man hörte nur die Kutsche auf dem gepflegten Kies. Die Schwester kam mir mit ausgebreiteten Armen entgegen, voller natürlicher Würde und erlernter Freundlichkeit. ,,Seien Sie herzlichst willkommen mit Ihrem Mann, Signora. Möge Gott und dieses Haus Ihrem Mann eine baldige Genesung bescheren. Ich bin die Madre Superiora und stets zu Ihrer Verfügung.'' ,,Ich danke Ihnen, Madre. Das ist mein Mann, Sie sehen, er wird Ihre Pflege brauchen und auch Ihr Gebet.''

Wenn ich heute zurückdenke, nach all den vielen, teils bewegten, teils erfüllten Jahren, an diesen unverwischbaren ersten Eindruck unserer Ankunft im Lungensanatorium, dann bin ich von Wehmut und tiefer Dankbarkeit erfüllt. Wir verbrachten über ein Jahr in diesem eindrucksvollen, ernsten Gebäude, sahen Menschen sterben und genesen, und erlebten Fälle, die weder sterben noch genesen konnten.

Marcel bekam ein schönes Einzelzimmer und wurde als einziger jüdischer Patient in diesem frommen katholischen Hause mit besonderer Fürsorge und Hingabe gepflegt, tagein — tagaus, bis zur Genesung. Die Madre Superiora hatte ihr Versprechen stets gehalten: die Schwestern und Ärzte unterließen nichts, um das Wunder zu vollbringen, damit Marcel geheilt entlassen werden konnte. Als dieses dann an einem strahlenden Frühsommertag geschah, meinte der Chefarzt bei der Verabschiedung mit Recht, daß das Haus stolz war auf dieses Wunder. Ich habe nun aufgehört, mich zu fragen, welcher der entscheidende Faktor gewesen ist, der dazu beigetragen hatte: die ärztliche Kunst, Marcels ursprünglich sportliche, gesunde Konstitution oder das Gebet.

Zu viele wundersame Dinge haben sich in meinem turbulenten Leben wie unerwartete Glücksraketen zur richtigen Zeit ergeben und die Rettung gebracht, und alles hat sich schließlich zu einem farbenprächtigen Mosaik ineinander gefügt. Ich meine, es war und ist eine Fügung, vom Gebet getragen.